总第十二期

托克逊年鉴

（2019）

托克逊县地方志编纂委员会 编

方志出版社
Publishing House of Local Records

图书在版编目(CIP)数据

托克逊年鉴. 2019 / 托克逊县地方志编纂委员会编.
——北京 ：方志出版社，2020.9
ISBN 978-7-5144-4417-9

Ⅰ.①托… Ⅱ.①托… Ⅲ. ①托克逊县—2019—年鉴
Ⅳ. ①Z524.54

中国版本图书馆CIP数据核字(2020)第203060号

托克逊年鉴(2019)

编　　者：托克逊县地方志编纂委员会

责任编辑：张 颢

出 版 者：方志出版社
地址 北京市朝阳区潘家园东里9号(国家方志馆4层)
邮编 100021
网址 http://www.zgfzcb.cn
发　　行：方志出版社图书经销中心
电话(010)67110500
经　　销：各地新华书店
印　　刷：新疆金版印务有限公司

开　　本：787×1092　1/16
印　　张：19.25
字　　数：499千字
版　　次：2020年9月第1版　2020年9月第1次印刷
印　　数：001～500册

ISBN 978-7-5144-4417-9　　**定价：**240.00元

《托克逊年鉴》(2019)编纂委员会

主　任：朱剑军

副主任：阿不力米提·阿不力孜　阿力木·艾比布

赛福丁·卡德尔　邓　铭　梅　勇　薛　雪

委　员：朱　刚　李志超　章　东　李宗新　王晓峰

张　军　杨极思　周毅新　吴卫强　蒋　颖

王世海　靳春海　马生政　李建东　胡嘉丽

吕玉华　丁光玉　王　刚　李国洋　李宏超

穆　荣　李连齐

《托克逊年鉴》(2019)编辑人员

主　　编：朱　刚

执行主编：陈慧琴

编　　辑：王　云　崔浩荣

图片提供：李靖海及各有关单位办公室

审　定

中共托克逊县委、托克逊县人民政府

吐鲁番市地方志编纂委员会编辑室

《托克逊年鉴》(2019)撰(组)稿工作人员

(按姓氏笔画排序)

丁　莉　于海丽　马　丽　马　涛　马列军　马治明　马学文　王　云
王　刚　王　丽　王文欢　王立东　王亚红　王丽霞　王佩芳　王晋华
王海涛　王新华　木巴热克·阿不都热依木　木尼热·艾尼瓦尔　方　军
方婷婷　巴合提亚尔·木斯来丁　邓　琛　古丽给娜·泰来提　古丽斯坦·帕尔哈提
卢正民　叶福林　田建国　务喜英　冯　欣　母小婷　再乃甫古丽·阿不力米提
再乃提古丽·尼斯尔　肉克艳木·买苏木　朱　屹　刘　盼　刘　浩　刘兆民
刘梦瑶　米哈热阿·艾尼瓦　米热古丽·赛提尼亚孜　江雪香　许丹丹
许锦程　孙　洁　孙文鑫　孙进昌　麦力开木·夏日皮　麦丽开木·买买提
苏含明　李　华　李　进　李　荣　李　娟　李　翔　李　鹏　李　娜
李广场　李冬梅　李兴华　李纪东　李丽娟　李树正　杨　浩　佘　锐
甫尔布加甫·托力木吉　邱勇峰　汪　琦　汪　鹏　宋西勇　张　红　张　静
张文腾　张丽娟　张金梅　张春梅　张彦君　阿扎地古丽·卡德尔　阿不力克木·牙生
阿不都热合曼·艾合买提　阿布来提·卡哈尔　阿尔孜古丽·热克甫
阿里娅古丽·阿不来提　阿迪拉·艾乃吐力　阿迪莱·西克然木　阿依古丽·尼亚孜
陈　蕊　陈纪每　努斯来提·买买提　努斯热提古丽·雪克来提　武永强
迪力亚尔·帕尔哈提　罗　伟　依力哈木·尼亚孜　周　涛　周　燕　周永萍
庞瑞博　郑开林　单小艳　单雪红　赵　梅　赵万宏　赵学智　荆雪松
段　芳　段晓娜　俞　婕　热孜也·艾尼瓦尔　贾俊平　夏　龙　顾莹龙
钱　丰　钱龙宁　徐厚英　徐富增　殷延军　凌　燕　陶长江　黄广琴
萨吉代·阿布力木　曹超年　崔松梅　崔巍韬　梁　鑫　梁明霞　韩新林
程瑞娟　鲁　娟　鲁福平　谢　惠　路　铭　鲍爱玲　蔡　荣　薛博文

数字托克逊（2019）

县域面积	16561平方千米
辖	7镇1乡
年末全县总人口	119683人
其中：维吾尔族	95211人
全县极端最高气温	45.1℃
全年实现全县地区生产总值	84.11亿元
农林牧渔业增加值	10.87亿元
年末耕地面积	36.10万亩
农作物播种面积	38.11万亩
其中：粮食作物播种面积	5.58万亩
棉花面积	8.45万亩
瓜类面积	3.40万亩
蔬菜面积	2.49万亩
红枣面积	11.40万亩
葡萄面积	5.28万亩
杏子面积	6.58万亩
全年粮食总产量	2.22万吨
棉花总产量	0.85万吨
葡萄总产量	2.2万吨
蔬菜总产量	6.1万吨
瓜类总产量	6.82万吨
红枣总产量	4.30万吨
杏子总产量	4.10万吨
奶类总产量	0.21万吨
油料总产量	5914吨
秋翻耕地	38万亩
年末牲畜存栏数	35.26万头（只）
牛羊育肥	120万头（只）
肉类总产量	6544.65吨
森林覆盖率	4.4%
森林面积	198万亩
年内完成人工造林	65万株
年末草原面积	559万亩
年末人均绿地面积	12.2平方米
年末农业机械总动力	10.69千瓦
工业总产值	153.51亿元
工业增加值	45.39亿元
建筑业实现产值	11.49亿元
房屋建筑施工面积	48.1万平方米

房地产开发企业完成投资	2050万元
污水处理厂	1座
全社会固定资产投资累计完成	50亿元
招商引资到位资金	44.9亿元
旅游接待游客	116.5万人次
实现旅游消费	2.55亿元
减少扶贫对象	84户280人
发放“扶贫牛”	180头
发放“扶贫种公羊”	450只
教育扶贫	1003名学生助学补助金420.75万元
引进地方性事业编	1275人
公共财政收入	15.07亿元
公共财政支出	31.44亿元
年末金融机构各项存款余额	53.16亿元
年末金融机构贷款余额	51.95亿元
实现社会消费品零售总额	6.15亿元
城镇居民人均可支配收入	33037元
农村居民人均可支配收入	12987元
全县中小学	41所
在校生	24342名
教师	3347名
卫生机构	78所
拥有医疗床位	610张
卫生技术人员	1053人
参加基本养老保险	15262人
参加城乡基本医疗保险	96245人
参加失业保险	14361人
参加工伤保险	19644人
参加生育保险	17195人
收养型社会机构	3个
年末领取政府最低生活保障金	8415人
发放城乡居民最低生活保障金	3526.82万元
农村五保供养人员	203人
发放五保供养资金	98.6万元
年末固定电话用户	22538户
移动电话用户	162312户
年末境内公路通车里程	1583千米
其中：等级公路里程	1514千米
高速公路里程	145千米

年度大事

2018年1月10日，托克逊县委召开十一届九次全体(扩大)会议

2018年1月19日，托克逊县召开第十七届人民代表大会第三次会议

2018年1月18日，托克逊县召开中国人民政治协商会议第十二届委员会第三次全委会议

2018年1月17日，托克逊县召开2018年寒假返乡学生社会实践活动启动仪式

2018年4月14日，托克逊县召开残疾人联合会第六次代表大会

2018年1月20日，托克逊县监察委员会正式挂牌成立

2018年5月4日，托克逊县各族干部群众收看纪念马克思诞辰200周年大会

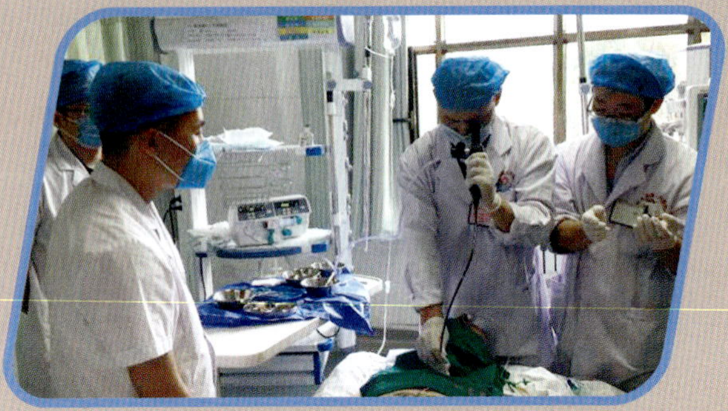

年内，托克逊县人民医院ICU首次开展纤维支气管镜下肺泡灌洗及深部支气管镜吸痰技术

2018年5月5—6日，托克逊县一中同郴州市六中借助现代化信息设备，依托网络平台，参加第三届全国基础教育信息化应用展示交流活动，共上一节课，同时以同课异构片段教学联合教研活动

北京展厅全程直播了这两次活动，网络联校打破区域限制的课程凸显出教育信息化发展前景和资源共享的优势

2018年7月20日，国家税务总局托克逊县税务局挂牌

2018年8月3日，托克逊县召开农村集体产权制度改革试点暨清产核资工作动员会

2018年8月12日，托克逊县召开第十一次妇女代表大会

2018年12月23日，托克逊县欢送首批城乡劳动力组织转移输出到湖南就业

2018年12月9日，新疆中泰化学股份有限公司获得第五届中国工业大奖

脱贫攻坚

干部扶贫

春播帮扶

枣树管理技术培训

帮盖富民安居房

葡萄开墩

采摘杏子

工作队干部和农户话技术

帮修羊圈

收瓜

干部扶贫

帮收帮销

林间除草

收割高粱

产业扶贫

生产母羊养殖

养出感情的扶贫牛

馕产业

好馕飘香

红枣加工业

一户一工人，家门口就业

就业扶贫

生产互助组共同劳动

“送岗位进乡村，助力就业扶贫”专场招聘会

健康扶贫

“健康扶贫·白内障复明定点救治”公益项目启动仪式上患者获资助

义诊

村居环境治理

人居环境整治

美化庭院

文化民生

城市景观

量身定做的“春娃”路灯

白杨河公园一角

水韵白杨河

风城夜景

白杨河公园

全民健身

托克逊县税务局自助办税厅12月正式运行

县人民法院向农民工发放执行案款

企业捐赠
医疗配套设施

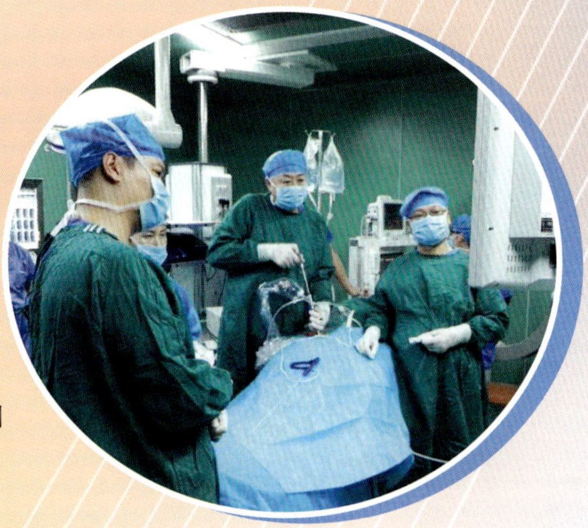

三甲医疗专家团队到
托克逊县开展诊疗服务

托克逊县组织干群参加“看历史、游家乡、爱祖国”吐鲁番人游吐鲁番活动

托克逊县第一个支边青年公寓——硝儿村老年公寓

托克逊县组织人员参加吐鲁番市2018年“春风行动”专场招聘

文化交流

学国语

城市管理执法

托克逊拌面

民族团结

游园赏花

瞧这一家子

大手牵小手

返乡学生社会实践活动

抚今追昔

共迎新春

林间小憩

同学习

一起来

同祝祖国好

精品农业

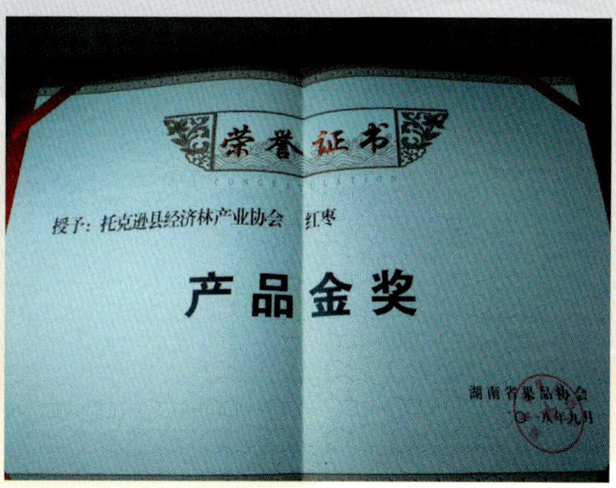

托克逊红枣产品金奖

韭菜花香

早熟杏推广

丰收的杏子

精品农业

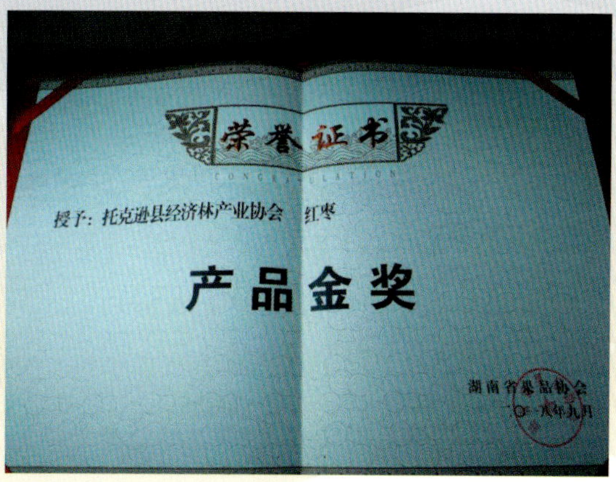

托克逊红枣产品金奖

韭菜花香

早熟杏推广

丰收的杏子

瓜田技术培训

农技指导

西瓜吊蔓

哈密瓜种植指导

指导修剪枣树

湖南援建

援建项目

滨河学校体育场

夏乡卡拉苏小学

维吾尔医医院门诊综合楼

青少年活动中心

湘山双语幼儿园

广播电视塔

医疗援助

援疆医生下乡问诊

义诊送医活动

疆品入湘

扮靓待选

花落三湘

直通湖南

有价有市

杏花迎客——新疆三月第一春

晓带轻烟间杏花

满阶芳草绿，一片杏花香

赏心乐事谁家院

澹然闲赏久，无以破妖娆

最有杏花繁，枝枝若手抟

乱花渐欲迷人眼

杏花雨

春风不肯停仙驭，却向蓬莱看杏花

杏花迎客——新疆三月第一春

花中占断得风流

相看不厌——白杨河畔引候鸟

白毛浮绿水

枯藤老树昏鸦

不知春去几多时

春江水暖鸭先知

姿态撩人

白鹭忽飞来，点破秧针绿

编辑说明

一、《托克逊年鉴》(2019)以马克思列宁主义、毛泽东思想、邓小平理论、"三个代表"重要思想、科学发展观、习近平新时代中国特色社会主义思想为指导,坚持辩证唯物主义和历史唯物主义的立场、观点和方法。承载托克逊县政治、经济、社会事业等各类信息,旨在按年度反映托克逊县政治、经济、文化和社会发展历程及重大事件,是县内资料权威的工具书。2019年刊收载2018年托克逊县经济和社会发展的基本情况,为各级领导科学决策、指导工作提供可靠依据,为读者提供多种信息服务,为编史修志积累宝贵资料。

二、《托克逊年鉴》(2019)是由中共托克逊县委、县人民政府主办的地方综合性年鉴,是具有政府公报性质的年刊地情书籍,面向国内外公开发行。2008年创刊,本书为第12卷。

三、《托克逊年鉴》(2019)设25个部类,依次为:特载、概述、大事记、政治、法治、军事、群众团体、农业、工业、城乡建设·环境保护·气象测报、交通运输·通信信息、商贸供销·招商引资·烟草专卖、经济管理与监督、国土资源管理、财政·税收、金融、脱贫攻坚、教育、科学技术、社会民生、医疗卫生、文化体育·旅游广电·图书、乡镇建设、人物·荣誉、附录等。

四、本年鉴采用分类编辑法,主要内容设篇目、类目、分目和条目框架编排,采用条目形式编撰。条目为记述实体,条目标题均用黑体字加【】。

五、本年鉴录入的资料是由各部门各单位提供,并经相关单位领导审核签字、单位盖章编辑入鉴。书中主要数据出自统计局和其他权威数据部门,与统计资料有出入的,以统计数据为准。部分资料参考了县政府网站信息。

六、《托克逊年鉴》(2019)中涉及人物简历的,原则上从简书写;领导干部收录标准为2018年担任领导职务的科级以上实职领导干部。经组织部审定,排序仅为编辑需要和查询方便。

七、本鉴中简称的"县"一律为托克逊县,吐鲁番市简称"市","区"一律为新疆维吾尔自治区。

八、本鉴中地名原则上以《托克逊县地名图志》为准,包括村级学校名称。随事物发展变化,个别地名有所变化,如:托克逊河惯称白杨河。《新疆维吾尔自治区行政区划简册》(2010)出版后,部分地名发生变化,均以此简册地名为准。2015年全国第二次地名普查,托克逊县地名信息进一步规范,其中《简册》(2010)定名的部分村名分别恢复为《托克逊县地名图志》地名。

九、《托克逊年鉴》(2019)中各类名称在文中第一次出现时用全称,以后用简称。如上年年鉴中已作说明的本鉴不再作特别说明。

十、本年鉴执行国家有关规定的计量单位。但为方便读者,农业、乡镇建设部类所使用的面积为"亩",其他部类使用"公顷",如:概述、国土资源管理等部类。

十一、本年鉴的综合资料、数据,一般截至2018年底。因统计口径等原因,有关部门所提供的个别数据与统计局的资料不尽一致,采用者请予注意。

目　录

共青团工作

妇女工作

文联工作

残疾人工作

工商业联合会（总商会）工作

红十字会工作

社会科学界联合会工作

农业

综述

种植业

水利

林业

农村合作经济经营管理

社会民生

人力资源

劳动就业

公共就业服务

社会保险

民政救助

医疗 卫生

卫生行政

托克逊县人民医院

托克逊县维吾尔医医院

卫生监督

妇女儿童保健

托克逊镇

阿乐惠镇

克尔碱镇

库米什镇

人物　荣誉

人　物

荣　誉

附　录

特　载

TE ZAI

坚定坚决贯彻党中央治疆方略　奋力开创托克逊社会稳定和长治久安新局面

——在中共托克逊县委第十一届十三次全体(扩大)会议上的讲话

(摘选)

朱剑军

(2019年1月10日)

这次会议的主要任务是:以习近平新时代中国特色社会主义思想为指导,全面贯彻落实党的十九大和十九届二中、三中全会精神,贯彻落实以习近平同志为核心的党中央治疆方略和习近平总书记关于新疆工作的重要讲话、重要指示批示精神,贯彻落实中央经济工作会议、自治区党委九届六次全体会议、自治区党委经济工作会议和市委一届六次全体(扩大)会议精神,总结2018年工作,研究部署2019年工作,带领全县各级党组织和广大党员干部群众,树牢"四个意识"、坚定"四个自信"、践行"两个维护",不折不扣落实党中央、自治区党委、市委各项决策部署,奋力开创托克逊社会稳定和长治久安新局面,为全面建成小康社会收官打下决定性基础,以优异成绩迎接中华人民共和国成立70周年!

一、2018年工作回顾

2018年,在自治区党委、市委的坚强领导下,我们始终坚持以习近平新时代中国特色社会主义思想为指导,坚决贯彻落实习近平总书记关于新疆工作的重要讲话、重要指示批示精神,贯彻落实党中央治疆方略和自治区党委工作部署,时刻聚焦总目标、落实总目标,推动各项事业取得新成绩、迈出新步伐。

(一)聚焦总目标、打好"组合拳",社会稳定开创新局面。一年来,我们坚定不移把维护稳定作为压倒一切的政治任务、重于泰山的政治责任,在思想上向总目标聚焦、行动上向总目标用劲,不折不扣落实党中央、自治区党委各项维稳决策部署,严打攻坚、扫黑除恶专项斗争坚决有力,果断打掉了一批危安团伙。群众工作逐步深入,组建县、乡(镇)、村(社区)三级群众工作服务办公室,全面推行全程代办,不断强化教育疏导,尽心尽力化解信访矛盾纠纷,为群众办好事实事、化解矛盾纠纷2.2万余件次。依托便民警务站管住面、治安检查站卡住点、村(社区)巡逻队组成群,重点要素和重点部位管控全面到位,隐患排查整治、流动人口服务管理不断加强,武装拉动常态化开展,社会面防控水平全面提升。各级党员干部讲政治、顾大局、勇担当,常态化下沉住户入户,付出了非比寻常的努力,做出了非比寻常的贡献,有力维护了社会大局持续稳定、长期稳定、全面稳定,各族群众安全感、满意度不断攀升。

(二)坚持总基调、践行新理念,经济发展迈出新步伐。一年来,我们坚持稳中求进工作总基调,坚定不移打好“三大攻坚战”、做好“三项重点工作”,县域经济快速健康发展。“三大攻坚战”成效明显,政府债务有效化解,2017年7月14日以来的政府隐性债务全部化解完成,牢牢守住了“零举债”底线,实现了全年违规“零举债”;1939户6558名贫困人口脱贫,贫困发生率降至0.01%;污染防治力度空前,中央环保督查反馈问题整改稳步推进,9项已完成整改销号,蓝天、碧水、净土和农村人居环境四场标志性战役全面展开,环境突出问题得到有效解决,生态环境明显改善。“三项重点工作”有力推进,积极融入丝绸之路经济带核心区建设,乡村振兴战略稳步实施,特色农业提质增效,工业经济稳中有升,旅游文化产业纵深发展,预计实现全县国民生产总值83.91亿元,增长7.2%;规模以上企业工业增加值45.17亿元,增长9%;公共财政预算收入14.28亿元,增长47.7%;预计农村居民人均可支配收入达到13022元,增长9.87%;城镇居民人均可支配收入达到33005元,增长8.3%,主要经济指标跃居全市前列。

(三)持续惠民生、竭力办实事,幸福感得到新提升。一年来,我们坚定不移保障和改善民生,持续加大民生投入,各项惠民工程深入实施、普惠万家。深入推进“一户一产业工人”培养工程、“一家一”助学就业工程和贫困村家门口就业工程,新增城镇就业3353人,实现农村富余劳动力转移就业11835人次,首批103名托克逊籍富余劳动力首次整建制转移到湖南益阳就业,吸纳南疆籍人员就业745人,就业总量和就业质量不断提高。学前教育、义务教育阶段和高中一年级实现国家通用语言文字教学全覆盖,教师队伍素质、教学质量水平不断提升,教育资助体系更加健全。新一轮全民免费健康体检全面完成,人民医院综合楼、维吾尔医医院门诊综合楼和夏镇、郭勒布依乡、博斯坦镇、伊拉湖镇卫生院综合楼等建设项目稳步推进,乡(镇)卫生院、村(社区)卫生室标准化建设实现全覆盖,有效缓解了就医难题。社会保障体系更加完善,社会保障水平持续提升。市政基础设施不断完善,五大主题公园、白杨河河道综合治理以及城市供排水管网改造等项目稳步推进,城市污水处理厂、工业园区污水处理厂试运行,城市形象和品质不断提升。乡村道路建设成效显著,获得自治区“四好农村公路全区示范县”称号,6条公交线路、33辆新能源公交车全面通行,各族群众出行更加便捷。

(四)守护生命线、依法抓管理,民族宗教工作取得新进展。一年来,我们坚定不移地贯彻党和国家的民族宗教政策,不断巩固提升民族团结进步创建成果,强化民族团结宣传教育,持续深化“民族团结一家亲”和民族团结联谊活动,积极打造嵌入式居住小区,形成了各民族交往交流、和睦相处的生动局面。依法加强宗教事务管理,扎实做好驻村管寺工作,积极推进清真寺“七进两有”“九配备”“七必备、九落实”,实现了宗教领域和谐稳定。常态化开展周一升国旗、大宣讲活动,“三个离不开”“五个认同”思想深深根植于各族群众心中,筑牢了维护社会稳定和长治久安的钢铁长城。

(五)持续强基础、从严抓纪律,党的建设取得新成就。一年来,我们坚定不移落实全面从严治党政治责任,深入开展“习近平新时代中国特色社会主义思想和党的十九大精神进万家”活动,持续推动“两学一做”学习教育常态化、制度化,深入开展“以案促改”工作,各级党组织和党员干部进一步树牢了“四个意识”、增强了“四个自信”、做到了“两个维护”。坚持不懈强基层打基础,健全完善在村党总支统一领导下的村第一书记统筹村级各支力量工作机制,持续整顿软弱涣散基层党组织，深化“访惠聚”驻村工作，实现所有行政村标准化阵地全覆盖，群众工作基础进一步夯实。全面加强干部队伍建设，优化调整驻村管寺干部188名、全覆盖式选派村（社区）第一书记57名，全方位引进外来人才，不断发展壮大村级后备干部和党员队伍，形成精兵强将各尽其职、各履其责、各展其长的良好局面，一批忠诚干净担当的基层干部走上了重要岗位。驰而不息正风肃纪，大力纠治“四风”，从严抓好群众工作督导问题线索核查整改，干部作风持续好转。以零容忍的态度惩治腐败问题，专项治理民生特别是扶贫领域腐败和作风问题，进一步巩固发展反腐败斗争的压倒性态势，营造了风清气正的党风、政风和社会风气。

（六）巩固郴托情、拓宽新思路，对口援疆实现新突破。一年来，我们坚定不移贯彻落实全国第六次对口援疆工作会议精神，扎实推进对口援疆工作。实施援疆项目13个、到位各类援疆资金近亿元，建成了一批管根本、利长远、促发展的惠民生项目。积极搭建产业援疆新平台，协议投资金额突破4亿元，与湖南红星实业集团、京东商城、湖南友阿、湖南一县一品产业扶贫电商联盟建立战略合作关系，“疆品入湘”驶入快车道。“组团式”教育和医疗人才援疆全面推开，“传帮带”作用发挥明显，形成郴托两地学校、医院、教师、学生、医生结对长效化机制，多次组织党政、教育、医疗、文化等各系统人才相互交流学习，促进了交流交往交融。持续加大人才柔性援疆力度，引进各类紧缺型人才、教师和地方性事业编民警数百名，有效缓解了人才不足难题。广大援疆干部人才无私奉献、埋头苦干、扎实工作，赢得了各族干部群众的认可和赞誉。

一年来，县委总揽全局、协调各方，人大依法履职、有效监督，政府依法行政、主动作为，政协建言献策、服务大局，各级党政班子同心同德、和衷共济，党员干部激情干事、争先创优，各族群众辛勤劳动、艰苦奋斗，齐心协力推进托克逊稳定发展改革各项事业迈出了新步伐。

一年的成绩深入人心、来之不易。这些成绩的取得，是习近平新时代中国特色社会主义思想科学指导的结果，是以习近平同志为核心的党中央治疆方略、特别是社会稳定和长治久安总目标统领引导的结果，是自治区党委和市委坚强领导的结果，是湖南省无私援助的结果，是全县各族党员干部群众团结奋进的结果。

在总结成绩的同时，我们也要清醒看到：维护社会稳定的基层基础还不够牢固，影响安全稳定的因素仍不同程度存在；经济转型升级任务依然艰巨，发展环境还需进一步优化；化解群众热难点问题的办法、措施还不够多；干部队伍和作风建设还有待进一步加强，“两个责任”落实力度还不够。面对这些问题和短板，我们必须保持清醒头脑、增强忧患意识，坚决予以解决。

二、以习近平新时代中国特色社会主义思想为指导，坚定坚决贯彻落实以习近平同志为核心的党中央治疆方略

2019年是中华人民共和国成立70周年，是全面建成小康社会的关键之年。自治区党委九届六次全体会议、自治区党委经济工作会议和市委一届六次全体（扩大）会议已为我们做好2019年各项工作提供了根本遵循。我们要在学习领会上下真功、在贯彻落实上见实效、在推进工作上出实招，紧抓中央重视、政策创新、改革开放、稳定红利、人心凝聚的机遇，以更大的智慧凝聚共识、以更大的信心谋划发展、以更大的勇气攻坚克难、以更大的决心狠抓落实，推动社会稳定和长治久安总目标落地生根。

2019年工作的指导思想是：以习近平新时代中国特色社会主义思想为指导，深入学习贯彻落实党的十九大和十九届二中、三中全会精神，贯彻落实习近平总书记关于新疆工作的重要讲话、重要指示批示精神，贯彻落实党中央治疆方略,统筹推进“五位一体”总体布局、协调推进“四个全面”战略布局,紧紧围绕社会稳定和长治久安总目标,坚持稳中求进工作总基调,坚持新发展理念,坚持推动高质量发展,坚持以供给侧结构性改革为主线,坚持深化市场化改革、扩大高水平开放,不折不扣贯彻落实自治区党委“1+3+3+改革开放”工作部署,统筹推进保稳定、稳增长、促改革、调结构、惠民生、防风险工作,保持社会大局稳定和经济持续健康发展,为全面建成小康社会收官打下决定性基础,以优异成绩迎接中华人民共和国成立70周年。

2019年工作的预期目标:社会大局持续和谐稳定,经济健康平稳发展,实现全县生产总值增长8%左右,规模以上企业工业增加值增长8%左右,全社会固定资产投资增长15.2%左右,公共财政预算收入增长10%左右,农村居民人均可支配收入增长9.4%左右,城镇居民人均可支配收入增长8%左右,城镇失业登记率控制在3%以内,各族干部群众获得感、幸福感、安全感大幅提升。

三、聚焦总目标,全力维护社会大局持续和谐稳定

稳定是最大的政治,也是最大的民生。我们要坚定不移把维护稳定作为压倒一切的政治任务、重于泰山的政治责任,坚决贯彻党中央关于维护新疆稳定的决策部署,全力打好自治区党委反恐维稳“组合拳”,把保底线、不出事作为总要求、硬任务。

(一)坚持警惕常在不松劲。托克逊位处“三疆交会”之地,反分裂斗争形势依然严峻复杂,必须充分认识反分裂斗争的长期性、复杂性、艰巨性,充分认识反恐维稳斗争是一场攻坚战、一场持久战,也是一种政治常态。要牢固树立久久为功、长期作战的思想,始终保持如临深渊的高度警觉、如负泰山的责任压力,时刻绷紧反分裂斗争、反恐维稳斗争这根弦,坚决克服松懈、麻痹、厌战思想,义无反顾地把反分裂斗争、反恐维稳斗争进行到底,做到抓稳定一刻都不放松、丝毫都不动摇。要树牢维护稳定“没有局外地区、没有局外单位、没有局外人”的思想,切实增强“今天问题不解决、明天就会出大事”的紧迫感、危机感,建立健全县乡村三级责任链条和“人人有责、人人负责、人人尽责”工作机制,做到每项工作、每件事情、每个细节都有部署、有督查、有落实、有效果,坚决杜绝工作棚架、“打滑空转”。对认识不到位、责任不到位、工作不落实、失职渎职、在稳定方面出现问题的,决不姑息迁就,坚决问责、严肃追责,以铁的纪律、铁的作风、铁的措施确保以习近平同志为核心的党中央治疆方略落地生根,不折不扣地把自治区党委反恐维稳“组合拳”落到实处。

(二)坚持聚焦总目标抓重点。一要深入做好群众工作。始终牢记为民服务的根本宗旨,坚持以人民为中心,践行新时代群众路线,定点联系群众,深入了解群众,不断完善环环相扣、无缝衔接、排查矛盾、解决问题闭环工作机制,坚持和发展“枫桥经验”,做好新时代矛盾纠纷化解工作,主动回应群众关切,消解群众疑虑,下大力气解决群众最关心、最直接、最迫切的问题。充分发挥维稳“双联户”作用,压实“双联户”宣传员、信息员、调解员、帮教员、联系员责任,全面提升微线索信息发现收集能力,实现社会管理服务和群众工作深度融合,形成“共建、共治、共享”良好局面。二要全面提升社会面防控能力。坚持专群结合、群防群治,以便民警务站为依托,健全完善“十户联保”“维稳双联户”等群防群治、联防联控工作机制,加强规范化建设和日常应急演练,织密织细城乡反恐维稳防控网络,整体构建1~3分钟反应圈、处置圈。要不间断查隐患、找短板、堵漏洞、勾缝隙、补功课、强措施,管好重点要素、重点部位、重点区域,强化重点领域、行业、物品安全监管链条,加强流动人口服务管理,构建无缝隙、无盲区、无空白点的立体化社会面防控体系。三要持续开展武装拉动。推动县、乡、村三级武装拉动常态化、规范化、全覆盖，科学统筹力量，健全联勤联动应急处置机制，全面提高快速处置能力。

（三）推进反恐维稳常态化。探索建立管全局、管根本、管长远的常态化工作机制，为社会全面稳定打下坚实基础。一要推进“两套班子”运行常态化，科学配置领导力量，坚持“一套班子聚焦总目标、全力以赴抓稳定，一套班子贯彻新发展理念、集中精力抓发展”，做到每一项工作、每一个环节都有人抓、有人管、有人负责、有人落实。二要推进“一个机制”常态化，坚持党政军警兵民协调联动，统筹整合各类资源，规范“六个常态化”运行管理，全天候、全方位调度监督、巡查指导维稳工作，形成统一高效的指挥体系和工作机制。三要推进社会面防控常态化，筑牢源头防范关口，织密社会面巡控网、常态化隐患排查整治网、人员密集场所和重点部位防控网、重点要素管控网、流动人口服务管理网、公安检查站（卡点）过滤网、武装拉动联勤联动“七张网”，不断提升社会面防控能力和水平，增强各族群众的安全感。四要推进打好“一场人民战争”常态化，坚持人力与科技相结合，着力提升发现能力、处置能力、打击能力。五要推进“三个联动”常态化，完善与内地协作配合机制，不断强化对内地托克逊籍少数民族务工群众和学生等群体教育服务管理，加强互联网管控，加快媒体深度融合，提高网上监控发现、封堵反制、清理整治、追查打击能力，做到境内境外、疆内疆外、网上网下协同发力。六要推进群众工作常态化，坚持思想教育引导与解决具体困难相结合，继续落实好群众工作“包干制”，以县、乡（镇）、村（社区）群众工作服务办公室为载体，健全群众反映问题解决“闭环式”工作机制，完善困难帮扶、全程代办、农业生产互助等长效机制，整合各基层力量千方百计为群众办好事实事，更好地聚民心、暖民心、筑同心，搭起党和群众的连心桥；要深化青年群众工作“三大专项行动”，教育引导广大青年听党话、跟党走，争做知恩感恩、爱国守法的好公民。七要坚持以“民族团结一家亲”和民族团结联谊活动为载体，最大限度推动各级党员干部下沉到村、走进群众、包户住户、开展“五同”工作，真正实现从“住村里”到“住家里”到“住心里”的转变。推动建立各民族相互嵌入式的社会结构和社区环境，创造各族群众共居、共学、共事、共乐的社会条件，让民族团结之花常开常盛。八要推进抓基层、打基础常态化，扎实开展“访惠聚”驻村工作，选优配强驻村力量，持续整顿软弱涣散党组织，切实把基层党组织建设成为服务群众、维护稳定、反对分裂的坚强战斗堡垒。九要推进宗教和睦和谐常态化，以驻村管寺、宗教人士培训为重点，做好清真寺和宗教活动的教育管理服务工作，依法治理非法宗教活动，积极引导宗教与社会主义社会相适应，确保宗教和睦和谐。十要深入开展历史文化宣传教育，积极组织开展“看历史、游家乡、爱祖国”主题教育活动，讲清楚新疆历史、民族、文化、宗教等重大问题、基本观点，引导各族群众树牢正确的国家观、历史观、民族观、宗教观、文化观。十一要推进国家通用语言文字使用普及常态化，全面推行学前和中小学国家通用语言文字教育，通过多种形式帮助基层群众学习掌握国家通用语言文字，推动机关企事业单位和城乡居民国语普及，铸牢中华民族共同体意识。

四、聚焦总目标，贯彻新发展理念，实现经济高质量发展

（一）坚决打好“三大攻坚战”。

——打好防范化解重大风险攻坚战。坚持宁可发展慢一点、也不违规举债的思想。要加强政府债务管控，严格落实党委政府管控债务规模、规范债务管理、防范化解风险的主体责任，除自治区发行的地方政府债券外，一律不得以任何方式举债，一律不得以任何方式为单位和个人债务提供担保，一律不得承诺为其他任何单位和个人的融资承担偿债责任,一律不得违规实施政府购买服务,确保零违规举债。要妥善处置隐性债务存量,严格落实“不增新债、认真化解”的主体责任,对2017年7月14日以前产生的政府隐性债务存量,按照制订的化解方案有序稳妥进行化解,分年度任务必须于当年12月10日前化解完成。要严格按照“四个一律”要求对新增项目进行审核把关,严禁超财政承受能力上马新项目,将可能发生的政府隐性风险消除在萌芽状态。要加强金融监管服务,紧盯风险多发高发的重点领域和关键环节,强化属地金融监管和风险处置责任,严格规范金融市场交易行为,坚决打击非法集资、地下钱庄、地下保单等违法违规金融活动,做好金融风险点整治,严守不发生系统性风险的底线。

——打好精准脱贫攻坚战。牢固树立“防止返贫、产生新的贫困和继续攻坚同等重要”的思想,坚决扛起脱贫攻坚重大政治责任,坚持党政“一把手”负总责、三级书记一起抓,健全党委领导、党政同责、部门齐抓共管的脱贫攻坚工作格局,聚力攻坚、精准施策,确保到2020年全县贫困人口同全国一道进入全面小康社会。一要严格标准抓质量。紧扣“两不愁、三保障”,咬定“一个目标”(2020年坚定坚决地完成脱贫攻坚任务),坚持“一个紧密结合”(维护稳定与脱贫攻坚紧密结合),严格落实“六个精准”,推进“七个一批”“三个加大力度”,坚持因地制宜、一户一策、精准到人,巩固脱贫退出的稳定性和可持续性,确保2019年全县建档立卡贫困户人均纯收入达到3900元以上,2020年现行标准下的农村贫困人口全部脱贫、消除绝对贫困。加强对收入水平略高于建档立卡贫困户群体的精准施策和政策支持,压实领导干部包联重度残疾人、贫困户责任,确保各类扶贫惠民政策落实到位,做到脱真贫、真脱贫。二要统筹结合聚合力。统筹维护社会稳定和脱贫攻坚工作,切实做到在思想认识、整体谋划、目标任务、推进举措、责任落实、监督执纪上紧密结合,既挖“乱根”、又拔“穷根”,做到两手抓、两手硬、双促进、双丰收。要坚持抓党建促脱贫攻坚,注重扶贫同扶志扶智相结合,扶到点上、扶到根上,激发贫困人口内生动力,变“要我脱贫”为“我要脱贫”。凝聚“专项扶贫、行业扶贫、社会扶贫、援疆扶贫”多方力量,不断巩固和提升脱贫攻坚成果。三要强化整改抓落实。聚焦中央第六巡视组专项巡视强调的“四个落实”,找差距、找不足、找问题,逐条逐项对照检查、分析原因、整改落实,不断攻难点、抓重点、补短板、强弱项,确保党中央关于脱贫攻坚方针政策和自治区党委部署要求不折不扣落实到位。

——坚决打好污染防治攻坚战。牢固树立绿水青山就是金山银山、冰天雪地也是金山银山的理念,坚持宁可经济发展慢一点、也绝不以牺牲生态环境为代价,坚决贯彻落实生态环境保护“党政同责、一岗双责、齐抓共管”工作要求,构建“横向到边、纵向到底”的“大环保”工作格局。一要狠抓中央环保督察反馈问题整改。党政主要负责人亲自抓、亲自管、亲自督促,实行工作专班“周调度、月督察”和“专案盯办”,切实抓好整改落实。对已经整改完成的,加强监管、巩固成果、严防反弹;对正在推进的,强化整改、推动落实,确保按时完成;对整改不力、进度滞后、出现问题反弹或表面整改、假装整改、敷衍整改的,从严从重问责。二要坚决守住生态保护红线。严禁“三高”项目进托克逊,严格执行环境保护“一票否决”制和责任终身追究制,实行最严格的生态保护制度和空间用途管制制度、最严格的水资源管理制度,全面落实河(湖)长制,推进河(湖)生态环境保护与修复,全面改善河(湖)水质和水环境。坚决守住生态功能保障基线、环境质量安全底线、自然资源利用上线,推动生态环境持续改善。一经划定的保护区,一律不允许擅自调整,确保生态功能不弱化、面积不减少、性质不改变。三要加大污染防治力度。持续打好蓝天、碧水、净土和农村人居环境保卫战，加快推进产业结构、能源消费结构调整，扎实推进“煤改电”“煤改气”，坚决淘汰落后产能，从源头上减少污染。加大环境监察力度，全面清理“散乱污”项目，坚决关停取缔一批、整改提升一批、搬迁入园一批，下大力气解决群众反映强烈的生态环境突出问题。

（二）深入推进“三项重点工作”。

——主动融入丝绸之路经济带核心区建设。牢牢把握“一带一路”倡议重大历史机遇，认真研究托克逊在丝绸之路经济带核心区建设中的位置和作用，切实把托克逊独特的区位优势、资源优势转化成为经济优势、发展优势。一要依托交通区位优势，进一步完善鱼儿沟、望布千万吨铁路物流港仓储设施建设，尽快促成托克逊高铁站建设，着力打造乌鲁木齐西行班列集结站。二要抓好园区建设，以创新管理体制机制为导向，科学定位功能，推动差异化、错位化发展，推进园区产业结构、基础设施、服务管理升级，促使生产要素和保障要素向园区集聚，积极引导企业入园发展，推动区位优势与产业发展有机链接，进一步完善产业体系，打造一批集聚项目的主阵地、产业发展的主力军。三要加强与周边区域交流合作，充分用好国家各项优惠政策和东部地区产业转移机遇，优化招商引资软环境，突出精准招商、产业链招商、以商招商，推动一批重大基础设施建设项目、重大产业合作项目落地，助推产业结构优化升级，为经济健康稳定增长添薪续力。

——深入实施乡村振兴战略。坚持农业农村优先发展，按照产业兴旺、生态宜居、乡风文明、治理有效、生活富裕的总要求，加快推进农业农村现代化。一要推动乡村产业振兴。深化农业供给侧结构性改革，以农业产业化经营、农产品精深加工为主攻方向，大力培育壮大金润枣业等农产品深加工龙头企业，发展壮大村级集体经济，完善“龙头企业+合作社+农户”模式，推动特色农产品就地加工、转化增值，促进农村一、二、三产业融合发展。二要推动乡村人才振兴。创新乡村人才工作体制机制，实施新型职业农民培育工程，抓好农民国语和技能培训，加强农村专业人才队伍和乡土人才队伍建设，培育壮大一批产业发展带头人、农户生产技术型人才和经营管理人才，引导各类人才向基层聚集，壮大乡村振兴人才队伍。三要推动乡村文化振兴。大力弘扬和践行社会主义核心价值观，加强农村思想道德建设，完善农村公共文化体系，深入开展精神文明创建活动和群众性文化活动，推进移风易俗和文明新风进万家，培育文明乡风、良好家风、淳朴民风。四要推动乡村生态振兴。加强农村生态保护，推进农村人居环境整治，抓好村容村貌提升、房前屋后环境治理、垃圾污水处理、“四好农村路”“厕所革命”“电化农村”工作，稳步实施“减水退地”、退耕还林、退牧还草、绿化造林工程，推进农业绿色发展，改善农村人居环境。五要推动乡村组织振兴。以提升组织力为重点，围绕建设善治乡村，建强基层组织，深化村民自治实践，促进农村基层组织全面进步、全面过硬，为乡村全面振兴提供坚强政治和组织保证。

——大力发展旅游产业。用好稳定红利，大力实施旅游兴县战略，推动旅游业大发展。一要抓产业优化。树立旅游规划大战略、大产业、大提升理念，高起点、高水平编制全县总体旅游规划，推动旅游与城镇化、工业化和商贸物流融合发展，加快形成“产业围绕旅游转、产品围绕旅游强、结构围绕旅游调、功能围绕旅游配、民生围绕旅游兴”的全域旅游发展格局。二要抓特色景区建设。统筹“白杨河+南湖杏花村景区”“红河谷+魔鬼城+怪石林+通沟景区”等旅游资源，实施重点景区提质行动，加快红河谷景区、雅丹地貌景区、南湖村杏花园、克热木植物观赏园和林海园林生态度假村等特色景区建设，充分发挥驿站文化和“新疆第一春”“托克逊拌面”品牌效应,打好自然生态游、田园风光游、文化遗产游、民俗风情游、舌尖美食游、魅力乡村游品牌,推动旅游集群化、品质化、特色化发展。三要丰富旅游业态。实施精品线路统筹推广工程,打造以生态、休闲、观光、民俗为主题的精品线路,培育"农业观光旅游、生态养生旅游、公路沿线旅游、农庄度假旅游"自然人文和民俗风情体验带、"南湖杏花村—红河谷—魔鬼城—克尔碱镇—怪石林"自助自驾和乡村旅游体验带,形成以线路联精品、以线路带区域的新格局。大力推进"旅游+"模式,加强与旅游企业合作,丰富旅游产品体系,推动一日游变多日游、观光游变体验游、景点游变全域游,全力打造"春赏花、夏尝果、秋观叶、冬品酒"的全季旅游新业态。坚持旅游富民,抓好乡村旅游,推动特色旅游小镇和农家客栈、旅馆、民宿发展,引导更多农牧民参与旅游商品、特色手工艺品开发,带动更多群众吃上"旅游饭"。四要完善旅游服务体系。合理规划旅游交通线路,健全旅游交通网络,完成伊拉湖至沙尔湖公路建设,打通阿乐惠镇、伊拉湖镇布尔碱村、黑山牧场、克尔碱镇通沟村的旅游线路通道。加快旅游综合服务提质增效,推进智慧旅游,发挥好各类媒体和援疆平台的推介作用,推动"疆内疆外、网上网下"互动营销、融合营销、精准营销,充分展示"新疆第一春·花开托克逊·丝路新驿站"的整体形象,吸引更多游客到托克逊观光旅游、休闲度假。

(三)全面深化改革创新。

——持续深化重点领域改革。坚持方向不变、道路不偏、力度不减,聚焦总目标、突出重点领域,坚决落实各项重大改革举措,推动相关改革走深走实,进一步释放新的发展活力和动力。一要推进社会治理体系创新。坚持系统治理、依法治理、综合治理、源头治理,总结近年来行之有效的举措和机制,在巩固成果、完善机制、形成常态上下功夫,完善提升健全社会治理体系,提升社会治理社会化、法治化、智能化、专业化水平。二要深化供给侧结构性改革。推进要素市场化配置改革,深入实施创新驱动发展战略,加快推进产业、企业创新能力建设,大力培育新动能。巩固"三去一降一补"成果,继续化解过剩产能,积极推动企业战略重组、稳妥处置"僵尸企业",稳步推进企业优胜劣汰。全面落实降成本各项政策,切实降低企业制度性交易成本、税费成本和要素成本。三要深化"放管服"改革。加快服务型政府建设,大力推动简政放权,优化服务流程,推进"证照分离"改革,完善服务窗口办理事项清单管理、限时办结制度,推行审批服务"马上办、网上办、就近办、一次办",切实转变政府职能。四要深化国企国资改革。推动国有企业完善现代企业制度,健全公司法人治理结构和经营机制,推行"精细化、标准化、目标化"管理。推进国有资产统一监管,加快从管企业向管资本转变,促进国有资本做强做优。五要有序推进党政机构改革,优化机构设置和职能配置,积极稳妥进行转隶组建,确保2019年3月底前完成全县党政机构改革任务。

——大力发展实体经济。紧紧围绕推动高质量发展,坚持一产上水平、二产抓重点、三产大发展,转变发展方式、优化经济结构、转换增长动力,培育壮大特色优势产业,推动经济平稳健康运行。一要巩固提升新型工业化。改造提升现代煤化工、新型建材等传统产业,培育壮大节能环保、再生资源、高性能树脂等新兴产业,实施大企业、大集团战略,全力做好中泰集团等大企业、大集团服务保障工作,加快推进中泰高性能树脂、中泰煤基新材料升级示范、中泰化学重组天雨集团500万吨煤分质清洁高效综合利用等项目建设,形成经济新的增长级。大力发展服装生产加工等劳动密集型产业,加快"卫星工厂""扶贫车间"建设,打造产业集群,广泛吸纳本地劳动力就业、促进就业增收。二要推动农业提质增效。实现农业发展由增产向提质转变,优化调整农业产业结构，大力发展西甜瓜、葡萄、红枣、杏子、托克逊黑羊养殖等特色产业，延长农产品加工链条，提高农产品附加值，推动农业全产业链发展。加强农业种植技术和田间管理，加快农技服务体系建设，完善承包地“三权”分置制度，培育壮大新型农业经营主体，建立多元化的营销网络，大力发展电子商务、物流配送、冷链运输等新业态，推广“公司+农户+电商”营销模式，让特色农产品搭上电商快车，促进小农业与大市场有效对接。三要推动商贸物流业发展。优化消费环境，畅通城乡双向联动销售渠道，增加高品质产品和服务供给，加快推进丝路驿站物流园项目建设，将振坤物流园建设成为集商业、办公、物流管理、信息服务中心为一体的综合性物流园，进一步健全覆盖县、乡(镇)、村(社区)的物流体系，完善商贸物流网络，畅通运输通道，推动形成高质量发展的新动力。

——发展壮大民营经济。强化党对经济工作的领导，坚持“两个毫不动摇”，大力支持、引导民营经济和非公有制经济发展。要营造公平竞争的市场环境，把激活市场活力和创造力作为市场监管的重要方向，全面实施市场准入负面清单制度，进一步健全公平开放透明的市场规则和法治化营商环境，坚决破除各种歧视性限制和隐性障碍，积极为民营企业搭梯筑台，更好地激发民营企业和企业家主观能动性和创新创造能力。要建立项目跟踪服务工作机制，坚持“一个项目、一个专班、一抓到底”，落实好优惠政策，着力解决民营企业发展中遇到的困难和问题，培育一批规模大、效益好、前景广的行业龙头企业，更好地发挥民营经济的生力军作用。要构建新型政商关系，营造尊重、激励和保护企业家干事创业的良好氛围，引导民营企业做出新贡献。

——强化财税金融的支撑作用。坚持依法征税，强化税源管控，做到应收尽收。全面落实减税降费政策，大力培植高效支柱财源，巩固壮大特色优势财源，实施预算绩效管理，进一步增强财政可持续性。要调整优化财政支出结构，树立过紧日子的思想，严格压缩一般性支出，严控“三公”经费预算，集中财力保基本、保运转、保民生、保重点。要主动与上级部门对接，积极争取更多支持，千方百计扩大财政专项资金来源。要以市场为导向，引导更多社会资本、民间投资和金融资本投入重点领域和薄弱环节，抓好交通、水利、电网、城镇等基础设施建设。要重视做好金融工作，引导各类金融机构提升服务实体经济的能力，加快畅通经济循环，助力地方经济发展。

(四)精心打造田园水韵城市。坚持田园水韵城市战略定位，积极构建城镇体系完善、资源利用集约、基础设施均衡、公共服务均等的城乡发展格局。充分发挥规划引领和刚性控制作用，积极推进“多规合一”，全面提升城乡规划建设管理水平。要深入推进城市主题公园、亮化景观、绿化景观、水系景观等工程建设，打造白杨河特色景观带，推进县城错位发展、完善功能、提升品质，打造具有田园风光魅力的旅游城市和独具地域特色的宜居宜业之城。要深入开展国家园林城市、文明城市、卫生城市创建，推进城市精细化、智能化管理，抓好棚户区和老旧小区改造，实施棚改1200套，建成安居富民房1820户，进一步完善住房供应体系。不断加强供水、供暖、供气、供电、通信等市政基础设施建设，大力开展环境卫生、道路交通、私搭乱建、食品药品安全等专项治理，让各族群众生活更方便、更舒心。坚持以城带村、乡村联动，因地制宜发展特色小城镇，促进城乡融合发展。

五、聚焦总目标，保障改善民生，提升群众幸福指数

(一)推进高质量就业。坚持就业惠民，始终把稳就业摆在突出位置，实施更加积极的就业政策，实现更高质量和更充分的就业。突出抓好城乡富余劳动力转移就业、高校毕业生就业、退役军人和困难群体就业,实施好就业困难人员“一对一”帮扶和零就业家庭动态清零工作,广泛开展就业技能培训,实现新增城镇就业2800人,农村富余劳动力转移就业1.1万人次,城镇登记失业率控制在3%以内。落实创业扶持资金和灵活就业补贴,推动大众创业、万众创新。

(二)办好人民满意教育。坚持教育优先发展,深入贯彻党的教育方针,全面落实党组织领导下的校长负责制,把立德树人作为根本任务,将社会主义核心价值观融入教育全过程,实现全员育人、全程育人、全方位育人。要抓好学前教育、义务教育、高中阶段教育和职业教育,改善义务教育薄弱学校基本办学条件,2019年实现学前教育、义务教育及高一、高二年级国家通用语言文字教学全覆盖,推动初高中未就业毕业生职业技术培训全覆盖。完善各类学生资助政策,实现“零辍学”目标。全面加强教师队伍建设,完善教师培训提升机制,打造新时代高素质教师队伍,不断提升教育教学质量和水平,增强各族群众对教育的满意度。

(三)提升全民健康水平。坚持医疗惠民,实施健康托克逊工程,持续开展全民免费健康体检,深化医疗、医保、医药联动改革,完善基本医保和分级诊疗制度,落实好先诊疗后付费、三免四减半、扶贫病床等惠民政策,着力解决群众看病难、看病贵问题。健全县、乡、村三级医疗服务体系,提升城乡医疗卫生服务水平,加强重大传染病、重点地方病、职业病防治救治力度,为各族群众提供更加优质高效的健康服务。坚持计划生育“一票否决”制度,认真落实计划生育奖励优惠政策,严格控制计划外生育。扎实开展爱国卫生运动和健康教育宣传活动,倡导健康文明行为,提高广大人民群众健康意识。

(四)完善社会保障体系。坚持社保惠民,加快建设覆盖城乡的社会保障体系,大力实施全民参保计划,继续完善落实城乡低保、养老保险、医疗保险、工伤保险、生育保险、社会救助等制度,实现应保尽保,全面提升社会保障水平。持续开展惠民政策常态化宣讲、动态化排查,确保各项惠民措施精准落地,让各族群众享受更多稳定改革发展成果。

(五)扎实推进对口援疆。坚持援疆惠民,深入贯彻落实第六次全国对口援疆工作会议精神,在对口援疆广度拓展、深度挖掘、力度加强上下功夫,紧紧围绕“一个中心”(社会稳定和长治久安)、抓住“四条主线”(项目建设、人才支持、交流交往、队伍建设),全面推进项目援疆、产业援疆、教育医疗“组团式”援疆、旅游文化援疆和基层建设,将援疆工作打造成造福群众的民心工程。

(六)全力抓好安全生产。坚持安全惠民,严格贯彻总体国家安全观,树牢安全发展理念,坚决落实地方党政领导干部安全生产责任制、“党政同责、一岗双责、齐抓共管、失职追责”和“三个必须”总要求,将安全生产工作与全县稳定发展各项事业同步推进,常态化抓好工矿企业、道路交通、重点行业等领域监管,坚决遏制重特大事故发生,确保安全生产形势持续平稳。建立健全应急体系,完善各类应急预案,常态化开展应急演练,提升防灾减灾救灾能力,保障各族群众安居乐业。

六、聚焦总目标,全面从严管党治党,巩固党的执政根基

(一)把党的政治建设摆在首位。始终把政治建设作为党的根本性建设,旗帜鲜明讲政治,树牢“四个意识”、坚定“四个自信”,坚定坚决做到“两个维护”,任何时候、任何情况下始终做到认同核心、维护核心、服从核心、紧跟核心、捍卫核心、绝对忠诚核心,始终在思想上、政治上、行动上同以习近平同志为核心的党中央保持高度一致;始终做到一切行动听从习近平总书记、党中央的号令和指挥,党中央提倡的坚决响应、党中央决定的坚决执行、党中央禁止的坚决不做,决不允许对党中央决策部署置若罔闻、熟视无睹,决不允许搞“上有政策、下有对策”，决不允许有令不行、有禁不止，决不允许做选择、打折扣、搞变通，决不允许弄虚作假、争功诿过，决不允许自行其是、阳奉阴违、尾大不掉、妄议中央；始终做到全县各级党组织、广大党员和各族群众的心，与以习近平同志为核心的党中央紧紧贴在一起、连在一起。要推进“两学一做”学习教育常态化制度化，深入开展“习近平新时代中国特色社会主义思想进万家”活动，深化中国特色社会主义和中国梦教育，始终用习近平新时代中国特色社会主义思想武装头脑、指导实践。要把反分裂斗争纪律摆在突出位置，引导所有党员干部在维护祖国统一、民族团结、反对民族分裂等重大政治原则问题上，始终做到旗帜鲜明、立场坚定、认识统一、表里如一、态度坚决、步调一致。

（二）打造忠诚干净担当的干部队伍。全面贯彻新时代党的组织路线，坚持好干部标准、突出政治标准，完善干部选拔任用体系，坚持德才兼备、以德为先、任人唯贤，坚持事业为上、依事择人、人岗相适。要把好选人用人政治关，大力选拔树牢“四个意识”、坚定“四个自信”、践行“两个维护”的干部；选拔坚决贯彻党中央治疆方略、坚决落实总目标，坚决维护祖国统一、反对民族分裂，敢于同“三股势力”作斗争，关键时刻冲得上、顶得住、打得赢，敢于发声、敢于亮剑、敢于牺牲的干部；注重在反分裂斗争一线、“访惠聚”驻村和驻村管寺工作、下沉住户工作和乡村基层检验培养磨练干部，对政治上有问题的人一票否决。要加强干部人才队伍建设，优化干部成长路径，强化干部教育培训和实践锻炼，大力引进一批急需紧缺的高层次人才和专门人才，扎实做好招录内地高校毕业生、退役转业军人工作，充实基层一线工作力量。要坚持严管和厚爱结合、激励和约束并重，关心关爱基层干部，切实减轻基层负担，激励广大党员干部新时代、新担当、新作为。

（三）夯实党的基层基础。始终把强基层、打基础作为长远之计和固本之举。要突出抓好党支部建设，着眼提升组织力、强化政治功能，推动机构编制、人员经费等向基层倾斜，促进基层党组织标准化、规范化建设，全面提高党支部建设质量，夯实党长期执政的组织基础。要切实加强村（社区）党组织建设，持续整顿软弱涣散党组织，选优配强村（社区）第一书记、“两委”班子，健全完善村组干部教育培养机制，提升基层党组织凝聚服务群众能力，把基层党组织建设成为服务群众、维护稳定、反对分裂的坚强战斗堡垒。要完善在村（社区）党总支统一领导下、村第一书记统筹村级各支力量工作机制，着力管好用好青年专干、妇女专干、综治专干，形成聚焦总目标、人人有责任、事事有人管的规制化工作格局。要扩大党的组织覆盖，抓好城市基层党建先行先试示范点建设，进一步加强农村、社区、机关事业单位、国有企业、各类学校、新兴组织和警务站等党组织建设，实现党的组织、党的作用、党的优势、党的领导全覆盖。要不断壮大党员队伍，特别是注重在反恐维稳和反分裂斗争一线发展党员，提高发展质量，充分发挥共产党员的先锋模范作用。

（四）深入推进党风廉政建设和反腐败斗争。要坚持一手抓反分裂斗争、一手抓党风廉政建设和反腐败斗争，坚持无禁区、全覆盖、零容忍，坚持重遏制、强高压、常震慑，有力削减存量、有效遏制增量，严厉惩治政治、经济、作风交织的问题，严肃整治领导干部利用名贵特产类特殊资源谋取私利的问题，持续传导全面从严治党的压力，巩固发展反腐败斗争的压倒性态势。要大力整治发生在群众身边的腐败问题，深化扶贫领域腐败和作风问题专项治理，严查基层微腐败和不正之风，抓好以案促改、警示教育，推动全面从严治党向基层延伸。要坚持惩前毖后、治病救人，用好监督执纪“四种形态”，落实“三个区分开来”要求，团结教育更多的党员干部，激发他们干事创业的积极性。要深化政治巡察,发挥好“利剑”作用,抓好巡察整改“后半篇文章”,高质量推动全覆盖。要充分发挥派驻机构“派”的权威和“驻”的优势,推动监察权向村居延伸,加强审计监督,监督制约公权力,着力构建不敢腐、不能腐、不想腐的有效机制。

(五)持之以恒正风肃纪。始终牢记“干部作风不实是我们最大的敌人”,以钉钉子的精神打好作风建设持久战,坚决贯彻落实中央八项规定及其实施细则精神和自治区党委“十要十严禁”要求,紧盯不敬畏、不在乎、喊口号、装样子的问题,坚持不懈整治“四风”、特别是形式主义、官僚主义,坚决防止工作棚架、浮在面上、流于形式,坚决克服表态多落实差、调门高行动少的现象,坚决破除作风上的“昏、粗、懒”,以铁的纪律、铁的作风、铁的措施,确保各项决策部署掷地有声、落地生根、取得实实在在的成效,确保实现“三年基本常态”目标。

让我们更加紧密地团结在以习近平同志为核心的党中央周围,以习近平新时代中国特色社会主义思想为指导,深入贯彻落实党中央治疆方略、特别是社会稳定和长治久安总目标,按照自治区党委“五年工作规划”目标和“1+3+3+改革开放”工作部署,以更加严实的态度、更加扎实的举措、更加务实的作风,奋力开创托克逊稳定发展改革新局面,以优异成绩迎接中华人民共和国成立70周年!

2019年政府工作报告

——在托克逊县十七届人民代表大会第四次会议上的讲话

（摘选）

玛合穆提·海吾尔

（2019年1月14日）

2018年工作回顾

过去的一年，在自治区党委、自治区人民政府、市委、市人民政府和县委的坚强领导下，在县人大、政协的监督指导下，在各部门的通力合作下，在全县干部群众的共同努力下，以习近平新时代中国特色社会主义思想为指导，深入贯彻落实党的十九大和十九届二中、三中全会精神，贯彻落实自治区党委经济工作会议、市委一届六次全体（扩大）会议和县委十一届十三次全体（扩大）会议精神，深入贯彻落实习近平总书记关于新疆工作的重要讲话和重要指示精神，树牢“四个意识”，坚定“四个自信”，坚决做到“两个维护”，深入贯彻落实党中央治疆方略、特别是社会稳定和长治久安总目标，贯彻落实自治区党委“1+3+3+改革开放”总体部署以及市委、市政府、县委各项工作安排，坚持稳中求进工作总基调，坚持新发展理念，着力做好稳增长、促改革、调结构、惠民生、防风险各项工作，全县社会大局持续和谐稳定，经济运行总体平稳，各族群众的获得感、幸福感、安全感明显增强。

预计2018年，全县实现生产总值83.91亿元，同比增长7.2%，其中第一产业增加值10.46亿元，同比增长4.71%，占总产值的12.46%；第二产业增加值56.72亿元，同比增长8%，占总产值的19.94%；第三产业增加值16.73亿元，同比增长7.2%，占总产值的19.94%；规模以上企业增加值45.17亿元，同比增长9%；一般公共财政预算收入14.28亿元，增长47.7%；完成全社会固定资产投资47.74亿元；招商引资到位资金44.9亿元；社会消费品零售总额6.67亿元，增长5.2%。城镇居民人居可支配收入33005元，增长8.3%。农村居民人均可支配收入13022元，增长9.87%。

一年来，我们突出抓了以下方面工作：

（一）聚焦总目标，维护社会大局稳定

深入贯彻落实反恐维稳“组合拳”，坚持问题导向，树牢底线思维，坚定坚决推进反恐维稳常态化、长效化。持续推进“扫黑除恶”专项行动，打击涉恶势力犯罪案件4起，抓获涉恶嫌疑人20人，追回涉恶赃款493.96万元，扫黑除恶取得阶段性战果。加强社会面防控。严格落实县级领导维稳值班制度，确保了全县各级力量统一指挥，突发事件高效处置。坚持科学布警，全面提升街面巡逻盘查力度，实现全县人员密集场所、重点要害部位巡逻防控全覆盖，确保将隐患消除在萌芽状态。建成“三合一”便民警务站39座，实现了警力下沉、警务前移，人民群众安全感明显增强。流动人口服务管理等工作不断加强，全面推广手机APP社会化自助采集和实名访客登记系统安装，提升流动人口中高危人员的发现能力。共登记出租房屋678间、流动人口46063人。组织开展县级领导宣讲45场次，常态化组织少数民族干部群众集中观看“厅级领导干部和区县长视频大宣讲”,受教育群众1.7万余人次。以村(社区)为单位组织3.7万余名基层群众开展“看历史、游家乡、爱祖国”主题教育活动,各族群众爱家乡、爱新疆、爱祖国的热情不断激发。深入细致做好群众工作。全力做好“访惠聚”驻村工作,精准实施“两个全覆盖”,扎实推进各级干部常态化包户住户和“五同”工作,累计下沉2.5万余人次、住户10万余次,常态化走访入户3.8万余次,排除安全隐患4050余个,解决群众各类困难诉求6280件,办好事实事、化解矛盾纠纷2.2万余件次。一年来,全县社会大局持续平稳,全县广大人民群众的安全感和幸福感明显提升。

(二)聚焦总目标,推动经济平稳健康发展

企业重组取得新成效。依托富集的煤炭资源优势,扎实推进企业重组,完成中泰集团与天雨煤化、盘吉煤业兼并重组,着力培育煤化工新动能。狠抓重大项目建设。中泰圣雄50万吨PVC、华天瓷业年产900万平方米中高档抛光瓷砖、绿翔年产6万吨新型外墙保温材料等陆续全面达产;骆驼集团年产400万千伏安时蓄电池首期100万千伏安时生产线进入试生产;中泰年产30万吨高性能树脂生产线、中泰天雨500万吨/年煤分质清洁高效综合利用项目、中泰绿色建材电石渣节能环保综合利用、骆驼集团年处理16万吨废铅酸蓄电池回收等项目已接近尾声;华帝服装、绿叶红、丝路兴达、盛泰纺织、新疆小绵羊等11家各类纺织服装企业正在加紧建设。实施固定资产投资项目56个,争取中央和自治区投资补助项目18个,中央预算内资金1.69亿元。招商引资签约项目19个资金54亿元。加快重大项目前期工作。将新疆中泰新能源有限公司煤基新材料升级示范项目列入《国家现代煤化工产业创新发展布局方案》的请示已上报国家发改委;新疆能源集团托克逊洁净能源多联产一期工程热解项目已列入《煤炭深加工产业示范“十三五”规划》;神华黑山露天煤矿400万吨/年项目已取得国家能源局核准;克布尔碱矿区总规环评已通过生态环境部审查;润田润北煤矿资源整合方案已取得自治区人民政府批复;德弘煤矿和亿丰黑山露天矿正在加紧办理矿业权设置方案。深化重点领域改革。放管服改革不断深化,市场活力不断释放。严格落实“多证合一”“一照一码”“先照后证”制度,加强事中事后监管,全面推进“双随机一公开”机制。政府服务中心正式投入运行,在线平台受理项目150项,共服务咨询和办理业务6364人次,实现审批办证单位集中办公,企业、群众办事更加方便。

(三)聚焦总目标,坚决打好“三大攻坚战”

打好防范化解重大风险攻坚战。强化责任,切实加强组织领导。第一时间组织成立政府债务化解工作领导小组,建立健全了应急处置工作机制;化解债务16.74亿元,以2017年7月14日为节点,按照逐项清理、分类处置的原则,全面清理政府投资项目151项,根据自身财力状况,确定规模和进度,制订切实可行的存量化解方案;严格按照“四个一律”的要求,所有新增项目严格把关,坚决守住“零举债”底线。坚决打赢脱贫攻坚战。坚持精准扶贫精准脱贫方略,对标“六个精准”“七个一批”“三个加大力度”,大力推进专项扶贫,以财政专项扶贫资金为支撑,坚持资金跟着项目走、项目跟着效益走,推动行业公共资源向贫困村、贫困户倾斜,争取专项扶贫资金1324万元,实施21个到村到户项目,惠及贫困户2677户(次)。落实群众困难帮扶机制,充分发挥民政兜底保障作用,进一步规范城乡低保审批发放工作,实现应保尽保,应退尽退,全年共发放低保金3526.8万元。实施困难贫困人员医疗救助政策,救助3216人次,救助资金415万元。采取政府开发、企业提供、自主择业的方式,实现贫困人口转移就业1513人。发放421万元助学补助金,1003名贫困学生享受政策。注重扶贫与扶志、扶智相结合,调动各方力量,夯实各级责任,凝聚攻坚合力。组织县直3181名干部职工开展定点结对帮扶全覆盖，各级干部、社会企业开展资金、物资帮扶570万元，24个规上企业帮扶8个贫困村，构建了专项、行业、社会、援疆扶贫协同推进的大扶贫体系，实现了1939户6558人年人均纯收入超过3750元。打好污染防治攻坚战。严格落实中央环保督察整改任务，全年累计投入3.6亿元，按序时进度100%完成了整改任务。强化污染源控制，先后拆除42台5万吨/年半焦炉，清理艾维尔沟矿区石灰石小料391万吨，修建道路14.4千米。清退罗布泊野骆驼国家级自然保护区矿权24.17平方千米。坚决打赢蓝天保卫战，拆除10吨以下燃煤锅炉16台，对108家餐饮商铺油烟治理设施升级改造，改造达到超低排放标准火电2家，全县空气质量明显改善。着力打好碧水保卫战，落实最严格水资源管理制度，严守"三条红线"，积极实施"退地减水"，完成高效节水农业面积3万亩。全面推进河(湖)长制工作，累计开展巡河(湖)190余次。开展"清四乱"专项行动，清理河道垃圾、矿山废渣147万吨，拆除河道内非法建筑11座，关闭非法采砂点7个，河道保洁步入常态化，河道生态环境明显改善。工业园区和城镇污水处理厂建成并投入使用。认真贯彻执行《托克逊县地下水资源管理办法(暂行)》，地下水位呈上升趋势。扎实推进净土保卫战，狠抓国土绿化、林木管护、退耕还林等工作，完成红山生态公园、吐和立交大河沿路、丝路驿站物流园外围绿化工程，完成造林绿化3.2万亩。全国土壤污染源普查工作顺利实施，建立了污染地块土壤环境管理信息系统，加大了对危险废物经营和产危单位的专项检查，全县土壤环境质量状况总体保持良好。

(四)聚焦总目标，突出抓好三项重点工作

加快融入丝绸之路经济带核心区建设，现代物流大发展。制订了《托克逊县丝绸之路经济带核心区建设三年(2018—2020年)行动方案》，明确了主要工作目标；已建成4000平方米的电商产业园，入驻企业20家、孵化创业人120余人；振坤物流园已初步形成集商业、物流管理、信息服务中心为一体化的综合性园区；加大现代铁路物流基地建设力度，在南疆铁路望布站建设的望布煤炭能源物流中心已具备1000万吨/年铁路集装箱发运能力，以乌鲁木齐铁路局及中泰化学为载体已完成对鱼儿沟物流基地的整合；丝路驿站物流园园区绿化、道路等基础设施正在有序推进，线路分工合理、物流功能完善、集货物仓储、铁路运输为一体的现代化物流基地已初步形成，成为开行"西行班列"的战略物流节点。加快实施乡村振兴战略。调整优化农业产业结构，农牧业实现提质增效，红枣、杏子、西甜瓜、黑羊肉等特色产业优势凸显。完成退棉面积1.4万亩，红枣、杏子、葡萄等经济林面积达20.3万亩，完成各类牲畜存栏35万头只，牛羊育肥120万头只，养殖黑羊22万只，斗鸡3.5万羽。农业产业化进程稳步推进，积极扶持培育金润枣业晋级为自治区级龙头企业，新增规模以上农产品加工企业1家、特色农产品销售网点8个。积极与京东商城、火洲果业、新疆果业对接，利用葡萄节、亚欧博览会、广州新疆特色林果博览会等平台，推进了"疆品入湘"工作，提升了托克逊县特色农产品的美誉和市场占有率。不断夯实农业基础，农村集体产权制度改革暨清产核资、农村土地承包经营权确权登记颁证有序推进。农产品质量安全检测中心"双认证"考核初步通过，国有牧场改革基本完成。加快推进农村水利基础设施建设，新建防渗渠103千米，有效提高了水利用率，减轻了农民水费负担。不断完善农村自来水供水管网，新建小草湖供水主管道16千米，修建伊拉湖镇、郭勒布依乡等农村自来水管网6处，完成入户管网15.42千米；实施白杨河城区上游及北大桥下游河道防洪工程、城区应急防洪工程，提升了白杨河流域防洪能力。加快推进旅游升级。围绕

“全域旅游示范区”创建工作，不断完善旅游公共服务体系建设，创建星级农家乐10家，提升南湖村杏花园旅游基础设施建设，推进旅游厕所革命，完成旅游改厕项目7个；建设了以白杨河沿岸美化绿化景观带、克然木农业观光园、林海花园生态植物园等旅游新景点，形成了“春赏花、夏尝果、秋观叶、冬品酒”的全季旅游新格局。强化行业监管，深入开展安全生产专项整治，确保了旅游事故零发生的目标。实现全年接待国内外游客137.94万人次，同比增长71.2%；旅游收入2.61亿元，同比增长15.8%。旅游带动直接就业4071人，间接就业48528人，全县旅游呈现健康发展态势。

（五）聚焦总目标，提高保障和改善民生水平。

坚持就业惠民。加大就业政策宣传落实力度，不断提升公共就业服务水平，实现城镇新增就业3353人，完成目标任务的119.8%。开展职业技能培训7005人，完成培训任务的123.3%。积极引导群众转变就业观念，深入各乡（镇）、村开展招聘会21场，提供就业岗位1829个。实现农村富余劳动力转移就业11835人次，完成目标任务的107.6%。多渠道推进应届高校毕业生实现就业901人，就业率达96.6%。首批103名托克逊籍城乡富余劳动力整建制成功转移到湖南益阳就业。助力南疆贫困地区脱贫攻坚，吸纳南疆籍人员有组织转移就业745人。坚持教育惠民。强力推进国语教学，实现了学前教育、义务教育阶段和高一年级国语教学全覆盖。狠抓校园维稳安全举措落实，校园人防、物防、技防、消防安全稳定体系逐步完善。县三中、二小教学楼和运动场、滨河学校食堂等项目有序推进。全力推动各项教育扶贫资助政策落到实处，累计落实各类补助资金576.14万元，惠及学生3712人。坚持医疗惠民。开展全民免费健康体检工作，2018年完成体检102416人，完成体检任务的101.6%。开展健康扶贫工作，设立扶贫病房（病床），为贫困户减免床位费7.5万元；实行“先诊疗后付费”“三免四减半”等政策，共减免12.6万元；享受“一站式”结算的贫困户1388人次，报销后贫困患者的医疗费用自付比例不足4%；为160位白内障患者实施手术，减免手术费用近6万元。家庭医生签约52907人，建档立卡贫困户签约率100%，高血压、糖尿病规范化管理率达到70%以上。加快完善远程会诊综合体系和医联体建设，通过远程会诊及医联体服务2762人次。稳步推进城乡医疗卫生服务能力提升工程建设，县人民医院综合楼和县维吾尔医医院门诊综合楼已完工，总投资6000余万元完成夏镇、郭勒布依乡、博斯坦镇和伊拉湖镇卫生院综合楼及附属设施建设项目主体建设。严格落实计划生育“一票否决”政策。顺利通过自治区卫生城市的复验工作。坚持社保惠民。完善社会保障体系建设，持续加大投入力度，不断扩大养老、医疗、失业、工伤、生育保险覆盖面，城乡居民基本养老保险、医疗保险参保率在95%以上。积极落实建档立卡贫困人员医疗保险政策，县级以上医疗机构门诊、住院报销比例提高5个百分点，门诊慢性病补偿比例由40%提高到50%，年度封顶线由3000元提高到4000元。全面落实贫困人员就诊就医绿色通道，提供优先服务，建立优先结算窗口，设立绿色病室和特定床位，发挥好社保扶贫作用。坚持安全惠民。全面贯彻落实习近平总书记关于安全生产工作10个方面重要论述及全国、自治区安全生产电视电话会议精神，严格贯彻落实“党政同责、一岗双责、失职追责”和“三个必须”总要求，筑牢安全生产防线，加强安全生产监管，严厉打击安全生产领域各种违法行为。加强食品药品监管，确保了各族群众饮食用药安全。坚持援疆惠民。2018年实施援建项目13个，援助资金近亿元。大力构建“六位一体”教育援疆新模式，建立“潇湘名家讲坛”，有效提升了本地教师教学业务能力和教育管理水平。加大人才柔性援疆力度，缓解了教师及警力不足难题。组织52名未就业高校毕业生赴援疆省市培养，提升了就业创业素质和能力。常态化开展“郴托情·义诊送医”活动20次，诊疗病患4000余人次，免费发放药品价值5万余元。

（六）聚焦总目标，促进民族团结宗教和谐

扎实推进民族团结教育“八进”，深入开展“民族团结一家亲”和民族团结联谊活动，全县各级干部职工已与6200余户、2.3万余人结成亲戚，严格落实“五同”要求，累计开展民族团结联谊活动3102场次，捐款76.37余万元、捐物1.22万余件，有效增进了各族干部群众的交往交流交融。严格落实“两项制度”，全面落实“七进两有”设施建设，确保清真寺绝对安全。实施少数民族发展资金项目3个，惠及郭勒布依乡、博斯坦镇、伊拉湖镇150户少数民族困难群众。强化“四项活动”全程规范监督服务管理，共计开展活动5009场次。组织开展卧尔滋演讲活动，1780场次，受教育群众3.6万人次。

（七）聚焦总目标，统筹城乡建设

高标准、高起点做好城乡规划编制设计，稳步提高城乡综合承载力，努力实现宜居、宜行、宜业生态环境。加快推进建设项目进度，完成棚户区改造3341套、安居富民2366户，道路建设、危桥改造、道路提升改造等工程有序推进，持续推进城区重大基础设施改造，完成工业余热集中供暖、供水改扩建及配套设施等项目，城市污水处理厂、工业园区污水处理厂开始试运行。完成农村公路新（改）建、安全生命防护工程共计92.8千米；加大农村公路小修养护力度，完成坑槽修补13.7万平方米，乡村道路建设成效显著，获得自治区“四好农村公路全区示范县”称号。城乡公共交通建设持续推进，开通公交线路6条、33辆新能源公交车全面运行，推行65岁以上老人免费乘车、持学生证的学生半价乘车的优惠政策，已办理学生卡6844张、老年卡4879张，各族群众出行更加方便。

（八）聚焦总目标，不断加强政府自身建设

坚持把廉政建设放在更加突出的位置，全面落实“一岗双责”制度，严格执行自治区、吐鲁番市“十条（项）规定”。自觉遵守领导干部廉洁自律的各项规定，“两学一做”专题教育、领导干部入户走访等活动取得明显成果。推进政府自身建设，自觉接受人大法律监督和政协民主监督，全年办理人大代表意见建议77件、政协委员提案32件。加强法治政府建设，认真落实党风廉政建设主体责任。从严从实抓好“以案促改”工作，充分运用“第一种形态”，使红脸、出汗成为常态。加大群众身边不正之风和腐败问题的惩治力度，不正之风得到有效遏制，风清气正的政府形象不断深入人心。

在看到成绩的同时，我们也要清醒地认识到，维护社会稳定和长治久安的基层基础还不够牢固；经济社会发展中仍存在一些矛盾和问题；安全生产工作抓得不够严，责任意识仍需加强；农业产业结构调整工作不理想，农业发展潜力还未完全释放，农民增收途径还有待于进一步拓宽；“放管服”改革工作还不够深入。对此，我们将高度重视，坚定信心、开拓奋进、狠抓落实，努力把各族群众最关心、最直接、最现实的利益维护好、实现好，给党和人民交上一份满意的答卷。

2019年政府工作的目标任务和工作重点

2019年是中华人民共和国成立70周年，是全面建成小康社会关键之年，是推进“三年基本常态”、进而实现“五年全面稳定”的重要一年，做好今年的工作意义重大。

今年工作总体要求是：高举习近平新时代中国特色社会主义思想伟大旗帜，全面深入学习贯彻落实党的十九大和十九届二中、三中全会精神，贯彻落实习近平总书记的重要讲话、重要指示精神，贯彻落实以习近平同志为核心的党中央治疆方略，统筹推进“五位一体”总体布局、协调推进“四个全面”战略布局，紧紧围绕社会稳定和长治久安总目标，坚持稳中求进工作总基调,坚持新发展理念,坚持推动高质量发展,坚持以供给侧结构性改革为主线,坚持深化市场改革、扩大高水平开放,不折不扣落实自治区党委工作部署,统筹推进稳增长、促改革、调结构、惠民生、防风险各项工作,保持社会大局稳定和经济持续健康发展,为全面建成小康社会收官打下决定性基础,以优异成绩迎接中华人民共和国成立70周年。

2019年主要预期目标:生产总值增长8%左右,其中第一产业增加值增长5.9%左右;第二产业增加值增长8.3%左右;第三产业增加值增长8.2%左右。规模以上工业企业实现增加值增长8%左右,完成全社会固定资产投资增长15.2%左右;一般公共财政预算收入增长10%左右;居民消费价格总水平涨幅控制在3%以内。城镇失业登记率控制在3%以内,城镇居民人均可支配收入增长8%左右;农村居民人均可支配收入增长9.4%左右。

实现上述目标,要重点抓好以下几个方面工作:

(一)坚定不移聚焦总目标,全力营造安定和谐的社会环境

深入贯彻落实习近平总书记治疆方略和自治区党委反恐维稳“组合拳”工作要求,牢固树立长期作战的思想,坚持问题导向、底线思维,坚决克服麻痹、松懈思想。创新人口服务管理和实名制工作,推行流动人口四种社会化采集方式,建立完善流动人口均等化政策,逐步实现基本公共服务由户籍人口向常住人口全覆盖。进一步深化社会治安防控体系建设,常态化开展武装拉动,形成群策群力、群防群治的综治维稳格局,确保全县社会大局持续稳定。继续做好“访惠聚”工作,扎实开展群众工作。持续开展“大宣讲”活动,始终坚持党管意识形态不动摇,加强反分裂斗争教育,牢牢占领思想舆论和文化阵地,引导各族干部群众树立正确的国家观、历史观、民族观、宗教观、文化观。

(二)坚决打好三大攻坚战,补齐全面建成小康社会短板

——坚决防范化解重大风险。牢固树立防风险意识,坚持宁可发展慢一点、也不违规举债的思想,加大督导考核和问责追责力度,严格落实党委政府管控债务规模、规范债务管理、防范化解风险的主体责任,除自治区发行的地方政府债券外,严格按照“四个一律”要求,确保零违规举债;妥善处置隐性债务存量,严格落实主体责任,对2017年7月14日以前产生的政府隐性债务存量,按照制订的化解方案有序稳妥进行化解,分年度任务必须于当年12月10日前化解完成。持续推进国有融资平台公司转型升级,理清国有企业经营债务和政府债务界限,严控国有企业债务水平;加强政府投资项目管理,严把项目审批关,将可能发生的政府隐性债务风险消除在萌芽状态,牢牢守住“零举债”底线;加强金融监管服务,紧盯风险多发高发的重点领域和关键环节,严格规范金融市场交易行为,坚决打击非法集资、地下钱庄、地下保单等违法违规金融活动,建立健全企业债务风险防控机制,打好防范化解金融风险战。

——坚决打好精准脱贫攻坚战。坚决贯彻落实习近平总书记关于脱贫攻坚重要论述、系列指示批示精神,紧紧围绕贫困户“一超过、两不愁、三保障”,聚焦贫困村“一降、五通、七有”,强弱项、补短板。进一步夯实县、乡镇、村三级攻坚责任体系,坚持大扶贫格局,全面落实好“六个精准”“七个一批”“三个加大力度”,做到“九个清”。聚焦中央第六巡视组专项巡视强调的“四个落实”,逐条逐项对照检查、分析原因、整改落实,不断攻难点、抓重点、补短板、强弱项。坚持扶贫与扶志扶智相结合、防范返贫与巩固提高相结合,对照建档立卡贫困人口“一超过、两不愁、三保障”标准,着力激发贫困人口内生动力,夯实贫困人口稳定增收基础。继续完善扶贫项目库,做到资金跟着项目走、项目跟着需求走。严

格落实扶贫项目公告公示制度，督促审计、财政等部门靠前指导，防范风险、堵塞漏洞，提升资金使用效益。2019年，坚持政策不变、力度不减，落实好1186户贫困户享受小额信贷和贴息补助政策，积极争取各级专项扶贫资金，凝聚行业资源和社会力量，通过发展产业带动增收2100人、转移就业增收1600人，符合教育资助、医疗保障、社会救助等政策的贫困人口，实现政策享受全覆盖，确保建档立卡贫困人口年人均纯收入在3900元以上，实现贫困村与乡村振兴战略有效衔接。确保到2020年全县贫困人口同全国一道进入全面小康社会。

——坚决打好污染防治攻坚战。深入践行绿水青山就是金山银山、冰天雪地也是金山银山发展理念，坚持人与自然和谐共生，严守生态保护红线、环境质量底线、资源利用上线。坚定不移地贯彻执行“节约优先、保护优先、自然恢复”的方针，加快推进中央第八环境保护督察组反馈意见整改力度，完成3项整改任务销号，重点抓好艾维尔沟矿区环境治理工作。完成全国第二次污染源普查工作，持续深入实施大气、水、土壤污染防治计划，积极调整产业结构，做好污染源防控和节能减排工作，严禁“三高”项目落地。持续开展“散乱污”治理工作，减少煤炭消费比重，加大燃煤小锅炉淘汰力度。大力推进饮用水水源规范化建设，保障饮用水安全。落实最严格水资源管理制度，严格执行“三条红线”，稳步实施“退地减水”，加强取水许可管理。积极全面推进河（湖）长制工作，加快推动河（湖）长制从“有名”到“有实”，推进河湖生态环境保护与修复，全面改善河湖水质和水环境。加强土壤污染管控，坚决遏制危险废物非法转移、倾倒和处置，减少化肥、农药使用量，增加有机肥使用比重，完善废旧地膜回收处理制度。加大防沙治沙工作力度，完成4.8万亩造林任务。牢固树立红线底线意识，严格执行环境保护“一票否决”制，依法严惩重罚生态环境违法犯罪行为，坚决打好蓝天、碧水、净土保卫战。

（三）加快融入丝绸之路经济核心区建设，推动形成开放新格局

——积极融入丝绸之路经济带核心区建设。紧抓“一带一路”建设、社会稳定红利充分释放的重要机遇，积极融入丝绸之路经济带核心区建设，打造高质量发展的重要引擎。牢牢把握“一带一路”倡仪重大历史机遇，准确定位托克逊在丝绸之路经济带核心区建设中的位置和作用，创新完善项目带动机制，积极申报和推介核心区建设项目，力争更多项目纳入自治区“一带一路”重大项目库；充分发挥优势、找准落点、积极融入，切实把托克逊独特的区位优势、资源优势转化成为经济优势、发展优势。合理布局现代综合物流基地，加快推进望布煤炭能源物流中心、鱼儿沟集疏运物流中心、丝路驿站物流园区等项目建设进度，确保年内完工投入使用；加快引进知名物流企业和现代物流企业入驻园区，鼓励物流企业建设公共网络信息平台，全面提高企业的信息管理水平，提升现代物流服务功能。

——积极发展外向型经济。加强与周边区域交流合作，充分用好国家各项优惠政策和东部地区产业转移机遇，加大企业、民间、社团组织积极参加2019年（中国）亚欧商品贸易博览会和中国丝绸之路吐鲁番葡萄节等相关节会，加快企业“走出去”步伐，积极发展外向型经济，促进对外开放，努力提高我县优势、特色产品竞争力；推动一批重大基础设施建设项目、重大产业合作项目落地，助推产业结构优化升级，为经济健康稳定增长添薪续力。

——加大招商引资力度。积极开展特色资源、优势产业宣传与推介，加快推进节能环保固废综合利用、烽燃再生资源废旧轮胎裂解等项目前期手续办理，加强编织袋生产、蒙皂石综合利用、矿山设备加工、有机肥生产等

项目的跟踪与洽谈，力争尽早落地、开工建设。

（四）实施好乡村振兴战略，努力开创“三农”工作新局面

——推进乡村产业振兴。以农民增收为核心，坚持质量兴农，突出绿色化、优质化、特色化、品牌化，深化农业供给侧结构性改革，推进农业由增产导向转向提质导向，努力把特色现代农业做实做强。紧紧围绕“万亩桑园、万亩杏园、万亩葡萄园”“万亩精品哈密瓜基地”建设目标，种植桑树1万亩，杏树2万亩，葡萄2万亩，精品哈密瓜1.5万亩，葡萄架式改造2400亩。紧抓春提早、秋延晚的时令节气，突出早春反季节蔬菜种植和西甜瓜、草莓、矮化桃子等特色果蔬种植，提前抢占乌鲁木齐蔬菜市场。落实好自治区旅游发展大会“旅游+农业”的发展要求，加快休闲农业发展，积极扶持克然木巴巴等6家休闲农庄发展。加大农业综合执法力度，加大对假冒伪劣农业投入品打击力度，严把农产品质量关。做好畜禽免疫、林业有害生物防控、农产品质量安全“双认证”建设等工作，切实保障广大人民群众利益，为农业产业振兴保驾护航。抓好畜牧产业化发展，加快品种改良进程，新建10个肉羊标准化规模养殖小区（场），牲畜存栏36万头（只），牛羊育肥达到121万头（只），黑羊发展到23万（只），饲草种植达到12万亩，斗鸡养殖饲养量达到4万羽。积极培育种养大户、家庭农场、农民合作社等新型农业经营主体，逐步形成以农业产业化龙头企业为骨干，其他组织形式为补充的新型农业经营体系。加大扶持力度，培育市级龙头企业1家，新建国内农产品销售网点2个。坚持把市场开拓能力建设作为农业产业发展的重中之重，积极开展外销平台建设，利用援疆机制通道，在长沙、株洲、郴州等中心城市搭建长期外销平台，加快建设电商营销网络和销售窗口。加大品牌营销力度，实施积极的营销策略，引导农业企业增强主体意识、质量意识和品牌意识，提高核心竞争力，为不断壮大托克逊县特色农业产业提供能量。

——推进乡村生态振兴。坚持绿水青山就是金山银山的理念，顺应广大农民过上美好生活的期待，统筹生产生活生态。以抓好农村生活垃圾治理、厕所粪污治理、生活污水治理、改善村容村貌、加强村庄规划管理及完善建设和管护机制为主攻方向，积极争取国家、自治区农村环境综合整治项目资金，安排地方财政专项资金支持，广泛动员村民积极参与，深入开展农户门前屋后、村庄道路环境卫生整治，形成长效管理机制，确保2019年完成乡（镇）、行政村生活垃圾治理任务的60%，农村卫生厕所普及率达到33%左右，努力建设整洁卫生、环境优美、和谐宜居的美丽乡村。

——着力增强农村发展活力。继续推进农村集体产权制度改革，切实加快改革步伐，确保按期完成集体资产清产核资工作目标和任务。逐步建立完善“归属清晰、权能完整、流转顺畅、保护严格”的农村集体产权制度，全面开展农村集体资产清产核资、集体经济组织成员身份确认，加快推进集体经营性资产股份合作制改革，探索农村集体经济新的实现形式和运行机制。指导和完善农民专业合作经济组织健康发展，带动周边农户，提高农民收入。完善村民自治制度，健全村规民约，推动移风易俗，树立文明乡风，倡导现代文明生活方式。着力构建符合本地的现代乡村社会治理体制和体系，促使乡村社会充满活力、和谐有序。

——加快城乡融合发展。统筹推进城乡发展，促进新型城镇化建设，加强建设市场监管，以建成“丝路新驿站 美丽托克逊”为城市发展目标。全力推进重点项目建设，着力推进城乡基础设施的全覆盖，以惠及民生、扶贫攻坚、乡村振兴、旅游发展、资源开发等项目为重点，积极实施农村道路、农田水利、农村电网改造等基础设施项目，推动农村基础设

施提档升级。加快推动公共服务下乡，推进就业服务向乡镇以下延伸，推动优质教育、医疗资源城乡共享，健全民生服务体系，不断促进城乡融合发展，不断提升城市整体发展水平。

（五）大力发展旅游文化产业，积极打造全域旅游新业态

——坚持规划引领。把旅游元素融入各个领域，推行“多规合一”，充分依据托克逊自然禀赋，将历史、文化、山水有机融合，找准乡村旅游发展定位。围绕提升杏花节、桑葚节、设施农业采摘为主的生态观光游，完善怪石林景区、红河谷景区、雅丹地貌景区为主的地理奇观游，挖掘烽燧、坎儿井、水系图、岩画为主的历史文化游等“三大游”，科学编制全域旅游规划，指导旅游产业健康发展。

——坚持品牌促进。一是加大旅游项目营销宣传。紧扣“新疆第一春·花开托克逊·丝路新驿站”品牌形象，培育2个乡村旅游示范点，打造4家民宿，增加生态旅游新亮点。二是继续做好以节促旅文章，精心谋划杏花季、新疆拌面文化节、桑葚节、油菜花节、红枣采摘节等节庆活动，把我县打造成为疆内知名的旅游目的地。三是大力引导农民发展以品尝特色美食、观赏花卉植物、采摘新鲜果蔬、体验农耕文化等形式多样的产品项目。提升打造九天河生态园、董双双生态农场、荷香别院、波港小镇等乡村生态休闲农庄，推动星级农家乐的创建工作。四是着重培育风城“十宝”品牌，提升我县旅游产品知名度，促农产品销售，增农牧民收入。力争全年接待国内外游客超过200万人次，旅游消费总额3亿元以上。

——坚持优化服务。完善景区景点道路、停车场、导览标识等配套建设，新建、改扩建A级旅游厕所13座。大力发展乡村旅游景点，精心打造硝儿村支边文化、通沟村民族风情园、博斯坦镇红枣基地等一批特色旅游小镇。加大行业监管力度，持续开展旅游市场秩序专项整治行动，确保旅游行业运转安全有序。

（六）全面深化改革，为高质量发展提供持久动力活力

——大力推进“放管服”改革。继续优化政府部门权责清单，全面实行权责清单、市场准入负面清单、涉企收费清单制度。坚持清单之内必须履职尽责，清单之外禁止擅自设权扩权。加快服务型政府建设，推动“证照分离”改革，持续开展减证便民行动，依托吐鲁番市政务服务平台，推行“一站式”服务和“互联网+政务服务”，实现100个高频事项“最多跑一次”。大力推进登记审批网络化，实现“一个窗口受理、全程跟踪服务”，构建“一条龙、规范化、经常性”服务体系，政府服务事项进驻综合实体大厅实现“应进必进”，除对场地有特殊要求事项外，基本实现政府服务事项分类受理，全面提升政务服务规范化、便利化水平。

——稳步推进供给侧结构性改革。在“巩固、增强、提升、畅通”上下功夫，巩固“三去一降一补”成果，依法依规引导企业化解过剩产能、淘汰落后产能，切实控制能源消费。坚持依法依规征税，强化税源管理，全面落实国家减税降费政策，降低全社会各类营商成本，共享电力体制改革政策，支持企业申报大宗直购电降成本。全面推行“双随机、一公开”监管体制，完善抽查机制，推动部门联动机制，建立市场监管新模式，对新业态、新模式实行包容审慎监管，减少对企业的干扰。

——持续深化国资国企改革。进一步创新机制体制，完善国有企业监管制度，结合机构改革进一步提升国资监管水平；积极支持地方国营牧场、国有公交公司、国有物业公司等国有公益企业做大做强，积极履行国有资本在重点行业、民生领域社会责任；进一步完善国有企业法人治理结构，利用市场机制选优配强国有企业领导班子，继续完善国有企业领导人激励约束机制，提升国有企业经营

质量和效益;推进经营性国有资产集中管理,优势资产整合重组,对“小、散、乱”经营不善的国有企业实施兼并托管,实现国资产监管从管资产到管资本转变;稳步实施混合所有制改革,有效提升国资竞争力,实现国有资产保值增值。

——大力支持民营经济发展。深入贯彻落实习近平总书记在民营企业座谈会上的重要讲话精神和自治区党委、政府《关于大力促进民营经济健康发展的若干意见》具体措施和要求,坚持“两个毫不动摇”,进一步健全公平、开放透明的市场规则和法制化营商环境,全面落实市场准入负面清单制度,做好负面清单与现行审批制度的衔接,落实“非禁即入”规定,对市场准入负面清单以外的行业、领域、业务等各类市场主体坚持平等进入。积极鼓励发展民营经济,支持民营企业大胆改革创新,激发市场更大活力、创造更多社会就业岗位。建立项目跟踪服务工作机制,坚持“一个项目、一个专班、一抓到底”,落实好优惠政策,着力解决民营企业发展中遇到的困难和问题,培育一批规模大、效益好、前景广的行业龙头企业,更好地发挥民营经济的生力军作用。

(七)积极发展实体经济,为高质量发展提供支撑

——提升发展农产品加工业。围绕以哈密瓜、葡萄、红枣、杏等为主的高效经济作物,加强政策性资金支持力度,引进精深加工技术,培育和引进农产品加工龙头企业,扶持现有农产品加工企业做大做强,达到延长农产品加工链条、提高农产品附加值的目标,实现从原产品销售向精深产品销售的转变。积极推动火洲果业和红星大市场战略合作协议落实,支持金润枣业、白粮液酒业做优做强,稳步推进馕和葡萄酒产业发展,实现标准化生产经营。

——持续推动新型工业化发展。以提高质量和核心竞争力为中心,改造升级传统产业,培育发展新兴产业。抢抓自治区绿色煤化工基地发展机遇,通过产业链补链延链强链、资源综合利用、循环化改造等举措,提升传统产业链竞争力,实施大企业、大集团战略,全力做好中泰集团等大企业、大集团服务保障工作,重点扶持中泰能化、圣雄能源、圣雄氯碱、圣雄电石、黑山煤化、金林实业等一批存量企业的产能提升;重点培育骆驼集团首期年产100万千伏安时蓄电池生产线、华天瓷业年产900万平方米中高档抛光瓷质砖一期、绿翔年产6万吨新型外墙保温材料、新华环保年产2万吨活性炭、隆新化工碳酸锶、亿恒达人造岗石等项目全面释放产能,持续发力;加快中泰年产30万吨高性能树脂生产线、中泰天雨500万吨/年煤分质清洁高效综合利用项目、中泰化学绿色建材厂电石渣节能环保综合利用、骆驼集团年处理16万吨废铅酸蓄电池回收利用、崇盛欣源抗车辙剂、中亚盛泰年产10万吨制涤纶纤维等一批项目建设进度,确保6月底投产达效,为工业经济持续增长增添新动能;重点推进中泰煤基新材料升级示范项目前期工作,纳入国家专项产业布局方案。

——加快发展劳动密集型产业。用足用好国家支持新疆纺织服装产业发展的优惠政策,加快发展纺织服装等劳动密集型产业,推进盛泰纺织、丝路兴达、绿叶红服装厂等纺织服装项目建设,加快推进纺织、布料、家纺、成衣加工及民族服饰、刺绣等产业发展,引导纺织服装业向毛纺、服装等终端产业倾斜,打造纺织服装产业园,建成吐鲁番重要的纺织服装加工基地。大力发展民族手工业、农牧产品加工业,积极开发特色旅游商品,支持“卫星工厂”“扶贫车间”建设,打造产业集群。

——加快发展现代服务业。加快丝路驿站物流园项目建设,加大招商入驻工作力度,力争9月底前完成园区基础设施建设,11月底前投入运行。深入推进托克逊县国家级电子商务进农村综合示范项目,以托克逊县电

商产业园为核心，推动园区型电子商务集聚区建设，释放县、乡、村三级电商公共服务体系效能。结合线下产业发展平台和线上电子商务交易平台，培育孵化一批立足农村、面向全国电商新农人。充分发挥乡村电商服务站点功能，聚力精准扶贫助贫。优化电子商务培训内容、创新培训模式，建立全面、持续的电商培训体系。建立托克逊县农村物流信息管理平台，实现农村物流配送信息化，力争实现农村快递物流寄递全覆盖。

（八）强化基础设施建设，为高质量发展提供保障

——加大基础设施建设力度。完善城市路网布局，加大路网密度，打通“断头路”，结合绿道、步行道等构建慢行系统，合理组织街区内部交通，提升交通服务能力。完善供水、供热、供气等基础设施，确保城区供气实现100%，垃圾无害化处理95%以上。加快推动乌斯通沟水库开工建设，争取实施艾丁湖生态治理工程、中型灌区节水改造项目，大力推进水利基础设施建设，提高水资源利用率。创新城乡供水一体化模式，实施集中供水设施达标改造，依托小草湖安全饮水巩固提升工程，全面更新改造农村供水管网，加强城市饮用水水源保护，为全面实现农村安全饮水提供保障。充实农村公路网络，实施农村公路新（改）建、安全生命防护工程100千米，推进“交通发展+旅游开发”的发展策略，合理规划旅游交通线路，加快旅游综合经济提质增效。计划实施人民路、团结路等道路建设，实施托克逊县燃煤锅炉改造热力管网建设项目、中泰大桥提升改造项目、白杨河北桥提升改造项目等基础设施建设项目，进一步完善市政基础设施，提高城市承载力。

——着力推进生态田园水韵城市建设。加强城市自然生态建设，以创建国家生态园林城市为目标，坚持以人为本，合理规划建设各类公园，按照实现“300米见绿、500米成园”的标准，通过规划建绿、拆迁建绿、拆违建绿、见缝插绿等措施，全面改造提升城市重点部位、关键节点、主要道路以及出入口的绿化景观，实现城市空间拓展与园林绿化同步推进。计划实施托海、合欢等绿色生态公园建设和白杨河人工湖溢流坝项目，完善白杨河公园、胡杨公园、白杨河北湖后期收尾工作，为园林城市创建奠定坚实的基础。

——充分发挥好市场机制作用。加强基础设施资金保障，统筹用好预算内投资、地方政府债券等财政性资金。坚持以市场为导向，引导更多社会资本、民间投资和金融资本投入重点领域和薄弱环节，抓好交通、水利、电网等城乡基础设施建设。创新投资管理体制，激活民间投资活力，有效破解项目资金融资难问题。进一步放宽基础设施和公共事业等领域投资限制，向民间资本推介一批符合国家政策规划要求、投资回报机制明确、商业模式创新潜力大的项目。

（九）坚持以人民为中心，下大力气保障和改善民生

——促进就业创业。积极完善和落实稳定就业惠民政策，鼓励以创业带动就业，做好企业用工对接和招聘服务工作，推动富余劳动力实现转移就业，加大就业扶贫力度，落实好高校毕业生、就业困难人员就业及创业的各项扶持政策。2019年计划全年城镇实现新增就业2800人，其中：实现就业困难人员就业500人；城镇登记失业率控制在3%以内，实现农村富余劳动力转移就业1.1万人次，开展职业技能培训5480人。加大就业创业政策宣传扶持力度，发挥县统筹城乡就业和培训领导小组作用，不断增强创业带动就业的倍增效应。大力实施冬春城乡富余劳动力职业技能培训工作，实施普惠制职业技能培训，提高劳动力职业素养，夯实转移就业基石。

——办好人民满意教育。切实加强党对教育工作的全面领导，确保各级各类学校实现党的组织、党的领导、党的作用、党的工作、党的活动、党的优势、党的力量壮大“七个全

覆盖”。不折不扣落实维稳安全各项措施,加大学校(幼儿园)周边环境治理工作力度,稳步推进“一中心、两平台”(教育系统维稳指挥中心、教职工管理平台、学生管理平台)建设。以“民族团结一家亲”和“三进两联一交友”活动为载体,广泛开展爱国主义教育活动,树牢“三个离不开”和“五个认同”意识。持续深入推进国语教学,2019年秋季实现高二年级国语教学全覆盖,推动学前教育、义务教育阶段及高一年级国语教学逐步向高质量转化。加强师资队伍建设,积极推进优质教育资源均衡配置,稳步提升教育教学质量。进一步完善各类学生资助政策,实现家庭经济困难学生和特殊群体学生资助“全覆盖”,确保“应助尽助”。确保义务阶段学校改薄工作年内完成,加强乡村小规模学校、乡镇寄宿制学校建设,县三中、二小工程年内完工并投入使用。做好“国家义务教育发展基本均衡县”复验相关工作。

——加快卫生健康事业发展。全面推进深化医药体制改革向纵深发展,提高公共卫生服务质量和均等化水平,建立健全医疗兜底保障机制,继续做好全民免费健康体检全覆盖,健康扶贫政策在医疗机构全覆盖。健全县、乡、村三级医疗服务体系,提升城乡医疗卫生服务水平,抓好各种重点传染病的防治工作,切实降低流行强度和疫情危害,提高医疗救治能力。继续落实好“先诊疗后付费”“三免四减半”、扶贫病床等惠民政策,着力解决群众看病难、看病贵问题。坚持计划生育“一票否决”制度,认真落实计划生育奖励扶助政策,严格控制计划外生育。扎实开展爱国卫生运动和健康教育宣传活动,倡导健康文明行为,提高广大人民群众健康意识加快城乡医疗卫生服务提升工程,年内完成夏镇、郭勒布依乡、博斯坦镇和伊拉湖镇四所乡镇卫生院建设并投入使用。

——健全社会保障和救助体系。加快推进全民参保计划,确保符合参保条件的居民应保尽保,努力实现2019年城乡居民基本养老保险和医疗保险参保率在95%以上。加大社保惠民工作落实力度,以织密网、广覆盖为主线,从社保层面减缓因病、因伤返贫、致贫的现象发生。继续推行“一站式”救助服务,落实贫困家庭医疗救助全覆盖。提高“五保”老人供养,孤儿集中收养比例,提升服务保障能力和水平,加大殡葬管理服务能力,年内第二殡仪馆投入使用。大力发展残疾人事业,保障妇女儿童合法权益。确保困难群众能够及时得到有效救助,让各族群众感受到关爱和温暖。

——不断改善群众住房条件。坚持“房子是用来住的、不是用来炒的”定位,加快建立多主体供给、多渠道保障、租购并举的住房制度,结合优化城市空间布局,完善基础设施和公共服务设施,稳步实施城镇棚户区和城中村改造,实施棚改“以产促改、产改结合”。拓宽融资渠道,防范融资风险,构建多元化棚改实施主体。2019年建设安居富民房暂定为1820户,棚户区改造计划改造1200套,公共租赁住房328套。

——切实抓好安全生产工作。继续完善县、乡(镇)应急救灾体系,健全应急救援队伍,加强应急救援能力建设,面提升应对处置各类突发事件的能力和水平。完成克尔碱矿区矿山救护队的组建,并通过新疆煤矿安全监察局救援指挥中心组织的验收。全按照自治区《地方党政领导干部安全生产责任制实施细则》和“管行业必须管安全、管业务必须管安全、管生产经营必须管安全”要求,深化“打非治违”,创新监管手段,完善工作机制,突出抓好安全生产责任落实。全面提高煤矿安全生产能力,力争神华黑山露天矿通过国家局一级安全生产标准化的验收,其它生产矿井全部达到安全生产标准化水平。在煤矿、危险化学品生产企业、非煤矿山等重点领域派驻安全生产监督员,强化企业主体责任落实。积极推进各行业各领域成立专项安全生产工作组，扎实开展本行业、本领域安全生产隐患排查整治工作，在重要时段对重要场所持续加大执法力度。积极推进各乡（镇）、村安全生产劝导员设置工作。提高安全应急防范意识，切实夯实安全及应急防范基础，为社会稳定和长治久安创造打下安全基础。

——深入推进对口援疆工作。把促进民生改善、民族团结作为落脚点，统筹做好脱贫攻坚、产业援疆、教育援疆、医疗卫生援疆、文化旅游援疆各项工作，紧抓项目建设、人才支持、交流交往、队伍建设四条主线，全面完成各项工作任务，不断提升对口援疆综合效益。进一步为援疆干部人才提供更加精细化的服务，充分发挥援疆干部人才的示范带动作用，确保援疆工作产生最大的社会效应。

（十）全面贯彻党的民族宗教政策，促进民族团结宗教和谐

全面贯彻落实党的宗教工作基本方针，坚持“保护合法、制止非法、遏制极端、抵御渗透、打击犯罪”的原则，因地制宜、因寺施策，做好清真寺和宗教活动的教育管理服务工作，积极引导宗教与社会主义社会相适应。加强对宗教人士培养保护关爱，落实好各项保障措施和集中培训机制，健全宗教人士队伍管理、考核、评价、激励机制，发扬广大爱国宗教人士爱国爱民的优良传统，团结引导广大信教群众确立正信、遏制极端。

广泛深入开展“民族团结一家亲”、民族团结联谊活动，推动民族团结进乡（镇）、进村（社区）、进机关、进学校、进企业、进景区（点）、进宗教活动场所、进军（警）营，拓宽各民族交往交流交融渠道，铸牢中华民族共同体意识。推动建立各民族相互嵌入式的社会结构和社区环境，营造各民族相濡以沫、共同发展的良好环境，进一步巩固平等、团结、互助、和谐的社会主义新型民族关系。

（十一）推进政府职能转变，努力建设人民满意政府

——坚持把党的政治建设摆在首位。坚持党中央权威和集中统一领导是党的政治建设的首要任务，自觉维护党的利益、国家利益、集体利益，时刻站在广大人民群众的立场上观察和分析问题。坚持用习近平新时代中国特色社会主义思想武装头脑、指导实践、推动工作，在思想上政治上行动上同以习近平同志为核心的党中央保持高度一致，在任何时候、任何情况下始终做到认同核心、维护核心、服从核心、紧跟核心、捍卫核心，绝对忠诚核心，始终做到一切行动听从习近平总书记、党中央的号令和指挥，坚决做到党中央提倡的坚决响应、党中央决定的坚决执行、党中央禁止的坚决不做，以实际行动确保党中央政令畅通、令行禁止，把坚持和加强党的全面领导贯穿政府工作始终。深入推进“两学一做”学习教育常态化、制度化，深化中国特色社会主义和中国梦教育，始终用习近平新时代中国特色社会主义思想武装头脑、指导实践。

——持续推进法治政府建设。坚决贯彻全面依法治国战略部署，坚持依法行政，用法治思维和法治方式维护稳定、推动发展，严格按照法定权限和程序履行职责，坚持用制度管权、管事、管人。规范优化行政权力运行机制，严格按法定权限和程序行使权力。完善政府法律顾问制度，加强规范性文件合法性审查，促进依法办事，防范法律风险，把政府活动全面纳入法治轨道。完善政府内部监督，加大行政复议纠错力度，积极做好行政诉讼应诉工作，强化行政监察和审计监督，落实重大决策终身责任追究制度及责任倒查机制。自觉接受人大的法律监督和政协的民主监督，认真办理人大代表议案、建议和政协委员提案，充分听取社会各界的意见建议，高度重视司法、舆论和公众监督，切实增强政府的执行力和公信力。精心组织实施，科学有序抓好政府机构改革，高质量完成改革任务。

——持之以恒加强作风建设。习近平总书记指出，作风建设永远在路上。我们要以钉钉子的精神打好作风建设持久战，坚决贯

彻落实中央八项规定及其实施细则，坚持不懈整治“四风”、特别是形式主义、官僚主义，坚决执行“十改进十不准”，做到“十要十严禁”。大力倡导“知行合一”的工作作风，在领导干部中树立“功成不必在我、建功必须有我”的境界，在一般干部中弘扬“事不避难、敢于担当”的精神，强化执行意识，着力解决事关各族群众切身利益的民生问题，推动政府作风转变，确保自治区党委、政府决策部署和市委、市政府及县委工作安排落实到位。

——坚定不移推进反腐败斗争。牢固树立新疆处于反分裂斗争前沿阵地和主战场意识，坚持一手抓反分裂斗争，一手抓党风廉政和反腐败斗争，扎实推进政府系统惩防体系建设，持续开展廉政教育，增强公务员队伍廉洁从政意识，全面推进党的政治建设、思想建设、组织建设、作风建设、纪律建设。加强对权力运行的制约和监督，强化不敢腐的震慑，扎牢不能腐的笼子，增强不想腐的思想，不断巩固发展反腐败斗争的压倒性态势，筑牢拒腐防变思想防线，以优良政风凝聚人心、推动发展，营造风清气正的政治生态。

百川汇海可撼天，众志成城比金坚。让我们紧密团结在以习近平同志为核心的党中央周围，高举中国特色社会主义伟大旗帜，以习近平新时代中国特色社会主义思想为指导，深入贯彻落实党的十九大、十九届二中、三中全会精神，贯彻落实习近平总书记关于新疆的重要讲话和重要指示精神，深入贯彻落实党中央治疆方略、特别是社会稳定和长治久安总目标，在自治区党委、自治区人民政府、市委、市政府及县委的坚强领导下，以“功成不必在我”的精神境界和“功成必定有我”的历史担当，落实好自治区党委五年工作规划目标，不忘初心、砥砺前行，真抓实干、攻坚克难，不断开创托克逊稳定发展改革各项工作的新局面，以优异成绩迎接中华人民共和国成立70周年！

概 述

GAISHU

地情概览

【地理位置】 托克逊县位于新疆天山南麓，吐鲁番盆地西缘，介于北纬41°21′14″～43°18′11″，东经87°14′5″～89°11′8″之间。东邻吐鲁番市，南接巴音郭楞蒙古自治州的尉犁县，西抵巴音郭楞蒙古自治州的和硕、和静县，北依乌鲁木齐市。县城托克逊镇北距乌鲁木齐市162千米，东望吐鲁番市55千米，距吐鲁番火车站50千米，南距库尔勒市320千米，交通便利，是出入东疆、南疆的交通门户。

【土地面积】 2018年，托克逊县土地总面积16561.05平方千米，其中农用地面积1810.93平方千米，建设用地面积104.06平方千米，未利用地面积14646.06平方千米。

【行政区划】 2018年，托克逊县下辖托克逊、克尔碱、库米什、阿乐惠、伊拉湖、夏、博斯坦7镇和郭勒布依乡，共8个乡级行政区，13个社区居委会，44个村民委员会，229个村民小组。1个自治区级能源工业化园区。

【地貌结构】 托克逊县位于天山山脉的山间盆地—吐鲁番盆地西部，县境北部及西北部为中高山区，有东西走向天山山脉的铁克里克乔喀山—恰克马克山及喀拉乌成山；中部为中低山区，有西北—东南走向的阿拉沟山—觉罗山；南部为中山区，有库鲁克山；三山之间为两洼，为东部倾向艾丁湖的两个簸箕状地形，总体地势西北高、东南低。山地占总面积的20.48%，山前戈壁砾石带占75.39%，平原绿洲占4.13%。山区海拔高程1000～4317米，绿洲海拔高程：-125～200米（为冲洪积平原），东部最低海拔高程为：-125米，海拔高程0米线穿过县城中心。自然坡降自西部的阿拉沟口向东，逐渐减缓，出山口后为1.5%，县城减为0.8%，县城东平原林场仅为0.5%。

【自然资源】

水资源　托克逊县水资源是吐鲁番地区相对丰富的县。人均4000余立方米。境内有6条河流，均来自于西北部天山高峰融雪，地表水总流量5.16亿立方米，可利用地表水资源量为4.26亿立方米，年毛引水量为2.2亿立方米，余量2.06亿立方米，地下水总补给量2.57亿立方米。已建成库容5350立方米的灌注式红山水库1座；库容为4500万立方米的阿拉沟水库规划设计完成；地下水天然补给量为县境内不重复的地下水补给量，包括河床潜流量，山前侧渗补给量和降水入渗补给量。托克逊县内地下水天然补给量多年平均为1742.37万立方米。托克逊河、阿拉沟河“两河”流域托克逊县水资源总量为县境内产水量与不重复的地下水补给量之和5.34亿立方米，“两河”流域托克逊县可利用水资源量为4.43亿立方米。

光热风能资源　托克逊县光照时间长，光热充足，

2018年平均气温为15.1℃,年日照时数2930.6小时,年日照总时数比历年偏少6小时。年平均积温在5600℃以上,年光照率68%,无霜期219天,适宜各种农作物生长。

托克逊县风能资源丰富,托克逊县风力发电场共规划3个区域,总面积为650.35平方千米,规划区域分别为:小草湖风场,规划面积约342.4平方千米,平均海拔480米;通沟风场,规划面积约212.35平方千米,平均海拔1989米;克尔碱风场,规划面积约95.6平方千米,平均海拔580米。克尔碱风场、通沟风场区域内未设气象站(无基础数据),该规划区域内地势平坦,均为戈壁荒滩。根据县气象站30年各月平均气温、气压和绝对湿度计算空气密度,得出全县区域密度为1.235千克/立方米。

全县规划区域风电场呈东北西南走向,多为冲积扇、河床和丘陵,地形、地貌简单,地形整体上北西高、南东低。表层细颗粒土由于长期受风的作用影响而保留较少,多为粗颗粒土,地基为土卵石、圆砾分布均匀,工程地质性能较好,承载力高,是建筑物良好的天然地基持力层和下卧层。

县规划区内10米高年均风速为8.6米/秒,年有效风速时数为4513小时;40米高年均风速为9.7米/秒,年有效风速时数为4484小时;50米高年均风速为9.9米/秒,年有效风速时数为4463小时;60~70米高年均风速时数为10米/秒,年有效风速为4421小时。规划区域内春夏季风大、冬季风小,大风月主要集中在4-7月,小风月集中在11月至翌年2月。由于区域内的风受内陆气候和地形作用影响比较明显,冬季下垫面为冷源,大气层较稳定,空气流动减弱,到12月最小;随着翌年气温回升,大气活动频繁,风速逐渐加大,风向多为西风和西北风。年风功率密度为1924瓦/平方米,年有效风功率密度(4~25米/秒)为1106瓦/平方米。

野生动物资源 托克逊县野生动物主要有雪豹、野骆驼、北山羊、金雕、玉带海雕、大鸨、胡秃鹫、盘羊、猞猁、兔狲、马鹿、鹅喉羚、天鹅、长耳鸮 、秃鹫、鸢、高山雪鸡、苍鹰,游隼、灰鹤、短耳鸮 、雕鸮、刺猬、狼、赤狐、沙狐、虎鼬、草兔、石鸡、白鹭、灰斑鸠、麻雀、啄木鸟、托克逊沙虎、壁虎等。

野生植物资源 主要有麻黄、灰胡杨、白梭梭、盐节、甘草、沙生柽柳、新疆枇杷柴、罗布麻、肉苁蓉、山柑(老鼠瓜)、宽刺蔷薇等。

2018年,重新复查认定全县古树名木、大树,托克逊县共有古树名木77株,树种主要为桑。

草场资源 2018年,托克逊县境内草原面积559万亩,县境内可利用草场453万亩。分全年和夏、秋、冬三季利用。春季草场在乌鲁木齐等外县。草原畜牧业牲畜的饲养采取游牧放牧方式。

森林资源 全县森林资源和自然植被匮乏,山区基本无天然林,现有天然林主要分布在库米什镇戈壁山区、甘草湖一带、克尔碱红山沟、通盖一带以及平原绿洲边缘郭勒布依乡、夏镇与吐鲁番交界处的荒漠灌木林。只有前山戈壁和平原绿洲分布有少量柽柳、盐节木、麻黄等灌木,覆盖率较低。平原人工林较发达,实现农田林网化,已形成具有吐鲁番地区特色的"窄林带、小网格"平原绿洲防护林体系。2018年,全县林业用地193.27万亩,人工林9.46万亩,占4.89%;天然荒漠林183.81万亩,占95.11%。人工林主要以榆树、沙枣、桑树、杨树等乔木为主;天然林主要以柽柳、麻黄、骆驼刺、锦鸡儿等灌木为主。

全县森林面积197.96万亩,森林覆盖率达到4.4%,造林义务劳动参加人数7万人次,植树65万株,义务植树尽责率达到94%。

年末,全县人均绿地面积12.2平方米。

【优势资源】

矿产资源 托克逊县素有"天然聚宝盆"之称。已发现矿产41种,优质矿产有煤

炭、盐、蒙皂石、钨、铜、铅、锌等，其中煤炭最为丰富，储量在43.06亿吨以上。

旅游资源 特殊的地理环境造就了托克逊县各具特色的旅游资源，有独特的雅丹地貌、红山水库、涸流、盘吉尔怪石林、巴依托海草场等自然景观。境内有阿拉沟古代塞人的竖穴木墓和保存完好的唐代烽火台等古迹遗址40处，自治区级文物保护单位5处，县级文物保护单位26处，其中克尔碱岩画石刻水系图为世界首次发现，具有较高的研究价值。作为世界知名旅游城市吐鲁番的两翼之一，是吐鲁番旅游业的有益补充。

【气候特点】 托克逊县北部、西部、南部有高山屏障，地势低而闭塞，特殊的地理位置及地形、地势等特点形成了其气候与邻接地区迥然相异的气候特征。

托克逊县属于独特的暖温带干旱荒漠气候。干燥、酷热、多风；盆地内年日照时数长，蒸发量大；降水量少，局地性强。春季升温迅速而不稳定，干燥少雨，风多力强。夏季漫长而酷热，因地形影响，盆地增温迅速，散热不易，形成持续高温天气；冬少严寒，风小雪少；秋季秋高气爽，降温迅速，温差大，降水稀少，灾害性天气少。夏季酷热少雨。全年盛行西风或偏西北风，偏东风次之。托克逊县素有“风库”之称，有著名的“三十里风区”，风能资源较为丰富，大风尤以春、夏季大风日数最多，约占全年大风日数的70%；秋季次之；约占25%；冬季最少，约占5%。月最多年份可达27天，冬季最少也有4～5天。

2018年，托克逊主要天气气候特点为：气温偏高，降水偏少。大风日数73天，比2017年多12天。全年平均气温为15.1℃，年平均气温比历年偏高0.6℃，年极端最高气温45.1℃，出现在7月24日，年最低气温-16.9℃，出现在12月24日和1月8日；≥35℃以上的高温天数101天，≥40℃以上的酷热日数为52天，比历年同期偏多19天，≥45℃以上的日数为2天。

全年年降水量为14.7毫米，比上一年度偏多6.6毫米；年日照时数2930.6小时，年日照总时数比历年偏少6.0小时；年最大冻土深度36厘米，出现在1月、2月、12月。沙尘暴日数2天，扬沙日数23天。

【水文土壤】 境内地表水系主要由北部的托克逊河水系（白杨河水系）及西部的阿拉沟水系组成。由冰雪消融及降水组成地表水源，汇集面积3361平方千米，年平均径流量为2.252×10^8立方米。托克逊河水系由托克逊河和克尔碱沟组成，发源于博格达山南麓，海拔4000米以上，汇水面积3051平方千米，年平均径流量1.14×10^8立方米。两大水系最终在县城西部汇合流经托克逊河注入艾丁湖。阿拉沟水系由发源于托克逊西的喀拉乌成山和包尔图山，由阿拉沟、鱼尔沟、祖鲁木图沟和乌斯通沟等4条河沟组成。

境内地下水较丰富，分为地下潜水和承压水，分布较广，且埋藏不深，加上平原坡度较大及特殊的灌水方式，使地下水资源可以重复利用。承压水的主要排泄方式是径流排泄，大部分承压水沿着自西向东的水力坡降以径流的方式消耗，还有一部分承压水顶托补给上层潜水进行消耗。潜水运动方向基本与地面坡降一致，由西北向东南至艾丁湖运移。厚度约在50～100米之间。潜水地层为第四纪砾石夹砂覆盖层，洪积、冲积而成，孔隙度大，透水性好，水量丰富。以机电井为主的形式利用，平均单井涌水量为20.4升／秒。其次以坎儿井、排水沟的形式利用。

托克逊县地表水系均发源于山区，水质较好，矿化度较低。据监测评价，阿拉沟、托克逊河水质良好，未受污染，适宜生活饮用、渔业养殖、农田灌溉。鱼尔沟水质较差，为Ⅳ类，主要是溶解氧低于标准值，氨氮超标；乌斯通沟、祖鲁木图沟水质均为天然状态，未受污染，水质良好。平原地区除下游的夏镇大部、郭勒布依乡部分地区潜水位高、潜水蒸发强烈,潜水盐分排泄不良而矿化。

地表水各河流泥沙含量较大,属多泥沙河流,托克逊河、阿拉沟等属干旱地区,植被差,地表裸露,土壤松散,河道纵陡大,中上游河段水流流速大,河流含沙量年内分配极不均匀,主要集中在汛期,河流泥沙进入引水渠道,增加了各级渠道的清沙工作量,特别是汛期,在干、支渠,坡度较缓渠段,必须经常清淤。淤积沙是极好的建筑材料。

托克逊县土壤分为山地土壤和绿洲土壤两大类。山地土壤随高度而呈垂直分布的规律,从上到下依次为高山寒漠—高山草甸—栗钙土—棕钙土。冲积洪积平原地带自西向东分布着:棕漠土、灌耕土、草甸土、潮土、盐土、灌淤土、灌淤潮土;由北向南分布着:棕漠土、风沙土、灌耕土、盐土、灌淤潮土和盐土。农业用地以潮为主。盆地土壤分为7个土类,16个亚类、11个土属、35个土种、47个变种。

【人口民族】

人口 2018年末,全县总户数为41538户,同比增长0.07%,年末总人口为119683人,其中男60236人,女59447人;乡村人口71590人,城镇人口48093人。全县暂住人口97857人,其中暂住时间半年以下人口17489人,半年至五年人口79227人。全年新出生人口1381人,出生率为11.53‰;死亡人口1395人,死亡率为11.64‰;全年自然增长人数13人,自然增长率为14‰。在年末总人口中:0~17岁人口30279人,18~34岁人口28593人,35~59岁人口46383人,60岁及以上人口14428人。

全县总人口41538户119683人,其中托克逊镇8443户23685人;克尔碱镇888户2281人;库米什镇220户593人;夏镇9740户30888人;郭勒布依乡7620户21336人;伊拉湖镇6244户17048人;博斯坦镇8370户23825人;阿乐惠镇13户27人。

民族 2018年末,全县总人口119683人,共有25个民族,其中维吾尔族95211人,汉族16689人,回族7371人,其他少数民族412人,分别是哈萨克族254人,柯尔克孜族3人,蒙古19人,锡伯族4人,俄罗斯族5人,乌孜别克族2人,满族25人,东乡族15人,壮族18人,藏族6人,苗族9人,朝鲜族1人,土族8人,土家族18人,彝族6人,白族4人,哈尼族3人,黎族1人,傈僳族6人,畲族3人,拉祜族1人,布朗族1人。

经济社会建设

【综述】 2018年,托克逊地区生产总值84.11亿元,按可比价计算,同比增长7.1%。其中第一产业增加值10.41亿元,同比增长4.72%,在地区生产总值中占比12.37%;第二产业增加值56.74亿元,同比增长8.11%,在地区生产总值中占比67.46%,其中建筑业完成增加值11.12亿元,同比增长3.13%;第三产业增加值16.96亿元,同比增长6.4%,在地区生产总值中占比20.17%。

2018年居民消费价格比上年上涨2.6%。其中食品价格上涨6.1%,服务项目价格上涨1.7%。商品零售价格上涨3.6%。工业生产者出厂价格上涨12.4%,其中轻工业下降0.6%,重工业上涨13.6%。农业生产资料价格上涨2.0%。

2018年末,全社会从业人员99681人,同比增长32.25%。其中第一产业从业人员为49128人,同比增长67.56%;第二产业为16621人,同比增长2.39%;第三产业为33932人,同比增长13.79%,就业规模不断扩大。

【农业】 全县实现农林牧渔业增加值10.87亿元,按可比价计算,同比增长4.76%,其中农业增加值8.6亿元,同比增长5.13%;林业增加值1224万元,同比增长5.56%;牧业增加值1.68亿元,同比增长2.26%;渔业增加值23万元,同比增长4.76%;农林牧渔业服务业增加值4659万元，同比增长7.47%。

全年农作物播种面积2.54万公顷，其中粮食作物播种面积3720公顷，同比增加1650公顷，增长79.47%。棉花面积5633公顷，同比增长1213公顷，增长27.50%。瓜果类面积2267公顷，同比减少1953公顷，下降46.26%。蔬菜面积1660公顷，同比增加5.33公顷，增长0.32%，其中温室大棚907公顷，同比增加39公顷，增长4.54%。其他作物面积1.16万公顷，同比增加1670公顷，增加16.78%。红枣面积7600公顷，同比增加567公顷，增长8.07%。杏子面积4387公顷，同比增加627公顷，增长16.63%。葡萄面积3520公顷，同比增加927公顷，增长35.65%，其中结果面积880公顷。

托克逊县期末牲畜存栏35.26万头（只），年内出栏30.83万头(只)，出栏率87.5%；肉类总产量6544.65吨。

奶类产量2100吨，鸡蛋产量53吨，蜂蜜产量178吨。

【工业建筑业】 2018年规模以上工业总产值153.51亿元。2000万元以上工业增加值比重大，2000万元以上工业增加值45.39亿元，同比增长9.91%。

附：

2018年托克逊县主要农产品产品产量表

表1　　　　单位：吨

产品名称	2018年	比上年增长率(%)
粮食	22200	62.55
其中：高粱	14463	22.44
棉花	8453	27.50
蔬菜	61000	-7.18
瓜类	68223	-43.66
其中：甜瓜	58995	-49.63
西瓜	9228	131.92
油料	5914	80.47
葡萄	22000	0
红枣	42990	0
杏子	40950	0.66

2018年，全县建筑业完成总产值11.49亿元，同比下降4.73%。完成竣工产值1.99亿元，同比下降21.49%。房屋建筑施工面积48.10万平方米，同比下降3.05%。

【固定资产投资】 2018年，全县固定资产投资累计完成50亿元，同比下降57.29%。其中第一产业完成投资0.48亿元，同比下降91.5%；第二产业完成投资39.85亿元，同比增长0.72%；第三产业完成投资9.67亿元，同比下降86.56%。

2018年，房地产开发企业完成投资2050万元，同比下降77%。全县商品房销售面积8447平方米，同比下降3.8%，商品房销售额2115万元，同比增长17.56%。

【交通通信】 2018年末，托

2018年托克逊县主要工业产品产量表

表2

产品名称	计量单位	产 量	比上年增减(%)
石墨及碳素制品	吨	54602	66.51
光伏组件	兆	0	-100
聚氯乙烯树脂	万吨	56.66	4.4
白 酒	千升	1286.2	40.49
锰硅合金	万吨	1.79	52.7
原 盐	万吨	2.87	-53.97
供热量	万吉焦	482.4	13.38
锌金属含量	吨	16879	157.21
烧碱	万吨	38	3.81
硅酸盐水泥熟料	万吨	102.70	-0.24
焦油	万吨	6.02	-17.44
电 石	万吨	205.95	2.18
焦 炭	万吨	99.18	-17.44
水 泥	万吨	116.52	2.46
石 灰	万吨	308.85	14.16
发电量	亿千瓦时	102.96	-2.3
其中:火力发电量	亿千瓦时	86.94	-3.48
风力发电量	亿千瓦时	14.08	3.89
太阳能发电量	亿千瓦时	1.93	10.47
硫 酸	万吨	4.2	10.39
石灰石	万吨	369.62	-36.20
硫铁矿石	万吨	22.55	-7.18
塑料管子及附件	吨	0	-100
原 煤	万吨	1451.22	3.36
铜金属含量	吨	1162	41.48
硫酸渣	万吨	3.14	31.36
干制红枣	吨	878	2.46
天然大理石建筑板材	万平方米	2.06	-93.88

克逊县境内公路通车里程1583千米,其中等级公路里程1512千米,高速公路里程145千米,等外公路里程68千米;国道145千米,省道96千米,县道178千米,乡道349千米,村道656千米。全县客运量797418人,旅客周转量5146.4万人/千米。出租汽车335辆。

2018年,全县年完成邮电业务收入12337万元,同比增长7.01%,其中通信业务收入11041万元,同比增长11.47%。年末电话总户数

184850户，同比下降4.37%。其中固定电话22538户，同比下降23.81%，其中城市电话用户为10156户，同比下降22.11%，乡村电话用户为11287户，同比下降26.77%；移动电话年末数162312户，同比下降0.85%。年末全县互联网用户34981户，同比增长5.9%。

【商品贸易】 2018年，累计实现社会消费品零售总额6.15亿元，同比增长5.19%。城镇消费品市场，实现零售额3.50亿元，同比增长4.79%。农村消费品市场发展明显加快，乡村消费品市场实现零售额2.65亿元，同比增长5.71%。

2018年，全年批发零售业实现零售额4.88亿元，同比增长5.45%，占社会消费品零售总额比重79.38%。住宿和餐饮业累计实现1.27亿元，同比增长4.16%，占社会消费品零售总额的20.62%。

【财政金融】 2018年，完成一般公共预算收入14.97亿元，同比增长54.9%。税收收入10.84亿元，同比增长45.4%，其中增值税5.47亿元，同比增长47.7%。营业税16万元，同比下降78.1%。企业所得税1.08亿元，同比增长1.51倍。个人所得税5133万元，同比增长50.6%。资源税1.09亿元，同比增长50.4%；非税收入4.17亿元，同比增长86.2%。2018全年一般公共预算支出31.44亿元，同比增长49.6%，其中一般公共服务支出2.15亿元，同比下降16%，公共安全支出2.83亿元，同比增长61.3%，教育支出5.36亿元，同比增长1.4%，社会保障和就业支出1.61亿元，同比下降10.3%，医疗卫生支出1.8亿元，同比增长0.8%。

全县银行各项存款余额53.16亿元，比年初增加5.43亿元，同比增长0.39%，其中住户存款29.26亿元，比年初增加9479万元，同比增长2.45%。全县银行各项贷款余额50.11亿元，比年初减少1.03亿元，同比下降2.01%。

全县全年实现保费收入18503万元，同比增长0.52%，其中财产保险保费收入7444万元，同比增长7.82%；人寿险保费收入11059万元，同比下降3.86%；支付各类赔款7344万元，同比增长7.57%，其中财险赔款3891万元，同比下降8.13%。人寿赔款3453万元，同比增长33.24%。

2018年托克逊县银行存贷款及其增长速度表

表3

指 标	绝对数(万元)	比年初增减(%)
各项存款余额	531609	0.39
住户存款	292619	2.45
各项贷款余额	501040	-2.01
住户贷款	95069	4.66
非金融企业及机构贷款	405971	-3.45

【教育文化和卫生】 年末全县有职业高中1所，毕业生62人，招生数318人，在校学生614人；普通高中2所，毕业生数989人，招生数686人，在校学生2409人；普通初中5所，毕业生数1197人，招生数1284人，在校学生3755人；小学33所，毕业生数1822人，招生数1870人，在校学生11321人；幼儿园52所，在园幼儿6243人。全县小学适龄儿童入学率100%，初中毕业升学率100%。

年末全县文化馆、公共图书馆、广播电视台、电视转播发射台、艺术表演团体各有1

个,书店7个。调频转播发射台1座、广播人口覆盖率98.04%,同比持平,电视人口覆盖率97.06%。图书馆藏书3.7万册,同比增长68.18%。

年末全县共有卫生机构78所。医院有2所,其中综合医院1所、民族医院1所;基层医疗卫生机构有68所,其中社区卫生服务中心1所,乡镇卫生院7所,村卫生室46所,诊所、卫生所、医务所有14所;专业公共卫生机构8所,其中疾病预防控制中心1所,妇幼保健站1所,卫生监督所1所,计划生育技术服务机构5所。

全县总床位数610张,卫生从业人员1053人,卫生技术人员836人,其中执业助理医师289人,注册护士328人,药师45人,技师51人。管理人员53人,工勤人员52人。全年门诊总人次数20.71万人次,住院3.14万人次。

【环境保护】 2018年,全县森林面积198万亩,森林覆盖率4.4%,造林义务劳动参加人数7万人次,植树65万株,当年造林面积5.66万亩,其中人工造林面积3.65万亩,当年新封山(沙)育林面积2万亩,人工更新面积90亩,森林抚育面积1.5万亩。年末实有封山(沙)育林面积11.4万亩,林木种苗中育苗面积1020亩。

年末,有污染处理厂1座,污水处理厂设计处理能力1.1万吨/日。污水年处理量260.62万吨。2018年为保护环境运行费用93万元。城镇生活污水处理率100%。

【人民生活和社会保障】 2018年,全县城镇居民可支配收入33037元,比上年增加2561元,增长8.4%;农村居民可支配收入13987元,比上年增加1134元,增长9.6%。

年末,全县新增就业人员3353人,同比增长7.4%,城镇登记失业人数715人,同比增长15.51%,城镇登记失业率2.9%。

2018年末,参加城镇职工基本养老保险人数15262人,同比增长7.81%。其中参保职工11600人,同比增长10.69%。参保离退休3662人,同比下降0.41%;参加基本医疗保险20781人,同比增长16.06%。其中参保职工17509人,同比增长14.54%。参保离退休3272人,同比增长24.89%。参加城乡居民基本医疗保险96245人(2018年由于机构改革和职能划分,新型农村合作医疗与城镇居民基本医疗合并,统称为城乡居民基本医疗保险);参加工伤保险19644人,同比增长12.32%;参加失业保险人数14361人,同比增长11.62%;参加生育保险人数17195人,同比增长14.57%。

年末,共有收养性社会服务机构3个,其中城市社会服务机构1个,儿童福利院1个,救助类单位1个。城镇居民最低生活保障人数1225人,同比下降45.07%,城镇居民最低生活保障户数953户,同比下降40.21%。农村居民最低生活保障人数6920人,同比下降29.54%,农村居民最低生活保障户数5761户,同比下将27.26%。

注:地区生产总值、农业增加值、工业增加值、建筑业增加值指标绝对数按现价算,增长速度按可比价计算。

大事记

DASHI JI

1月

3日 托克逊县组织全县各单位国家工作人员，参加全区国家工作人员网络学法无纸化答题活动。

6日 凌晨5时42分，郭勒布依乡切克曼坎儿孜村1组路面发现一辆小车烧毁。接警后，县公安局指挥中心立即指派刑侦大队、交警大队、120到达事故现场，并指派8个乡（镇）派出所协助调查。据查，死者于前日晚与3名朋友一起喝酒后独自在车内取暖睡觉，因车辆线路老化自燃中毒身亡，烧毁车辆系1994年老式大众桑塔纳。

10日 托克逊县委十一届九次全体（扩大）会议召开，会议设县、乡（镇）两级会场，县处级领导、县直单位党员领导干部、村（社区）两委班子成员、村（社区）第一书记、“访惠聚”驻村干部500余人参加会议。会议安排部署2018年托克逊县全面贯彻落实习近平新时代中国特色社会主义思想、打好自治区党委反恐维稳“组合拳”、牢牢把握意识形态领域主阵地、坚定坚决保障改善民生、实现经济又好又快发展等重点工作。

13日 新疆煤矿安全监察局、自治区煤炭工业管理局调研组调研托克逊县煤炭行业安全生产及发展情况。调研主要内容包括贯彻落实中共十九大精神情况、春节、“两会”前政府对煤矿安全生产工作安排部署情况、煤矿企业安全生产措施落实情况、保障冬季生产生活用煤情况以及2018年煤炭行业发展及煤炭企业安全生产工作思路。

16日 自治区总工会、自治区纺织服装产业工会组成的慰问组到托克逊县开展2018年元旦、春节送温暖活动，慰问组看望慰问了托克逊县自治区级劳动模范、南疆籍环卫工人及困难职工。

17日 托克逊县召开2018年寒假返乡学生社会实践活动启动，此次寒假返乡学生社会实践活动时间为1月17日到3月15日，主要内容是开展教育宣讲，学习法律知识、中共十九大宣讲以及参观实践等，动员返乡学生投入社会实践活动，使其在社会实践中收获知识、锻炼能力、回报家乡，为社会做贡献。

18日 中国人民政治协商会议托克逊县第十二届委员会第三次会议开幕，应出席委员110人，实际出席97人。赛福丁·卡德尔代表县政协委员会向大会报告工作。会议期间，共提交提案137件，经审查立案31件，交由15家单位承办。

19日 托克逊县第十七届人民代表大会第二次会议开幕，应出席代表140人，实际出席118人。会上，县长玛合穆提·海吾尔代表县人民政府作政府工作报告。

20日 托克逊县监察委员会正式挂牌。县监察委员会成立后，与县纪律检查委员会合署办公，实行一套工作机构、两个机关名称，履行党的纪律检查和国家监察两项职能，实现对全县所有行使公权力的公职人员监察全覆盖。

21日 托克逊县人民医院援疆干部义诊队到博斯坦镇硝尔坎儿孜村开展义诊,为村民测量血压、血糖,并宣传健康知识,指导慢性病用药及解答村民健康咨询等,近80人接受义诊,送出用于感冒、呼吸道感染、肠胃病等10余种药物,价值800余元。

23日 托克逊县公共就业服务局和县残疾人联合会联合开展以"帮扶到人、岗位到手、政策到位、服务到家"为主题的就业援助月专场招聘会。此次招聘会,金盾保安公司、天鹏碳素、华帝服装厂、诚信商厦、金鑫浩恒和能源有限公司、大风鹰生态农业有限公司、亨通货物运输有限公司等7家企业提供保安员、加气工、导购员、电工、出纳、缝纫工等260个工作岗位,共有321人参加招聘会,各企业现场登记有就业意愿人员202人。

25日 托克逊县开展公交首末站项目选址工作,本着节约集约用地、优先使用存量建设用地和未利用地的原则,现场踏勘。新建3处首末站,拟选址分别位于县公交公司南侧、九龙路西侧、S202吐托快速路北侧,拟用地总面积1.6万平方米。

27日 动物卫生监督所组织执法人员专项监督检查托克逊县九龙农贸市场、伊拉湖镇所有卖肉摊点、博斯坦镇卖肉摊、郭勒布依乡卖肉摊、动物产品经营市场等。重点检查了市场上经营的动物产品是否持有动物检疫合格证明,是否盖有检疫检验验讫印章,是否粘有检疫标识等。共检查36个肉类产品经营点,其中检查九龙农贸市场有2家鸡肉经营户未按规定销售活畜,已现场整改完毕。

2月

3日 自治区发改委调研托克逊县物流业发展及重点项目规划建设情况。

4日 县总工会在托克逊县华帝服装有限责任公司举办"湘吐情·一户一工人"第一期服装缝纫平车工培训班结业表彰暨签约仪式,参加此次培训的学员共103人,其中85名学员与华帝服装企业签订了用工合约和就业协议。

6日 托克逊镇银泉社区展出由返乡大学生创作的125米长手绘画卷《初心》,内容分为是中华优秀传统文化、全国各地标志性建筑以及家乡的发展变化三大部分,反映了党的惠民政策落地、实施"访惠聚"驻村工作和"民族团结一家亲"活动中的精彩瞬间以及家乡的巨变。

9日 各个乡(镇)兽医技术专业技术人员、高级兽医师在各乡(镇)、村开展畜牧养殖专业知识培训,为期10天共14期、参训人员1300余人次。培训主要以集中授课为主,主要培训《中华人民共和国动物防疫法》《中华人民共和国草原法》、动物疫病防治、科学养殖和牲畜品种改良等专业知识。通过培训促进农牧民重视和参与科学养殖并防治动物疫病,早日脱贫致富。

11日 吐鲁番市副市长谢强调研夏镇布拉克贝希村。要求一是探索和深化村务监督工作,充分发挥村务监督委员会作用,不断提高群众的知晓率、参与率;二是村务工作委员会的各组职能要各有侧重,提出一些解决疑难问题的办法,将矛盾消化在村内。

22日 托克逊县国税局税收干部带着动画和宣传册,到郭勒布依乡喀拉阿什村组织中小学生开展税法小课堂,让青少年儿童了解最新的税法知识,受到税收普法教育启蒙。向返乡大学生讲解涉农税收优惠政策及国家鼓励大学生创业税收优惠政策等税法知识,并聘请他们为"税法宣传志愿者"。

是月 托克逊县政府综合办公楼地址迁移,搬至振兴路新建的政府综合办公楼。托克逊县委、人大、政府、政协四大班子以及24个相关部门陆续搬迁至新的综合办公楼。

是月 2018年是湖南郴州对口援建托克逊县20年,已连续派出8批次共107人次援疆,支持产业发展、教育、改善群众生产生活条件等4大类11个项目,为托克逊县的发展做出了巨大贡献，郴托人民也结下了深厚情谊。春节前夕托克逊县文工团走进湖南郴州春晚舞台，为郴州人民送上了新年祝福。

3月

4日 托克逊县人民医院义诊下乡志愿者服务队到夏镇南湖村开展爱心义诊活动。为群众诊断病情、量血压、测血糖、做心电图和B超检查，并详细向农牧民讲解春季传染病和慢性病防控知识。

13日 吐鲁番市“湘吐情·一户一工人”培养工程督导组实地调研托克逊县“湘吐情·一户一工人”第二期酒店客房和餐厅服务员培训落实情况。

28日 由市、县两级总工会、人社局、旅游局、商经委联合举办2018年春风行动——“湘吐情·一户一工人”培养工程宾馆酒店服务员专场招聘会在吐鲁番职业技术学院举办，来自两县一区共24家宾馆酒店企业代表、150名宾馆酒店服务员培训的学员参加了此次招聘会。其中托克逊县22名求职者达成意向并当场签订用工协议。

是日 托克逊县开展以“促进转移就业，支持返乡创业，助力增收脱贫”为主题的专场招聘会，招聘会以未就业高校毕业生、有就业意愿的农村贫困劳动者、有招聘需求的各用人企业为服务对象。参与此次招聘会的企业有金润枣业股份有限公司、骆驼集团、亿恒达建材科技有限公司、绿翔西部岩棉有限公司等16家企业，涉及教育、金融、纺织等行业，共提供120余个工作岗位，吸引150余名求职者参与。

4月

1日 托克逊县国税局、地税局联合举办第27个全国税收宣传月活动启动仪式。活动主要围绕“优化税收营商环境，助力经济高质量发展”主题，重点向纳税人宣传办税“最多跑一次”、网上办税、“一带一路”税收知识、环境保护税等，发放税收宣传资料420份，接受咨询50余人次。

4日 中午12时40分，托克逊县夏镇布拉克贝希村二组（托克逊县白粮液酒厂前通往吐鲁番道路旁）农业产业园发生火灾。县公安消防大队出动消防车6辆，组织消防、公安民警及乡政府民兵等救援力量80余人紧急扑救，16时30分才彻底消除火灾隐患。此次火灾事故未发生人员伤亡，共造成2家农业种植户6座温室大棚棉被及保温膜烧毁，过火面积2664平方米，其中西瓜种植大棚2座、黄瓜种植大棚3座、空棚1座，大棚内种植作物黄瓜和西瓜不同程度受损，经初步估计，共造成财产损失10.6万元。

10日 吐鲁番市国税局调研托克逊县重点税源企业，先后至新疆圣雄能源股份有限公司、新疆圣雄氯碱有限公司、新疆圣雄电石有限公司等重点税源企业，深入企业生产一线，了解生产工艺、生产能力及产品库存情况，并交流探讨企业税负情况、税收预测以及当前中美贸易摩擦、税率调整、环保政策等热点问题对企业的影响，提醒企业在入股重组、关联交易等重要经营环节遵循税法规定，避免税收风险，同时也要求托克逊县国税局在政策允许范围内为企业发展壮大提供支持。

13日 自治区经信委督导检查托克逊工业园区落实吸纳南疆四地州深度贫困地区贫困家庭劳动力转移就业工作。

14日 托克逊县召开残疾人联合会第六次代表大会，有80名代表参加，会议听取和审议县残联第五届主席团作出的工作报告。选举产生25名县残联第六届主席团委员和9名出席市残联第一次代表大会托克逊县残联代表，第六届主席团主席、副主席，执行理事会理事长、副理事长、理事，肢残协会、盲人协会、聋人协会、精神、智力残疾人亲友协会主席、副主席。

15日 托克逊县在始昌驿步行街前开展以“深入学习宣传宪法，开拓新时代国家安全工作新局面”“4·15”全面国家安全教育日系列普法宣传活动。

26日 托克逊县开展以“尊崇宪法,学习宪法,遵守宪法,维护宪法,运用宪法”为主题的自治区第十五个“宪法法律宣传月”集中宣传咨询活动。

5月

4日 托克逊县117家单位、8个乡(镇)全体干部职工、各村(社区)两委班子成员、“访惠聚”工作队干部、驻村管寺干部、县直单位下沉全体干部共4000余人集中收看“马克思诞辰200周年纪念大会”电视直播。

5—6日 托克逊县一中与郴州市六中以“网络联校,助力民族教育发展”为主题,参加在北京举办的第三届全国基础教育信息化应用展示交流活动,两校教师共上一节课,北京展厅全程直播了这两次活动,网络联校打破区域限制,凸显了资源共享的优势。

6—7日 晚22时开始,托克逊县遭遇大风沙尘天气,局部地区有微雨,山区小到中雨。到7日12时,克尔碱镇阵风达14级(瞬间极大风速42.1米/秒),托克逊城区、郭勒布依乡、伊拉湖镇阵风达12级(瞬间极大风速33.1秒到35.9秒),夏镇阵风达11级(瞬间极大风速29.4米/秒),阿乐惠镇阵风达10级(瞬间极大风速27.9米/秒),博斯坦镇阵风达9级(瞬间极大风速23米/秒),是自1958年托克逊县气象站建站监测以来风力第二大的一场风(35.1米/秒,1979年4月10日瞬间极大风速为40米/秒)。

7日 早7时许,阿乐惠镇鱼儿沟火车站2辆列车因大风天气受阻,滞留旅客1589人,应急部门为滞留乘客准备了馕、方便面、开水、矿泉水、药品等救灾物资,下午16时2辆列车恢复通行。

大风沙尘期间,全县辖区未发生因重大风灾而产生的火灾事故、交通事故、安全事故及人员伤亡,但大风扬尘天气仍然对托克逊县各族群众生活和经济发展造成一定影响。大风共造成经济损失892.48万元。

8—9日 自治区政协副主席、白杨河河长伊力哈木·沙比尔一行巡察托克逊县白杨河河长制推进情况、白杨河流域管理局水利管理中心小草湖引水枢纽工程、巴依托海引水枢纽工程及附近河道、白杨河托克逊内骆驼刺保护区、白杨河托克逊县城镇段河道等。9日,召开白杨河流域河长制工作第一次会议,听取白杨河全面推行河长制工作情况汇报,审议通过白杨河流域全面推行河长制工作实施细则、白杨河“一河一策”实施方案、白杨河流域推行河长制等制度。

14日 凌晨3时,小草湖收费站对面老国道旁交建集团工地民房着火,小草湖公安检查站民警及郭勒布依乡派出所民警和县消防大队抵达火灾现场开展人员疏散和灭火工作,凌晨4时30分彻底扑灭,现场共有2处房屋受灾,过火面积20平方米,2人因吸入大量一氧化碳身亡。

15日 早7时,阿乐惠镇驶往托克逊镇方向S301省道72千米处1辆小车自翻,因操作不当,车辆冲下路基后侧翻,驾驶员与乘坐人员甩出车外,2人当场身亡。

24日 6时30分开始,托克逊县出现大风沙尘天气,至12时风力最大,克尔碱镇阵风13级(瞬间极大风速40.9米/秒),伊拉湖镇阵风13级(瞬间极大风速39.8米/秒),托克逊城区阵风12级(瞬间极大风速34.5米/秒),郭勒布依乡阵风11级(瞬间极大风速31.7米/秒),其他乡(镇)阵风8~10级,5月25日2时风力逐渐减小,25日早晨停风。24日上午,阿乐惠镇鱼儿沟火车站滞留喀什—兰州方向、库尔勒—杭州方向客运列车2辆,客运班车1辆,共滞留旅客1118人。托克逊县应急部门、阿乐惠镇政府及时为滞留旅客提供了馕、方便面、火腿肠、开水、矿泉水、药品等应急物资。5月24日

16时45分，滞留列车恢复通行，托克逊线至乌鲁木齐线取消管控双向通行，20时30分，小草湖路段取消管制恢复双向通行，22时托克逊至吐鲁番S202线取消管制恢复通行，24时托克逊至阿乐惠镇、克尔碱镇方向取消管制恢复通行。5月25日18时30分，托克逊至黑山S103线取消管制恢复通行。经初步估算，此次大风共对各种农作物及基础设施造成经济损失2474.08万元。

30日 自治区工商联考察团一行7人深入托克逊县3家合作社考察馕产业发展情况。托克逊县共成立打馕合作社25家，馕产品生产企业4家，馕协会1家，打馕村6家，带动托克逊县解决劳动力888人，日均产馕1850个，基本可满足市场销售需求。考察组提出制约托克逊县馕产业发展的因素有品牌效应低、包装式样单一等问题，并建议结合当地风土人情，通过媒体、网络以及各推销展览会、大小商场等进行线上线下推广，打造托克逊馕品牌。

6月

2日 自治区商务厅验收组代表国家商务部验收托克逊县电子商务进农村示范项目。托克逊县通过第三批国家电子商务进农村综合示范项目，在全疆19个示范县排名第五。

6日 托克逊县启动“高考考生免费乘车”活动，共组织180辆出租车参与到“爱心送考”活动中，每辆爱心送考车均贴有“高考考生免费乘车”标识，考生可在考试期间免费乘坐。有特殊困难的考生，车队还将提供一对一服务，确保考生顺利参加考试。高考期间，最早发车时间为北京时间7:30分。县公交车在高考考试期间也增加班次，提前发车。

7日 新疆维吾尔自治区批复同意撤销托克逊县博斯坦镇建制，设立博斯坦镇；撤销托克逊县夏镇建制，设立夏镇。撤乡设镇后，行政区域界限、政府驻地及隶属关系不变。

13日 吐鲁番市中级人民法院调研托克逊县人民法院员额制改革落实情况、审判团队组建情况、决胜“基本解决执行难”情况、司法体制改革推进等工作情况。

19日 县委副书记、县长、县白杨河流域总河长玛合穆提·海吾尔带队到辖区白杨河段开展“河长制”巡河工作。在与达坂城区交界处出发，沿河道详细查看白杨河水质及河道整治、水污染防治、水环境治理、沿岸工厂整改等方面情况。巡河中，玛合穆提·海吾尔强调，各违规违法工厂必须限期完成整改，不能以牺牲环境为代价来发展经济，要立足城市生态文明建设，处理好保护、开发和发展之间的关系。保持对河水污染治理的高要求、高标准。加强水保护的综合执法力度，落实整治措施。

20日 吐鲁番市耕地保护责任目标考核组检查考核托克逊县耕地保护责任目标，检查内容主要包括2016—2017年耕地数量变化、耕地占补平衡落实、永久基本农田占用和补划、高标准农田建设、耕地质量保护与提升和耕地保护制度建设等情况。考核组实地抽查了郭勒布依乡河东村等4个村基本农田整理项目和基本农田乡级、村级保护牌。

26日 以国家能源局科技司副司长刘亚芳为组长的国家能源消耗总量和强度“双控”目标考核组赴吐鲁番市调研重点用能单位节能工作开展情况，并检查指导新疆中泰化学托克逊能化有限公司节能工作。考核组依次参观了电石四车间15#炉全自动出炉机器人出炉现场及智能化调度中心。肯定了托克逊能化致力于弥补电石行业能耗高的“短板”，通过技术创新降本增效的做法，并指出能源“双控”是一项长期工作，企业要在创新和结构调整上实现节能，牢固树立绿色发展的理念，为本地能源“双控”做出更大贡献。

7月

20日 国家税务总局托克逊县税务局挂牌成立,原托克逊县国家税务局、托克逊县地方税务局合并。国家税务总局托克逊县新税务机构挂牌后,原国税、地税机构职责和工作由新税务机构承接。纳税人在综合性办税服务厅、新疆维吾尔自治区网上税务局可办理相关税收业务,享受"一厅通办"等优质服务,"12366"同步实现涉税业务"一键咨询"。

23日 上午12时,由江苏中圣园科技股份有限公司EPC承包的中泰化学新冶能化石灰窑建设项目在施工过程中,吊车吊运槽钢时钢丝绳脱落,槽钢坠落砸到1名工人,抢救无效身亡。

29日 全国工商联副主席南存辉率调研组一行8人调研托克逊县非公有制企业发展情况。南存辉强调,工商联要充分利用调研走访企业、网络工具、组织企业开座谈会等途径加强与企互动,了解非公有制企业基本情况、生产瓶颈等,发挥好工商联的桥梁、纽带和助手作用,为建设适应新时代高质量发展非公有制经济模式和建设一支高素质非公有制经济组织不懈努力。

是月 托克逊县天雨煤化工项目,第一座10千伏配电室成功带电运行,天雨煤化工项目建设进入电动机单机调试阶段,为后期兰炭装置整体系统分机单体调试、联动试车工作奠定了基础。天雨煤化工项目兰炭装置设备到货193台/套,安装159台/套。土建方面新建受煤坑除尘器灰斗、箱体制作完成80%;炉顶除尘器管道改装完成40%;储运及加氢机柜间±0以下、给水及消防水泵房主体结构、汽车装卸设施卸油池底板等混凝土浇筑均完成;管廊基础正在施工;料仓改造工程6台振动筛安装完成5台;炭化炉顶6台振动给料机安装完成。

8月

3日 托克逊县召开农村集体产权制度改革试点暨清产核资工作动员会,托克逊县作为吐鲁番市农村集体产权制度改革试点县,2018年需全面推进农村集体产权制度改革试点工作。

12日 托克逊县召开会议主题为《不忘初心,牢记使命以奋斗的姿态开启新时代妇女工作新征程》的第十一次妇女代表大会。全县各族各界129名妇女代表参会,会议选举谢日甫古力·阿不都热合曼为主席,并选举1名专职副主席、1名挂职副主席、2名兼职副主席和15名执委会常委、23名执行委员会委员。

是日 新疆中泰集团圣雄工业园区、托克逊县能化工业园区为县人民医院筹集了125万元资金用于购置医疗配套设施建设,帮助县人民医院提高医疗条件。

18日 托克逊县举行2018年"金秋助学"大会,共资助468名贫困大学生,资助资金160万元,帮扶资金分别来自县总工会中央帮扶资金项目、湖南省人民政府湖南援助托克逊县籍贫困大学项目、托克逊县团委"芙蓉学子、湘吐情圆梦"项目、县妇联"爱心一元捐"和县财政等。

25日 对口援疆单位湖南省司法厅组成的学习考察团到托克逊县司法局考察学习,座谈讨论。

是月 托克逊县获自治区级信访工作"三无"县荣誉称号。

9月

1日 湖南省第八批中期轮换援疆干部人才暨"万名支教计划"教师在托克逊县职业高中举行岗前培训开班仪式。

是日 湖南省郴州市考察团考察托克逊县教育事业、农村村级阵地建设、产业发展等情况。

3日 自治区煤管局牵头的煤矿安全生产标准化验收专家组一行17人到新疆同泰煤业有限公司沼和泉煤矿一号井验收矿井安全生产标准化开展情况。分7个小组,通过深入井下现场检查与地面查阅基础台账资料等方式，对照《煤矿安全生产标准化基本要求及评分方法》对安全风险分级管控、事故隐患排查治理、通风、地质灾害防治与测量、采煤、掘进、机电、运输、职业卫生、安全培训和应急管理、调度和地面设施等11个专业进行严格、细致、全方位的检查。最终，同泰煤业安全标准化工作通过二级安全生产标准化验收，是吐鲁番市第一家通过二级安全生产标准化验收的井工矿井。

4日 湖南岳阳市绿色化工产业园区管委会考察组一行8人考察托克逊工业园区，参观工业园区的开发建设、科技企业孵化中心和政府政务服务大厅，了解园区的党建、民族团结、企业生产经营、项目建设等方面内容。座谈会上考察组表示将围绕岳阳产业发展，积极思考如何有效对接，助推双方工业加速发展。

10日 托克逊县环境保护工作督办会召开。会议指出县环保整改机制还不够健全，信息报送不及时。会议强调，全县各级各部门要进一步压实责任，制订翔实工作方案，坚决打赢打好环境保护攻坚战。

20日 托克逊县通过国家园林县城初次验收。编制完成2018年农村公路小修养护工作计划，同时开展农村公路小修养护，修补完成约13.7万平方米。

10月

1日 国庆节期间，举行升国旗仪式。全县各机关、人民团体、政府组成部门、驻县单位、教育系统、企业、个体工商户、矿山、社会组织、清真寺共升挂国旗3118面。庆国庆活动中，还举行了唱红歌、集体“感党恩、听党话、跟党走”主题宣讲等活动。

2日 煤炭局牵头联合安监局、国土局、环保局指导性检查黑山矿区新疆黑山露天矿和神华黑山露天矿的门岗值班、安全生产、环境治理和流动人口管理情况。新疆黑山露天矿查出各类隐患21条，其中现场立即整改13条，限期5天整改6条，限期30天整改2条；神华黑山露天矿查出各类隐患7条，现场立即整改6条，限期5天整改1条。专项整治领导小组要求各企业负责人高度重视各种安全隐患，按期完成隐患整改情况。

5日 吐鲁番市在托克逊县博斯坦镇海提甫坎儿孜村召开红枣产业发展座谈会暨销售订购会，新疆金润枣业股份有限公司、新疆红杏生态农业集团有限公司等14家客商与托克逊县博斯坦镇、夏镇、伊拉湖镇、郭勒布依乡等乡（镇）代表现场签订了4130吨红枣销售订货合同。据统计，吐鲁番市红枣种植面积14.5万亩，其中托克逊县红枣种植面积达11.7万亩，结果面积8.67万亩。

6日 由湖南郴州教育基金会和托克逊县教育局联合开展的“郴托情爱心助学”活动在托克逊县举行。湖南郴州市教育基金会向托克逊县50名贫困生资助10万元，给每名贫困学生发放2000元助学金。

18日 国家煤炭总局安全生产标准化抽查考核验收小组到同泰煤业、雨田一号井进行指导性检查，检查分为安全风险分级管控组、事故隐患排查治理组、通风专业组、地质灾害防治与测量组、采煤专业组、掘进专业组、机电专业组、运输专业组、职业卫生组、安全培训和应急管理组、调度和地面设施组。检查组各专业专家分别从11个方面全面检查安全生产标准化。检查小组对各专业检查结果汇总打分并组织召开工作总结会，国家局安全生产标准化抽查考核组专家宣布同泰煤业、雨田一号井通过标准化验收。同泰煤业已连续两次通过国家级安全检查。

29日 德林康复集团乌鲁木齐市分公司到县残联开展矫形器对象筛查工作，有8名符合条件的贫困残疾儿童享受矫形器取模。

是月 托克逊县完成草原生态保护补助奖励资金发放。

上级下达托克逊县2018年草原生态保护补助资金2505.18万元,其中禁牧补助391.53万亩,补助资金2349.18万元;草畜平衡补助62.4万亩,补助资金156万元。

是月 托克逊县和火洲果业达成框架合作协议,内容有土地流转、农产品精深加工合作、农产品销售等。

11月

6日 自治区地震局调研防震减灾工作落实情况。

9日 9时30分,托克逊县金润枣业公司员工宿舍两名员工冬季燃煤取暖不当导致一氧化碳中毒,1名抢救无效死亡,另1名在医院接受治疗。县委主要领导及分管领导赴现场指挥处置,有序开展善后工作。

16日 军委国防动员部民兵预备役局检查托克逊县国防动员落实情况。

20日 托克逊县检察院成立“12309”检察服务中心。

27日 托克逊能源重化工工业园区污水处理厂主体工程竣工,进入试水阶段。该项目总投资2.34亿元,设计日均处理污水达2万平方米,正式投入运行后将接纳园区各企业产生的生产、生活污水,经处理后出水水质可达《城镇污水处理厂污染物排放标准》中的一级A标准要求。

12月

4日 新疆煤矿安全监察局东疆监察分局执法检查托克逊县雨田煤业,检查方案内容主要由地面和井下两部分组成,地面部分主要包括领导带班情况、安全监控情况;井下部分主要针对防冲地压和井下机电运输。7日检查结束,检查小组要求雨田煤业及时消除检查出的矿井安全隐患,加强企业相关档案资料的整理。该矿存在较为严重的冲击地压等情况矿井必须做好防护措施,同时必须按照五定原则整改。

9日 第五届中国工业大奖发布会在北京举行,新疆中泰化学股份有限公司获得中国工业大奖(中国工业大奖是经国务院批准设立的我国工业领域最高奖项,旨在表彰奖励在技术、生产、经营、管理方面达到国内领先和国际先进水平,并为促进产业发展和增强综合国力作出重大贡献的企业和项目)。新疆中泰化学因在智能制造、节能减排、科技进步、践行“一带一路”倡议、履行社会责任等方面成就突出而获奖。

12日 由吐鲁番市、托克逊县两级科技局组织的科技型中小企业培训班在工业园区管委会开班。此次培训邀请新疆引智科技服务专业人员主讲,主要围绕企业自主知识产权的重要意义和专利申报、科技项目申报、国家税收优惠政策等内容开展培训。新疆中泰化学托克逊能化有限公司、新疆亿恒达建材科技有限公司、新疆金润枣业股份有限公司、董双双合作社、哈卡尼商贸公司等23家企业的31名负责人参加了此次培训。

18日 托克逊县组织全县各级干部收听收看庆祝改革开放40周年大会直播,全县共设立1个主会场,8个乡(镇)分会场,52个村(社区)分会场及10余个县直单位分会场,共4万余人收听收看了此次大会。

23日 托克逊县为首批103名城乡劳动力有组织转移输出到湖南口味王集团就业举行欢送仪式。

25日 16:30左右,新疆新冶能源化工股份有限公司回转窑技措项目单机调试点火时发生1起爆炸事故,事故共造成3人死亡,18人受伤。

新疆新冶能源化工股份有限公司回转窑技措项目由江苏中圣园科技股份有限公司总承包(EPC),根据工作安排,进入单机烘窑联动调试。12月25日下午16:30左右,现场按照试车方案对管线进行吹扫置换工作,经取样分析合格后点火烘窑。在点火时窑头发生爆炸事故,现场造成6人重伤,12人轻伤,3人经医院抢救无效身亡。

是月 托克逊县税务机构改革后成立的第一个24小时自助办税厅正式运行。自助办税区内设置了8台自助办税终端,将纳税人自助办税区打造成纳税人自主办税的“超市”。纳税人只需在手机或电脑上提前申请,然后前往自助办税厅,通过刷脸办税、无人值守等人工智能服务轻松办理涉税业务。24小时自助办税服务厅全天开放。“互联网+税务”智能化手段打破了以往办税服务的时间限制,纳税人可以选择任意时间前来办税。

是年 托克逊县开展“看历史、游家乡、爱祖国、吐鲁番人游吐鲁番主题活动”,年内,分批次共组织769辆大巴37317名群众参观游览吐鲁番市博物馆、柏孜克里千佛洞和苏公塔等景区,让群众感受吐鲁番的历史文化。

是年 托克逊县下拨救灾资金59万元,解决了1854人受灾群众口粮救济、冬煤发放、灾后过渡性救助的困难。

是年 托克逊县累计向6714户8145人发放城乡低保资金3526.82万元保障全县城乡困难居民家庭的基本生活。

是年 托克逊县为15510名参保救助对象发放参保资助325.71万元,累计受理医疗救助3216人次,发放医疗救助金415.04万元,救助比例达到70%,保障全县特困重病患者及时得到救助。

是年 托克逊县农村土地承包经营权确权登记颁证工作于2018年9月8日通过吐鲁番市初验,2018年11月13日基本通过自治区复验。

是年 新疆华电吐鲁番电厂篡改在线监测数据构成污染环境罪,被处以120万元罚款。

政　治

ZHENGZHI

中国共产党托克逊县委员会

【中共托克逊县委十一届十三次全体(扩大)会议】 2019年1月10日,中共托克逊县委召开十一届十三次全体(扩大)会议,县委书记、县人大党组书记朱剑军作题为《坚定坚决贯彻党中央治疆方略 奋力开创托克逊社会稳定和长治久安新局面》的报告,会议总结上年工作。2018年,实现全县国民生产总值83.91亿元、增长7.2%,规模以上企业工业增加值45.17亿元、增长9%,公共财政预算收入14.28亿元、增长47.7%,农村居民人均可支配收入达13022元、增长9.87%,城镇居民人均可支配收入达33005元,增长8.3%。

2019年工作预期目标:社会大局持续和谐稳定,经济健康平稳发展,实现全县生产总值增长8%左右,规模以上企业工业增加值增长8%左右,全社会固定资产投资增长15.2%左右,公共财政预算收入增长10%左右,农村居民人均可支配收入增长9.4%左右,城镇居民人均可支配收入增长8%左右,城镇失业登记率控制在3%以内。

【县委常委会议】 2018年,共召开25次常委会议,主要议题是:听取政府债务整改方案工作汇报。研究讨论托克逊县2017年主要经济指标完成及2018年计划;成立托克逊县反恐维稳指挥部,调配托克逊县反恐维稳指挥部人员、办公场地、办公设备、办公经费;研究讨论十一届九次全体(扩大)会议上的县委工作报告、召开托克逊县第十七届人民代表大会第三次会议有关事项、“两会”上的人大工作报告,召开托克逊县第十二届人民政协第三次会议有关事项,在“两会”上的政府工作报告、法院工作报告、检察院工作报告;研究推荐2017年吐鲁番市级驻村管寺工作先进集体、先进个人及和谐清真寺、先进爱国宗教人士人选;研究讨论15位干部违纪问题和2名干部严重违纪问题处理意见;推荐评选吐鲁番市民族团结进步创建活动模范集体和模范个人、2017年吐鲁番市“民族团结一家亲”和民族团结联谊活动先进集体和先进个人;研究讨论托克逊县关于中央环保督察反馈问题的整改方案;研究2017年科级领导班子及干部(绩效)考核情况、讨论托克逊县专项考核情况;讨论推荐吐鲁番市综合治理工作先进集体、先进个人;推荐吐鲁番市反邪教工作先进集体、先进个人;研究讨论托克逊县安全生产工作实施方案、干部任免提案、干部挂职方案、各级干部下沉住户“双覆盖”工作实施方案;研究中共托克逊县第十一届纪律检查委员会第三次会议上的工作报告;调整4名村(社区)第一书记;研究2017年综治维稳暨平安建设工作考核定等建议;通报自治区第四轮(交叉督导)问题问责人员(科级干部);研究讨论2018—2020年开展扶贫领域腐败和作风问题专项治理实施方案;研究讨论问题人员相关事宜；研究部分不能胜任国家通用语言文字教学的教师转岗；成立托克逊县环境保护委员会；研究2017年以来中央预算内投资政府类项目清理情况及分类处置方案、2017年7月14日以来县本级审批政府投资类项目清理及分类处置方案、2017年1月1日至7月14日期间县本级审批政府投资类项目清理及分类处置方案；推荐上报2018年吐鲁番市开发建设火洲奖章、奖状和工人先锋号；研究讨论托克逊县2018年脱贫巩固提升实施方案、夏镇布拉克贝希村2012年扶贫羊发放问题；落实自治区新发展理念防范政府债务风险整改方案、托克逊县职业教育培训提高班建设方案；听取托克逊县环境突出问题整改进展及后续措施汇报；研究讨论吐鲁番市审计反馈扶贫领域问题核查情况，推荐上报2018年全国模范职工之家、全国模范职工小家、全国优秀工会工作者和命名全国优秀工会积极分子、全国工会之友；成立中共托克逊县委员会宣传部审读办公室；专题研究并审议通过市纪委开除郭勒布依乡帕某党籍的处分意见；讨论2017年民族团结进步创建活动考核定等情况、县总工会改革实施方案、共青团托克逊县委员会改革实施方案、托克逊县妇联改革实施方案；研究托克逊县“万名教师支教计划”实施方案；推荐自治区优秀平安乡镇；研究托克逊县委巡察工作规划(2017—2021年)、2018年托克逊县委巡察工作要点和托克逊县委建立县委巡察制度的实施方案、被巡察党组织配合县委巡察工作办法、加强巡察机构干部队伍建设实施意见；听取全县环境保护工作、脱贫攻坚工作情况汇报；研究讨论召开托克逊县妇女第十一次代表大会相关事宜；调整各培训中心领导班子；增派培训中心国语教师和心理咨询师。视频监控跟踪排查维护、污水处理、供暖管网建设及医疗设备采购等相关事宜；通报2018年自治区、市群众工作督导反馈问题党纪政务处分情况；通报2018上半年全县扶贫领域专项活动中监督执纪问责情况，听取2018年上半年托克逊县纪委监委扶贫领域监督执纪问责情况汇报；研究讨论终止畜牧局艾某中共托克逊县第十一届党代会代表资格；听取党建工作开展情况汇报、中央环保督察组反馈问题整改情况汇报、全县重点项目推进情况；研究新建托克逊县第三中学相关事宜；学习保密会议工作制度、审议托克逊县“两告知一宣讲”工作方案。研究讨论市领导批示市群众工作督导组十天会战情况小结中涉及托克逊县问题整改及问责情况。给予赛某严重违纪并涉嫌职务违法犯罪处分、萨某违反政治纪律处分；研究讨论托克逊县相关政府工作部门和人民团体拟设立党组的报告；听取讨论“两告知一宣讲”工作情况汇报；学习关于黎明辉严重违纪违法案及其教训警示的通报；研究讨论援疆干部挂职提案、生态环境类2个议题；研究托克逊县今秋明春造林规划、万亩桑葚园生态修复绿化工程；研究给予卡某开除党籍、开除公职处分，开展畜牧系统严重违纪案“以案促改”活动工作实施方案；研究讨论在零海拔新建120套公共租赁住房事宜；研究讨论给予艾某、阿某违反中央八项规定精神、廉洁纪律处分；传达学习陈全国在自治区扶贫开发领导小组会议上的讲话；听取2018年托克逊县扶贫领域监督执纪问责情况汇报、2018年脱贫攻坚工作情况汇报并研究部署2019年脱贫攻坚工作；研究讨论给予艾某严重违纪问题处分；研究讨论招聘托克逊县村(社区)青年服务工作人员、乡(镇)地方性事业编招聘以及县公安系统和教育系统人员招聘有关工作事宜。

【县委常委扩大会议】 2018年，共召开10次常委扩大会议，主要议题是：调整县政府班子成员分工、成立托克逊县防震减灾应急指挥部，研究地震应急预案，调整托克逊县全面推行河长制工作领导小组、河长制工作实施方案、全面建立河长制工作验收方案;研究讨论宗教领域维稳安保方案,通报“五一”期间全县安全生产工作情况,并安排部署安全生产大检查大排查,通报教育系统“学肃反”专项活动进展情况;听取各县级领导下沉督导调研工作情况、中央环保督查反馈问题整改情况汇报,学习习近平在全国生态环境保护大会上的讲话,并梳理当前托克逊县在维护稳定、教育培训、宗教工作、群众工作、社会面防控、干部作风、安居富民、民生领域等26个方面存在的突出问题,逐一制订措施、明确责任人和整改时限。传达学习张文胜在鄯善县下沉住户期间调研时提出的有关要求;听取各县级领导下沉督导调研工作情况汇报、各乡(镇)当前维稳工作和群众工作方面存在的问题和风险隐患;传达学习《正确认识妥善应对中美贸易摩擦》;宣布新任干部,研究讨论县委常委分工;传达学习杨鑫在全区深化专项治理扶贫领域腐败和作风问题暨纪检监察重点工作推进会上的讲话和自治区党委办公厅关于严格落实党员领导干部双重组织生活制度的通知,宣读托克逊县畜牧系统严重违纪违法案“以案促改”工作实施方案,提出具体要求;传达学习9月10日全国教育大会精神和《新疆维吾尔自治区“去极端化”条例》《尤权在新疆宗教工作调研时的讲话》《自治区党委、自治区人民政府关于防范化解地方隐形债务风险的实施意见》《新疆维吾尔自治区实施〈中华人民共和国反恐怖主义法〉办法》,听取县“以案促改”工作进展情况汇报和万亩桑葚园生态修复工程推进情况汇报;研究讨论三级人大代表视察方案,2019年托克逊县棚户区改造方案,吐鲁番天山丝路生态旅游产业园区建设方案,创建全国园林城市、全国卫生城市工作方案,托克逊国资开发项目(天山商城、米粒商业街、望月楼改造项目),托克逊县“十宝”商标注册方案,2019年旅游发展重点工作;传达学习中共中央政治局10月31日会议精神、习近平总书记在11月1日民营企业座谈会上的重要讲话精神和给“万企帮万村”行动中受表彰的民营企业家的回信、习近平总书记在中共中央政治局第九次集体学习时的重要讲话精神、中央全面深化改革委员会第五次会议上的重要讲话精神、参观庆祝改革开放40周年大型展览时的重要讲话精神、会见香港澳门各界庆祝国家改革开放40周年访问团时的重要讲话精神、首届中国国际进口博览会开幕式上的主旨演讲、上海考察时的重要讲话精神,向国家综合性消防救援队伍所致训词以及同全国总工会、全国妇联新一届领导班子成员集体谈话时的重要讲话精神。传达学习《习近平扶贫论述摘编》第一部分《决胜脱贫攻坚,共享全面小康》和自治区党委办公厅、自治区人民政府办公厅印发《关于统筹做好新疆社会稳定和脱贫攻坚工作 坚决打赢脱贫攻坚战的意见》通知,学习《中国共产党纪律处分条例(第一至五章)》《中共中央办公厅关于陕西省委、西安市委在秦岭北麓西安境内违建别墅问题上严重违反政治纪律以及开展违建别墅专项整治情况的通报》、赵乐际在深化中央纪委国家监委派驻机构改革动员部署会上的讲话精神以及10月8日自治区纪委理论学习中心组会议精神,传达学习陈全国书记在自治区党委理论学习中心组学习宪法时的主持讲话精神以及在自治区机构改革动员大会、全区宣传思想工作会议、自治区城市工作会议、自治区实施乡村振兴战略工作推进会上的讲话精神;研究讨论托克逊县科协深化改革实施方案、设立中共托克逊县退役军人事务局党组的方案和组建退役军人事务局的编制方案,研究讨论干部任免、县委组织部基层干部培训班党性教育活动方案;研究讨论上报给予马某、赛某违反政治纪律、组织纪律和廉洁纪律处分,给予热某、陈某违反工作纪律问题、违反中央八项规定精神和廉洁纪律处分,2018年8月县纪委监委给予乡科级干部党纪政务处分情况通报、托克逊县监察委员会向乡(镇)派出监察办公室实施方案;研究讨论增加林木管护人员、青年发展规划(2017—2020年)、表彰托克逊县2018年“先进双联户”“先进双联户长”“先进创建工作集体”;为托克逊县公安局部分事业编制人员发放岗位津贴,安排部署贯彻落实习近平总书记对新疆工作重要指示批示精神“回头看”工作;传达学习《自治区党委办公厅关于召开县处级以上党员领导干部专题民主生活会的通知》《关于贯彻落实习近平总书记重要讲话精神,严肃整治领导干部利用名贵特产类特殊资源谋取私利问题的通知》《自治区党委常委会贯彻落实〈中共中央政治局贯彻落实中央八项规定实施细则〉的实施办法》《关于严肃整治领导干部利用名贵特产类特殊资源谋取私利问题的实施方案》;传达学习习近平总书记在庆祝改革开放40周年大会和在中央政治局第十次集体学习时的讲话;学习中央经济工作会议精神、自治区党委组织部关于有效识别干部队伍中的两面派、坚决防范“三股势力”渗透的实施意见;研究讨论推进乡村振兴战略的实施意见,成立县住建局5人工作小组。听取党建工作近期情况汇报,讨论2019年重点工作任务、教育工作、扶贫、计划生育工作、环保工作情况汇报。

【安全生产暨脱贫攻坚工作会议】 2018年1月31日召开。会议宣读托克逊县安全生产工作实施方案及托克逊县2018年脱贫巩固提升工作方案,部分企业代表、乡(镇)代表、单位代表表态发言,县委、政府、相关职能部门分别与部分乡(镇)、企业签订了相应的目标责任书。

安全生产工作　2017年全县共发生安全生产事故6起,同比有所下降,但还是给全县社会稳定和经济发展造成了很大影响,为死伤者家庭带来伤痛。全县各级各部门、各行业各领域要始终坚持把安全生产作为重大的政治任务、发展指标和民生问题,按照“管行业必须管安全、管业务必须管安全、管生产经营必须管安全”原则,强化红线意识和底线思维,坚决克服松懈麻痹思想、侥幸心理和松懈情绪。要坚持把源头预防作为关键环节常抓不懈,关口前移、程序前置,最大限度减少安全生产事故发生的隐患、风险和概率。全县各职能部门要坚决贯彻落实安全生产“三同时”制度,坚持做到不安全不审批。建立和完善退出机制,对不符合安全生产条件的企业和项目坚决予以关闭关停。持续强化安全隐患排查,始终紧盯危险化学品、煤矿及非煤矿山、大型企业、交通运输、烟花爆竹、建筑工地、消防安全等事故易发领域,针对时段性的生产经营旺季和季节性的自然灾害天气,常态化开展安全隐患全方位排查和集中整治。各级各部门领导干部和各企业负责人要全面落实“党政同责、一岗双责、齐抓共管、失职追责”的安全生产责任。严格履行县级领导“一岗双责”,勇于担当、敢抓敢管,抓好联系乡(镇)、学校、企业等单位的安全生产督导工作,经常深入企业、项目、工地等安全生产一线督促检查,及时协调解决工作推进中的困难;强化乡(镇)党委、政府属地管理责任,定期分析、研判、部署本辖区安全生产工作;强化部门安全监管责任。严格按照“管行业必须管安全、管业务必须管安全、管生产经营必须管安全”的要求和各自职责分工,切实履行好安全监管职责,并将各煤矿、非煤矿山、重点煤化工企业安全生产督导员配备到位,坚决遏制各类安全事故发生;强化企业安全生产主体责任。坚持安全生产标准不降、投入不减,全面提升安全生产工作能力和水平。对可能出现的人流、物流、车流高峰以及大风、严寒等极端天气,及时发布预测预警信息,强化重点时段交通疏导引导以及营运车辆运行、烟花爆竹运储销和燃放等各个环节的安全监管和安全风险防控工作;加强供气供暖运行

保障,严防煤气中毒和天然气泄漏爆炸及城镇农村冬季烤火取暖消防安全事故发生。同时,要做好应急救援和重大活动节点值守工作,完善安全生产事故应急救援体系,确保发生事故后能反应迅速、指挥得力、处置及时、救援有效。应急救援预案要确保组织领导、技术指导、物资资金、救援人员及时到位,妥善处置,最大限度降低人员伤亡和财产损失。要严格执行安全生产调度值班和领导干部值班制度,确保信息通畅,对各种突发事件和异常情况及时妥善处理并按规定如实上报。

脱贫攻坚工作　2018年脱贫巩固提升工作任务艰巨,各乡(镇)、各单位要在脱贫巩固提高、资源流向统筹使用上体现成效,更加注重精准帮扶稳定脱贫,坚决打赢脱贫攻坚战。精准对象、精准识别、建档立卡是打赢脱贫攻坚战的基础工作和关键环节。由于贫困人口发展水平、致贫原因、帮扶需求多种多样,决定了扶贫对象精准识别、建档立卡不是一次定终身,而是一项严格的动态管理过程,既不能遗漏贫困群众,也要防止优亲厚友、养懒人。各乡(镇)要加强贫困人口动态管理,摸清底数,动态调整好因病返贫、因病致贫等新增困难群体,应纳尽纳、应扶尽扶。继续采取"一户一档、一户一策"的管理模式,对所有建档立卡脱贫户转移就业、发展生产、兜底保障、教育、卫生等扶贫需求进行摸底,真正做到底数清、情况明。全县各相关部门要坚持因人因地施策、因贫困原因施策,对症下药、精准滴灌。要全面、准确、深入掌握每一户贫困户的致贫原因,从制约贫困户脱贫最根本、最关键的问题着手,缺什么补什么、需要什么扶什么,确保扶贫举措精准到户到人。各乡(镇)、各村要因户施策、因地制宜确定扶贫项目库建设内容。按照"托底线、救急难、可持续"的原则,加快推进社会救助体系建设,将丧失劳动能力、无法通过产业扶持和就业帮扶的贫困人口全部纳入低保范围。脱贫攻坚工作是全县各级党委、政府和各部门的共同责任,要牢固树立全县"一盘棋"思想。全县各级各部门、各相关企业要切实落实"2133"工程,帮扶干部要深入贫困户家中,帮助制订针对性、操作性强的帮扶措施。帮扶单位和企业开展送温暖、送政策、送技术活动,帮助贫困村、贫困户销售农产品,提供就业信息、就业岗位,参与贫困村基础设施建设,认领扶贫项目,帮助贫困村、贫困户脱贫。要充分发挥"访惠聚"工作队作用,帮助贫困村出谋划策,不脱贫不脱钩。要教育引导贫困户克服等靠要的思想,提高自我发展能力。要专项治理扶贫领域腐败和作风问题严肃问责、严肃处理;对挤占挪用、截留私分、虚报冒领、挥霍浪费扶贫资金,胆敢向扶贫资金、贫困群众伸手的单位和个人,坚决查处、严惩不贷。全面督查脱贫攻坚措施,追究问责工作落实不力的部门和乡(镇)。将精准脱贫成效纳入年度绩效考核,考核结果与绩效考评、评先评优、文明单位创建、干部选拔任用相挂钩。严格落实责任倒查机制,加强日常督促检查,及时督办整改,确保精准扶贫精准脱贫攻坚目标如期实现。

【调研】

省(区)级领导调研　6月26日,国家能源局科技司副司长刘亚芳带领国家能源消耗总量和强度"双控"目标考核组,调研吐鲁番市重点用能单位节能工作开展情况,检查指导新疆中泰化学托克逊能化有限公司节能工作。

7月29日,全国工商联副主席南存辉率领调研组一行调研托克逊县非公有制企业发展情况。

11月16日,军委国防动员部民兵预备役局局长杨吉贵一行检查托克逊县国防动员落实情况。

5月8日,自治区政协副主席、白杨河河长伊力哈木·沙比尔调研托克逊河长制落实情况,为期2天。

厅(局)级领导调研　2月11日,吐鲁番市副市长谢强调研托克逊县夏镇布拉克贝希村。

3月13日，自治区环保厅党组成员、副厅长程新华一行检查工业园区水污染。

4月13日，自治区经信委党组成员、副主任王忠山督导检查托克逊能源重化工工业园区落实吸纳南疆四地州深度贫困地区贫困家庭劳动力转移就业工作。

9月4日，湖南岳阳市云溪区政协副主席刘小洲率岳阳绿色化工产业园区管委会考察组一行8人考察托克逊工业园区。

5月30日，自治区工商联副主席陆卫东带队考察托克逊县馕产业发展情况。

6月2日，自治区商务厅验收组评价组组长陈建伟一行代表商务部验收托克逊县电子商务进农村示范项目。

8月25日，湖南省司法厅党组成员、副厅长唐世月等一行9人到托克逊县司法局考察工作。

10月30日，湖南省社科院党组书记、院长、教授、博士生导师刘建武调研托克逊县重点企业。

11月6日，自治区地震局党组书记、局长张勇一行调研托克逊县防震减灾工作落实情况。

12月4日，新疆煤矿安全监察局东疆监察分局专员彭兰春一行率队年度监察执法检查托克逊县雨田煤业。

【专题工作】

“访民情、惠民生、聚民心”驻村工作　2018年，县委书记牵头协调解决热难点问题。坚持配优配强工作队伍，选派县处级3人、县直单位党政主要领导15人、科级干部27人担任“访惠聚”驻村工作队队长，提拔使用工作中表现突出的10名工作队员。提醒谈话半年考核排名末位的工作队7名派出单位主要领导以及乡（镇）党委书记。全县24名县领导带头深入联系点，破解影响稳定和发展难题196个。109个后盾单位对工作队在思想上指导鼓励、在生活上关心关爱、在工作上保障支持，组织慰问驻村干部家属1200余次，累计慰问资金7.2万余元，解除干部后顾之忧，为干部松绑解压。协调投入各类资金800余万元，解决了一大批民生问题。全县57个驻村工作队、426名驻村干部坚持问题导向，深挖细究，村（社区）第一书记牵头，把工作任务分解落实到每个层级、每个环节、每名干部群众，使人人参与、人人尽责。制订2018年“访惠聚”驻村工作任务清单，健全“周点评”“月考评”机制，累计召开村（社区）周点评359场次，找准问题“症结”267个，召开乡（镇）月点评80场次，工作队每月综合评比“红黑榜”排名、评估成效，联系乡（镇）县领导累计主持召开群众工作月例会153场次，实现三级联动倒逼责任、传导压力、增加动力。组织部部长、副部长每月签批审核乡镇党委会议记录、党支部工作手册、“早派工、晚研判”记录、“访惠聚”工作队民情日记，乡镇党委每周审核签批村党支部工作手册、民情日记、“早派工、晚研判”记录。

落实干部关心关爱机制，逐人建立健康档案；建立426名驻村工作队员家庭档案。完善驻村工作联席会议、督查通报、请销假、信息报送、召回教育管理等制度，县“访惠聚”驻村工作领导小组办公室，定期会诊指导工作中发现的问题，开展指导530次，整改问题465个。2018年，追责34人，其中党纪政纪处分25人，诫勉谈话9人。

以微信平台为载体，大力宣传推广“访惠聚”驻村工作好经验、好做法。2018年，共收集撰写、上报“访惠聚”驻村工作信息2500余篇（条），其中被“新疆访惠聚”采用37条，《新疆晨报》采用76条，“最远一家人”采用233条，“吐鲁番零距离”采用28条，“风城零距离”采用832条。完成自治区、市“访惠聚”办约稿信息上报1700余篇，各类短视频42件，上报要情专报84期，工作简报107期，编发工作周报7期。累计上报35个工作队及个人“五个100”新作为典型材料，5个榜样典型材料被“新疆访惠聚”微信平台采用。

2018年,全县57个工作队累计走访群众40.8万户、110万人次,排查治理安全隐患3284个,答复群众政策咨询3146余件,组建群防队伍384支,组织开展应急处突演练6400余场次,参与群防群控群治1.8万人次。组织第一书记按照“问题梳理—重点分析—单个研判—跟踪处置”的流程每月召开稳定形势分析研判会议,全县工作队累计搜集掌握各类情报信息8万余条,逐一过筛子,逐一研判消化,掌握涉稳有价值情报线索102条,协助公安机关抓获有现实危害人员,配合村(社区)党组织依法打击处理影响社会稳定的各类人员。发动群众按时参加每周一升国旗大宣讲,累计开展集中宣讲9420余场次,参与群众75.1万余人。每周将驻村各支力量、包户住户干部为群众办好事实事情况梳理形成“温情小广播”32期。

收集反映的侵害群众利益问题43件,挽回群众损失62万余元,追回不良企业负责人、无耻商家、店家拖欠群众薪酬长达10年、群众追款无望的涉法涉诉“老大难”案件19起,追回金额102.3万元;协同公安执法部门抓获涉黑涉恶案件嫌疑人20人,约谈拖欠群众薪酬企业负责人2人,追回群众欠款16.4万余元;协调金融机构为学员解决2826万元贷款延期,消除各类风险隐患,群众满意度提高。后盾单位负责人深入联系村协调解决包户住户工作中存在的实际困难问题,联合村(社区)各支力量形成重大紧急信息快速反应制度,成立450支生产志愿服务队,同工作队一起深入田间地头讲技术、助生产,累计帮助群众送农资、送资金800余万元,及时解决困难群众劳动力缺失、生产资料不足等问题5533件,为群众办实事好事累计1.7万余件,累计解决群众反映的热难点问题和矛盾纠纷3855个,收集各类民情信息5600余条,确保问题解决无死角、无缝隙、无盲区。推行限时办结承诺制,制订托克逊县为民服务办事清单,健全为民服务办事清单152项,依托村级组织活动场所设立村民事务代办大厅,推行“一窗受理、集成服务”和“全程代办”机制,“访惠聚”驻村工作队代办服务全程负责,代办解决基层群众关注关心的各类事项975件,真正把老百姓“跑断腿”的大事变成“跑一趟”的常事。

落实“215”扶贫机制。动员全县后盾单位县级、正科级干部再帮扶包联2户深度贫困户家庭,副科级干部包联1户深度贫困人员及家庭,每月动态包联建档立卡贫困户5户,一户一策制订脱贫计划。引导成立农民专业合作社50个,协助发展和引进中小微企业38个。组建生产互助组3300余个,开展互助活动5000余场次,帮扶群众1.5万余人;帮助销售农产品累计4500余万元,节约生产成本160余万元,推动脱贫巩固提升工作。

开展实用技能培训。全年,工作队开展职业技能培训540期26787人,累计转移农村富余劳动力就业4175人;城镇新增就业人员1375人,农村富余劳动力转移就业2800人;根据群众就业诉求,提供致富、务工等服务信息1000余条,解决群众就业问题2100个,引导群众参加致富技能培训,协助发放惠民补贴资金5483万余元;开展精品哈密瓜种植技术培训16场次800人次,带动瓜农人均增收1383元。

建立工作队员与村(社区)干部一对一讲政策、教国语、学法制、传方法、带纪律等“五项帮带机制”,累计培养村级后备干部196名。指导村党支部规范开展主题党日活动,过组织生活,抓党员教育,强化了村两委办理党务、村务规范化、公开化、民主化的意识。以落实基层组织建设工作周例会、每月群众工作例会、双月“互评互学互检”、逐级审核等七项制度为抓手,每周安排部署工作、每月召开群众工作例会,从制度层面上推进“访惠聚”工作规范开展;设立村(社区)信访矛盾调解室,专人负责做好矛盾调解、政策解答等工作。

2018年,严把党员发展程序,全县共有1699名农牧民向党组织递交入党申请书,培养980名入党积极分子,发展128名预备党员。确定4名县(市)级领导联系软弱涣散村,每月深入联系村开展"问乡诊村"大调研,"一村一策"指导制订整顿工作方案,参与解决整顿工作中的突出问题,理清整顿思路。全县所有行政村建起标准化阵地,设置了办公议事中心、群众服务中心、医疗服务中心、维稳指挥中心、学习娱乐中心。

托克逊县畜牧系统严重违纪违法案"以案促改"工作

2018年,托克逊县畜牧系统发生严重违纪违法案。经自治区党委批准,自治区纪委监委直查直办托克逊县畜牧兽医局原局长艾某、西某,原副局长木某、吐鲁番市畜牧兽医局原主任科员(曾任吐鲁番市草原监理所所长)买某等4人严重违纪违法案。针对案件暴露出党员领导干部弄虚作假骗取扶贫民生专项资金、涉农涉牧补助资金,"前腐后继"、持续时间长、手段恶劣、影响极坏等规律和特点,立足强化警示震慑、堵塞制度漏洞、整改突出问题,吐鲁番市纪委监委向托克逊县委提出以案促改的10条建议,并指导开展以案促改工作。2018年9月30日,自治区党委、纪委安排专人多次实地调研指导,市纪委监委主要负责同志坚持每半月一次,深入一线调研指导,帮助解决具体问题,历时5个月的实践,托克逊县"以案促改"各阶段任务基本完成。

2018年9月,全县各级党政机关、事业单位中探索开展"以案促改"工作。成立由党政主要领导任组长的"以案促改"工作领导小组,抽调专门力量组建办公室及综合协调、督导检查工作机构,建立领导小组定期听取汇报、办公室周例会和工作推进会等制度,召开29次周例会、推进会。先后3次修改完善实施方案,将整体工作划分为动员部署、学习教育、查摆剖析问题、整改落实、建章立制及巩固提高6个阶段,全县8个乡(镇)、84个部门被划分为11个系统,由9名县级领导归口负责,层层建立责任体系,突出抓重点领域、关键少数、特殊岗位,在实现单位、人员全覆盖同时,把扶贫民生项目资金管理较为集中的14家单位,各级党组织领导班子和班子成员,各类项目、资金审批监管和乡村与扶贫民生工作关联度高的岗位以及办公室主任、会计、出纳、驾驶员等特殊岗位作为关键重点。坚持以上率下,组织四套班子领导参加县委中心组集中学习5场次,33名县处级领导干部深入联系点和分管单位领学248场次,各级党组织主要负责人在所属单位和联系村(社区)领学5105场次。各级党组织利用党委(党组)中心组、党支部会议、党小组会议和干部大会等形式开展集中学习6789场次。全县共开展警示教育活动241场7788人次。年内,约谈党政正职93人、副科级(含非领导职务)领导干部256人、中层干部751人、重要岗位干部587人、其他干部5839人。

托克逊县委深刻反思剖析案发根源,梳理出10个方面45条共性问题、7个方面29条个性问题,形成"问题清单"并下发至各级各部门,梳理形成问题清单,查找梳理问题1619条,查找梳理廉政风险点650个。按照"具有严重违纪违法行为、轻微违纪违法行为、无违纪违法行为"3种情形,动员各级党员干部对号入座,通过撰写坦白交代书、悔过书、自警书,主动向党组织报告问题,开展自我检视,给机会、给出路,最大限度挽救党员干部,达到惩前毖后、治病救人效果。按照"三点式"(党员干部→所在单位(部门)纪检负责人→县纪委监委负责人)和"直通式"(党员干部→县纪委监委负责人)两种面对面报告模式,共有51人撰写坦白交代书,54人撰写悔过书,上缴违纪款100.38万元(其中畜牧系统16名干部上缴违纪款19.34万元),7657

名党员干部撰写自警书。县委常委逐一深入扶贫、民生领域及涉农的重点单位召开集体讨论231场次,帮助理清思路、明确方向;11个指导组参与督导单位集体研讨会议,共同梳理汇总问题清单,严格审核把关,突出整治重点,把整改落实与处置群众工作督导和基层群众反映的问题线索相结合,组织对畜牧业项目管理、退耕还林资金发放、教辅资料购置、就业培训资金管理重点领域突出问题进行集中整治,其中畜牧系统养殖场建设项目、粮改饲项目、草原生态保护补助奖励项目清理中,发现和纠正了一批责任落实不到位、数据统计失实、资金发放不及时等问题,规范工作程序,避免错发资金57.33万元。健全完善长效机制,县委班子带头,突出管党制度责任落实、扶贫项目资金监管等重要内容,县纪委监委、民政局、财政局、扶贫办、畜牧局、审计局等重点部门改、废、立各项制度。经梳理,县委、政府继续执行制度规定25个、修改完善2个、废除1个、新建15个;各单位继续执行1949个、修改完善341个、废除30个、新建196个。

"以案促改"工作开展后,全县各级纪检监察机关共运用"四种形态"处置1117人,其中第一种形态908人、第二种形态194人、第三种形态13人、第四种形态2人,分别占总数的81.3%、17.4%、1.1%和0.2%。抓紧重点领域,专项治理扶贫领域腐败和作风问题,对群众反映问题线索必查必核、深挖严查,共查处扶贫领域案件110件143人,处分61人、组织处理82人。通报曝光典型案例4批、18件18人。建立问题台账,分级督办,整改一个、销号一个,确保问题100%整改。年内,共下发整改通知书95份、反馈整改问题285个。分级约谈,督导组组长与单位党组织负责人直接约谈,督促抓好整改。整改不力的,纪委书记与督导组、单位党组织负责人进行双约谈,给予提醒教育。仍然不重视或整改不力的,县纪委监委对督导组组长以及存在问题的党组织领导班子、党组织负责人严肃问责。年内,督导组组长开展约谈37人次,纪委书记约谈18人次,印发通报3期,通报批评22个单位、3个督导组,追责问责4人。

"以案促改"工作共立案205件、结案209件,同比增长68%和67%;党纪处分161人,政务处分57人,双重处分9人,移送司法机关1人;采取"留置"措施2人。县委、县政府主导建立《畜牧业惠民资金监督管理制度》《涉农资金专项审计监督管理办法》《扶贫资金动态监控及项目绩效监管办法》《民政惠民政策落实及专项资金使用监督管理制度》等15项重点领域制度管理规定,各级各部门特别是扶贫民生、服务窗口单位全面审查现有制度、评估修订、查漏补缺、堵塞漏洞,规范内部管理制度和工作程序,切断利益输送链条,铲除腐败滋生蔓延的土壤,全程监管项目资金各环节。

"民族团结一家亲"活动

年内,增加下派干部,提高覆盖率。从细处着眼、实处着手,通过"精准滴管"和"大水漫灌"等形式宣讲。年内,全县各族干部累计开展宣讲、联谊等活动3102场次,参与群众15.9万人次。

2018年,各族党员干部及时掌握结亲家庭成员基本情况、家庭生产和收入、家庭困难和诉求等信息资料,累计走访见面各类群众8.18万户次,解决各种困难3.8万件,捐款76.37万元,捐物1.22万件,办好事实事3.78万件,惠及群众2.62万户次。

2018年,完成结对认亲干部调整5810名,结对认亲6573户。建立了每年两次更新台账制度,更新新招录、退休、调离、去世等人员变动数据,促进干部职工结对认亲全覆盖。

【县委文件】 2018年,县委下发的部分文件:

托党发13号 《关于托克逊县2017年乡(科)级领导班子和干部考核评定结果通报》

托党发21号　印发《县委常委会2018年工作要点》

托党发22号　《托克逊县建立国家政治安全“一把手”负总责领导指挥机制的意见》

托党发24号　《关于对吐鲁番市审计反馈扶贫领域问题核查情况及处理意见的批复》

托党发25号　《关于成立托克逊县深化党政机构改革领导小组的通知》

托党发26号　印发《托克逊县贯彻落实中央第八环境保护督察组反馈意见整改方案》

托党发28号　《关于成立中国共产党托克逊县国家税务局、地方税务局联合委员会的通知》

托党发29号　印发《托克逊县委巡察工作规划(2017—2021年)》的通知

托党发31号　关于同意印发《2018年上半年全县扶贫领域专项活动中监督执纪问责情况的通报》的批复

托党发34号　《关于同意设立相关政府工作部门党组和人民团体党组的批复》

托党发39号　《托克逊县关于深化供销合作社综合改革的实施方案》

托党发42号　《关于成立托克逊县宣传思想工作领导小组的通知》

托党发45号　印发《关于进一步加强城市规划建设管理工作的实施方案》的通知

托党发50号　《关于同意设立中共托克逊县退役军人事务局党组的批复》

托党发52号　《关于表彰托克逊县2018年“先进维稳双联户”“先进双户联户长”“创建工作先进集体”的决定》

托党发53号　印发《托克逊县青年发展规划(2017—2020年)》的通知

托党发54号　印发《托克逊县学习贯彻落实习近平总书记在庆祝改革开放40周年大会上的重要讲话精神工作方案》的通知

托党发55号　《托克逊县关于实施乡村振兴战略实施意见》

县委办公室工作

【办文办会】　坚持“以文辅政”,始终站在服务全局、服务领导、服务决策的高度,为县委建言献策、当好参谋助手。严格文秘人员拟稿核稿、科室长审稿、主任签批、县委领导批阅的拟文程序,集大家之力、纳集体之智、博众家之长,确保办文质量,实现了公文规范、传阅及时、保密性强、少出差错的目标。文书档案管理做到完整留存、系统整理、安全高效。年内,累计编发县委文件90份、办公室文件412份、上级传阅文件876件次。

办会坚持早介入、早谋划、早准备,强化落实细节,规范会务流程,衔接好会前、会中、会后各环节,完成中国共产党托克逊县第十一次代表大会等重要会议。年内,承办各类会议320余场次。

【信息报送】　紧贴县委中心工作、社会热难点问题和突发紧急事件,逐步扩大信息源,在注重质量、提升信息精准度上狠下功夫,在紧扣中心、提高信息采用率上动脑筋,准确、全面地收集选编各类信息,向县委领导提供预警性、趋势性、层次性、有价值的信息。同时,坚持喜忧兼报、实事求是和重要信息“一支笔审签,同口径报送”原则,增强信息时效性、准确性和针对性。年内,向市委办上报信息720期(其中突发事件信息36期),被市委采用52篇,较为全面的反映了全县社会稳定和经济社会发展动态。

【督查督办】　按照“围绕中心抓督查,抓好督查促落实”的思路,创新督查方法,改进督查方式,加大督查督办力度,以抓落实的实际成效确保市委、县委决策部署落实见效。督促检查上级和县委重要会议、文件精神的贯彻落实情况,及时反馈决策落实中带有普遍性、倾向性、政策性的问题,对领导批示、交办事项批必查、查必果、果必报,件件有着落、事事有回音,使督查工作紧紧围绕市委、县委决策部署,精准发力,围绕社会稳定、群众工作、脱贫攻坚等中心工作,累计向市委督查室报送督查专报89期,下发督促检查通知43期,各级党委决策部署要求落实到位。

【后勤管理】 大力压减办公室"三公"经费支出,2018年较上年同期有所下降。大胆探索和改革,按照"热情、周到、勤俭、得体"的原则,做好每一次接待工作,公务用餐只安排本地特色工作餐,低标准而不落俗套、严要求而不守教条。严格按照公务用车规范化管理要求,加强车辆和机关行政事务管理。严格执行财务管理制度,落实"收支两条线、副职管财务"的规定,坚持重大支出集体审定制度,合理调度资金,降低成本、提高效率,努力做到财尽其力、物尽其用,确保县委机关财务正常运转。

【机关党建】 严格落实学习制度、考勤制度、请销假制度和目标管理责任制等规章制度,强化党员日常教育管理。坚持带好队伍,优化人员结构,细化岗位职责,为每个党员干部创造施展才华的条件;坚持"三会一课"制度,足额交纳全年党费,严格按程序发展党员,培养入党积极分子2人、党员发展对象4人、预备党员2人;大力开展"民族团结一家亲"教育、"法治进机关""平安单位"创建等工作。

加强党风廉政建设。签订党风廉政建设目标责任书,重点抓好各级纪委会议精神的学习和领导干部的廉洁自律工作,深入开展正面典型示范教育和反面典型警示教育,增强办公室党员干部抵制腐败的自觉性和坚定性。同时,坚持以人为本,关爱办公室干部职工,班子成员经常抽出时间与办公室干部沟通,做好思想教育工作,引导党员干部自觉加强党性修养,带头弘扬执政为民、真抓实干、艰苦奋斗、清正廉洁的优良作风,充分发挥先锋模范作用。

【县委办公室文件】 2018年,县委办公室下发的部分文件:

托党办发1号 《关于成立托克逊县反恐维稳指挥部的通知》

托党办发8号 印发《托克逊县2018年脱贫巩固提升工作方案》

托党办发13号 《关于成立托克逊县扫黑除恶专项斗争领导小组的通知》

托党办发18号 《关于成立托克逊县环境保护委员会的通知》

托党办发25号 转发《关于清理规范创建示范活动方案》

托党办发30号 印发《托克逊县河长制工作实施方案》

托党办发35号 《关于成立托克逊县第三中学建设项目专班工作指挥部的通知》

托党办发51号 转发《吐鲁番市推进公共信息资源开放实施方案》

托党办发54号 《托克逊县共产党员和国家公职人员严格执行人口和计划生育政策清理排查专项整治工作方案》

托党办发65号 《托党办发对中央巡视组反馈意识形态领域意见整改落实情况进行全面检查整改的工作方案》

托党办发70号 印发《新疆维吾尔自治区实施中华人民共和国反恐怖主义法办法》

托党办发82号 印发《关于推动旅游业成为托克逊县战略支柱产业的指导意见》

托党办发88号 印发《关于防止干部"带病提拔"实施方案》 (汪 琦)

全面深化改革工作

【经济体制和生态文明体制改革】

深化能源供给侧结构性改革 2018年,托克逊县通过严格能耗强度和总量"双控"考核制度,将自治区下达的节能约束性指标万元增加值能耗任务分解到全县52家规模以上工业企业。针对中泰和圣雄能源消耗状况,解决企业增加值生产法和收入法的差距，指导中泰、圣雄在托克逊县6家规模以上企业增加值、能源现状、统计数据填报等，避免输出能源不扣减、期末库存不扣减、能源重复计算等原则性错误和不按照实际热值折标、不按照计量等重大数据误差情况的发生。

全面梳理政府投资项目　2017年以来，县本级审批政府投资类项目共82项，清理政府投资项目并进行分类处置。梳理托克逊县基础设施领域建设项目共151项，清理并化解基础设施领域建设项目。所有新增项目严格遵守“四个一律”要求，消除政府隐性债务风险，守住“零举债”底线。严格项目审批核准备案或备案程序，严守生态功能保障基线、环境质量安全底线、自然资源利用上线“三大红线”，严禁“三高”项目进托克逊，把好新上项目准入关。

深化“放管服”改革　推进简政放权。建立健全投资项目在线审批监管平台，制订了县级投资项目审批目录清单、审批指南，优化审批服务流程。强化在线审批监管平台管理，压缩审批时限，简化审批流程，提高行政审批效率。2018年，备案项目75个，审批备案的项目与网上审批工作同步进行。

【民主法治领域改革】

公共法律服务体系建设　年内，完成1个县级公共法律服务中心、7个乡（镇）公共法律服务工作站，16个村（社区）公共法律服务工作点建设。

公证机构体制改革　托克逊县公证处2017年10月改制为公益二类自收自支事业单位，改制后的托克逊县公证处运转顺利，累计办理国内各类公证1176件，公证费收入45万元。

社会矛盾纠纷排查　在巩固乡（镇）、村两级人民调解委员会的基础上，建立了以县、乡（镇）、村人民调解组织为主干的人民调解网络。搭建人民调解新平台。向医患、交通事故等新领域拓展人民调解组织，发展专业化、社会化的人民调解员队伍，实现信访、调解“无缝对接”。

“两类人员”教育管控　落实社区服刑人员思想动态分析制度和社区矫正安全稳定研判分析会制度。落实“两类人员”外出请销假制度，严防外出期间脱管、漏管、重新违法犯罪现象。完善突发事件应急预案，建立公、检、法、监狱等部门协调联动机制，规范“两类人员”教育管控工作。

法律服务　2018年，托克逊县成立法律援助中心驻托克逊县人民法院工作站、托克逊县法律援助中心驻托克逊县看守所工作站。司法局组织律师、法律服务工作者参与信访值班，提供法律咨询。年内，全县9名律师和法律服务工作人员被聘请担任法律顾问，全年律师事务所共代理民事法律援助案件5件。法律援助中心共办理法律援助案件36件，代写法律文书54份。

【社会事业体制改革】

农村劳动力转移就业　县公共就业服务局与县残联举办专场招聘会，帮助推荐残疾登记失业人员就业35名，其中为用人单位推荐残疾人10名。为农村富余劳动力提供就业岗位累计达1621个。

校站联建　在县技工学校新建就业服务指导站，开展免费城乡富余劳动力“学国语、学法律、学技能”培训，打造“培训就业一体化”精准服务。年内，组织167名有就业意愿的18～40周岁的城乡未就业劳动力参加培训，推荐就业121名。

【社会治理体制改革】

科学布警　在全县人员密集场所、重点要害部位加大巡逻盘查力度，对辖区内重点单位、重点区域、人员密集场所不间断开展隐患排查。

警民联动　加强村（社区）巡逻防控。小村组建1个巡逻队伍，大村组建至少2支以上的巡逻队伍，组建群防群治巡逻队。建立健全“五必查、五报告”工作机制，提高巡逻队伍的管事率。

便民警务　整合指挥系统和村级维稳力量、职能等，全县共建成“三合一”便民警务站39座。

卡点查控 在人员密集场所、重点要害部位设置临时卡点,盘查、过滤通行人员和车辆,提升查控质量。

实战演练 开展一地多点暴恐袭击多警种演练。

流动人口管理 全面推广手机APP社会化自助采集和实名访客登记系统安装,最大限度提升流动人口中高危人员的发现能力。

重点要素管控 加强重点要素管控,消除风险隐患。建立重点要素视频巡控指挥中心,不安全要素监控无缝隙。

安全防范 人员密集场所严格落实安全封闭、硬隔离、入口有安检等安防措施,严防暴恐袭击。

【纪律检查体制改革】

改革试点 托克逊县整合行政监察、预防腐败和检察院查处贪污贿赂、失职渎职及预防职务犯罪工作力量,解决行政监察范围过窄、反腐败力量分散等问题,实现由监督“狭义政府”到监督“广义政府”的转变。整合资源、盘活存量,不增加机构、不增加职数、不增加编制。将县检察院4名干部、6个政法专项编制转至县监察委员会;县纪委逐人逐事精准施策,抓方案制订、思想工作、编制划转、岗位安排、机构调整、线索移交等重点工作。掌握转隶人员思想动态,制订转隶人员安置方案、谈心谈话方案,逐个审核转隶人员档案,严把政治关、严格资格条件,顺利完成人员转隶工作;第十七届人民代表大会第三次会议选举产生托克逊县监察委员会主任,经县监察委员会主任提请,县人大常委十七届第十二次会议依法任命2名监察委员会副主任、4名监察委员会委员。1月20日监察委员会组建挂牌,改革试点工作取得了重要阶段性成果。

托克逊县监察委员会成立后,实行党的纪律检查委员会、监察委员会合署办公,对党委全面负责,履行纪检、监察两项职责。县纪委监委实行一套工作机构、两个机关名称。调整和转隶后,托克逊县纪委监委机关内设机构10个,总数不增不减,力量配备上向监督执纪一线倾斜,监督执纪机构8个,占内设机构总数的80%。按照“老事老办法、新事新办法”的原则,转隶前检察院反贪、反渎部门已立案、尚未办结的按原有程序办理,转隶后新立案调查的按监委相关规定办理。

案件查办 县纪委监委按照能试尽试原则,在调查职务违法犯罪过程中充分运用12项调查措施,2018年,全县累计开具各类调查措施文书351份,其中谈话78人次、讯问31人次、询问72人次、查询74次、冻结7次、调取74次、查封1次、扣押10次、搜查1次、鉴定1次、留置2人,无勘验检查。修订完善审查调查案件程序及审理案件程序。重要事项集体研究决定,相关材料全程留痕、存档备查。严格按照刑事诉讼证据标准调查取证,用政务处分代替政纪处分,调整处分审批权限,依法对职务违法犯罪的公职人员作出处置。2018年,给予政务处分121人。明确不发生安全事故是执纪审查的底线,谈话对象严格履行审批手续,未发现随意扩大谈话对象范围的情况。年内累计走读式谈话390余人,未发生安全事件。重点探索留置措施,遵循慎用、少用、短用原则,县监委确需采取留置措施的,提交市监委执纪审查专题会议研究决定,并由案件监督管理室报自治区纪委备案。

实践监察机关与检察机关之间制约制衡作用,监察机关调查终结的职务犯罪案件由检察机关依法采取强制措施,提起公诉,检察机关有权退回监察委员会补充调查、自行补充侦查、作出不起诉决定。2018年,检察机关共受理监委移送案件1件1人。充分发挥纪检监察干部监督机构作用,严肃查处私存线索、跑风漏气、以案谋私等违纪违法行为,防止“灯下黑”。年内,处置纪检监察干部违纪问题线索18件,立案5件,给予党纪政务处分5人,组织处理13人。

【党的建设制度改革】

人才保障　建立开放的人才引进流动机制和高层次引进人才服务“绿卡”制度。通过去外省各地招聘，共招录地方性事业编制1275人，为托克逊县经济社会发展提供人才保障。发挥援疆省市先进资源优势，择优选派行业业务骨干人才赴湖南进行科技英才培训等，为引进人才提供舒适的居住环境；维护和完善全县党政、企业经营管理、高级专业技术、高技能、社会工作、高层次等人才资源信息库，为人才引进工作的深入开展奠定基础。

干部培养　建立干部激励机制和容错纠错机制。树立鲜明导向，激励干部担当作为。突出政治标准，大力选拔对党忠诚、在反恐维稳一线表现突出的优秀干部，坚持把“访惠聚”、驻村管寺、职业技能教育培训、村（社区）第一书记、包户住户等作为选拔任用干部的重要条件，把后备干部队伍建设纳入全县干部队伍建设的总体规划，特别关注少数民族干部、女干部和党外干部。有意识的培养一些政治立场坚定，工作能力强、能挑重任的干部，储备县乡干部使用人选。（王　云）

党史、地方志工作

【党史宣传】　开发党史有关专题，向各单位讲党课，宣传推介地方党员先锋、先进典型引领，如铁木尔·达瓦买提、陶述先、李传江、于大镛、哈力克·买买提以及一些村（社区）的草根党员等。以“以案促改”中讲党课为契机，宣讲在党的领导下托克逊县社会主义革命和建设、改革开放以来各行各业发生的巨大变化以及托克逊县在新疆探索尝试农村经济体制改革的先锋作用等。

【党史编纂】　完成《托克逊县组织史》（2011—2016）任务；3月28日至5月20日，编纂完成吐鲁番市委组织部交办的《吐鲁番组织史》（2011—2016）资料编纂任务，内含托克逊县组织史（2011—2016）资料。

【年鉴编纂】　年内，编纂出版《托克逊年鉴》（2018）。完成全县1乡7镇、117个单位的基础资料征集、审核、补充、反馈、修改、编辑和总纂工作，全书记述2018年托克逊县社会事业及经济发展等情况。

完成《新疆年鉴》（2017）《吐鲁番年鉴》（2017）中有关托克逊的县情资料供稿任务。

【信息化工作】　维护方志托克逊微信公众平台。为招商、环保、司法等多个部门提供资料帮助。为中国影像方志提供托克逊县情资料。（王　云）

机要、保密工作

【机要密码通信】

密码管理　县委机要局定期逐一维护、清查核实密码设备及其配件。密码领取、清退、设备出入库登记手续齐备、单据清晰、数目准确。2018年，密码培训1次，参与自治区、市两级应急演练4次，定期清点密码3次。

收发传输　制订主副班工作方法，明确值班人员岗位职责，确保收发报、办理报、整理归纳及时有序。2018年，累计收发电报3143份，传输办理19515份。其中明传电报476份，传输办理1422份，密码电报2667份，传输办理18193份。

信息化建设　按照自治区、市信息化办统一安排部署，完成自治区电子政务内网托克逊县委办公室远程终端接入节点分级保护测评工作。完成信息化机房搬迁，并对新办公大楼内需要使用的6家涉密域、内部域单位开通相应的网络服务，完成4家培训学校内部域网络建设。完成县本级电子政务内网设备维护、日常巡查工作。完成乡（镇）电子政务内网设备巡检和维护。

（朱　屹）

【保密检查宣传】

检查处置　2018年，托克逊县保密局以“建章法、抓重点、重技防、强队伍、防泄密”为抓手，抽调政法委、网信办等单位部门工作人员对全县8个乡(镇)、30个村(社区)、33家单位进行随机抽查检查，累计68次。共检查计算机766台，其中涉密计算机543台、上网计算机223台；依法查封笔记本电脑3台，台式计算机2台，硬盘3个；通报有失泄密隐患的24名单位领导或直接责任人，并作经济处罚处理，共2.21万元，并下发了整改通知书，责令其期限内整改。

培训宣传　利用县、乡(镇)、村(社区)视频会场，举办2018年保密业务知识培训工作会议，邀请保密知识丰富的市专用通信局专业人员为全县领导干部及涉密人员授课，1000余人参会。利用各乡(镇)、各单位召开全县干部教育大会之机，组织观看12集大型保密文献记录片——《胜利之盾》。将保密法律法规知识纳入各乡(镇)、各单位涉密人员上岗、在岗、离岗离职教育培训工作，要求各乡(镇)、各单位将保密法治宣传教育培训纳入公务员、全额及地方性事业编、涉密人员等初任、任职和在职培训。在新闻媒体、微信公众号、移动通信等平台开展保密法治宣传教育。通过“风城零距离”“托克逊零距离”等微信公众号，大力宣传已经公开公布的保密工作法律法规，严密控制舆情导向，着力增强干部职工保密法治观念，使之掌握相关的保密知识和技能；让广大群众人人知晓保守国家秘密是每个公民所必须遵守的法律义务，不信谣、不传谣，增强敌情观念；安排移动通信运营商通过发送手机短信的方式，提醒和促使领导干部自觉学法守法用法，时刻在领导干部心中敲响保密工作的警钟，推动托克逊县保密法治宣传教育活动深入开展。

保密督查　将由每年1～2次的保密工作督查变更为常态化督查，一月一督查一通报，定期、不定期、随机抽查、重点部位必查到各乡(镇)、各单位开展保密检查工作。

(刘　浩)

专用通信

【概况】　2017年3月，中共托克逊县委员会专用通信局成立，机构规格为股级，核定事业编制3名。2017年5月，机构升格为副科级。2018年，在职干部2人。

【基础建设】　年内，建设完成县级党政专用电视会议控制中心，党政专用通信业务搬迁至振兴路政府综合办公楼1号楼。

【保障服务】　定期对专用通信机房、UPS电源及红机电话设备开展巡查、巡检工作，及时排除系统和设备存在的安全隐患。年内，保障了党政专用通信网络安全畅通。

【调研指导】　2018年，赴乡(镇)调研指导4次，下发整改通知单1份，解决视频会议设备故障3起，确保了全县党政专用电视会议系统安全、规范、有序运行。

【通信保障】　加强党政专用电视会议的组织管理和会务保障工作，坚持会前2小时开机调测制度，确保党政专用电视会议正常召开。全年，完成重要通信保障任务1次。组织保障党委视频会议254场次，保障其他会议90场次，发挥了党和国家重要指挥线作用。

(田建国)

组织工作

【概况】　县委组织部内设办公室、基层办、组织科、干部科、干部教育科、干部监督科、信息调研室、绩效办、人才办和信息管理中心、远程教育管理中心等。2018年，有工作人员29人，其中少数民族12人，女8人。

【人才工作】

人才管理　2018年，为县内外人才就业创业搭建桥梁，与湖南省、甘肃省、四川省等高等院校建立人才供求关系，引进人才，努力为用人单位和各类人才搭建互动服务平台。

调研全县人才队伍建设情况，为托克逊县人才队伍建设工作提供依据；出台《托克逊县人才公寓管理办法》，管理好人才公寓。按照《对口支援新疆干部和人才管理办法》，完善援疆干部学习教育、请（销）假、谈心谈话、重大事项报告等管理制度。

人才引进 维护和完善托克逊县人才资源信息库，规范人才工作信息档案。坚持"引、育、用、留"组合用力，为托克逊县聚集一支紧缺急需人才队伍。梳理汇总全县急需紧缺人才428人，其中紧缺人才161人，急需人才267人。2018年，托克逊有地方性事业编人员1528人，其中新招录1275人，全部充实到乡村一线，确保每个村（社区）有3名地方事业编人员。从地方性事业编干部中选拔、新招录60名青年专干，实现村（社区）青年专干全覆盖，并作为村（社区）后备干部重点培养对象。此外，自2017年9月起，先后5次组织人员到湖南、甘肃、四川等地引进教师、退伍军人、高层次紧缺等各类人才1117人。

人才培养 发挥援疆省市先进资源优势，择优选派了5名教育、医疗、行业业务骨干人才赴湖南进行科技英才培训，推选5名专家人才赴湖南参加"红色教育"培训，提升人才思想政治素养，培养各项业务能力。

人才服务 搭建平台，加强服务，促进郴托两地交流交往交融。重大节庆日期间开展慰问援疆干部人才活动，不定期与援疆干部交流，了解工作生活情况，协调解决困难，按规定及时报销援疆干部人才医疗费用。保障好湖南省第八批援疆干部中期轮换准备工作和援疆干部人才的后勤工作，维修和清洁援疆楼，策划开展湖南省第八批援疆干部中期轮换干部人才欢送座谈会和欢迎晚会，组织72名援疆干部人才开展集中培训，为援疆干部人才更好的投入工作创造良好的学习工作生活环境。 （马治明）

【干部监督】 严格落实干部选拔任用工作"四凡四必"（对拟提拔干部的个人档案"凡提必审"；对拟提拔干部的个人有关事项报告"凡提必核"；对考察对象的廉政情况"凡提必听"；对干部选拔任用提拔和公示期间有信访举报反映的，坚持"凡提必查"）措施，防止干部"带病提拔"。落实监督举措，让干部感受到严管就是厚爱。

干部任前公示、任前谈话、干部约谈。任前公示47名拟提拔、拟转任同级领导职务、拟担任更重要领导职务的干部；76名交流、轮岗、退休干部集体进行廉政谈话。

干部离任和任期内审计。委托县审计局审计10名党政主要领导干部任期内经济责任。

坚持提醒、函询和诫勉制度，对领导干部的苗头性、倾向性问题及其他需要引起注意的情况进行提醒谈话，给予4名科级干部诫勉谈话和11名科级干部提醒谈话。

按照乡科级领导干部请销假管理制度、乡科级领导干部请销假工作流程等有关规定做好全县乡科级干部请销假管理工作，严格审批流程。2018年，办理请销假手续412人次。 （贾俊平）

【干部工作】

基本情况 2018年，托克逊县共有县处级干部37人，其中正县级7人，副县级30人（其中援疆干部1人，自治区下派挂职干部1人，爱国宗教人士1人，享受副县级待遇第一书记3人）；男性33人，女性4人；汉族20人，少数民族17人（其中维吾尔族16人，回族1人）；中共党员35人，非党干部2人；研究生学历3人，大学学历30人，大专学历3人，初中学历1人（为宗教人士）；平均年龄49.85岁。

乡（科）级干部488人（其中援疆干部9人，市下派挂职干部3人），其中科级领导干部378人，非领导职务干部110人；男390人，女98人；中共党员481人，非党干部7人；汉族240人，少数民族248人（其中维吾尔族224人，回族

20人,蒙古族1人,土家族1人,锡伯族1人,哈萨克族1人);研究生学历18人,大学学历311人,大专学历153人,中专学历6人;平均年龄45.06岁。

干部考核　托克逊县党政机关、事业单位乡(科)级领导班子和乡(科)级干部2018年年度考核从2018年12月中旬开始,2019年1月下旬结束,县委成立考核组赴8个乡(镇)和91个县直单位,采取述职述德述廉、民主测评、个别谈话、民意调查、实绩分析、综合评价、公示等方式,对89个乡(科)级领导班子和399名干部进行年度综合考核(不含“访惠聚”工作队和“驻村管寺”干部)。经县委常委会研究,评定好班子30个,较好班子57个,一般班子2个;评定优秀干部108名;称职(合格)干部265名;基本称职(基本合格)干部4名;考核不定等干部22名;不予考核干部5名。

干部调配　2018年度县委调配干部5次,共任免调配涉及干部205名,其中提拔干部39名,转任更重要领导职务干部8名,交流轮岗干部51名,兼职干部18名,转任同级非领导职务干部7名。试用期满拟正式任职干部19名,因到龄退休、个人申请提前退休、调离等原因免职干部42名,规范职务名称等其他干部21名。

后备干部队伍建设　年内,建立完善后备干部库628人,其中正科级144人,副科级335人,年轻干部149人,为总目标落地生根储备人才力量。　(贾俊平)

【基层组织建设】

制度建设　探索推进“1+6”制度体系,推进基层组织建设工作规范开展。以常态化开展基层组织建设工作周例会为载体,成立县委组织部工作专班,及时分析研究自治区、市县工作部署要求,形成每周重点工作清单,于每周日召集乡(镇)党委副书记和组织委员分解落实,成效突出的乡(镇)奖励资金2000元,年内奖励博斯坦镇2次4000元、夏镇2次4000元、伊拉湖镇2次4000元、托克逊镇2000元。2018年,召开周工作例会10场次,下发周工作清单要点120余条,累计点评指导问题290余个。延伸落实每月“党日”活动、每月组织生活、每月群众工作例会、双月互评互学互检、逐级审核把关、从严督促指导6项制度为抓手,固化规范每月主题党日活动、党内组织生活内容流程,发挥后盾单位回访验收、评估考核群众工作辐射效应,推动形成“村(社区)交叉互检、乡(镇)主体重点落实、县级层面全程指导”工作格局,实现基层党组织生活“软约束”变“硬指标”。

统筹力量　村第一书记统筹村级各支力量工作机制运行规范流畅。健全完善在村党总支领导下的村第一书记统筹村级各支力量工作机制,选派44名第一书记,设立党建群团、政法综治、社会民生、经济发展和民族宗教5个工作小组,统筹村“两委”、驻村工作队、村警务室等各支混编力量2287人,有效管控了影响基层稳定的因素。深化“早派工、晚研判”制度。实现信息情报共研判、实时数据共分享;从严规范“周点评”“月考评”机制,抓差促好。推行全程代办制度,在村级组织活动场所设立村民事务办事大厅,由第一书记统筹各支力量,按照接待、受理、承办、回复、建档5个步骤,代办群众生活生产中各类诉求735件。

软弱涣散基层党组织整顿　坚持精准施策、对症施治,提升整顿效果。组织部各副部长包联整顿,蹲点指导,整顿不合格责任不脱钩、岗位不调整、职务不提拔,推进了整顿工作的开展。结合扫黑除恶、基层“拍蝇”和打击“村霸”、宗族恶势力等活动,发挥好驻村工作队等帮扶作用,严格对照软弱涣散基层党组织6种表现形式和自治区10条措施,分解细化整顿任务,采取组织部门评、乡党委评、村党员评、村民代表评的“四评”办法,对照验收项目“量化打分+群众满意度测评”,一个村一个村整治党组织软弱涣散、作用发挥不充分、群众满意度低的村，一个阵地一个阵地巩固。2018年，托克逊县扫除4个黑恶势力，处理涉及侵占群众利益案件59件80人。

基层保障 优先保障基层一线村组干部、“四老”人员、“访惠聚”工作队员、驻村管寺人员的待遇补助，及时、足额、规范发放到位。投入183万元新建站点12个，更新配齐村级站点远程教育同声传译等硬件设备，实现村(社区)远程视频培训系统全覆盖，为党的声音第一时间传到基层一线提供基础保障。2018年新建4个村(社区)标准化阵地，所有行政村标准化阵地全覆盖，设置了办公议事中心、群众服务中心、医疗服务中心、维稳指挥中心、学习娱乐中心。突出发挥“一体化”联合作战平台作用，发放“一体化”工作手机833部，通过细分微线索，点对点走访核实，排查各类安全隐患，采集人员信息88216人次，累计接收信息56275条，反馈信息率达100%。

大党建 年内，推行社区“大党委”建设，紧盯党组织建设这一核心内容，组建“社区党总支部—居民小组党支部—网格党小组—党员中心户”的四级党组织体系，设置社区党总支部8个、居民小组党支部63个、网格党小组27个、党员中心户54户。选派26名非公有制企业党建指导员，送制度、送资料、送技术、送党旗党徽，将党支部建设与南疆籍务工人员管理相结合，开展国语、业务技能、党建知识、感恩教育等培训，帮助421名南疆籍务工人员实现“火洲就业梦”，12名南疆籍务工人员主动递交入党申请书，增强了非公有制企业党组织“人气”。

(李树正)

【党员工作】

党组织和党员 2018年，全县共有党组织402个，其中党工委22个(其中党委18个，派出工委4个)，党总支63个，支部321个。全县有党员7660人，其中女党员2852人，少数民族党员5739人；在岗职工党员3402人，农牧民党员3111人，离退休党员752人，其他类党员395人。

党费测算 由于干部职工工资调整，全县党员党费重新测算。2018年，共收到各党(工)委上缴党费79.79万元，返还“访惠聚”党费4.62万元。

发展党员 2018年发展党员190人，其中女党员87人，占发展党员总数的45.79%。少数民族党员146人，占发展党员总数的76.84%；35岁及以下88人，占发展党员总数的46.32%。大专及以上84人，占发展党员总数的44.21%。在机关中发展党员50人(其中教师7人)，占发展党员总数的26.32%。在农牧民中发展党员118人，占发展党员总数的62.11%。在村组干部中发展党员57人，占发展党员总数的30%。在社区中发展党员7人，占发展党员总数的3.69%。

党课制度 构建联接各级、覆盖党员、贯通全年的党课制度，采取领导干部讲党课、中心组集中学习、“三会一课”等形式，开展各类学习5000余次，推进党员干部持续补钙加油。采取亮身份、践承诺、党员责任区、党员示范岗等方式，开展学习郑德荣等先进典型活动，动员各级党员干部坚定“四个自信”，做到“两个维护”，争做新时期合格党员。

党员教育管理 发挥党支部直接教育党员、管理党员、监督党员和组织群众、宣传群众、凝聚群众、服务群众的职责。把农村、机关、学校、社区、企业、社会组织等基层党组织建设成为宣传党的主张、贯彻党的决定、领导基层治理、团结动员群众、推动改革发展的坚强战斗堡垒。加强党员教育管理，建立党员分类管理制度，科学、有效管理不同行业、不同层次、不同类别的党员。坚持“三会一课”制度，推进党的基层组织设置，创新活动方式，加强基层党组织带头人队伍建设，扩大基层党组织覆盖面，着力解决一些基层党组织弱化、虚化、边缘化问题。扩大党内基层民主，推进党务公开，畅通党员参与党内事务、监督党的组织和干部、向上级党组织提出意见和建议的渠道。

党员民主评议 采取党员自评、组织定评方式,综合考评党员履职尽责情况。稳妥有序组织处置不合格党员,严肃党的纪律,严肃处理长期不参加组织生活、不缴纳党费、不做党组织分配的党员,增强党的纪律约束和组织约束。

【教育培训】

培训调训宣讲 2018年,干部教育科完成上级调训班次10期,累计调训县处级干部9名、乡科级干部6名,培训初任公务员25名,集中轮训县处级干部24名、乡(镇)正职14名、"访惠聚"工作队县处级干部18名。开展常态化夜学,将党的十九大精神与国语、法律、科技融合在一起,组织相关部门和专业老师编写党的十九大精神、科技、法律等方面相关专题资料,确保把党的十九大精神讲清楚、讲明白,累计开展宣讲活动2000余场次,各级党员干部群众20余万人次听讲。邀请自治区党委党校教师到托克逊县开展"送教下基层"活动,培训各级党员干部500余人。

主题教育培训 将学习宣传贯彻党的十九大精神作为当前和今后一个时期的首要政治任务来抓,全县各级党组织组织本单位、本系统干部职工开展学习590余场次,组织集中研讨397场次,撰写心得体会2300余篇。安排部署各级党委(党组)理论学习中心组把学习党的十九大精神作为中心内容,各基层党组织制订系统学习培训计划,列出专题研讨。乡(镇)由党委书记带头讲党课、谈体会,党政班子成员进村(社区)带头领学;机关采取集中学习、分组辅导、送学上门、自主学习相结合的方式,确保党员干部学习全员参与、全面覆盖。坚持把学习宣传贯彻党的十九大精神与学习贯彻以习近平同志为核心的党中央治疆方略紧密结合起来,编印《十九大应知应会工作手册》,村务工作委员会分片包组,深入田间地头、群众家中宣讲党的十九大报告、市委扩大会议精神等9万余人次。县委组织部还以《十九大应知应会工作手册》为考试内容,在全县设立14个考场,1100余名下沉干部参加考试,提升下沉干部学习党的十九大知识水平。

干部网络学习 动态跟踪管理县处级干部和乡(镇)党政正职新疆干部网络学院在线学习,定期统计,分析干部在线学习情况,及时提醒学分不达标、账户异常等情况。完善干部网络学习考评制度,按照干部管理权限,将干部网络学习完成情况与年底考核、绩效考核、评先评优挂钩,有效将学习的软要求变成硬任务,提升干部综合能力。

【远程教育管理】

远程教育视频培训 2018年,远程教育管理中心先后保障了全区稳定会议、民族团结一家亲活动启动仪式、全市脱贫攻坚动员大会、市厅级领导讲座、全县政治学习会议等大型会议共154场次,其中自治区级会议23场次,市级会议46场次,县级会议85场次。

基层站点学用管理 年内,全县65个远程教育基层站点月均学习时长达到每月300分钟的标准,开机率、使用率均在85%以上。全县各级站点月均集中时长1435分钟,月均集中人次1137人次,月均集中学习42场次,站点学用工作在全市排在前列。根据自治区党委、市委相关工作要求,将远程教育延伸到"两新组织"(新经济组织、新社会组织),全面教育,不漏一人。2018年,县财政投入183余万元资金,高标准配齐配全8个社区远程教育视频培训系统配套设备,45个村级站点同声传译设备,新建5个企业远程教育站点,完成18个村级站点新阵地远程教育设备搬迁工作。全县所有乡(镇)、村(社区)实现远教全覆盖,并逐步向"两新组织"延伸。

国家惠民政策查询系统 2018年,开发推行国家惠民政策查询系统,实现群众惠民政策享受情况的动态监管,为县委、政府决策提供翔实可靠的依据。年内，全县各村、社区登记居民基本信息11.11万人，登记居民享受惠民政策为56.87万条。

教学资源建设 由远程办摄制的“七一”展播片《阿力木的“杏”福密码》作为第一批展播篇目在新疆电视台、新疆昆仑网、火焰山网等媒体上播出，并获自治区课件评比活动三等奖。民族团结题材微记录片《恩情》在全国“2018年行业电视节目展评展播活动”中获优秀作品奖。全年制作32部微记录片，28个视频新闻。

党务外宣 牢牢把握意识形态工作领导权，做强做优党务外宣平台。托克逊县党建网站和“风城党建”微信公众平台实行“三审三校”制度，严守党的宣传阵地。2018年，在托克逊县党建网累计发布信息280余条，在“风城党建”微信公众平台上累计发布信息2234条。

【信息调研】 撰写反映党的建设和组织工作的新经验、新思路、新情况的组工信息156余条，印发托克逊县组工正刊信息10期，完成上级部门约稿30篇，其中自治区党委组织部采用1篇、吐鲁番市委组织部采用10篇、自治区昆仑网采用2篇，党员之友采用1篇。落实“全员信息员”制度，全体组工干部、各乡(镇)党建副书记、组织员、选调生、大学生村官全部纳入信息员队伍进行统一管理，在全县17个点设立特约信息员岗。收集整理各级党组织重点调研课题和自选调研课题共67篇，经审核上报32篇，获市级党建研究优秀成果一等奖1篇、二等奖2篇、三等奖6篇。完成2018年全县各个部门单位《组工业务通讯》《组织工作研究文选》《组织工作文件选编》等党建刊物的征订、托克逊县党建网、平安网专栏的信息更新、统计等日常工作。

【绩效考核评定】 托克逊县2018年绩效考核与科级领导班子和科级干部年度考核一并进行，县委考核组采取民主测评、个别谈话及现场查看验证材料等方式对91个县直单位、8个乡(镇)进行绩效考核。最终评定好单位30个，较好单位57个，一般单位2个。

(段　芳)

宣传工作

【概况】 中共托克逊县委宣传部(简称县委宣传部)下设综合办公室。县委对外宣传办公室(简称外宣办)隶属县委宣传部管理，精神文明建设指导委员会办公室(简称文明办)挂靠县委宣传部，社会科学界联合会(简称社科联)与县委宣传部合署办公。2018年，县委宣传部共有干部20人，其中在编11人(4人在“访惠聚”驻村工作队，1人抽调至市发改委，1人抽调至培训学校，1人长期病假)、借调5人。地方性事业编2人，志愿者1人。少数民族13人，女性13人。

【意识形态领域】

目标责任 县委书记与各乡(镇)党委书记，县委常委、宣传部部长与各乡(镇)宣传委员签订意识形态目标责任书，以宣传思想文化工作为载体，重点抓好新闻舆论阵地、村(社区)意识形态阵地建设，确保宣传思想文化系统意识形态阵地绝对安全。把意识形态工作作为“一把手”工程，纳入重要议事日常，结合本单位、本行业实际开展调查研究，制订相应的意见和办法，突出抓好重点和关键环节，确保党的理论路线方针政策、中央和自治区重大工作部署的广泛传播。

实施文化润疆工程，完善审读工作机制，清查整理，深入排查传播“双泛”思想、民族分裂思想和宗教极端思想的出版物、报刊文章、文艺作品、广播电视节目、网上信息等，排查利用行政权力、职务便利、学术地位、社会影响力在宣传思想文化领域传播民族分裂思想的“幕后黑手”，排查宣传思想文化阵地管理上的漏洞和薄弱环节，正本清源、激浊扬清、强基固本，消除“三股势力”散布的各种反动思想言论的影响，解决意识形态领域深层次矛盾和问题,提高意识形态领域的治理能力和治理水平,确保意识形态领域绝对安全。

照片、题词及宣传标语清查　规范使用党和国家领导同志的照片、题词和宣传标语,托克逊县成立专项工作组和督查组,检查展览馆、宣传标语、户外广告图片等2170条(幅),清理规范内容不规范宣传标语、图版980条(幅)。制订《托克逊县〈规范使用宣传标语39条〉及宣传标语、图片等清理工作实施方案》,全面清查乡(镇)、村(社区)、各单位、企业的宣传标语,凡是与《规范使用宣传标语39条》内容不一致的及时撤换。

问题出版物清理　开展托克逊县问题出版物清理专项行动,组建督查指导组,专项清查。2018年,全县清理清理出版物10107本,宣传展板5块、宣传标语1条。

基层三学　一是学国家通用语言。教育局选派政治立场坚定、教育教学水平高、授课风格通俗易懂的优秀教师现场授课,通过学校老师授课、音视频光碟等方式进行基础性口语内容教育,使农牧民群众具备基本国语口语交流的能力。二是学法律政策。司法部门梳理汇总群众日常生活中遇到的各类常用的法律知识,开展法治宣传教育,设置以案释法、自醒悔过、揭批挖讲查等课程,提高各族群众的公民意识、法律意识。传达学习中央、自治区党委、市委、县委有关重要文件精神、及党的惠民政策,教育引导各族群众感党恩、听党话、跟党走。三是学科技。由农业技术推广部门选派专业农技人员开展农林技术、牛羊育肥、扶贫鸡养殖知识以及设施农林病虫害防治、西甜瓜管理、农产品质量安全等为主要内容的各类农业科技知识培训,提高就业技能及生活水平。

南疆籍务工人员思想教育　2018年,托克逊县共有3600余名南疆籍务工人员,大多数来自喀什、和田等地州,托克逊县成立南疆籍务工人员"去极端化"思想教育专班,对全县南疆籍务工人员开展了为期30天的教育集中培训。由11名少数民族县处级领导进行集中授课,讲授"感恩伟大祖国、建设美好家园""如何学习好国家通用语言文字""网络安全知识""去极端化"工作等内容,使南疆籍务工人员在课程中潜移默化的学习国家通用语言文字、学习知识、转变思想。组织观看市2位厅级领导干部视频讲座6场次,播放《辉煌中国》《厉害了我的国》等专题宣传片。根据各南疆务工人员工作地点,按区域分别在中泰化学托克逊能化有限公司、中泰圣雄工业园区、县职业高中设置3个授课地点,确保南疆籍务工人员全员参与,全覆盖培训。在各分会场组织全体南疆籍务工人员召开学习交流座谈会,开展座谈会10场次,230名南疆籍务工人员参加座谈。组织优秀企业员工、优秀青年创业者现场为作创业、就业报告会,累计召开6场次,各南疆籍务工人员纷纷踊跃参与,表达立场坚定、旗帜鲜明、感党恩、听党话、跟党走、与"三股势力"作誓死斗争的坚定决心。

【舆论正向引导】

新闻媒体宣传　用好"托克逊零距离"微信公众号、广播电视台等主流媒体,在"托克逊零距离"县广播电视台开设"新春走基层""民族团结一家亲""两会特别报道""我奋斗·我幸福"等20个专题专栏。2018年,托克逊零距离微信公众号共发布稿件2020篇,累计阅读量274857万次,拥有粉丝88156人次。县广播电视台共播发"托克逊新闻"稿件170期841条,《吐鲁番新闻》中播发稿件46条、新疆电视台播发稿件45条、中央电视台播发稿件6条、其他省市新闻卫视播发稿件1条。共制作和播出有关防止艾滋病、消防安全、交通安全、扫黑除恶、防风12条禁令等宣传片、公益广告、宣传口号30余条,播出次数达4312次,播出时长达856小时。

主题新闻宣传　组织记者对托克逊县"农村生产互助"

"民族团结一家亲""下基层帮扶解困""访惠聚""奋斗者的幸福""电子商务进农村""援疆工作进行时""脱贫攻坚进行时""吐鲁番人游吐鲁番""全民国家安全教育""缅怀先烈·和谐清明"等主题采访活动进行宣传报道,《新疆托克逊县春耕忙:葡萄开墩,清理果园》《新疆托克逊县干部群众生产互助奏响"春耕"交响曲》《新疆托克逊县白杨河成为飞鸟天堂》《新疆托克逊县返乡学生绘制百米画卷诉说中国梦》《新疆托克逊县返乡学生参加社会实践活动,为家乡发展做贡献》《春节假期新疆托克逊县盘吉尔怪石林受游客热捧》《住访,让心里距离更近》《新疆托克逊:冬日温室大棚桃花、李子花分外艳》等主题新闻稿件先后被新华网、人民网、人民日报和中国新闻社等国家级网站、报纸、客户端、微信公众号刊发,并在全国网络媒体进行推送,累计转发网站300余家次。邀请市级媒体记者组团式对托克逊县进行采访,并在新疆日报头版刊发《托克逊村村开展夜学活动》,其他多家疆内媒体也纷纷进行转发。以学习、宣传和贯彻党的十九大精神为主线,大力宣传托克逊县社会稳定、民族团结、宗教和谐、文化发展、环境不断改善、经济运行态势良好的状态。2018年,中央电视台驻新疆记者站、中央人民广播电视台驻新疆记者站、中国新闻社驻新疆记者站、新华社新疆记者站、人民日报新疆记者站、中国日报驻新疆记者站、新疆电视台、《新疆日报》、天山网、亚心网、新疆网等多家驻疆媒体360余人次深入托克逊县进行主题采访活动。

【专题宣传报道】

党的十九大 深入开展党的十九大宣传报道。各乡(镇)、村(社区)干部,下沉包户住户干部、"访惠聚"驻村工作队队员等深入居民家中开展宣传,入户走访5000余次,受教育群众6万人次,群众参与率、知晓率提高。周一升国旗传达学习党的十九大会议精神8224场次,受教育人数达16.15万人次。草根宣讲员用老百姓能听得懂、能领会,通俗易懂的语言,将党的十九大报告精神用"冒热气、沾泥土、带露珠"的宣传方式传播到群众心中。草根宣讲员共宣讲2460场次,参与人数1.44万人次。

新春走基层 2018年初,县广播电视台组织记者深入基层采访,与基层群众同吃、同住欢度春节,先后推出《新疆托克逊干部情系基层帮扶解困聚民心》《伊敏和朱万胜的兄弟情》《走出家门天地宽》《技能培训助脱贫》《大棚里描绘缤纷生活》《新疆托克逊各族群众欢欢喜喜过元宵》等高质量的新闻稿件,先后在中国新闻网、人民网以及新疆电视台、《新疆日报》《新疆经济报》、亚心网等疆内外主流媒体刊播刊登。

扫黑除恶专项斗争 组织托克逊县人民政府网、托克逊县党建网、全县微信公众平台播放和转发"两高两部(最高人民法院、最高人民检察院、公安部、司法部)"联合印发的《关于依法严厉打击黑恶势力违法犯罪的通知》,全县25家微信公众号单位转载发布关于依法严厉打击黑恶势力违法犯罪稿件,全年点赞量8414次,阅读总量14.48万人次。印发《托克逊县2018年开展扫黑除恶专项斗争宣传工作方案》,发挥网军正能量传播、网络文明监督员作用,组织全县网评员队伍,转发和扩散自治区、市委网信办推送的扫黑除恶专项斗争正能量稿件。2018年,转发扫黑除恶专项斗争正能量27篇,转发人次1.43万次,阅读量2.612万人次。

改革开放40周年宣传 以"托克逊零距离"为阵地,发布"壮阔东方潮奋进新时代——庆祝改革开放40年""新时代新作为新篇章"主题稿件48篇,30家微信公众号有25家参与转发,阅读量达2817次。组织网评员转发"壮阔东方潮奋进新时代——庆祝改革开放40年"主题稿件8篇,转发4306人次,阅读量9492次;组织网评员转发"新时代新作为新篇章"主题稿件9

篇,营造浓厚的社会氛围,转发4834人次,阅读量1.34万次。

【文化惠民】

惠民演出 开展民族团结为主题“民族团结手拉手 文化进万家”惠民演出活动28场次,“十九大精神进万家”演出活动25场次,“红色文艺标兵”PK歌曲、唱红歌栏目16场次,开展文艺演出活动进企业11场,进军营4场、进社区4场、进学校5场,“民族团结一家亲”活动13场。

作品发放 开展万村千乡文化产品惠民行动,配备专人负责组织好乡(镇)、村(社区)等发放电影、电视剧光碟工作。县电视台每天播放中宣部下发的《巡视利剑》《大国外交》《强军》《法治中国》《辉煌中国》《不忘初心,继续前进》《将改革进行到底》等大型专题片,组织各族群众观看。

旅游参观 开展“看历史、游家乡、爱祖国、吐鲁番人游吐鲁番主题活动”,托克逊县计组织769辆大巴车,参观群众37317人,警车173辆、工作人员1830人、救护102辆、出动警力694人;累计召开参观组织座谈会482次、参与群众35112人次、交流发言4470人。

【文化阵地建设】 组织广电网络中心、文化馆、村村通、农影办工作人员对县电视网络、各乡(镇)的文化大院、户户通设备进行日常维护检查,确保收视正常,通过流动电影放映把先进的文化知识传播到基层群众中间去。

全年累计完成2273户数字电视收费,新入网安装521户,报停181户。熔接天源小区、盟鑫源小区光缆。投入291万元购买1.1万套户户通设备免费发放给村民。2018年,村村通新安装户户通设备9938户,保证了基层群众收视,确保党的声音传达到每家每户。农影办放映电影617场,其中科教片127场,观影人数2.96万人次。

【外宣工作】 2018年,先后与中国新闻社驻新疆记者站、天山网、亚心网等主流媒体建立长期合作关系,用好主流网站和频道资源,提升“美丽托克逊”品牌影响力和对外传播力。年内,在各网站新闻媒体发布稿件1260篇(其中国家级网站新闻媒体发布稿件473篇,自治区级网站新闻媒体发布稿件787篇)。并协调中央电视台军事·农业频道全国农民春节联欢晚会分会场在托克逊县外拍取景,春节期间在中央电视台军事·农业频道播出,中央电视台新闻客户端直播托克逊杏子采摘销售全过程,观看人数达10万人次,引起强烈反响。《新疆晨报》新媒体用2个小时时长直播托克逊新鲜水果成熟销售,全网观看人数达60万次,使疆内外观众更加直观、立体的感受到托克逊魅力。

2018年累计接待各级媒体采访100余家次,各类重大节庆活动新闻实现国内外同一时段全网推送,形成强大对外宣传攻势,先后在中央电视台发布涉托新闻16篇。

(张金梅)

【精神文明建设】

移风易俗 为培育文明新风,弘扬社会正气,引导农牧民群众破除陈规陋习,激发农牧民群众脱贫致富的动力,在抵制高价彩礼、倡导厚养薄葬、破除陈规陋习等方面提倡尊重民俗、抵制庸俗、拒绝粗俗,形成崇尚文明、勤俭节约的良好风尚,贬人情重负,树时代新风,努力为脱贫攻坚卸下“人情枷锁”,为打赢脱贫攻坚战提供强大的精神和舆论动力。规定党员干部及公职人员带头简办婚丧喜庆事宜,严格遵守文明节俭,以引导示范代替行政管制,党风正则民风淳,以优良的党风政风带动社会民风。2018年底,县级及县级以上文明村镇全部制订以移风易俗为主要内容的村规民约,遏制了借债办喜事、借钱建婚房致群众致贫、返贫的现象。

文明城市创建 全方位推进全国文明城市创建工作,突出德治与法治相结合,大力推进社会公德、职业道德、家庭

美德、个人品德建设，深入开展法治宣传教育活动，强化舆论宣传、文化熏陶、实践养成、典型激励，激发人们形成善良的道德意愿、道德情感，培育正确的道德判断和道德责任，推动各族干部群众在为家庭谋幸福、为他人送温暖、为社会做贡献的过程中提高精神境界、涵养文明风尚，提高城市文明程度和市民综合素质，全面实现创建全国文明城市工作目标。2018年，托克逊县成为自治区文明城市提名县城称号。

文化市场督察　成立文化市场督察组，消除安全隐患。2018年，文化督查组排查文化场所1386家，发现隐患263个，立即整改193个，限期整改30个，停业整顿40家。重点抽查各乡（镇）农家书屋、“东风工程”、阅报栏管理情况，培训各村图书的管理及整理工作，重新整理图书、报刊、报纸上架。严厉打击侵权盗版行为，净化出版物市场，开展打“三非”执法检查60余次，对缴盗版的音像制品、盗版图书于“3·15”全部销毁。

社会主义核心价值观培养　更换15家自治区精神文明单位的牌匾。突出社会风尚建设，突出未成年人思想道德建设，着力培育向上向善、诚信互助的社会风尚，使社会主义核心价值观成为各族群众的共同价值追求。深化未成年人思想道德建设，健全未成年人思想道德建设工作联席会议制度，努力形成学校、家庭、社会“三位一体”相互促进的局面；开展“文明礼仪、诚信教育进校园、进课堂”，打击网吧接待未成年人行为，整顿图书、音像等文化市场，开展净化荧屏声频，整治校园周边环境，创造未成年人健康成长环境。

志愿服务行动　2018年，全县成立志愿者服务队85个。全县有4000余名志愿者参加巡逻、交通指挥员、进社区、进敬老院送温暖等志愿服务活动，推动开展文明交通、文明餐桌、文明旅游、文明上网，大力普及工作生活、社会交往、人际关系、公共场所等方面的文明礼仪规范，培育优良秩序。（张金梅）

网络安全和信息化工作

【概况】　托克逊县设立中共托克逊县网络安全和信息化领导小组办公室、托克逊县互联网信息办公室实行“一个机构、三块牌子”，列入县委机构序列，为县委直属正科级机构，核定编制20名。

【网评队伍建设】　2018年，共组建网评队伍，建立网络评论员微信群，超额完成市委规定物建人数，完成“网军任务管理”注册的所有网络评论员均签订保密承诺书，并正常发挥网评员作用。组织网评员在微信朋友圈、微信群、QQ群、微博等平台发布任务2634条，参与转发人次19.34万人次，阅读量44.53万次。守护网络舆情阵地，传播党的十九大和十九届二中、三中全会精神，将党中央、自治区党委、市委、县委的政策动态传递给基层群众。

【网评培训】　县委网信办派2名网信办干部参加自治区党委网信办地（市）、区（县）两级网评领队培训班，选出15名网评员参加自治区党委网信办核心网评员培训。培训乡（镇）和县直单位的部分核心网评员，分批次面对面、一对一、多对一培训50次，参训200人。

【应急演练】　2018年5月25日，自治区党委网信办组织全区网络评论员队伍开展正能量信息扩散演练，此次演练围绕打好维稳“组合拳”“民族团结一家亲”等正面宣传工作重点，分语种、分地州、限时段的开展正能量信息转发和点赞工作，通过每20分钟记录一次增长量来评估响应时间，2小时后记录转发、点赞总数来计算完成率。托克逊县委网信办完成演练，任务转发率为255.4%，受到市委网信办通报表扬。

【网宣引导】

中国好网民工程　组织开

展参与第十五届法律知识竞赛、征集第十五届法治动漫微电影等网络宣传活动,扩大中国好网民线上线下覆盖面。通过阵地建设,打造维汉文中国好网民网上发声平台。

网络安全宣传周 2018年9月17—23日,托克逊开展启动日、教育日、电信日、法治日、金融日、青少年日、个人信息保护日7个主题日网络安全活动。网信办组织县教育局、县商经委、县公安局、县文广局、县人民银行、县总工会、县团委、县电信公司开展以"网络安全为人民,网络安全靠人民"为主题的网络安全宣传周活动,托克逊镇组织辖区群众及县直单位1000多人开展网络安全"七进"活动,即网络安全进社区、进乡村、进企业、进机关、进校园、进军营、进家庭,将网络安全延伸至基层的公里。网络安全周活动覆盖人数8.15万人次。

大型网络文化活动 "我是一颗石榴籽"大型文化活动围绕"石榴结亲记""指尖上的民族团结""葡城梦·湘吐情"和"民族团结公益宣传片"等四个环节开展,全县各单位参与"我是一颗石榴籽"作品征集,带动社会各界广泛参与,讲好身边民族团结进步故事,宣传好各民族共同团结奋斗、共同繁荣发展的新局面,持续传播网上正能量,共推出文章14篇,阅读量4230人次,活动收集"我是一颗石榴籽""民族团结一家亲"图片作品25张。

"网络中国节" 组织开展好"网络中国节"系列网络文化活动,在网站、微信公众平台搭建活动专题页面,在双首页营造浓厚的节日氛围,以围绕传统习俗、历史故事、国家情怀等主题创意征集作品,此次活动征集文稿和图片15篇,活动参与人数2800余人。

扫黑除恶专项斗争 县网信办从网络宣传引导、网络巡查监管和网络舆情发现处置3方面开展扫黑除恶工作,组织全县网评队伍参与扫黑除恶专项斗争宣传,共发布扫黑除恶专项斗阵宣传稿件任务19篇,参与转发人数1.81万人次,阅读量3.35万次。托克逊县政府网、党建网、教育信息网3家网站转发"两高两部"联合印发的《关于依法严厉打击黑恶势力违法犯罪的通告》,组织全县58家微信公众号推送扫黑除恶专项斗争宣传稿件23篇,阅读量3856人次。

改革开放40周年 组织全县网评员转发"壮阔东方潮 奋进新时代——庆祝改革开放40年"主题稿件39篇,转发2.55万人次,阅读量5.44万次。组织全县网评员转发"新时代新气象新作为"主题稿件40篇,转发1.77万人次,阅读量3.65万次。组织全县网评员转发"新时代新作为新篇章"主题稿件55篇,转发3.82万人次,阅读量8.33万次。

【安全检查备案】

关键信息基础设施安全检查备案 2018年,全县共4家单位有关键信息基础设施,全部备案,安全隐患均已整改。

境外非政府组织开办网络账号调查 2018年,未发现境外非政府组织在托克逊县开办网络账号的情况。

【党建工作】

网站情况 2018年,托克逊县委网信办建立健全互联网企业、网站党建工作台账,专人管理维护,确保互联网企业、网站党建工作和网站规范开展和运行。摸排县域属地网站13家,其中党政机关网站2家,事业单位网站4家,国有经济控制网站1家,私有经济控制网站5家,私有经济控制互联网企业1家(伊斯太克水果干果网为互联网企业);生活服务类网站2家,其他类网站10家,电子商务类互联网企业1家。专科以上学历员工216人,其中研究生及以上学历4人,本科学历96人,专科学历125人。共注册资金2.44亿元,上年底资产总额8.8亿元,上年产值收入9.03亿元。

组织建设 2018年,县域属地网站全部建立党组织,其中1家网站建有党委,6家网站建有党支部,1家网站建有联合党支部,5家网站派有党建指导员,属地网站在党的领导下运行。县域属地网站企业共成立群团组织6家，其中6家网站成立工会组织，1家网站成立团组织，5家网站成立妇女组织。9家网站制订年度党建工作计划、方案，8家网站党组织书记每年向上级党组织述职或专题报告工作，5家网站党建工作指导员每月向上级党组织报告工作，3家网站建立党组织与网站管理层交叉任职和双向互动工作机制，5家网站设立党员示范岗，4家网站设立网上党建网络学习平台。2018年开展党的活动177场次，7家网站配备党务干部，7家网站有党员活动阵地，2家网站有党的活动经费。

队伍建设 2018年，县域属地网站企业有党员152人，预备党员3人，党员发展对象6人，入党积极分子16人，入党申请人22人，发展党员3人。

党务培训 2018年，市县两级组织、网信部门共开展党务工作者培训次数11次，27人参加培训。党建工作指导员指导工作5次。

【舆情管控】 县委网信办严格落实24小时值班备勤工作要求和网络巡查机制，责任到人，每小时巡查、监督属地网络，记录台账。按照1分钟发现，3分钟上报，1小时查处，4小时处理完毕原则，网信办发现舆情及时应对处置。2018年，县委网信办注重日常收集舆情信息，并及时引导干预，防止舆情危机产生，共发现属地舆情67起，全部处置完毕。杏花节期间，注意分析预测舆情态势管住管好新闻媒体和网络空间，县委网信办组织巡查互联网杏花节信息，共发现41条与相关信息，其中微博账号27条，微信2条、今日头条1条，旅行社发布信息6条，快手视频5条，共处理41条。

【不良信息举报】 县委网信办每天开展网上不良信息举报及举报信息初筛工作，发动托克逊县广大监督员队伍，对微博、论坛、贴吧、微信、QQ、手机短视频、各类网站等展开巡查举报工作。2018年，托克逊县共发现并举报网上各类不良信息4.1万条，有效举报信息2.44万条，有效率占59.58%，初筛不良信息5.6万条。

【监督员队伍建设】 2018年，托克逊县网络监督员实际注册391人，开展工作212人。

【专项行动】

非法集资 自治区通知开展网上涉嫌非法集资风险专项排查活动方案后，县网信办对属地网站平台、账号进行风险排查2次。经排查，属地网站平台、账号未存在传播非法集资活动。

反邪教 2018年，根据托克逊县防范打击“法轮功”等邪教组织专项行动工作相关要求，网信办制订突发邪教案(事)件处置预案，对属地及网上邪教组织相关信息展开网上清理查删。

“精神传销” 2018年，根据托克逊县依法取缔和打击“精神传销”有害培训专项工作实施方案，网信办积极侦查属地及网上“精神传销”有害培训活动，依法清查涉“精神传销”有害信息，取缔关闭相关网站、账号。坚决防范和打击网上有关“精神传销”培训活动有害信息传播。

“扫黄打非” 2018年，网上(非属地)共发现举报涉“扫黄打非”相关不良信息5044条。

网上涉稳专项行动 2018年，县委网信办开展对属地网站、手机短信、微信群、QQ群、QQ空间、微博、重点论坛、移动客户端等各类网站(平台)涉稳专项行动。年内，托克逊县属地网上未发现有关信息。

“清朗”专项行动 2018年，结合“清朗”专项行动有害信息关键词清单，开展对属地网站、手机短信、手机APP及应用软件、微信(群)、QQ(群)、QQ空间、微博、地方留言板、论坛、移动客户端等各类网站(平台)的专项治理工作，发现网上各类不良信息4万余条，通过举报平台上报自治区。

有害信息管控 2018年，网信办开展全县属地网络、微博、微信、QQ、私密空间及微信公众号新媒体平台等相关有害信息巡查、分析、研判、监督等各项工作,属地网上未发现相关工作负面舆情。

昆明“泛亚有色”案庭审期间信访处置 在昆明“泛亚有色”案庭审期间,县委网信办加大对各大网站、微博、微信、手机APP、QQ群等巡查监控,及时应对处置属地网上发现涉“泛亚有色”案的相关负面信息。

短视频等新媒体平台巡查监看 年内,县委网信办组织巡查监看各乡(镇)、县直各单位短视频等新媒体平台,确保全县网络绝对安全。

互联网宗教事务管理 2018年,网信办加强互联网宗教事务管理。年内,托克逊县属地网上未发现涉宗教相关不良信息,网上共发现举报宗教类有害信息5988条。

【维稳安保】

节日期间维稳安保 年内,网信办制订《敏感期舆情应急处置预案》,明确分工,责任到人。

网上安保维稳 为确保第六届中国—亚欧博览会、中非合作论坛北京峰会期间网上空间风清气正及属地网络绝对安全,网信办发挥全县网络监督员、网络评论员作用,重点加强私密空间和手机短信息、VPN等重点环节的监测管控,做好第一时间发现、封堵、过滤、删除涉第六届中国—亚欧博览会、中非合作论坛北京峰会负面有害信息。

(陈纪每)

老干部工作

【概况】 2018年,县委老干部工作局和关心下一代工作委员会办公室共有干部职工6人,其中女3人,少数民族3人。

2018年,全县有离休干部11人,其中女1人。异地安置离休干部2人,离休干部遗孀21人;退休县级干部37人,其中女5人。

【老干部管理服务】

报刊征订 年内,为全县老干部及“四老”党员订购近400份《老年康乐报》。

走访慰问 2018年春节、古尔邦节期间慰问离退休干部和遗孀46人;老干局退休干部6人,共发放慰问金3.53万元;看望因病住院的老干部13人次,电话联系和问候异地老干部70人次。

护理补贴 年内,老干部护理补贴费及时足额到位。离休干部的生活费始终坚持按月发放,医药费实报实销,全县企业离退休干部护理费、交通费4人12万元、高温费4人8000元。

【老干部活动】 2018年,县委、政府拨付资金8万元用于老干部活动中心量化、基础设施维护,改善老干部的娱乐环境,提升老干部对活动中心的满意度。年内,老年活动中心开设台球、国际象棋、围棋、麻将等6个项目,老年活动中心运行正常。

2018年9月,组织离退休老干部到托克逊县民族团结展厅、支边青年纪念馆和零海拔酒庄参观,让老干部们切身感受托克逊县的变化。

(甫尔布加甫·托力木吉)

关心下一代工作

【概况】 2018年,全县有关工委组织9个,其中县关工委1个,乡(镇)关工委7个,机关(教育局)1个。关工委小组98个,其中社区关工委小组13个,村(队)级关工委小组45个,学校关工小组40个。县乡宣讲团9个,关爱团28个,全县参与关心下一代工作“四老”“五老”骨干318人。

【宣讲教育】

调研普法 发扬不怕吃苦精神,深入偏远乡村、社区、学校开展调研,分析研究下一代工作。年内,开展普法教育,深入学校、行政村宣讲法治课30场次。

基层活动 夏镇关工委充分发挥“访惠聚”工作组的作用,选派工作组中双语水平较高的干部担任学校校外辅导员,每月到学校开展宣讲活动不少于1次;滨河社区坚持为未成年人服务的正确方向，在社区阵地二楼设立医院、学堂、公安局等不同角色的“角色屋”，不定期请卫生服务站医护人员、消防官兵、警察等为小朋友们讲解相关知识，为社区的未成年人营造良好成长环境。

征文活动　年内，58名学生参加“传承红色基因，争做时代新人”的征文比赛活动，选出21名学生作品，上报自治区关心下一代工作委员会办公室。通过征文活动，让学生用自己慷慨激昂的言辞表达对祖国的热爱、对先烈的缅怀，树立立志报国的决心。

返乡学生小课堂　年内，329名返乡学生担任国语强化班授课教师，涉及30多所中小学，近260个班级，6500多名中小学生参加国语强化学习。返乡学生小课堂的授课老师开展课程辅导，帮助中小学生们提高汉语听、说、读、写的能力。同时，开展以绘画、唱歌、舞蹈等为内容的教育活动，丰富少年儿童的假期生活，用亲身体验和感受引导他们追求积极健康的生活方式。

返乡学生文艺会演　年内，各基层关工委组织400余名返乡学生开展以“胸怀祖国心向党情系家乡促发展”为主题的返乡学生文艺会演活动，发挥了自身的特长，加强了相互之间的交流，而且很好地展现了大学生们热爱祖国、团结向上的精神风貌，增强了返乡学生爱祖国、爱家乡的思想意识和对祖国的认同感和自豪感。

（甫尔布加甫·托力木吉）

统一战线　民族宗教事务

【概况】　2018年，县委统战部在编7人，其中行政编制4人，地方性事业编2人，工勤编1人。民宗委在编11人，其中行政编5人，事业编3人，地方性事业编2人，工勤编1人。

【驻村管寺】

自身建设　年内，全县有驻村管寺干部188名，其中市派16名，县派71名，乡（镇）派101名；女28名，少数民族172名；科级干部15名；党员99名；研究生2名、本科109名。严格按照《驻村管寺规范化管理办法》落实考勤制度，全年对无故旷工和因事、因病请假人员按照管理办法扣除相应的生活补贴；加强清真寺和宗教活动教育管理服务工作，定期对各乡（镇）、村（社区）清真寺管委会工作开展、人员考勤、走访入户等情况督查巡查并进行点评，促进工作开展。年内，点评12次。

经费情况　驻村管寺专项经费。自治区下拨54万元驻村管寺专项经费，全部按时拨付到各乡（镇），为基层驻村管寺管委会配备计算机、打印机、档案柜等办公用品。

专职干部补助经费　2018年，共发放驻村管寺干部生活费386.97万元。发放市财政拨付市派17名干部生活补助36.72万元；县财政下拨县派干部生活补助经费350.25万元。

【培训教育】

宗教人士培训　2017—2018年，共选派4名宗教教职人员参加国家级爱国宗教人士集中政治培训，选派33名宗教教职人员参加自治区爱国宗教人士集中政治培训，组织全县所有宗教教职人员参加市爱国宗教人士以政治教育、国语教学等内容的集中政治培训班轮训。年内，组织县级宗教人士培训会24场次4010人次，乡级宗教人士培训会47场次7366人次，村级宗教人士培训会46场次7438人次。

国语教育　把学习国语作为一项制度固定下来。专职干部利用清真寺礼拜前后时间组织宗教人士和信教群众从简单易学的汉字和语言学起，通过一个拼音一个拼音的教，一个汉字一个汉字的读，宗教人士和信教群众学习国语的热情提高，不断加深对中国文化和伟大祖国的认同。配合乡（镇）党委开展“以案说法”“去极端化”等宣讲活动63场次，受教育群众2425人次。

【两项制度】　制订《托克逊县

爱国宗教人士人保护和关爱工作方案》,将全县爱国宗教人士按照县、乡、村三级划分保护对象,县公安部门对7位宗教人士一人一方案落实安全保护措施。坚持把爱国宗教人士和信教群众当亲人、当朋友,深化领导干部联系清真寺和与宗教人士交朋友当亲人"两项制度"落实。

按时足额发放宗教人士生活补助金。2018年,累计发放爱国宗教人士补助143.45万元,累计发放宗教人士养老保险1.03万元、人身意外伤害保险1.09万元。组织宗教人士参加城镇、农村合作医疗保险,实现爱国宗教人士医疗保险、养老保险、人身意外伤害保险全覆盖。

【宗教场所】 2018年,全县清真寺总数49座,其中夏镇12座,郭勒布依乡12座,博斯坦镇9座;伊拉湖镇8座;托克逊镇有4座;克尔碱镇有3座;库米什镇有1座。

【宗教事务管理】

"四项活动" 年内,全部纳入依法管理宗教活动重要内容,宣传引导群众规范进行。宗教人士提前向管委会干部报备登记,驻村管寺干部与村党支部成员一同参加"四项活动"(起名、割礼、婚礼、葬礼和乃孜尔)。2018年,组织规范化举行"四项活动"5009场次。

信教群众工作 2018年,188名驻村管寺干部在村(社区)第一书记领导下,与信教群众结对认亲。各驻村管寺管委会结合群众百分百受教育工作要求,围绕社会稳定和长治久安总目标,就党的民族宗教政策、党的十九大、自治区"两文件两条例"及上级党委和县委(扩大)会议精神内容认真备课,驻村管寺干部与下沉干部、"访惠聚"干部、村干部累计开展宣讲、联谊等活动3102场次,参与群众15.9万人次,累计走访见面各类群众8.18万户次,解决各种困难3.8万件。

【少数民族发展资金项目】

2018年,托克逊县少数民族发展资金共150万元,其中项目内使用149.3万元,余款7100元,余款经县扶贫领导小组会议研究后使用到项目培训中。

郭勒布依乡少数民族刺绣推广项目 项目资金50万元,地点在郭勒布依乡河东村,政府采购平绣电脑绣花机1台、珠片电脑绣花机1台、多功能电脑绣花机24台,设备验收并安装调试使用,采购机器使用49.8万元。项目实施后招收当地少数民族妇女及贫困户家庭成员就业。余款2000元采购购买刺绣用布匹及彩线,培训郭勒布依乡妇女3次23人。

伊拉湖镇葡萄架式改造建设项目 项目资金50万元,地点在伊拉湖镇郭若村,政府采购水泥立柱12.5万对,每亩按照1000元标准发放水泥立柱给各种植户,完成500亩葡萄架式改造。1.25万对水泥立柱全部验收合格,资金拨付50万元,项目受益户98户,其中贫困户13户。乡林业站指导改造,确保技术服务到位。

博斯坦镇手工小花帽制作项目 项目资金50万元,地点在博斯坦镇博斯坦村,政府采购电脑平车缝纫机13台、圆头锁眼机3台、直眼锁眼机4台、花帽小型支架50个、小型分流设备5个。设备安装调试后正常使用,项目拨付采购资金49.52万元,开展技能和设备操作培训,招收少数民族妇女就业,全部为博斯坦镇贫困家庭妇女。余款4800元用于购买制作花帽原料、设备维护用品以及就业妇女免费培训。 (许锦程)

信访工作

【概况】 托克逊县信访局内设1个信访接待大厅、1个综合业务办公室。2018年,信访局编制6人,实有在编在岗1人(其中第一书记1名,调离1名,新进公务员南疆支教1名),地方性事业编2人。

【信访接待】 2018年,县信访局共受理群众来访124件

367人次(其中初访98件246人次,重复访26件121人次),办结率为100%,同比件次下降73%、人次下降78%。其中集体访16件129人次,同比件次下降83%、人次下降90%;个人访108件238人次,同比件次下降69%、人次下降52%。

2018年,网上受理案件(含本级录入、上级转办)共61件112人次,其中网上投诉受理27件39人次,办结率100%;网上来信受理5件5人次,办结率100%,网上来访受理29件68次,办结率100%。年内,托克逊县无京访、赴乌上访件,实现越级上访零控制目标。

【重点信访】

农民工上访人员协调疏导 组织各乡(镇)、相关部门梳理重点信访案件,逐案建立工作台账,明确责任主体、由县级领导、县直单位和各乡(镇)干部包案化解。年内,梳理农民工工资问题台账89件326人次4480.85万元全部办结,其中交办化解82件313人次涉及4417.15万元、导入法院诉讼程序7件13人次涉及63.7万元。

重点群体重点领域上访问题 将涉众、非法集资问题与各敏感节点同安排、同部署,组织各乡(镇)会同相关责任单位不断摸排"钱宝系""泛亚""E租宝""善心汇""P2P""温商贷"相关部分利益受损群体集资融资案件、房屋征迁人员等重点群体的信息预警,分析群体诉求,逐一建立台账,化解处置。年内,经排查托克逊县未发现有"钱宝系""泛亚""E租宝""善心汇""P2P"等投资受损群体引发的上访问题。

回访管控 年内,排查梳理出118名历年有上访记录和风险人员推送各乡(镇),全部纳入"人证合一"查验预警系统进行管控稳控。组织各乡(镇)、各单位对30名重点缠访、闹访、越级上访的人员安排到法治培训班学习,经教育培训,学员思想教育转化效果好,综合研判评估后,全部解教。县信访工作联席会议办公室每月督促各乡(镇)回访解教人员,了解思想动态,分类施策,及时解决相关诉求,确保人员稳控在当地。

矛盾纠纷安全隐患大排查 年内,开展全域性信访矛盾纠纷安全隐患大排查活动,34家成员单位每周开展摸排,其中28家成员单位通过法定途径分类处理信访问题,推进了信访问题及时就地解决。

【网上信访】 建立托克逊县网上信访平台,制作网上信访平台手机版二维码,同时在县信访接待大厅张贴县网上信访大厅二维码使用方法。宣传拓宽手机信访和微信信访等互联网信访投诉平台,畅通信访渠道,引导群众通过领导信箱、互联网(网上信访大厅)和手机APP网上信访反映问题,及时受理群众网上投诉的信访案件,按期办结,实现"数据多跑路,群众少跑腿",提高群众满意率。

县信访大厅受理案件每日录入信访信息系统,要求各信访事项答复主办单位网上限时答复,接受群众监督。整合政府网站领导信箱在内的数据对接导入工作,使群众在领导信箱的投诉事项直接导入信访专项受理平台,实现按照法定程序答复和办结。托克逊县网上信访信息应录尽录,网上网下一本台账,来访登记快速受理,问题化解督办落实高效。年内,共受理网上信访案件61件112人次,办结61件112人次,办结率100%,满意率100%。

【制度建设】

维稳调度 主要领导负总责、分管领导具体负责,其他领导"一岗双责"。县、乡、村三级党政负责人以及各相关部门负责人为信访第一责任人。不定期召开县信访联席会议和维稳工作务虚会(包含信访工作议题),每月召开维稳工作月例会(包含信访工作议题),了解各乡(镇)、各行业信访矛盾,及时协调解决热难点问题。制订村(社区)、乡(镇)、县行业部门三级工作流

程图,强化基层属地乡镇信访受理、答复、送达工作程序,明确受理、办理时限和调处责任单位,引导信访群众依法逐级表达诉求。信访纳入每日维稳调度,维稳指挥部办公室成立信访矛调及内地涉吐专班,收集“四大攻坚战”等有关信访重点问题,每日上报县委、政府主要领导阅示,调度巡查各乡镇。同时,信访工作联席会议办公室每日对来访、赴京赴乌、法治培训班培训等情况报告,累计向县维指办及市信访局上报信访矛调及内地涉托案工作专班每日信息动态340期,通报2期,确保信访部门随时掌握情况,及时做好处置工作落实信访日报告制度。

专题研判制度 落实乡(镇)每半月信访专题分析研判会机制、联系村科级干部每周到村指导落实研判制度等,将常态化工作机制落实情况纳入到维稳专项督查中,定期通报,限期整改。

节会间信访 制订托克逊县《2018年全国“两会”期间信访工作方案》《开展信访矛盾化解攻坚战实施方案》《“首届中国国际进口博览会”期间信访工作方案》等,用心用情做好亚欧博览会“第27届葡萄节”和国庆节期间信访工作,实现春节全国两会“上合青岛组织峰会”、亚欧博览会和中秋节等各类节日、首届中国国际进口博览会等节会期间上访“零控制”目标。

逐级走访制度 制订接访受理服务规程,明确乡(镇)首访答复责任以及受理和管理层级部门责任,现场协调答复群众来访咨询,诉求问题严格按照规程协调限时办理,在基层协调化解初访问题,信访案件件件有回音。基层可以化解而不受理,造成人员上访事件,将严肃追究干部责任;单位不受理、不答复造成群众越级上访事件,将问责处理主要领导干部,确保解决群众问题。

领导包案制度 按照属地管理、分级负责、谁主管谁负责的原则,落实信访问题包案化解稳控制度。既要推进问题解决,又要将人员稳控吸附在当地。各联席会议成员单位层层部署,排查梳理矛盾纠纷,分析案情,落实领导包案制。化解自治区交办的信访矛盾攻坚战案件,共研判分析梳理出2件6人次重点信访案件,确定包案领导,落实责任单位,督办责任单位,下发督办函,全部完成重点事项化解工作,并监督责任部门按国家信访局要求在信访信息系统中全部规范化录入完毕。

信访动态零报告机制 各乡镇、各部门常态化开展信访动态零报告机制,有情况报情况,无情况报平安。年内,各项排查稳控措施到位,未出现异常情况。

领导干部接访制度 年内,每日安排1名县级领导开展接访,共安排22名县级领导值访,县公检法司、各乡镇各安排1名信访干部,县直部门派驻1名工作人员、1名律师在信访大厅联合接访,逐件梳理信访台账,实行诉访分离,对人大、法院、司法、劳动仲裁等案件,及时导入诉讼程序,指导落实信访案件的答复落实情况,加快了信访处置效率。2018年,县级领导接访94场次,接待群众来访94件248人次,当场解决所有信访问题。

“访惠聚”驻村工作组信访矛盾全程代办制度 2018年,“访惠聚”工作队通过走访主动协调化解群众信访问题。年内,全县“访惠聚”工作队通过落实代办制度主动化解群众生产生活问题,共解决群众反映的热、难点问题3855个。

三级晚研判机制和群众问题化解“闭环”机制 县、乡(镇)、村(社区)坚持每日召开晚研判会议,动态评估社会稳定风险,动态研究解决。在包户住户全覆盖工作中,干部每天梳理群众矛盾纠纷和问题困难,村(社区)、乡(镇)、县逐级化解、上报,群众不出户不出村就能解决问题困难。

(张彦君)

机构编制管理

【概况】 2018年,中共托克逊县委员会机构编制委员会办公室实有人员8人,其中女

5人，少数民族4人。下设事业机构，即托克逊县事业单位登记管理局，实有干部3人。

【深化党政机构改革】 2018年8月开始，按照中央统一部署，县委编办组织人员学懂弄通中央、自治区党委和市委、县委关于深化党政机构改革的精神，精心做好改革前的准备工作。依托机构编制实名制信息系统、编制台账，开展摸底，全面掌握涉改部门和单位的机构设置、职能职责、人员编制等情况。至年底，共梳理拟涉改部门和单位61个。

【机构编制管理】

机构编制调整 2018年县委编办召开3次机构编制委员会工作会议，研究机构职能划转、整合机构、成立机构及调整人员编制等事项。

撤销监察局和检察院的反贪污贿赂、反渎职侵权、职务犯罪预防部门，将相关机构、职能、人员转隶至监察委员会；完成巡察机构编制调换设置。托克逊县纪委监委内设机构10个，即办公室，组宣部，党风政风监督室，信访室，案件监督管理室，案件审理室，第一、二、三、四纪检监察室。将县检察院10名政法专项编制划转至县监察委员会，划转后，县纪委监委行政编制17名，政法专项编制10名，工勤事业编制2名。

托克逊县县委巡察机构编制全部调换成行政编制，县委巡察办调剂3名行政编制、3个巡察组调剂8名行政编制，所需编制从县第一、三、四、五纪工委（监察分局）调剂，以适应党风廉政建设新形势、新任务的要求，为党风廉政建设工作常态化开展提供机构保障。

组建退役军人事务管理局。

实名制管理 建立完善机构编制实名制管理系统，督促机构编制和在职人员变动的单位及时更新实名制管理信息库内容，随时登记，适时更新，动态管理。2018年，办理调入人员75人（其中外地调入26人），办理调出人员78人（其中调至外地29人），招录招聘人员40人；退休人员53人、辞职人员24人、开除人员14人、自然减员1人，共办理人员手续411人次。

【“放管服”改革】 2018年，对照《国务院关于取消一批行政许可事项的决定》《关于取消和下放一批行政权力事项的通知》《关于取消中央指定地方实施行政许可的决定》文件要求，在全县范围内清理，通过梳理、审核、沟通，并经县法制办合法性审查，取消一批行政权力事项。年内，发生行政许可和权责清单变化的单位6个，取消行政许可8项，行政处罚3项，行政征收2项。2018年确认43个部门保留2694项行政权力，其中行政许可事项151项、行政处罚事项2028项、行政强制事项103项、行政征收事项8项、行政给付事项8项、行政检查事项150项、行政确认事项38项、行政奖励事项22项、行政裁决事项5项、其他事项181项。

【事业单位登记管理】 2018年，托克逊县新设立登记事业单位法人3个，分别是县职业技能培训服务管理局、不动产登记中心、黑山矿区管理委员会，办理事业单位变更事项53项，其中信息变更换证49家，补领证书4家。年内，托克逊县事业单位登记有212个。

【统一社会信用代码赋码】 2018年，县委编办办理信息变更事项10项，其中信息变更换证6家，领证书2家，撤销2家。年内，颁发证书55个。

【行政审批制度改革】 2018年，为解决行政审批中介服务存在的环节多、耗时长等突出问题，托克逊县清理县国土资源局、水利局、安监局、气象局、环保局5家有行政审批项目和中介服务事项的单位，并公示。

【招聘编制审核】

考录公务员编制审核 县编办审核拟招录公务员机关单位编制和实有人员94人次，严格按照超编或满编单位一律不得招录的要求,复核市编办初审托克逊县申报计划意见,确保托克逊县考录公务员工作顺利进行。

事业单位招聘编制审核　县编办编制审核县直部分事业单位拟招聘工作人员139人次,其中56人次为参公,严格按照超编或满编一律不得招聘的要求进行招聘前编制审核。(李　娜)

档案管理

【档案服务】 2018年,县档案局为机关事业单位及各群众提供个人工资介绍信、计算工龄、职工花名册、退休批复、知情、婚姻档案等,共查阅档案300人次,500多(卷)件。

【档案馆库搬迁】 年内,档案馆搬迁至政府新综合办公楼。新楼馆库300组密集架按要求安装验收完毕,完成老馆库5万多卷(件)的档案、资料的排架。

【档案指导】 年内,培训169名档案人员对乡(镇)级、村级的脱贫攻坚档案资料进行整理,并指导和服务土地确权资料收集和管理。要求精准脱贫巩固提升专项工作档案要依法依规要做到应收尽收、应归尽归,档案资料收集要注意档案、文件的连贯性、延续性,任何单位和个人不得据为己有或擅自销毁。档案材料内容要真,确保档案的真实性。各乡(镇)、村严格按照《新疆维吾尔自治区精准扶贫档案管理办法》及自治区精准扶贫文件材料归档范围和档案保管期限表要求,对照《精准扶贫档案归档实施细则》,完成乡(镇)、村和贫困户档案材料的收集整理。

(麦力开木·夏日皮)

机关党建

【概况】 2018年,县直机关工委下设党委3个(县委、县政府2个机关党委和税务局党委),5个党总支(畜牧局、市场监督管理局、文广局、水利局、林业局),59个党支部,下属954名党员。工委委员7人。机关工委有干部4人,其中女性2人,少数民族2人。

【党建工作】 2018年召开党建例会3次,分析研究党建工作,寻找改进对策,有安排、有部署、有督导、有检查。县机关工委与24个所属党委、党总支和直属党支部层层签订党目标责任书和党风廉政建设责任书,督促指导因单位主要领导调整和任期届满的26个党支部的改选、补选,充实支部班子,保证支部工作的连续性。

【党费管理】 设立党费专户,分级收缴党费,按季上解、定期公示核算,确保党费按时、足额收缴。2018年,缴纳党费24.59万元。

【发展党员】 按照《中国共产党发展党员工作细则》规定,严格党员发展程序关、质量关、“入口关”,推行党员发展预审制、理论测试制、公示制、票决制、责任追究制5项工作制度。年内,11名发展对象参加县委党校发展对象培训班,72名入党积极分子参加县委党校入党积极分子培训班学习,新发展党员11人,递交入党申请人员120人。

【组织关系转接】 2018年,有67名党员因工作原因转入,228名党员转出,及时转接295名党员的党组织关系。理顺党组织关系,防止党组织关系“挂空”和出现“口袋党员”现象。

【督促检查】 2018年,工委督促检查所属党组织党建和党风廉政建设及反腐败工作,多数党组织都能按县委和工委的要求和时间节点推进县委中心工作、机关党建、党风廉政建设及反腐败工作,开展不同形式的文化体育活动,丰富党员干部的业余文化生活。

(宋西勇)

党校工作

【概况】 2018年,中共托克逊县委党校有在编人员13人

（含地方性事业编1人），其中女3人，少数民族7人。高级讲师3人。

【教学培训】 2018年，按照县委要求，党校开办了1期为期1年的全封闭干部思想提升培训班。教学培训形式采取现代培训方法，教室教学、观看记录片、谈感受谈体会交流心得等。讲授与自主学习、撰写心得相结合，突出学员在培训中的主体地位，启发式讲授，促使学员在培训过程中认识到自己的问题和不足。突出当前形势，重点安排《中华人民共和国宪法》、新疆工作总目标、国家通用语言学习、红色基因等教育和对“五个认同”、社会主义核心价值观思想的传授等内容，增强学员的责任认识与发展认识，鼓励学员听、说、读、写能力。每天早晨开课前唱国歌、唱红歌，进行“我是中国公民”的宣誓活动。每餐饭前唱红歌，让红色基因入头入脑入心，达到提高学员思想觉悟的目的。教学内容实效性增强。干部培训班设计的课程内容力求为培训学员理论上“解渴”、实践中“管用”，补足精神之钙。党校教师与学员面对面地交流，解读党的十九大报告原文，辅导习近平新时代中国特色社会主义思想30讲、习近平总书记系列讲话精神学习等内容，引导学员自学《新时代面对面》《习近平的七年知青岁月》等书籍，每周召开一次班委会了解学员思想动态，针对问题找思路，想办法，督促学员全方位提高自身素质。干部培训班邀请县领导和县直单位领导授课，提升教学层次，保证学习质量，举办党的十九大精神知识竞赛，调动培训班学员政治理论学习的积极性、主动性，检验学习质效。目的为增强“四个意识”，坚定“四个自信”，打牢维护核心、履行使命的思想政治基础。

【教学管理】

量化管理 学生入校后立刻学习2018年托克逊县干部培训班学员须知及相关要求，明确要求，严肃纪律。培训班学员实行军事化封闭式管理，上课、早操、课间操、晚自习严格考勤，保证学习培训质量，帮助学员树立严格的组织纪律观念。培训中期，依照学员实际情况制订学员量化考核制度，对培训学员的日常行为、学习及其他有关事项实行周积分制度，将考核范围覆盖到学员思想生活的全部过程中，并在每周评选出优秀小组、优秀学员、优秀心得，以鞭策全体学员前进，推动各项教学活动顺利进行。

寓教于乐 培训班注重理论联系实际，开展了多种形式的实践活动。每天的早操、课间操、课外活动，帮助学员养成优良的生活习惯，强身健体。组织学员们参加爱护校园除草义务劳动，提高学员的实践能力。举行“学国语用国语说国语”书法展，全体培训学员积极参与，明确使用国家通用语言的每个公民应当履行的义务，通过书写唤起学员对中华文化的热情，让“书同文、语同音、人同心”在培训班普及。组织以“爱祖国、爱新疆、爱家乡”“红歌代代传、歌声颂祖国”为主题的多彩文艺活动，激发学员的爱国主义精神与使命感和责任感；举办党的十九大知识竞赛、唱响红歌畅述爱国情的红歌比赛、庆祝建党97周年“党旗映天山”的广播操和诗歌朗诵比赛、庆祝“八一”建军节、中秋节、国庆节、元旦晚会等文艺表演，通过各类比赛和才艺展示，讴歌伟大的祖国、伟大的党，增强了学员们的爱国、爱党情怀。

【师资提升】 2018年，选派2名骨干教师参加自治区党校举办的基层干部培训班（巴州教学点），1名教师到自治区党校参加优秀党课观摩会。

（李丽娟）

纪检监察

纪律检查

【概况】 2018年1月20日托克逊县监察委员会组建挂牌，12月20日，县监察委员会派出8个乡镇监察办公室全部挂牌。撤销县监察局和县检察院的反贪污贿赂、反渎职侵权、职务犯罪预防部门,将相关机构、职能、人员转隶至县监察委员会,相关人员待遇不变,检察官员额制继续执行。按照县检察院现有政法专项编制26%的比例划转至县监察委员会,将县检察院4名干部、6个政法专项编制转至县监察委员会。不增加机构、不增加职数、不增加编制。改革前,监察对象为5000人,改革后,监察对象达14935人,增加9935人。

2018年1月19日,在托克逊县第十七届人民代表大会第三次会议依法选举艾尼瓦尔·尼亚孜为县监察委员会主任,任命2名监察委员会副主任、4名监察委员会委员。其中监察委员会主任由县纪委书记兼任,副主任由纪委副书记兼任,4名委员中2名由纪委常委兼任、2名为专职委员。党的纪律检查委员会、监察委员会合署办公,履行党的纪律检查和国家监察两项职责,实行一套工作机构、两个机关名称,共同设立内设机构。托克逊县纪委监委内设机构10个,分别是办公室、党风政风监督室、案件审理室、信访室、案件监督管理室、组宣部、第一纪检监察室、第二纪检监察室、第三纪检监察室、第四纪检监察室。派驻5个纪工委(监察分局)。2018年,在职干部52人,其中副科级以上干部30人,一般干部22人。女16人,少数民族28人。研究生1人,本科学历37人,大专学历11人,中专以下学历3人。

【反腐倡廉宣传教育】 2018年,纪委监委坚持把纪律要求贯穿于党员干部日常教育管理监督全过程,结合“两学一做”学习教育、“纪律教育年”活动,深入学习宣传贯彻党章及《中国共产党巡视工作条例》和新修订的《中国共产党廉洁自律准则》《中国共产党纪律处分条例》,组织开展辅导讲座、研讨交流、答题活动、法院开放日、书记上廉政党课、观看典型事迹宣传片等活动。组织全县149名县处级干部及县直各单位党政正职开展党纪党规测试。组织74名新任领导干部开展任前廉政谈话和廉政法规知识测试。节假日发送廉政短信5200余条,提醒党员干部廉洁过节。组织6000余名党员干部参加党纪法规知识测试。在自治区纪委监察厅网站、天山网、“最后一公里”,微信平台等组织开展“纪律知识微考堂”网络答题活动,全县各级党组织组织全体党员积极参与,以考促学,全县参与答题5759人次。开展“两学一做”暨“党规党纪刻印于心”知识竞赛,全县1600余名党员干部参加并观看比赛。组织全县9600多名党员、干部签订严守换届纪律承诺书,发送换届纪律短信3000余条,发放《严肃换届纪律文件选编》145本,警示教育片《镜鉴》14张,营造风清气正的换届环境。

【党风政风监督】 2018年,坚持以“学讲话、转作风、促落实”专项活动为抓手。紧盯重要节点开展明察暗访,巩固深化纠正“四风”成果,防止“四风”问题反弹回潮。开展督查38次,检查部门单位74个,检查酒店、农家乐、旅游景区、住宅小区67处,检查商场、超市21处,排查疑似公车285辆,调取电子票据4596余份。查处违反中央八项规定问题9件,问责9人。加大群众身边不正之风和腐败问题的惩治力度,查处损害群众利益案件78起,处理99人。督促党员干部知敬畏、存戒惧、守底线,从各行业聘请15名党风政风监督员,明察暗访,监督全县党风政风,向各级领导干部家属印发家庭助廉倡议书4000余份,教育和引导全县党员干部、公职人员及其家属带头争创遵纪守法、廉洁奉公的“廉洁家庭”。对全县485名科级领导干部建立廉政档案,采集个人基本信息及有关事项报告情况,接受组织约谈、谈话函询、谈话提醒、批评教育、责令检查、通报、诫勉、组织调整或组织处理、党政纪处分、司法处理等。廉政档案实行一人一档动态管理,及时更新补登，跟进了解科级干部廉洁自律情况，尽可能提前教育、提前告知、提前预防、提前整改。

【扶贫领域专项治理】 年内，纪委监委紧盯反映扶贫领域问题线索，执纪问责贯穿脱贫攻坚全过程，发挥“监督的再监督、检查的再检查”职能。县纪委常委会每半年听取1次扶贫领域腐败和作风问题专项治理工作进展情况汇报，研究问题，安排部署下阶段工作，并向县委做书面报告。修改完善脱贫攻坚在党风廉政建设责任制考核指标权重，提高对有脱贫任务的乡（镇）、村开展专项治理工作的考核权重。建立末位排名问责制，约谈连续3个月贫困乡（镇）、村专项治理综合排名后三位的乡（镇）党委书记、纪委书记；问责连续两个季度排名后三位的乡（镇）党委、纪委主要负责人和相关责任人。定期“回头看”，重点关注自治区、吐鲁番市群众工作督导反馈的扶贫领域问题线索以及涉及土地清理、农村低保、安居富民、定居兴牧等普惠性政策落实情况，采取“机动式”“点穴式”“蹲点式”等群众工作督导反馈的问题全部进行“回头看”。扶贫领域监督执纪问责工作督查小组通过开展专项督查、明察暗访，拓宽线索来源渠道。严查各项惠农政策在村级落实时出现严重缩水，执行走样等问题。持续审计医保、养老、保障性住房等民生资金和项目的力度，重点关注民生政策贯彻落实、资金筹集使用情况等。审计直查重大线索，问题不清不放过，问责责任不清不放过，违纪人员不处理不放过，确保扶贫领域线索保质保量按时办结。畅通群众监督渠道，梳理审查收集的线索。县纪委监委自2018年8月，依次重点整治哈密瓜种植项目补贴、棉花补贴发放情况、饲草种植补贴、草原生态保护补助奖励、贫困家庭子女教育资助的落实、城乡低保落实情况、安居富民政策落实情况，严格筛查低保金领取人员，坚决维护弱势群体利益。2018年，扶贫领域共处置问题105件，问责132人。年内，对8个贫困村的再次巡察全覆盖。坚持通报、曝光扶贫领域腐败和作风问题典型案例，通报曝光4批18件45人。

【信访及案件查办】 年内，全县各级纪检监察机关受理群众来信来访63件次，初步处置反映问题线索870件次，增长79%。初步核实646件次，全县纪检监察机关立案502件，增长71%，结案503件（7件上年遗留案件），增长103%。严格执行监督执纪工作规则，编发《监督执纪工作文书样式（试行）》，规范工作程序、流程、时限，明确注意事项，执纪审查水平显著提升。突出执纪审查的政治性，全面排查执纪审查部门廉政风险点，确保依规依纪文明审查，实现执纪审查“零事故”。

【干部队伍建设】 2018年，纪委监委通过外派培训、选派参加群众工作督导、跟案锻炼等方式，培训干部57人次。举办纪检业务专题培训4期，受训纪检干部190余人，提升纪检干部履职能力。始终坚持把“信任不能代替监督”贯穿到纪检监察干部管理全过程，初核反映涉及个别纪检监察干部的问题线索，及时澄清不实反映，及时诫勉谈话处理苗头性问题。2018年，共受理问题线索18件，初核9件，立案5件。给予通报批评9人次，给予诫勉谈话问责4人次，给予党内警告处分1人次，给予党内严重警告处分2人次，给予开除党籍开除公职处分2人。

【教育系统集中教育】 开展教育系统“学讲话、学通报、肃流毒、反渗透”集中教育活动，牢牢把握意识形态工作领导权、主动权。县委主要领导高度重视，成立以县委政法委书记任组长的深化“学肃反”领导小组，抽调纪检、组织、宣传、政法、教育、公安等部门工作骨干59人，组建5个督导组，对全县89所中小学（幼儿园）开展专项督导。

（丁　莉）

巡察工作

【概况】 县委巡察机构设第一、第二、第三巡察组及巡察办公室。2018年底，巡察机构共31人，其中巡察组28人，办公室3人。在编12人、借调19人。女15人，少数民族8人。巡察组每三个月从巡察人才库重组巡察人员。

【业务工作】

巡察任务 按照新修订的《托克逊县委巡察工作规划(2017—2021年)》，托克逊县委十一届党委任期内需要完成对145个党组织的巡察任务。年内，托克逊县委开展了5轮73个党组织(其中32个县直单位，41个行政村)的巡察工作，任务完成率50.3%，其中2018年托克逊县委开展2轮巡察。

十一届县委第四轮巡察 共发现421个问题，向县纪委监委移交领导干部问题线索31个，向县委组织部移交问题线索11个，政府办1个。

十一届县委第五轮巡察 年内，完成对煤炭工业管理局、市场监督管理局、文学艺术界联合会、林业局、旅游文物局、残疾人联合会、第一中学及第二中学和郭勒布依乡12个村(社区)级党组织的进点巡察。

扶贫领域巡察 8个建档立卡贫困村完成7个贫困村的巡察任务，涉及扶贫领域的单位、部门有8个，已巡察7个。

问题线索督办 2018年，与县纪委监委一起开展维稳值班、下沉住户、民族团结一家亲、群众工作督导反馈问题线索核实、案件办理、督查督办等工作。由巡察办主任为组长的调查组负责克尔碱镇、阿乐惠镇、库米什镇的群众工作督导反馈的问题线索核实工作和案件的办理与督办工作。县委巡察一组和二组年内调查核实博斯坦镇硝尔坎儿孜村富民安居房线索问题。

【制度保障】 建立健全县委巡察工作领导小组、县委巡察工作“五人小组”听取巡察情况汇报机制。年内，县委巡察工作领导小组听取巡察工作汇报2次，县委巡察工作“五人小组”听取巡察工作汇报1次。建立健全协调协作机制，加强与纪检监察、组织人事、宣传文化、检察机关和审计、信访、统计、国资、教育、卫生等部门单位的合作，拓宽信息来源渠道。年内，下发征求意见函37期，征求意见3条。

【人才保障】 选拔21名原则性强、素质过硬、熟悉基层工作、具有相应工作经历、善于发现和分析研究问题的科级领导干部建立巡察组长库；从纪检机关和组织、检察、审计、公安、财政、国土、农经等部门遴选75名优秀干部组成巡察人才库，并从中选调26人充实到县委巡察办及3个巡察组。

【经费保障】 县委每年及时下拨巡察工作经费。年内，共下拨经费60万元，先后投入20余万元购置办公桌椅、电脑、打印机等办公用品及设备，为巡察工作有序开展提供支撑。

【巡察程序】 巡察工作做到“一听、二谈、三访、四查、五记”：即听取被巡察部门或单位的领导班子和领导干部的情况汇报，列席领导班子有关会议，参加领导班子民主生活会，听取领导干部的述职述廉报告；召开有关干部群众代表座谈会，特别是找领导班子成员、一般干部群众个别谈话，深入下属单位听取意见，接受群众信访举报；明察暗访，深入询问和了解有关事项；查阅有关文件、资料、凭证和会议记录；认真记录所了解到的实际情况。年内，受理来信来访10人、个别谈话474人、查阅档案资料1018本、财务凭证1138本、发放测评表1231份、张贴巡察公告180份、安装意见箱62个、走访入户506人。

【以干代训】 按照全疆巡察干部培训班的安排，2018年8月1—5日，选派1名干部参加自治区巡察干部培训班。年内，选派11名干部参与市委巡察业务培训，选派1名干部参加自治区党委巡视，选派1名干部参加吐鲁番市委巡察，提升巡察业务素质。

（罗 伟 梁明霞）

托克逊县人大常委会

【概况】 托克逊县人大常委会下设科教文卫委员会、财经委员会、代表委员会、法制委员会和办公室。核定编制14个，2018年有工作人员23人，其中常委会主任1名，副主任3名。女5人，少数民族12人。

【第十七届人民代表大会第三次会议】 2018年1月18—20日，托克逊县召开第十七届人民代表大会第三次会议，听取和审议县人民政府工作、县人大、县人民法院、县人民检察院等的工作报告；听取托克逊县第十七届人民代表大会第二次会议通过的2项议案办理情况的报告；审查和批准县2017年国民经济和社会发展计划执行情况与2018年国民经济和社会发展计划（草案）的报告，批准县2018年国民经济和社会发展计划；审查和批准县2017年财政预算执行情况及2018年财政预算（草案）的报告，批准县2018年财政预算；艾尼瓦尔·尼亚孜被选举为县监察委员会主任。

【人大常委会会议】

十七届人民代表大会常务委员会第十一次会议 2018年1月12日召开，会议依照法定程序接受张斌辞去吐鲁番市第一届人大代表职务；补选王业钦、陈刚、艾尔肯·艾外都拉、艾尼瓦尔·尼亚孜、梅勇5人为吐鲁番市第一届人民代表大会代表。

十七届人民代表大会常务委员会第十二次会议 2018年1月20日召开，会议依法选举托克逊县监察委员会副主任、委员，其中王晓峰、陈胜军被选为县监察委员会副主任，王继强、吾买尔·艾合买提、马宏莉、党泽鹏被选为县监察委员会委员。

十七届人民代表大会常务委员会第十三次会议 2018年3月9日召开，会议依照法定程序选举任免县人民政府部分组成人员；会议接受王晓峰、崔梅生、黄彬、阿布力米提·热西提、阿孜古丽·尔西丁、张杨等的辞请。依照法定程序任命张军明为县市场监督管理局局长，李连齐为县统计局局长，鲍爱玲为县城市管理行政执法局局长；听取并审议《关于将托克逊县丝路驿站物流园建设（一期）PPP项目跨年度财政支出责任纳入一般公共预算的报告》《托克逊县2018年棚户区（城中村）片区改造两个项目购买服务资金分年度纳入财政滚动预算的议案》。

十七届人民代表大会常务委员会第十四次会议 2018年6月4日召开，会议依照法定程序表决县人民法院提请哈丽旦·尼扎木等两人法律职务，哈丽旦·尼扎木、王丽霞当选为县人民法院审判员。听取并审议《托克逊县2018年地方财政预算草案》。会议接受艾乃吐力·乃吉木辞去县民族宗教委员会主任职务的辞请报告；会上接受许世宝辞去吐鲁番市第一届人民代表大会代表职务的请求。

十七届人民代表大会常务委员会第十五次会议 2018年7月10日召开，会议依照法定程序表决县人民政府提请免去西克然木·乃吉木县畜牧兽医局局长职务。听取并审议县人民政府2017年环境状况和环境保护目标完成情况的报告、2018年地方政府债务限额及预算调整方案。

十七届人民代表大会常务委员会第十六次会议 2018年8月11日召开，会议表决通过，张赳任县人民政府副县长、张辉任县人民检察院检察员。

十七届人民代表大会常务委员会第十七次会议 2018年9月9日召开，会上依照法定程序表决县人民法院关于提请李英免职的请示并通过。会上依照法定程序选举任免县人民检察院部分组成人员；张辉任县人民检察院副检察长；会议安排部署2019年立法建议项目征集工作及全国、自治区、市人大代表议案建议准备工作。

十七届人民代表大会常务委员会第十八次会议 2018年11月28日召开,会议依照法定程序免去马灵峰县人大常委会副主任职务;接受帕尔哈提·阿布都热依木关于辞去吐鲁番市第一届人大代表职务的申请;依法任命县人民政府部分组成人员;王致波任县退役军人事务局局长。依法任免县人民检察院部分组成人员;张辉、冯素珍任县人民检察院检委会委员;会议听取并审议县人民政府《关于提请审议2017年托克逊县本级财政决算的报告》;会议通报托克逊县旅游餐饮行业执行《中华人民共和国食品安全法》《中华人民共和国价格法》情况的调研报告;传达2018年第四期全国县级人大常委会主任学习班、自治区深入学习贯彻习近平总书记关于坚持和完善人民代表大会制度的重要思想交流会会议精神。

【议案办理】 县十七届人大二次会议期间收到代表的议案76件,经大会议案审查委员会审查,大会主席团决定并提交大会全体代表表决通过,其中74件改作建议、批评和意见处理,2件作为议案,分别为2017年启动"旅游厕所"建设,新建6座、扩建18座A级厕所;全面启动体育公园、全民健身活动中心、文化活动中心、图书馆、市民广场建设,为各族群众提供优越的休闲娱乐场。县人民政府已全部办结人大代表提出的建议、批评、意见和议案。

县十七届人大三次会议期间共收到代表的议案83件,经大会议案审查委员会审查,大会主席团提交大会全体代表表决通过,其中80件改作建议、批评和意见处理,3件作为议案,分别为依托全县特有的区位、资源优势培育旅游产业发展新亮点,编制完成切合全县实际的全域旅游规划;年内完成河道两旁堤防、景观、绿化、道路等配套设施建设和东湖、西湖、北湖1号湖、北湖2号湖4个景观湖建设,打造白杨河特色景观;为方便伊拉湖镇和博斯坦镇学生上下课及群众出行,建议开通伊拉湖镇阿克塔格至博斯坦镇海提甫坎尔孜村公交车。

【执法监督】 2018年,按照宪法和法律赋予的职责,年内召开党组会议8次,常委会7次,人代会1次,听取和审议常委会、"一府两院"专项工作报告9项,决定重大事项6项,做出决议决定16项,决定托克逊县经济社会发展的重大事项,促进各项事业的发展。

执法检查 县人大先后组织代表检查《中华人民共和国食品安全法》《中华人民共和国价格法》2部法律法规的贯彻实施情况,对问题提出整改建议和意见,并督促改进。配合自治区人大、市人大对《新疆维吾尔自治区去极端化条例》《新疆维吾尔自治区宗教事务管理条例》在托克逊县的贯彻落实情况及天山环保世纪行等工作贯彻实施情况进行执法检查,协助完成法规、条例征求意见3件,分别为《吐鲁番市人大常委会关于征集2019年立法计划建议项目的公告》《吐鲁番市文明行为促进条例(征求意见稿)》《吐鲁番市葡萄干质量安全管理监督条例(征求意见稿)》。

司法监督 加强司法活动监督,视察人民法院民事审判、刑事审判、案件执行等工作情况,定期听取法院、检察院的工作汇报,组织代表旁听法院案件,全程监督参加县人民法院"火洲行动",增强代表们宣传法律法规、化解社会矛盾的能力,保证法律法规的贯彻执行,促进法检两院依法行政、公正司法。

重大事项监督 县人大围绕县委的决策和部署,对"一府两院"提请的重大事项,深入调查研究、认真讨论,依法审议并做出决定。分别对托克逊县国民经济和社会发展计划执行情况报告、财政预决算执行情况报告、财政预算调整方案等16项重大事项作出决定。

【人事任免】 县人大常委会坚持党的领导和依法任免、遵循内在程序和充分发扬民主的内在统一的工作准则行使人事任免权。2018年，依法任免国家机关工作人员27人，其中县监委会主任1人，副主任2人，委员4人；县人民政府干部16人，县人民法院干部3人，县人民检察院干部5人。

【信访工作】 坚持依法处理信访，信访工作由分管领导负责、专人接待处理，亲自接待上访群众，认真解答政策，督促有关部门解决问题，有效化解社会矛盾。2018年受理重要信访案件7件，其中现场调解3件，转交法院4件，共接访26人。

【代表工作】

代表培训 年内，重点培训人大代表履行职责、开展监督，提出议案等方面知识；采取以会代训的方式，在县人代会和乡（镇）人大例会上及时传达市委、县委全委扩大会议精神；社会实践活动中边干边培训，人大常委会各级领导干部在“访惠聚”、联系清真寺、“下基层”期间与辖区人大代表进行交流沟通，家庭互访，传递新的方针政策，解决代表及周围群众日常工作生活中的问题，收集基层反映突出的问题。

代表活动 以“人大代表之家”为平台，按照选区和代表结构划编代表活动小组，制订代表活动小组学习制度、活动制度、履职制度，组织代表开展活动，完善和规范代表小组活动的内容，保证基层人大代表履职活动有序开展，使“代表之家”成为代表学习交流、建言献策以及汇集社情民意的阵地和平台。

联系代表 落实常委会组成人员联系代表制度、人大代表联系人民群众制度、代表列席常委会会议制度，加强常委会与代表、代表与群众的联系，广泛听取代表意见和建议。年内，邀请代表69人次参加视察、检查、调查，密切人大常委会与人大代表的联系，增强了人大代表参政履职意识。 （阿迪拉·艾乃吐力）

托克逊县人民政府

【政府常务会议】 2018年，县人民政府召开9次常务会。

1月11日召开第一次常务会议，集体研究托克逊县零海拔酒业公司土地出让金延期缴纳、伊拉湖循环经济产业园35千伏输电线路代建方案、托克逊县城北（城中村）棚户区改造项目区域房屋征收补偿方案、停止回收扶贫母羊工作、托克逊县公共租赁住房管理办法、政府工作报告等议题。

3月9日召开第二次常务会议，集体研究关于政府违规债务整改后续情况的报告、托克逊县2018年促进电子商务产业发展暂行办法、阿乐惠镇垃圾中转站项目用地、建设新生活区员工公寓足球场及停车棚、集中供养的精神病人和学生低保金使用管理等议题。

6月5日召开第三次常务会议，集体研究托克逊县人民政府行政复议书、托克逊县S202省道南侧、黑羊养殖基地约1千米处（G2017-054号）用地进行挂牌出让等议题。

7月13日召开第四次常务会议，集体研究办理滨河小区县级干部周转房不动产登记手续、教育系统团购零海拔小区住房、托克逊县润泽商业街建设项目立项、托克逊县年产1.5亿块（拆标）页岩节能环保烧结砖生产线建设项目用地审核、锦城实业有限公司向中泰（集团）公司借款等议题。

8月10日召开第五次常务会议，集体研究政府班子成员分工、委托县职业技能教育培训服务管理局负责管理县职业技能培训中心建设及改造项目、托克逊县城乡医疗救助工作实施办法、夏镇布拉克贝希（惯称布拉克拜什）小学更名为托克逊县第三小学、托克逊县义务教育学区划分、安排部署国务院大督查工作等议题。

9月21日召开第六次常务会议，集体研究拟定实施托克逊县国有农用土地租赁金收缴及使用管理实施办法，西环路东侧、龙泉路北侧（G2018-007号）用地挂牌出让,县第二小学新增建设用地,深化供销合作社综合改革,协调解决资源有偿配置,办理阿乐惠镇供排水改扩建工程项目手续等议题。

11月9日召开第七次常务会议,集体研究规范全县公务用车管理、细化补充2018年房屋征收补偿过程中的相关规定、划定托克逊能源重化工工业园区发展方向区、托克逊县大棚清理自查报告等议题。

12月18日召开第八次常务会议,集体研究建立城乡居民基本养老保险待遇确定和基本养老金正常调整机制实施办法、实施2019年中央提前告知财政专项扶贫资金项目、将托克逊县空气质量自动监测站交由第三方运营维护、解决阿乐惠圣雄能源工业园区热电厂食堂及附属设施项目用地、解决郭勒布依乡24户村民住房问题等议题。

12月30日召开第九次常务会议,集体研究托克逊县2019年棚户区改造项目区域房屋征收补偿问题、征求《托克逊县各类人才购房优惠政策》意见、申请亿丰矿业开发有限责任公司为托克逊黑山矿区通盖井田开发业主、实施托克逊县省道301(阿克塔格村段)道路绿化节水灌溉工程、种植大户土地使用权限期满后土地使用权延续等议题。

【政府文件】 2018年,政府下发的部分文件:

托政发1号 《托克逊县关于审计署兰州特派办审计配合工作的问题清单整改情况的报告》

托政发6号 《关于提请审议将托克逊县2018年棚户区(城中村)片区改造两个项目政府购买服务资金分年度列入财政滚动预算的议案》

托政发13号 《关于提请审议将托克逊县丝路驿站物流园建设(一期)PPP项目跨年度财政支出责任纳入一般公共预算的报告》

托政发23号 《托克逊县电子商务进农村综合示范项目工作实施方案》

托政发34号 《关于申请创建第三批自治区级创业型县(市)的报告》

托政发41号 《2017年托克逊县耕地保护管理履行情况自查报告》

托政发42号 《关于托克逊县人民政府报备中央环保督察反馈意见(第六十一项)整改销号资料的报告》

托政发78号 《关于提请审议2017年托克逊县本级财政决算的报告》

托政发79号 《关于协调拨付2018年中央预算内公益性岗位补贴资金的专项报告》

托政发82号 《关于将吐鲁番市公共安全防控(平安吐鲁番)PPP项目支出责任纳入财政中长期预算的报告》

托政发83号 印发《托克逊县关于"大干100天"确保安全稳定无事故专项行动方案》

托政发105号 印发《托克逊县逐年封停县城内自备水源机电井工作计划》

【政事实事】

维稳严打专项斗争。2018年,破获"1·6"跨省区特大网络贩卖枪支案、利用网络技术手段实施电信网络诈骗团伙案等重大案件。推进"扫黑除恶"专项行动,打击涉恶势力犯罪案件4起,抓获涉恶嫌疑人20人,追回涉恶赃款493.96万元。

社会面防控。夯实基础,深入创新,打造好的治安环境。科学布警,提升街面巡逻盘查力度,实现全县人员密集场所、重点要害部位巡逻防控全覆盖。建成"三合一"便民警务站39座,警力下沉、警务前移,人民群众安全感增强。

武装演练。年内,开展一地多点、多地多点暴恐袭击多警种演练,提升全县各族群众的安全感。

流动人口服务管理。安装推广手机APP社会化自助采集和实名访客登记系统,提升流动人口中高危人员的发现能力。年内,共登记出租房屋678间、流动人口46063人。

群众工作。做好"访惠聚"驻村工作,精准实施"两个全覆盖”,推进各级干部常态化包户住户工作。全年累计下沉2.5万人次、住户10万次,常态化走访入户3.8万次,排除安全隐患4050余个,解决群众各类困难诉求6280件,办好事实事、化解矛盾纠纷2.2万件次。

工业 企业重组。依托煤炭资源优势,完成中泰集团与天雨煤化、盘吉煤业兼并重组,培育煤化工新动能。

重大项目建设。中泰圣雄50万吨PVC、华天瓷业年产900万平方米中高档抛光瓷砖、绿翔年产6万吨新型外墙保温材料等陆续全面达产;骆驼集团年产400万千伏安时蓄电池首期100万千伏安时生产线进入试生产;中泰年产30万吨高性能树脂生产线、中泰天雨500万吨/年煤分质清洁高效综合利用项目、中泰绿色建材电石渣节能环保综合利用、骆驼集团年处理16万吨废铅酸蓄电池回收等项目已接近尾声;华帝服装、绿叶红、丝路兴达、盛泰纺织、新疆小绵羊等11家各类纺织服装企业投入建设。

实施固定资产投资项目56个,争取中央和自治区投资补助项目18个,中央预算内资金1.69亿元。

招商引资签约项目19个,资金54亿元。

重大项目前期工作。新疆中泰新能源有限公司煤基新材料升级示范项目《国家现代煤化工产业创新发展布局方案》上报国家发改委;新疆能源集团托克逊洁净能源多联产一期工程热解项目列入《煤炭深加工产业示范“十三五”规划》;神华黑山露天煤矿400万吨/年项目取得国家能源局核准;克布尔碱矿区总规环评通过生态环境部审查;润田润北煤矿资源整合方案已经自治区人民政府批复;德弘煤矿和亿丰黑山露天矿正在办理矿业权设置方案。

深化重点领域改革。严格落实“多证合一”“一照一码”“先照后证”制度,加强事中事后监管,推进“双随机一公开”机制。政务服务中心(政务大厅)投入运行,在线平台受理项目150项,共服务咨询和办理业务6364人次,实现审批办证单位集中办公,企业、群众办事更加便捷。

“三大攻坚战” 防范化解重大风险攻坚战。年内,化解债务16.74亿元,以2017年7月14日为节点,清理政府投资项目151项。严格把关新增项目,坚决守住“零举债”底线。

脱贫攻坚战。年内,以财政专项扶贫资金为支撑,坚持资金跟着项目走、项目跟着效益走,推动行业公共资源向贫困村、贫困户倾斜,争取专项扶贫资金1324万元,实施21个到村到户项目,惠及贫困户2677户次;落实群众困难帮扶机制,发挥民政兜底保障作用,实现应保尽保,应退尽退,全年共发放低保金3526.8万元;困难贫困人员医疗救助3216人次,救助资金415万元;政府开发、企业提供、自主择业实现贫困人口转移就业1513人;发放421万元助学补助金,1003名贫困学生享受政策;扶贫与扶志、扶智相结合,组织县直3181名干部职工开展定点结对帮扶,各级干部、社会企业开展资金、物资帮扶570万元,24个规上企业帮扶8个贫困村,构建了专项、行业、社会、援疆扶贫协同推进的大扶贫体系,全年,建档立卡贫困人口1942户6567人,1939户6558人年人均纯收入超过3750元,未脱贫3户9人,贫困发生率0.01%。

污染防治攻坚战。全年累计投入3.6亿元,按序时进度100%完成整改任务。控制污染源,先后拆除42台5万吨/年半焦炉,清理艾维尔沟矿区石灰石小料391万吨,修建道路14.4千米。清退罗布泊野骆驼国家级自然保护区矿权24.17平方千米。打赢蓝天保卫战,拆除10吨以下燃煤锅炉16台,升级改造108家餐饮商铺油烟治理设施,达到超低排放标准火电2家,全县空气质量明显改善。打好碧水保卫战,落实最严格水资源管理制度,严守“三条红线”,实施“退地减水”,完成高效节水农业面积3万亩。全面推进河(湖)长制工作,累计开展巡河(湖)190余次。“清四乱”专项行动清理河道垃圾、矿山废渣147万吨,拆除河道内非法建筑11座,关闭非法采砂点7个,河道保洁步入常态化。工业园区和城镇污水处理厂建成使用。执行《托克逊县地下水资源管理办法(暂行)》,地下水位上升。推进净土保卫战,狠抓国土绿化、林木管护、退耕还林等工作,完成红山生态公园、吐—和立交大河沿路、丝路驿站物流园外围绿化工程,完成造林绿化3.2万亩。全国土壤污染源普查工作实施,建立污染地块土壤环境管理信息系统,专项检查危险废物经营和高危生产单位,全县土壤环境质量状况总体保持良好。

三项重点工作　丝绸之路经济带核心区建设。发展现代物流。建成4000平方米的电商产业园,入驻企业20家、孵化创业人120余人;振坤物流园初步形成集商业、物流管理、信息服务中心为一体的综合性园区;建设现代铁路物流基地,在乌鲁木齐铁路局南疆铁路临管处管理的望布站,建设望布煤炭能源物流中心具备1000万吨/年铁路集装箱发运能力,整合鱼儿沟物流基地;初步形成分工合理、物流功能完善、集货物仓储、铁路运输为一体的现代化物流基地丝路驿站物流园,成为开行“西行班列”的战略物流节点。

乡村振兴战略。调整优化农业产业结构,红枣、杏子、西甜瓜、黑羊肉等特色产业优势凸显。年内,完成退棉面积1.4万亩,红枣、杏子、葡萄等经济林面积20.3万亩,各类牲畜存栏35万头只,其中大牲畜2.45万头、猪240头、羊32.78万只,牛羊育肥120万头只,斗鸡3.5万羽。扶持培育金润枣业晋级为自治区级龙头企业,新增规模以上农产品加工企业吐鲁番金澳果业有限公司、特色农产品销售网点8个。与京东商城、火洲果业、新疆果业对接,利用葡萄节、亚欧博览会、广州新疆特色林果博览会等平台,推进“疆品入湘”工作,提升了托克逊县特色农产品的美誉和市场占有率。农村集体产权制度改革暨清产核资、农村土地承包经营权确权登记颁证有序推进。农产品质量安全检测中心“双认证”考核初步通过,国有牧场改革基本完成。农村水利基础设施建设新建防渗渠103千米,减轻了农民水费负担。农村自来水供水管网新建小草湖供水主管道16千米,修建伊拉湖镇、郭勒布依乡等农村自来水管网6处,完成入户管网15.42千米;实施白杨河城区上游及北大桥下游河道防洪工程、城区应急防洪工程,提升了白杨河流域防洪能力。

旅游产业发展。年内,创建星级农家乐10家,提升南湖村杏花园旅游基础设施建设,完成旅游改厕项目7个;建设以白杨河沿岸美化绿化景观带、克然木农业观光园、林海花园生态植物园等旅游新景点,形成“春赏花、夏尝果、秋观叶、冬品酒”的全季旅游新格局。全年接待国内外游客137.94万人次,同比增长71.2%;旅游收入2.61亿元,同比增长15.8%。旅游带动直接就业4071人,间接就业48528人。

民生　就业惠民。年内,新增城镇就业3353人,完成目标任务的119.8%。参加职业技能培训7005人,完成培训任务的123.3%。深入各乡(镇)、村开展招聘会21场,提供就业岗位1829个。农村富余劳动力转移就业1.18万次,完成目标任务的107.6%。应届高校毕业生就业901人,就业率96.6%。首批103名托克逊籍城乡富余劳动力整建制转移到湖南益阳就业。助力南疆贫困地区脱贫攻坚,吸纳南疆籍人员有组织转移就业745人。

教育惠民。强力推进国语教学,实现了学前教育、义务教育阶段和高一年级国语教学全覆盖。县三中、县二小教学楼和运动场、滨河学校食堂等项目有序推进。累计落实各项教育扶贫资助资金576.14万元,惠及学生3712人。

医疗惠民。2018年,完

成全民免费健康体检10.24万人，完成体检任务的101.6%。设立扶贫病房(病床)，为贫困户减免床位费7.5万元；实行“先诊疗后付费”“三免四减半”(免收普通门诊挂号费、注射手续费、换药手续费；住院时血液、大、小便常规检查费，胸片检查费，普通床位费，护理费减半)等政策，共减免12.6万元；享受“一站式”结算的贫困户1388人次，报销后贫困患者的医疗费用自付比例不足4%；160位白内障患者手术减免费用近6万元。家庭医生签约52907人，建档立卡贫困户签约率100%，高血压、糖尿病规范化管理率达70%以上。加快远程会诊综合体系和医联体建设，通过远程会诊及医联体服务2762人次。县人民医院综合楼和县维吾尔医医院门诊综合楼完工，总投资6000余万元完成夏镇、郭勒布依乡、博斯坦镇和伊拉湖镇卫生院综合楼及附属设施建设项目主体建设。严格落实计划生育“一票否决”政策。通过自治区卫生城市复验。

社保惠民。扩大养老、医疗、失业、工伤、生育保险覆盖面，城乡居民基本养老保险、医疗保险参保率在95%以上。落实建档立卡贫困人员医疗保险政策，县级以上医疗机构门诊、住院报销比例提高5个百分点，门诊慢性病补偿比例由40%提高到50%，年度封顶线由3000元提高到4000元。落实贫困人员就诊就医绿色通道，建立优先结算窗口，设立绿色病室和特定床位，发挥社保扶贫作用。

援疆惠民。2018年，实施援建项目13个，援助资金近亿元。构建“六位一体”(援疆教育队伍管理、学校结对帮扶、师资队伍培养、学生培优交流、教育扶贫、项目建设)教育援疆新模式，建立“潇湘名家讲坛”，提升本地教师教学业务能力和教育管理水平。人才柔性援疆缓解教师及警力不足的难题。组织52名未就业高校毕业生赴援疆省市培养。开展“郴托情·义诊送医”活动20次，诊疗病患4000余人次，免费发放药品价值5万余元。

城乡建设　编制设计城乡规划，提高城乡综合承载力。完成棚户区改造3341套、安居富民2366户，有序推进道路建设、危桥改造、道路提升改造等工程；完成工业余热集中供暖、供水改扩建及配套设施等项目，城市污水处理厂、工业园区污水处理厂试运行。完成农村公路新(改)建、安全生命防护工程共92.8千米；加大农村公路小修养护力度，坑槽修补13.7万平方米。开通公交线路6路、33辆新能源公交车，65岁以上老人免费乘车、持学生证的学生半价乘车，办理学生卡6844张、老年卡4879张。

政府办公室工作

【概况】　2018年，托克逊县人民政府办公室内设秘书科、文秘科、信息督查科、翻译科、综合科、应急管理科、扶贫开发科、法制科、外事侨务办公室等9个科室。年内，在岗干部职工24人。

【办文办会】　2018年，办公室共审核以县政府、县政府办公室名义上报、下发的文件756份，同比增加130份。一般性文件279份。各项汇报材料120余篇，下发重要会议纪要21期。

按照“开短会、开现场会、开研究解决问题的会”的原则，统筹会务，组织政府全体会、政府常务会、政府党组会、县长办公会和各类专题会议。审核会议议题，确保会议决策效率和质量。全年累计组织县政府党组会议18次、常务会议7次、县长办公会13次及专项会议70余次。

【综合服务】　统筹协调。发挥县直部门、各乡(镇)、驻托各单位与县政府领导之间的桥梁纽带作用，统筹处理对外对内关系。2018年，为确保县委决策的15类68项重点民生工程顺利完成，政府督查科牵头，多次联合绩效办等部门督促检查重点民生工程。

献智献策。围绕年度重

点工作和难点工作,牵头组织相关部门和单位广泛了解上级机关、其他县市的情况,多方搜集整理乡镇、部门和单位的意见,收集人大代表、政协委员及社会各界人士建议,梳理出有价值的信息,及时将建设性意见报告县委、政府,确保领导决策的科学性和适用性。

"县长信箱"信件办理。通过整理汇总群众对改进政府工作的建议以及群众在社会生活中存在需要政府解决的困难问题,及时报告县政府领导,按照分口负责的原则,批转相关部门加快办理,加强"县长信箱"信件办理工作的督促检查。年内,收到县长信箱留言30条,处理完毕26条。

【政务公开】 全面改版县政府公众信息网,开设政务信息、政务公开、群众办事百项堵点问题、"2018国务院大督查来了"等专栏。年内,累计公开政府信息1040条,其中托克逊新闻161条,信息公开454条,部门动态161条,乡镇动态42条,其他需要公开的政务信息资源222条,内容涵盖托克逊新闻、信息公开、工作动态、部门动态、乡镇动态服务及其他需要公开的政务信息资源。

【应急管理】 研究制订重大沙尘暴灾害应急预案,按照"立足现实、充实加强、细化职责、重在建设"的方针和"一专多能、一队多用、一岗多职"的要求,整合专业救援力量,强化应急救援队伍建设,开展应急预案演练20余次。

加强监测预警和隐患排查,完善气象、防汛、防火等事故监测预警网络,提高各类突发事件预测预报的准确性、时效性,印发各类预测性文件23件。

坚持实行领导在岗带班和24小时值班制度,确保信息畅通、协调及时。2018年,上报应急信息8期。

【法治工作】 法律顾问制度。配备1名专职法治工作人员,多次参与重大项目合作谈判,把好法律政策关。2018年,起草、审查、修正政府及部门合同书、协议书、竞争性谈判文件等各类法律文书30件次。

议案、提案答复工作。共受理人大议案批评建议76件,其中人大议案3件,人大批评、建议和意见74件。共受理政协提案30件,其中办理完成24件提案,收集整理第十三届全国和自治区人民代表大会第二次会议代表议案和建议、批评、意见共39件。

行政审批制度改革。严格清理规范行政审批项目前置条件以及非行政许可审批事项,优化行政审批流程,强化行政审批监管。督查2个单位自查情况,提出整改意见。年内,完成行政审批的目标任务。

【政府办公室文件】 2018年,政府办公室下发的部分文件:

托政办发1号　印发《托克逊县岁末年初道路交通安全大检查实施方案》

托政办发7号　《关于托克逊县2018年棚户区(城中村)片区改造两个项目有关事项的通知》

托政办发8号　《关于提高全县城乡低保标准的通知》

托政办发9号　印发《托克逊县水源地名录》

托政办发12号　印发《托克逊县2018年地震灾害防治方案》

托政办发24号　下发《托克逊县非法开荒及退地复耕清退实施方案》

托政办发26号　《关于进一步做好托克逊县国家级电子商务进农村综合示范项目有关工作的通知》

托政办发31号　印发《托克逊县2018年促进电子商务产业发展办法(暂行)》

托政办发32号　印发《托克逊县2018年退地减水工作实施方案》

托政办发48号　印发《托克逊县2018年化解煤炭过剩产能实施方案》

托政办发49号　印发《2018年托克逊县能耗和强度"双控"及控制温室气体排放目标实施方案》

托政办发50号　《关于成立托克逊县交通基础设施

建设项目债务核查领导小组的通知》

托政办发55号　印发《2018年托克逊县农资打假专项治理行动实施方案》

托政办发60号　印发《托克逊县加强政务诚信建设工作方案》

托政办发61号　《关于开展托克逊县第三次全国土地调查的通知》

托政办发73号　《关于选调中央环保督察反馈意见整改工作专项工作组及第二次全国污染源普查工作人员的通知》

托政办发77号　印发《自治区河长制验收组反馈问题整改方案》

托政办发80号　印发《托克逊县2018年农业机械购置补贴实施方案》

托政办发85号　印发《托克逊县国有农牧场土地使用权确权登记发证工作方案》

托政办发93号　印发《托克逊县创建创业型县(市)工作实施方案》

托政办发95号　印发《托克逊县建立防止"地条钢"死灰复燃长效机制工作方案》

托政办发96号　《关于调整托克逊县统筹解决人口问题工作领导小组成员的通知》

托政办发99号　印发《白杨河水利工程确权划界工作实施方案》

托政办发100号　《关于开展全县农村改厕专项调查工作的通知》

托政办发102号　印发《托克逊县2018年援疆项目稽查实施方案》

托政办发103号　印发《托克逊县稳步推进农村集体产权制度改革试点工作实施意见》　（夏　龙）

中国人民政治协商会议托克逊县委员会

【概况】　政协机关下设办公室、专门委员会工作科。2018年，在岗人员有11人，其中机关党组书记1名，政协主席1名、副主席1名；女1人，少数民族8人。

【全委会议】　2018年1月17—19日，召开中国人民政治协商会议托克逊县第十二届三次全委会议，听取审议通过政协托克逊县第十二届委员会第三次会议关于第十二届常务委员会工作报告、政协托克逊县第十二届委员会第三次会议关于第十二届常务委员会提案工作报告、政协托克逊县第十二届委员会第三次会议政治决议、县2017年国民经济和社会发展计划执行情况与2018年国民经济和社会发展计划的报告、审议关于县2017年财政预算执行情况及2018年财政预算的报告5个报告。

【常委会议】　2018年，县政协常委会共召开4次会议。

政协托克逊县第十二届委员会第一次常委会议　2018年1月16日召开，审议通过《政协托克逊县第十二届委员会第三次全委会议日程(草案)》《政协托克逊县第十二届委员会第三次会议关于第十二届常务委员会工作报告(草案)》、政协第十二届委员会第三次会议特邀及列席人员名单，审议政协托克逊县第十二届委员会第三次会议关于第十二届常务委员会提案工作报告(草案)。

政协托克逊县第十二届委员会第二次常委会议　2018年1月19日召开，各小组召集人汇报小组分组讨论情况；会议听取审议通过《政协托克逊县第十二届常委会工作报告的决议(草案)》《政协托克逊县第十二届委员会第一次会议关于提案审查情况的报告(草案)》《政协托克逊县第十二届委员会第一次会议政治决议(草案)》。

政协托克逊县第十二届委员会第三次常委会议　2018年4月11日召开，各政协委员表决通过撤销阿布都热欧甫·买肉甫、阿木提·买合木提、木哈热木·木萨、哈力克·克依木4人政协委员资格的文件批复。

政协托克逊县第十二届委员会第四次常委会议　2018年8月4日召开，宣读撤销西克然木·乃吉木、赛提尼亚孜·

阿布拉2人政协委员资格的通知。

【履职尽责】 2018年,共有政协委员提案建议60件,审议后立案31件,其中提案30件,建议案1件。提案交办会上移交17个提案承办单位办理,上报自治区政协、市政协提案建议案10件,自治区解决意见1件。年内,十二届三次全委会议期间立案的31件提案建议案均得到办理,满意率达99%。

附:部分提案

关于给予托克逊县政协“双控目标”责任评价考核中联调联控的提案 提交自治区十二届一次会议,经大会审查立案,于7月17日交由自治区发改委办理完毕。

关于协调新疆中泰新能源有限公司180万吨/年煤制甲醇项目列入国家批准的相关规划的提案 承办单位县发改委,相关领导赴国家发改委就该项目事宜进行对接,并予开展国家中期评估,《新疆中泰新材料股份有限公司煤基新材料升级示范项目可行性研究报告》报自治区发改委审批。

关于规划停车厂建议 承办单位县住建局,规划建立地下停车场2处,一处位于团结路片区棚户区改造江南水苑第一期地下车库,另一处位于酒厂片区棚户区改造明珠佳苑地下车库,共475个停车位,年底竣工并投入使用;规划建设停车场7处,第一处位于林水路西侧,滨河小区东侧。第二处位于林水路东侧,滨河小区北侧附近。第三处位于客运站附近。第四处位于江南水苑小区二期西侧。第五处位于天山商城商业综合体建设项目地下停车库。第六处位于巴扎农贸市场附近。第七处位于源泉小区附近,共1843个停车位。

关于持续推进就业、拓宽贫困户增收渠道的建议 承办单位县人事局,协调公益性岗位及协警岗位,拓宽就业门路。

关于治理中泰化学阿乐惠分厂污染问题的建议 承办单位县环保局,与中泰化学对接,根据相关排放标准安装检测设施,完成联网、比对验收、实时上传检测数据,按照要求开展排污。

【民主监督】 2018年,托克逊县政协汇集社会经济发展的重点和难点问题、生态环境治理、红河谷生态公园建设及白杨河开发等促进绿色发展等相关情况,利用调研、视察、参加有关会议等形式加强监督,如实反映情况,实事求是的提出意见和建议,促进政府工作的完善落实和发展环境的优化提升,巩固和维护科学发展。 (余 锐)

法 治

FAZHI

政法与综治

【概况】 县委政法委（县社会治安综合治理委员会）内设县委政法委员会办公室、综治业务科、维稳业务科、维稳指挥部办公室、维稳督查科、信息调研室。2018年有行政人员9人，全额事业2人，地方性事业编26人，聘用工勤人员1名。

【指挥体系】

人员力量 成立三级维稳指挥体系，选优配强领导班子。由1名县级领导专职担任常务副指挥长、公安局5名副局长为主值班主任，专司六个常态化工作，加强调度指导。县维稳指挥部抽调全县各部门专业骨干力量30人，原仅有5人的县级综治中心新招录地方性事业编20人，充实县级维稳指挥体系力量。新招录的159名地方性事业编全部充实乡村两级，优化村级维稳指挥体系值班带班力量。“三合一”便民警务站、警务室民警充实到村级综治中心参加值班带班，提升村级值班备勤的应急处置水平、协同作战水平。

综合保障 配备400千瓦的UPS机组2套，确保一旦发生断电可持续供电2小时以上，并配备600千瓦发电机1台。在县维稳指挥部常态化停放2台电力应急保障车，可持续供电2小时以上；8个乡（镇）维稳指挥部接入不间断电源（UPS）可持续使用4个小时，全部配备10千瓦以上的发电机，确保各级维稳电力供应。各乡（镇）维稳指挥部两套视频会议终端配备也实现全覆盖。

技术推广运用 县综治中心统筹为全县8个乡（镇）、57个村（社区）安装拼接显示大屏，为40个综治成员单位、托克逊县域内的中小学、警务站、派出所及部分重点场所安装视联网及监控协转设备，通过协转设备汇聚社会面监控资源、综治与公安视频监控资源实现双向互联互通。利用视联网举办业务培训，2018年，各乡（镇）总计录入41.17万条工作数据。各级综治中心已基本实现视频会议、应急指挥、视频调度等多项功能，发生突发事件第一时间应对处置。

定期督查调度 建立县委书记、政法委书记、公安局局长定期督查调度机制，县委书记每周最少1次、政法委书记每周最少2次、公安局局长每周最少3次赴维稳指挥部参与本级视频调度及点评，整改期限内再次进行调度查验整改情况。

每日“晨会”交接内容不断档、不空档。

每日研判调度重点。自治区、市维稳指挥部调度结束后，每日两次随机视频调度，着重加大对重点要害部位、人员密集场所、前次调度出错点位的调度频次，确保各重点部位出现异常情况第一时间指挥调度、处置到位。

坚持每日“晚小结”通报评比示范。县维稳指挥部对各乡（镇）维稳指挥部、警务站、村（社区）级综治中心工作运行情况进行总体评价，各评出3～5个“明星示范岗”，形成每日、每月调度书面报告。

【社会面防控】

巡逻防控 持续推行24小时值班备勤制度，调整警力布置，确保“无隙缝、无空白、无盲区”。实现人员密集场所、重点要害部位巡逻防控全覆盖，定点驻勤与内部巡逻相结合，在人员密集场所、重点要害部位加大巡逻盘查力度，盘查可疑人员、可疑车辆、可疑物品、可疑情况，防范违法犯罪滋生蔓延。组织力量不间断辖区内重点单位、重点区域、人员密集场所，特别是医院、客运站、超市、广场、重点单位、重点行业开展隐患排查，堵塞漏洞，确保将隐患消除在萌芽状态。

警民联动 以“2500人以下小村组建1个巡逻队伍，2500人以上大村组建至少2支以上的巡逻队伍”的标准，各村(社区)组建群防群治巡逻队，试点村(社区)为每支巡逻队伍配备一个有定位、一键报警、通话、查询历史轨迹、“安全围栏”等功能的电子胸牌，提升巡逻队的在岗在位率。

警务整合 率先建立“三合一”(村级综治中心、警务室、便民服务站)便民警务站，整合村级维稳力量、指挥系统、情报信息、职能等作用，便民服务扩展前移、信访矛盾调解前移，警力下沉、警务前移。全县共建成“三合一”便民警务站39座，实现服务群众在基层的延伸扩展。

过往安检 2018年，县公安局对过往托克逊的所有车辆、人员均进行安全检查，无大的异常。

实战演练 年内，开展一地多点多警种演练、多地多点演练、紧急集合拉动演练和小三级演数万场次。

重点要素管控 建立重点要素视频巡控指挥中心，接入全县重点要素视频监控232路，严格落实24小时全时段“三级视频巡控模式”。建立重点要素管控中心，管理维修业、寄递物流行业、危重车辆、油(气)等重点要素，推进危爆物品、管制器具定点销售管理。

重点部位安全防范 对商场超市、客运站、学校、医院、广场、景区等人员密集场所严格落实安全封闭、硬隔离、入口有安检等安防措施，强化“偏远散”群众聚居区域和施工工地汉族群众等易受侵害群体的安全防范，100%落实“三防”(人防、物防、技防)措施，严防暴恐袭击。2018年，未发生重大治安和刑事案件以及其他影响社会稳定的事件。

【扫黑除恶】年内，依法打击涉恶势力犯罪案件4案，共抓获涉恶嫌疑人20人，逮捕19人，刑事拘留1人，移送起诉19人，追回涉案赃款493.96万元，共查封扣押黄金首饰372克，机动车3辆、房屋20处、土地719亩、大棚2处，扫黑除恶取得阶段性战果。

【流动人口服务管理】落实以流入地为主、流出地配合的“两头抓，双向管”协作配合机制，加强应用警综流动人口合一平台、新疆籍流动人口协查平台和点对点核查平台。流动人口研判室利用公安警综平台、流口平台、吐鲁番市重点流动人口管理平台等技术，推动基层做好辖区内流动人口信息登记、采集录入、见面核查等相关服务管理工作。

【防范和处理邪教】

宣传教育 通过广播、电视、网站、微信平台等开设专版专栏，共宣传防范和反邪教工作新闻40条，在“托克逊零距离”“托克逊视界”等微信平台共宣传150余条。

网络管理 多部门联合加强网上涉“法轮功”等邪教组织的监测与情报侦察能力，统一信息共享高效的反邪教情报工作体系。发挥网络监督员队伍作用，开展网上巡查、监督、举报工作。

“敲门行动” 掌握邪教人员的思想动态和现实活动，提高预测预警预防邪教活动重大风险的能力。通过“敲门行动”，重点排查不在视线和在逃失控的邪教人员、突出的邪教活动线索。

【铁路护路】2018年,督促指导4个涉路乡镇组建4~6人的铁路护路巡防小组,巡护辖区铁路,常态化每周巡护,敏感节点开展专项整治行动,托克逊县辖区内发生铁路案件43起,全部限时整改完毕,确保辖区145千米铁路沿线安全畅通。

【平安建设】

宣传培训 年内,全县制作永久性大型广告牌25块、车体广告50条,悬挂横幅300条;各级干部开展平安建设和维稳双联户创建宣传1万余次;利用各类媒体、网络平台、微信、LED电子屏宣传平安建设创建知识2万余次。各族群众参与率、知晓率均达100%,满意率和安全感在95%以上。

县委政法委组织各乡镇平安建设和维稳双联户创建工作相关负责人集中培训,解读相关文件制度精神,指导工作方式方法,培训公告栏、小书包、工作手册等工具使用技巧。乡(镇)负责人在辖区村(社区)开展培训工作,培训维稳双联户长。2018年,统一制作"维稳双联户"公告栏3600个,补齐维稳双联户长小书包2000个,印制"维稳双联户"联户长工作手册3600本,共开展"联户"培训工作300余场次,参加培训人员4.2万余人次。联勤联动巡防活动8000余次,开展联户互助活动3500余次,化解各类纠纷7300余次,消除各类安全事故隐患200余起,参与各类入户宣传6000余次。

表彰先进 年内,全县表彰2017年县级"先进双联户"单元19个,涉及"双联户"家庭242户,并给予"双联户"单元每个家庭奖励1000元,共发放奖励金额24.2万元;创建自治区级先进"维稳双联户"单元3个,涉及"双联户"家庭28户,并给予"双联户"每个家庭奖励1500元,共发放奖励金额4.2万元。

【问责通报】2018年,全县问责维稳措施落实不力干部1157人(其中县处级24人次、乡科级374人次、一般干部433人次、村干部246人次、其他人员80人次),组织处理965人(其中通报批评782人、诫勉谈话87人、免职10人、其他处理86人),党纪处分145人(党内警告107人、党内严重警告26人、撤销党内职务5人,留党察看4人,开除党籍3人),政纪处分39人(其中警告11人、记过21人、记大过7人)。辞退8人,通报单位、企业等97家,经济处罚15.85万元。

(于海丽)

公 安

【概况】托克逊县公安局下设28个科所队室。有2幢五层办公楼、1座警体馆、1幢民警宿舍楼,占地面积2.1万平方米。

【案件侦破】

刑事案件 2018年,县公安局严守刑事案件办案程序,紧紧依靠群众,以事实为根据、以法律为准绳,保证准确及时地查明事实。全年各类刑事案件比上年各类刑事案件增加185起,同比上升36.3%。全县侦破刑事案件起数比上年同期增加188起,同比上升44.2%。

全县共立八类案件14起,占刑事案件立案总数的2.1%,与上年同期19起相比,减少5起,下降26.3%。

年内,掌握线索并侦破2起命案积案,查获一大批违禁物品。破获1起19年前故意杀人埋尸案件,打掉犯罪团伙6人;破获1起16年前命案,抓获犯罪嫌疑人1人;先后辗转湖南、陕西等10余省份,告破"1.6"跨省区特大网络贩卖枪支案,打掉网络贩枪犯罪团伙,抓获嫌疑人13人,逮捕11人,取保候审2人。2018年,全县立电信诈骗案件275起,涉案总值238余万元;破电信诈骗案件289起(其中外地公安机关带破204起),与上年同期破电信诈骗案20起相比,增加269起,同比上升1345%。县公安局自主侦破电信诈骗案件

58起,其中根据线索破获冒充公安民警实施诈骗犯罪活动的电信诈骗案件,该团伙作案36起涉及全疆7个地州,抓获涉案人员4人,初步查明被骗群众148人,涉案金额3.8万元,该案件破获受自治区党委主要领导批示与肯定。年内,县通过公安部电信诈骗案件侦办平台冻结涉案账户26个,冻结资金61万元,止付电信网络诈骗案件7起,止付涉案款30余万元,维护了群众的合法利益。2018年,利用风城卫士微信公众号平台发送电信诈骗预警信息10余次。

治安案件 2018年,共受理治安案件690起,与上年同期854起相比减少164起,下降19.2%。查结657起,与上年同期799起相比减少142起,下降17.8%。查结率为95.2%,与上年同期查结93.6%相比上升1.6%,查处违法人员574人。全年共主动查处治安案件553起,与上年同期724起相比减少171起,下降23.6%。

经济犯罪侦办 年内,立案查处41起,破案30起(抓获嫌疑人24人),追回经济损失6895.02万元,追损率为77.1%。

劳资纠纷案件侦办 2018年,县公安局共解决、调解各类纠纷、拖欠工资事件49起,涉及金额442.45万元。

【社会面防控】

巡逻防控 2018年,全县各便民警务站、警务室等一线实战单位,接受群众报警和求助,开展辖区治安巡逻,检查车辆345.76万余辆,巡逻检查人员467.07万余人次,帮助群众590余次,调解矛盾纠纷290余次,利用反恐利剑检查手机19.95万余部,增强街面见警率和管事率,查获新型毒品"娜塔莎"3包,收缴各类管制刀具1530余把,"三非"物品169件。在巡逻中,检查出无合格证氧气瓶16个,无合格证液化气瓶9个。

应急处突 年内,开展应急处突演练510余场次,小三级演练370余场次,出动警力8600余人次,警车1820余辆次,增强了处置突发案事件能力。

【重点要素管控】

危爆物品管控 2018年,安装18179个液化气钢瓶电子芯片,实名制销售1200个氧气瓶,1450个乙炔瓶,群众主动上缴、收缴无二维码、废旧的液化气钢瓶15650个。检查发现涉危爆单位安全隐患35处,下发整改通知书35份,处罚17家。

涉危爆行业监管 根据《民用爆炸物品安全管理条例》等规定,逐项对涉爆单位进行安全隐患清理整治。2018年,全县有涉爆单位20家(关停3家),其中民爆物品销售单位1家,营业性爆破作业单位12家,非营业性爆破作业单位6家(关停2家),生产乳化炸药单位1家,检查涉爆单位188家次,发现安全隐患115处,现场整改112处,下发整改书25份,处罚3家。

物流寄递行业监管 2018年,托克逊县寄递物流业共20家(从业人员49人),其中快递公司9家,物流11家。检查物流寄递业发现隐患10处,整改8处,下达整改通知书8份,行政处罚2家。

违禁物品收缴 2018年,县公安局收缴并销毁各类危爆物品及零部件91214件,查缴管制刀具6500把(销毁)、其他类管制器具161把、"三机"41台。

【交通安全管理】 2018年,辖区道路交通事故4项指标稳中有降,未发生一起死亡3人以上道路交通事故。年内,辖区共发生各类交通事故13起,死亡9人,受伤13人,经济损失1.66万元。事故起数与上年21起相比下降38.1%,死亡人数与上年21人相比下降57.14%,受伤人数与上年12人相比上升8.33%。经济损失与上年3.42万元相比下降51.46%,4项指数呈"三降一升态势"。共发生涉及生产经营性车辆的交通事故2起,死亡2人(2018年下发的生产经营性死亡指标为8人),受伤3人,财损5000元。

【网络有害信息排查】

涉网“三非”查缉 全年累计查缉手机19721部，查缉电脑2432台，内存卡36张，U盘29个；查出宗教极端音频文件544部，非法宗教图片12张，血腥暴力视频7部，非法宗教音频文件1个，抓获人员24人。

网络异常舆情监管 年内，县公安局共接涉托舆情信息23起，其中涉及政府部门及政策11起、拖欠农民工工资5起、杏花节安保2起、快递行业3起、造谣1起、指责工业污染1起。均按要求落地核查信息发布人员，批评教育，并删除处理信息。

【流动人口服务管理】2018年，全县办理未主动申报流动人口案件57起，处罚43人，其中处罚单位13家。年内，累计登记流入辖区113110人，其中疆外流入59816人，疆内流入53294人。2018年，仍在托克逊县辖区流动人员有27837人，疆外流入19914人，疆内流入7923人。

2018年，共登记出租房屋1263间，录入承租人22089人，其中疆内流入人口1190人，疆外流入人口20444人，共查封出租房23间。

【出入境管理】

证照办理 年内，共受理、审批、签发公民出国（境）证件361本，其中因私普通护照100本，港澳通行证161本（包括二次签注18人），台湾通行证100本（包括二次签注2人）。

动态管控 年内，采集外籍人员信息12199人，流入托克逊县辖区285人，其中到托克逊县旅游220人，商务11人，路过托克逊县短暂停留的54人，其余均为途径各检查站。

住宿管理 2018年，入住托克逊县外籍人员139人，港澳台人员144人，均为旅游。

【警务管理】

文化育警 坚持“文化育警、文化强警”方针，营造“以队为家”警营氛围。2018年，在各级媒体发表稿件74篇，其中在自治区传统媒体《新疆法制报》《乌鲁木齐晨报》等报纸发表稿件52篇，市级传统媒体《吐鲁番日报》发表稿件22篇，“风城卫士”微信平台发表稿件540余篇，公安内网编发各类工作简报信息1500篇，居全市各区县首位。组织开展各类文体活动，举办篮球联赛20场次，才艺大比拼3场次，各类演讲比赛2场次，竞技比赛2场次，丰富民警业余生活及警精神需求。

素质强警 坚持“一切面向实战、一切服务实战”，构建“情指融合、打防增效、实战保障、集约合成”的警务实战化工作模式。修订完善“一地一点”“一地多点”“多地多点”和“六防”预案和“小三级”应急指挥体系，开展单警种、多警种、综合处突演练、十户联防演练1880场次，投入警力3.76万人次；年内，城区主要区域全部实现一分钟处置的硬性要求。

从优待警 为全体民、协警购买意外伤害保险和附加险，进行二次体检。坚持慰问一线干警和生病住院、老干部，2018年，慰问200场次13.66万元，落实“亲情假日”制度，为全局民协警送上生日蛋糕和鲜花14.7万元。开展“践行十九大、凝聚警营心”户外拓展活动6次。组织相亲联谊会4场次，帮助单身青年排忧解难；主动与新疆广播电视大学对接，为全局776名民、协警举办开放教育学历提高班，提升民、协警文化学历层次与发展空间。通过暖警政策增强广大民、协警职业归属感、凝聚力、向心力。

警纪问责 2018年，处理维稳措施落实不力154起213人。党纪处理13人，政纪处理29人，禁闭68人，扣发绩效工资7.78万元；2018年共查处案件8起，处理8人。党纪处理3人，政纪处理6人，其中党政纪双处分1人，其中移送司法2人，辞退10人，开除2人，扣发绩效工资5750元。

警务交流 2018年，选派湖南郴州援疆干部担任县公安局巡逻防控副大队长。选派托克逊县公安局6名干警到郴州市公安局北湖分局分别交流学习3个月。与郴州市公安局北湖分局建立常态化警务交流机制。

【规范化执法】2018年,县公安局共审核刑事案件159起191人,其中刑事拘留115起144人,直接取保候审44起47人。审核提请逮捕66起105人,其中88人已批捕,批捕率83.8%。审核起诉78起112人,起诉率100%。共审核治安案件390起284人,行政拘留128起172人,行政拘留并罚款25起29人,行政罚款86起86人,单位罚款151起。在所有审核、审批的案件中,无一起复议被撤销或诉讼败诉的案件,审核准确率100%。

【专项行动】

“食药农环” 2018年,开展食品、药品、农资、环境领域专项行动。办理1起非法行医案,通过对嫌疑人上线梳理,破获三级非法经营药品案,共抓获犯罪嫌疑人7人,其中刑事拘留5人,取保候审2人,扣押价值60余万元非法药品,扣押涉案车1辆。

禁毒戒毒 2018年,共破获贩毒案件5起(其中禁毒大队破获4起),抓获犯罪嫌疑人5名。

年内,县公安局对吸毒人员建立“一人一档”,并对所有吸毒人员逐一进行评估。经分析研判,全县患有艾滋病、注射海洛因以及具有社会危害的各类吸毒人员凡符合强制隔离戒毒、收治收管条件的全部收押,其中执行强制隔离戒毒的有29人。

2018年,全县共有易制毒化学生产、使用企业12家,其中生产易制毒化学品企业2家,使用易制毒化学品企业10家。督查问题5个,下达整改通知书3份。完善购买、运输、使用易制毒化学品严格审批制度,同时建立健全易制毒化学品入库、出库、库存等管理制度,确保从源头上堵截易制毒化学品流入社会。

2018年4月,托克逊县禁毒委员会投入25万元,在金泉社区建设社区戒毒(康复)工作中心;公安、卫生、教育、民政、劳动保障等部门对社区戒毒(康复)人员竭力帮扶。以村组(社区)专职人员为主干,帮助和监督吸毒成瘾人员戒除毒瘾。

“扫黑除恶” 2018年,收集各类涉黑涉恶线索88条,其中局领导交办涉黑涉恶线索4条,一体化下发涉黑涉恶线索21条,通过自主排查线索63条(含受害人举报、周一升国旗宣讲),通过调查排除涉黑涉恶嫌疑线索16条,查处72起涉恶案件。年内,托克逊县依法打击涉恶势力犯罪案件4起,抓获涉恶嫌疑人20人,逮捕20人,移送起诉19人,追回涉案赃款493.96万元。查封扣押黄金首饰372克、机动车3辆、房屋20处、土地719亩、大棚2处。

(张文腾)

检　察

【概况】托克逊县人民检察院办公地点在九龙路,院内设侦查监督科、公诉科、控告申诉检察科、民事行政检察科、刑事执行检察科、政工科、办公室和案件管理办公室8个科室。11月20日成立12309检察服务中心,并于楼外设有独立的对外窗口。2018年,全院有干警26人,工勤1人。

【批捕、起诉】2018年,批准逮捕严打类案件4件4人,提起公诉4件4人;批捕涉恶案件2件10人,起诉2件10人;行政公益诉讼立案7件;审查批准逮捕各类刑事犯罪案件77件128人,审查起诉98件134人。案件全部在法定期限内办结,无超期办案和超期羁押。

【控告申诉检察】2018年,案件管理部门跟踪评查案件266件,在统一业务系统发起流程监控29件,各业务工作均未出现超期限办案的情况。全年公开生效案件判决书76份,发布重要案件信息25条,程序性公开147条。11月20日,成立“12309”检察服务中心,打造“一站式”服务平台,努力“让数据多走路,让群众少跑腿”。

【监所检察】2018年，开展羁押必要性审查4件4人，依法向县人民法院发出变更强制措施建议书2份；依法向县看守所发出纠正违法通知书4份，检察建议书2份，向县人民法院发出纠正违法通知书2份；深入乡镇司法所开展社区矫正检察5次，依法向县司法局发出检察建议书1份。

【入额遴选】2018年，托克逊县检察院完成第二批、第三批3名员额检察官入额遴选工作。

【体制改革】2018年，坚持检察长带头办案制，检察长列席法院审判委员会3次，检察长带头办案3件；受理县纪委监委移送及上级检察院交办职务犯罪案件8件8人，其中由托克逊县人民检察院批准逮捕4件4人。

（张丽娟）

审判与执行

【概况】托克逊县人民法院内设民一庭、民二庭、刑庭、立案庭、行政庭、执行局、审判监督庭、审判管理办公室、办公室、政工科、纪检组、研究室、法警队13个机构；2个派出机构，为伊拉湖镇人民法庭、郭勒布依乡人民法庭(一直未投入使用)。2018年，有政法专项编制63个，另有3个工勤编。实有正式在编干警56人，其中汉族占干警总数的48.21%，少数民族占干警总数的51.79%。员额法官18人，占干警总数的32.14%；研究生学历1人，占干警总数的1.78%；本科学历人数44人，占干警总数的78.57%；大专及以下8人，占干警总数的14.28%；30岁以下22人，占干警总数的39.28%；31～40岁的15人，占干警总数的26.78%；41～50岁的13人，占干警总数的23.21%；50岁以上的6人，占干警总数的10.71%；聘用人员9人。

【刑事审判】2018年，县法院审理刑事案件97件，审结83件，结案率85.57%。落实“五快一准”(快立、快审、快结、快送、快执和精准定罪量刑)，依法从重从快对地某犯煽动民族仇恨、民族歧视罪、利用极端主义破坏法律实施罪、宣扬极端主义罪、玩忽职守罪，艾某利用极端主义破坏法律实施罪，卡某利用极端主义破坏法律实施罪进行审判，沉重打击犯罪分子的嚣张气焰；深入开展扫黑除恶专项斗争，从重从快审判阿某、努某等人犯非法拘禁罪，西某犯开设赌场罪，马某、张某等人犯聚众扰乱社会秩序罪，米某犯引诱、容留、介绍卖淫罪等；贯彻宽严相济刑事政策，对初犯、偶犯、未成年罪犯依法从宽处罚，依法严惩西某、黄某、艾某等17人犯危险驾驶罪案件，维护公共安全。深入开展反腐败斗争，打击职务犯罪。宣传近年来增长较快的涉金融诈骗、非法吸收公众存款、危害食品安全等犯罪。

【民商事审判】全年，受理民商事案件279件，审结261件，结案率93.55%。

【行政审判】全年受理行政诉讼案件4件，审结4件，结案率100%。

【执行工作】2018年，法院受理执行案件294件，执结273件，执结率92.86%。执行到位金额3898.69万元。推行网络司法拍卖，破解财产变现难题，网拍处置财产案件6件，拍卖量13件，成交额153.86万元。

【涉案民生】2018年，对符合司法救济条件的9件案件实施减、免、缓缴诉讼费2.47万元，确保经济困难的当事人能打得起官司。

【深化改革】优化司法资源配置，深化司法责任制改革。配置审判团队，组建以“员额法官+法官助理+书记员”为主要模式的新型审判团队。推进法官员额制及内设机构改革，增补2名员额法官。

【司法公开】强化“阳光司法”,保障群众知情权、监督权和表达权。推进裁判文书、审判流程、执行信息和庭审直播四大公开平台建设。通过手机短信向当事人适时推送审判、执行流程信息。利用官方微博、微信公众平台、门户网站等多种新型媒体,及时发布重大审判信息、开庭公告信息等。坚持开展法院开放日,邀请纪检委及普通民众到法院旁听案件庭审3件。

【便民服务】建立纠纷解决告知程序,评估立案前的诉讼风险,告知并引导当事人选择适当的非诉讼方式解决纠纷。坚持法官立案信访接待制度,2018年,接待来访群众1620余人次,诉前调解纠纷85件。

(王丽霞)

司法行政

【概况】司法局内设行政办公室、法制宣传科、基层工作科、公证管理办公室、律师管理办公室、法律援助办公室、社区矫正工作办公室7个科室。基层有夏镇、郭勒布依乡、伊拉湖镇、博斯坦镇、托克逊镇、克尔碱镇、库米什镇、阿乐惠镇8个司法所。全县有律师事务所3个,其中1个国办所,1个合伙所,1个个人所,执业律师5人;公益二类事业体制公证处1个,执业公证员4人;基层司法所8个,司法助理员19人,司法协理员3人;基层法律服务所5个,执业基层法律服务工作者29人;县法律援助中心1个,人民团体法律援助工作站6个,乡镇法律援助工作站8个,全县44个行政村和13个社区建立法律援助工作联络点57个,152名联络员;基层人民调解组织82个,基层人民调解员377名;基层安置帮教、社区矫正工作站8个,工作人员16人。

托克逊县司法局有政法委专项编制干警18人,其中女干警11人,少数民族干警16人。参公事业编制3个,事业工勤编制1个,地方性事业编制1个。

【普法工作】

学法用法 年内,组织安排全县152个单位6068名国家公职人员参加全疆公职人员2018年度网络学法用法和无纸化考试网上报名工作,4月、10月,组织全县公职人员宪法法律知识网络答题活动2场次。

基层宣讲 根据谁执法谁普法原则组织全县各单位各部门,与干部下沉住村工作相结合,在各自联系村开展法制宣讲、法治宣传等活动。

学校法宣 年内,开展法制副校长春季法制宣传活动115场次,并调整全县51名法制副校长。

宣教培训 开展2018年全民国家安全教育日法治宣传活动。开展各类宣传教育活动238场次、受教育群众15万人次,发放宣传资料5000余份,组织“全民国家安全教育日”网上答题活动1场次,答题人数近6000人。

全年,组织干警参加全国公证业务培训班等全国、自治区、市及县级部门举办的各类培训班27场次,参加培训200余人次。

主题教育 开展“尊崇宪法,学习宪法,遵守宪法,维护宪法,运用宪法”为主题的自治区第十五个宪法法律宣传月活动10场次,制作宪法法律宣传板报27块,发放宣传资料、宣传单8000余份。受教育人数5万人次。

【律师工作】2018年,全县9名律师和法律服务工作人员被聘请担任法律顾问,与56个乡(镇)、村(社区)签订法律顾问协议书。律师事务所共代理案件44件。完成2018年律师事务所及律师年检注册等相关工作。

【公证工作】2018年,公证处改制后办理国内各类公证1176件,其中民事公证88件,经济公证1088件,公证费收入45万元。

【人民调解】2018年,各调委会共排查全县各类矛盾纠纷人民调解案件617件,调解成功613件,调解成功率99%,并对2017年8月至2018年11月办理的754件人民调解案件兑现发放办案补贴1.93万元。

【基层司法】

公共法律服务体系建设

2018年，托克逊县完成1个县级公共法律服务中心、7个乡(镇)公共法律服务工作站，16个村(社区)公共法律服务工作点建设，至年底建设完成50%，已完成的工作站工作人员由各司法所工作人员兼任。

乡(镇)司法所建设项目

2018年，阿乐惠镇司法所、工业园区司法所建设项目已竣工验收，相关产权手续未办理。

【安置帮教与社区矫正】

社区服刑人员教育管控

2018年，托克逊县在册社区服刑人员41人，参加职业技能教育培训社区服刑人员10人，无脱管漏管现象。全县8个乡(镇)司法所每周召开一次社区服刑人员思想动态分析会，县司法局每月召开一次社区矫正安全稳定研判分析会，并逐级上报材料。严格落实社区服刑人员外出请销假制度，严防外出期间脱管、漏管、重新违法犯罪现象。制订《社区矫正人员管理制度》《社区矫正人员工作岗位责任制》等制度教育管控。

刑满释放人员安置帮教

2018年，托克逊县在册刑满释放人员245人。各乡(镇)司法所每月28日定期对刑满释放人员举行集中思想教育、集中学习政策法规。开展去极端化条列学习，并采取齐唱国歌、集中宣誓等方式加强教育。加强刑满释放人员日常监督管控，及时掌握刑满释放人员日常情况，定期走访了解本辖区刑满释放人员动态，及时记录、归入档案。运用科技手段，强化刑满释放人员管理。利用刑满释放人员信息管理系统，与监所、派出所、社区(村居)无缝衔接，最大限度地减少刑满释放人员尤其是重点对象的脱管、漏管。建立健全刑满释放人员信息库，按照危险程度分为严管、普管、宽管分类管理，严格考核。开展调查评估，动态掌控。2018年，充分利用服刑人员与亲属远程亲情帮教视频会见系统。

【法律援助】2018年，托克逊县法律援助工作被列为吐鲁番市重点民生工程法律援助项目，法律援助中心办理法律援助案件83件，代写法律文书85份，来人咨询186人次，“12348”电话咨询293人次。兑现发放2018年办理的70件法律援助案件办案补贴1.91万元。 (凌 燕)

军 事

JUNSHI

人民武装

【政治建设】 2018年,托克逊县人民武装部以《军委主席负责制读本》为基础教材抓好常态学习,严密组织"学讲做"群众实践活动。广泛开展"传承红色基因 担当强军重任"主题教育,严密组织5个专题辅导和系类配合活动,持续开展"读红色经典,做时代传人"读书体会交流活动,组织党史军史、心理疏导、网络安全、形式政策等教育,以整风精神落实"和平积弊大起底、大扫除"活动,培育"四有"新时代革命军人,激发官兵读书看报热情,打牢了官兵听党指挥、投身备战的思想基础。制作反映维稳执勤、学习训练的"微视频"播放,为全体官兵争创先进树立靶标。

【反恐维稳】

备战演练 托克逊县人民武装部履行使命任务,严格抓好备战训练,教育官兵随时应急应战。根据形式任务变化,及时修订完善各类备战预案,有效嵌入军地应急联动预案之中,常态组织应急处突演练,加强联合指挥值班,注重沟通协调,确保联合执勤顺畅高效。

维稳执勤 年内,参与联合维稳机制,维稳执勤投入兵力310人次,参与联合拉动60余次,协调军地联合保障参演部队车辆安全过境。平时保持60%、敏感时期保持80%的街面见警率,实现城区、重点乡镇、重点区域巡控全覆盖。主要城区全面构建3分钟处置圈,重点区域1分钟处置圈。前置兵力推进一线执勤,派驻连队官兵配合地方党委、政府担负应急备勤任务。

【国动职能】

国防动员 2018年,组织县国动委成员单位在人武部集中办公,核查潜力数据,核查各类数据4000多条,修订各类预案15份。

国动考评 代表自治区和军区接受军委国动部检查考评,在全国28个受检查单位中取得第一名。

保交护路 年内,保障过境"一旅两团"部队快速通过辖区,完成保交护路任务。

民兵整组和征兵 年内,按照民兵整组任务要求,优化调整全县基干民兵和普通民兵。民兵党员比例达38%,通信保障、医疗和铁路护路分队专业对口率达95%。按照民兵整组要求,规范8个乡(镇)武装部库室建设和软件资料。先后6次组织集训专武干部、民兵连(排)长和民兵骨干,推进了民兵队伍建设和发展。2018年,圆满完成全县新兵征集任务。

军政军民关系 2018年,3次帮扶夏镇4名贫困户,了解家中现实困难,及时慰问救济,增强和加深与帮扶对象的感情。2名团职领导分别与少数民族群众结亲认对,常态开展走访慰问、上党课等活动,密切军地军民关系。

(迪力亚尔·帕尔哈提)

武 警

【思想政治建设】年内，武警中队重点抓好两个群众组织（团支部、军人委员会）和“三支队伍”（干部队伍、党员队伍、士官队伍）建设，培训骨干。全队官兵牢记“听党指挥、能打胜仗、作风优良”的强军目标，紧随改革强军步伐，把党的先进理论投身于多样化军事任务实践，稳步提升部队战斗力。依法从严治军、坚持按纲建队，全队官兵牢记使命、苦练本领、忠于职守、勤奋工作，完成上级赋予的各项任务。

【维稳处突】中队坚持每天体能训练，完成队列、擒敌拳、应急棍术、刺杀、专勤专训、射击、警棍盾牌术、哨兵反袭击等科目训练，加强专勤专训和适应性训练，开展“战斗精神”和军事训练价值观大讨论，推进群众性练兵活动，提倡科学练兵，提高看守勤务质量。以“不打招呼、不设预案”的方式拉动部队，开展紧急出动、追逃和营区反袭击演练；每月开展执勤标兵、优秀领班员、优秀网络查勤员和优秀哨兵评选活动，激发官兵内在动力。排查治理敌情、社情、狱情和隐患，每月梳理执勤中软隐患和物防中的硬隐患，及时治理，杜绝事故隐患。中队每天出动6名兵力在县城区学校、医院、商场等重点场所进行街面武装巡逻。严格落实核心区域1分钟、重点区域3分钟、一般区域5分钟到达现场处置的要求，构建社会面防控力量体系。

【警民共建】全年共出动兵力60余人次，参加县上重大活动警戒勤务。同托克逊县银泉社区建立“民族团结模范社区”。2018年完成临时勤务10余次，出动官兵100余人次，完成重大活动安保、犯罪嫌疑人转监押解等勤务。

（叶福林）

消 防

【概况】托克逊县消防大队（以下简称消防大队）原属副团建制军事化管理单位，编制体制现为公安现役部队，是一支与火灾作斗争的专业化队伍。2018年，大队有官兵25人，其中干部10人。

2018年10月9日，根据党中央改革工作部署，公安部、应急管理部举行“公安消防部队移交应急管理部交接仪式”，消防部队正式集体转隶。11月9日，在人民大会堂，习主席为消防队伍授旗训词，要求全国消防队伍“对党忠诚、纪律严明、赴汤蹈火、竭诚为民”。12月30日，县消防大队举行授衔换装仪式。

【政治育警】2018年，消防大队改革转隶后，强化习主席训词学习教育，提升了班子成员把方向、谋全局、促发展的水平。大队党委坚持重大事项集体研究，营造干事创业的良好氛围。年内，大队被评为全疆基层建设先进大队，下属中队被评为全疆执勤训练先进中队。消防大队指战员通过设置廉政文化宣传图片、廉政文化长廊和廉政屏保，聘请廉政监督员，教育干部时刻把握好朋友圈、社交圈和生活圈等，规范党风廉政建设，强化廉政风险防范。坚持政工干部工作在一线、思想问题解决在一线、典型先进记功在一线，发挥了政治工作服务保障作用。

【灭火救援】大队指战员熟悉演练单位73家，制作预案73份，排查水源228处，中队与辖区企业消防队开展比武对抗赛1次。在东疆片区比武中，中队参赛指战员取得团体第1名。协调构建由消防队伍、专职消防队、微型消防站以及村委会为主体的消防联动机制，降低了由于路途远而造成灭火救援不及时等情况的发生。2018年，大队共出警429起，出动车辆1327辆，出动警力1106人，抢救被困人员26人，疏散被困人员15人，抢救财产价值375.4万元。

【防火监督】2018年，消防大队以火灾防控、春夏火灾防控、电动车消防安全治理等专项行动为着力点,组织全县73家重点单位管理人集中约谈,签订承诺书,落实“6+1”措施;吸取俄罗斯“3·25”、四川达州好一新商贸城“6·1”火灾教训,开展城市商业综合体暨儿童活动场所消防安全专项整治;消防检查高层建筑、人员密集场所,排查指导辖区在建工地。全年共检查单位2479家次,发现火灾隐患2318处,督促整改火灾隐患2266处,下发责令改正通知书1193份,下发行政处罚决定书85份,罚款47.16万元,临时查封22家,责令“三停”(停止营业、停止使用、停止施工)单位14家,行政拘留8人。

【执勤安保】按照托克逊县整体工作要求,县消防大队强化全体消防指战员底线思维、问题导向和应急准备,完成全国“两会”、杏花季、蔬菜节、桑葚节、亚欧博览会等重点节点消防安保工作任务。

【后勤保障】2018年,大队纳入财政预算资金共188.6万元,其中业务经费按人均4万元,共164万元,消防队伍高危补助24.6万元。为强化经费收支管理,大队加强党委理财,规范经费审批,确保经费使用效能最大化。在购置灭火救援装备器材提升队伍战斗力的同时,加强营区基础设施建设,营造栓心留人的环境,通过改造洗浴间、购置净水器、分配公寓房等,改善了指战员生活环境,确保指战员安心工作、扎根风城,为托克逊经济社会发展做出应有的贡献。 (崔巍韬)

群众团体

QUNZHONG TUANTI

工会工作

【概况】2018年,托克逊县总工会辖437个基层工会,其中党政机关、事业单位365个(含乡镇工会8个,社区工会8个,村级工会45个,个体工商联合会17个),国有企业19家,集体企业7家,有限责任公司3家,股份制、股份合作制4家,私营企业39家。累计工会会员27398人。

县总工会在职人员8人,其中少数民族6人。

【建功立业竞赛】2018年,开展以"安全第一、预防为主、综合治理"为主题,以"安全生产月"活动为重点的"安康杯"竞赛活动,有19家企业,132个班组,3427名职工报名参加。

2018年,托克逊县获"全国五一劳动奖章"1人、自治区开发建设新疆奖状1家、自治区工人先锋号3家;获吐鲁番市表彰的开发建设火洲奖状3家、工人先锋号4家、模范职工之家4家、劳动竞赛先进单位(班组)5家。

【劳动技能竞赛】年内,托克逊县有新疆中泰化学托克逊能化有限公司、新疆圣雄能源股份有限公司组织4个参赛队参加新疆技能大赛——"建工杯"第八届自治区职工职业技能大赛,新疆圣雄能源股份有限公司在大赛中获二等奖。全县有34家企业和35个部门、单位开展不同主题不同形式的劳动竞赛。全县3家企业开展岗位练兵和技能比武活动,提升了职工队伍建设和技能水平。

【工会组建】2018年,县工会按照"广普查、深组建、全覆盖"工作要求,在"两新"组织中开展组建工会工作,扩大工会组织的覆盖面。全县有规模以上企业45家,小微企业1091家,基层工会目标510家,实际完成169家,新增17家,新增会员400人。

【维权工作】

职工代表大会 2018年,全县规模以上企业有6家召开职工代表大会,有18314名职工参加。

信访接待管理 2018年,帮扶中心收到职工要求维权的各种维权案例2起30余人,办结2件,办结率100%。接待下岗职工、农民工来信来访2人次,安抚农民工2人次。县工会专门聘请专业律师作为维权顾问,调解不成的请劳动人事争议仲裁院介入,形成受理、调查、调解、发律师函和企业法人恳谈,劳动争议仲裁工作程序,维护职工权益。

维权宣传 年内,通过安全生产月、维权月加大宣传力度,为职工发放《中华人民共和国工会法》《工资集体协商试行办法》《职工、农民工维权知识》《女职工劳动保护特别规定》《女职工健康保护》等维权宣传资料3000余份,增强职工、农民工自主维权意识。

维护女职工合法权益 年内,先后组织全县女职工3000余人,开展"专题讲座"、庆"三八"等活动,号召妇女充实自己、提高自己、完善自己,做自尊、自爱、自立、自强的新女性。

【帮扶救助】以"四送三关爱一慰问"(关心女职工、关爱困难职工、关注农民工；春送岗位、夏送清凉、秋送助学、冬送温暖；节日慰问)为特色的帮扶体制和品牌。2018年，开展节日慰问及帮扶困难职工、农民工及劳动模范21.38万元，开展双拥活动2.42万元，“职工重大医疗救助”11人3.6万元。慰问援疆干部及一线公安民警慰问物资价值8.09万元。为全县下岗职工、返乡农民工、困难家庭毕业大学生全额贴息贷款进行创业扶持。年内，有2家企业和12户创业者获得2万元至20万元不等的贴息贷款共54万元。

【就业创业】计划于2018—2022年用5年时间，培训城乡富余劳动力1000人，促进就业创业80%以上人次。2018年，举办培训班3期，培训人数256人，培训后就业205人，就业率达85.2%。

【创先争优】2018年，先后组织劳模、先进工会工作者、“三好”职工14人，赴湖南工会培训交流，疗、休养。

【三方协调】县工会与劳动关系三方协调委员会各成员单位合作，定期检查各企业推行集体合同履约情况，规范企业的集体协商行为，提高集体合同和工资集体协商的履约率。联合县人社局成立工资集体协商行动小组，推动企业普遍建立工资集体协商制度，督促基层企业按时发放职工工资。年内，与基层34家大型企业签订工资集体协商协议。和有关部门组织城镇下岗失业人员、农村转移劳动力、困难职工家庭高校毕业生深入开展“春风行动”“工会就业援助月”活动。组织专场招聘16场次、参加招聘企业60多家，提供财务、文秘、质检、机械设计、保管、品管、车工、焊工、电工、喷涂工等就业岗位45个。

【经费收缴】县总工会安排专人协助税务部门收缴工会经费，委托地税局依法收缴企事业单位的工会经费，规范托克逊县工会会费代收工作。2018年，县总工会全年本级工会分成总额445.65万元。

【宣传教育】2018年，县总工会举办各级劳动模范、先进工作者“不忘初心、牢记使命”党的十九大精神宣讲8场次，走访宣传16次，受教育职工1900余名。

深化“民族团结一家亲”活动。进企业、进车间、进班组、进工地，开展“劳动互助、安全互讲”“工友手拉手”劳动竞赛及“民汉结对子”“技能帮带”“夏日送清凉”等活动。2018年，深入郭勒布依乡切克曼坎儿孜村、托克逊镇金泉社区开展“民族团结一家亲”联谊活动4场次。

【“职工服务中心”建设项目】

年内，由湖南省总工会援助资金500万元、自治区总工会配套资金100万元、县内自筹900万元的“职工服务中心”建设项目开工。建筑面积5162.13平方米，地上四层，框架结构，绿化面积17094.5平方米，铺装面积6757.6平方米，园区内道路面积5800平方米；项目总投资1500万元。2018年，完成工程量的65%，付工程款434.07万元。

（般延军）

共青团工作

【概况】2018年，全县基层团委共17个，其中中学团委7个，中职团委1个，农村团委7个，城市社区1个，其他机关事业单位团委1个；团支部共有160个，其中中学团支部90个，中职团支部4个，农村团支部47个，城市社区团支部9个；全县共青团干部212个，其中专职团干部57个，兼职团干部155个；全县团员2827人，其中学校团员1691人，中职学校团员39人，农村团员762人，城市社区团员62人，其他机关事业单位团员273人；全县少先队员人数9981人。

2018年，团县委有在职工作人员8人(在编人员3人)，其中大学生志愿服务西部计划志愿者1人。

【共青团改革】

机关共青团改革 2018

年，团县委参照自治区团委和团市委改革后机构设置，改革后的团县委机关将原“团青办”更名为基层组织建设部，原“少工委办公室”更名为学校和少年部。改革后团县委机关设3个部室，分别为办公室、基层组织建设部、学校和少年部，在团县委3个行政编的基础上，增加4个事业编。突出“知青少年、懂青少年、爱青少年”，不拘一格从党员、团员青年中选拔优秀人才，将专职、兼职、挂职干部相结合，新一届团县委班子经第十五届团代会换届选举产生由1名专职团委书记、1名专职副书记、1名兼职副书记和2名挂职副书记组成，并配备4名干部。

乡（镇）共青团改革　根据团市委下发的《吐鲁番市共青团改革实施方案》，制订《托克逊县共青团改革实施方案》，全县各有关部门严格按照要求实施。组织部门协调完成由乡（镇）党委委员、组织员兼任团委书记工作，乡（镇）配备1名团委专职副书记、1名兼职副书记，召开团员代表大会，选举出团委委员5～7名，团委委员中有团支部书记、乡（镇）中学团委书记及小学辅导员，包村（社区）科级领导干部担任村（社区）团建指导员，村级团支部建立团小组，落实村团支部书记享受“两委”班子待遇，社区团支部书记由在编人员担任。在“早派工，晚研判”体现团组织工作，教育管理团员、返乡大学生，按时召开支部大会（团员大会）、支部委员会、团小组会议。年内，托克逊县8个乡（镇）团委团员代表大会全部召开，选举出5～7名团委委员，均配备1名团委书记，为落实党建带团建制度，7名由乡（镇）党委委员兼任，1名由挂职副镇长兼任，并配备团委专职副书记、兼职副书记各1名，具体负责共青团工作。全县57个村（社区）建立团支部，选拔优秀团员青年担任团支部书记，村级团支部严格按照上级分配名额和标准、“十步法”程序发展团员。

学校共青团改革　推进学校共青团改革。年内，各学校团委及时召开学校团代会，完成选举团委委员5～7名，按照要求配备书记1名，兼职副书记2名，成立青年教师团支部，严格规范“3214”（三会、两制、一课、四项基本团务）、从严治团，严肃团的纪律，增强学生团员的光荣感。

【从严治团】

追责问责　团市委督导团务基础知识的学习情况、团员发展、团员证换发等并问责通报3次，加深了各级干部对青年工作的重视。

核查团员底数　年内，团县委再次核查团员底数，乡（镇）团员证共换发1429本，学校团员证共换发1678本。

团员发展　2018年，培训300名入团积极分子、团干部；新发展团员183名，其中学校团委发展126名，发展学校低龄入团15个，乡（镇）团委发展44名。

宣传教育　团县委组织各基层团干部50人参加“聚焦总目标，从严治团指导督导会议”，83人参加共青团十八次全国代表会议精神宣讲；组织714人返乡大学生集中学习，覆盖乡（镇）11个网络视频点。

教育引导　2018年，团县委利用线上线下教育活动对青年进行思想教育，组织开展“我是光荣共青团”“传承红色基因 争做优秀共青团员”“明确青年使命 肩负时代责任”“青年要做解放思想的先锋”主题团日活动及清明节祭英烈活动。

专题生活会　2018年，托克逊县各级团委组织156个基层团支部召开“牢记总书记教导 立起团员好样子”专题组织生活会，有2566名团员开展批评与自我批评，按照要求撰写对照检查材料。

【学校及少年工作】

夏令营活动　年内，团县委组织“民族团结一家亲”红领巾夏令营活动，争取各级党政和援疆省市的支持，广泛开展“一日营”“周末营”“援疆营”等青少年融情实践活动，在基层选取优秀的“访惠聚”干部子女，“四老人员”子女、烈士子女共14人，其中去乌鲁木齐2人，天津市1人,湖南11人。

少先队建队日　年内,团县委开展"争做新时代好队员——集结在星星火炬旗帜下"主题队日活动,举行以"习爷爷的教导记心中"为主题的升国旗仪式,开展入队前教育第一课,少先队员们集体学习队知识及红领巾的佩戴方法;少先队建队纪念日的由来和红领巾、星星火炬、少先队队礼的含义,学习少先队章程和少先队基本知识等,少先队大队开展"说说我们的大英雄"先锋故事会活动。

少先队辅导员培训　2018年11月,托克逊团县委(少工委)联合教育局组织召开"1211"少先队辅导员培训会,全县各中小学40名辅导员参加培训,力求实现经验型向研究型辅导员转变,从事务型向学生的人生导师转变。

【基层组织建设】

青年发展规划　2018年,团县委制订《托克逊县青年发展规划(2017—2020年)(征求意见稿)》,通过常委会并下发。团县委组织开展"爱在托克逊 幸福相约2019"青年交友联谊会,真诚关心人才、爱护人才、稳定人才,引导激励广大青年人才热爱托克逊、扎根托克逊,激发青年人才干事创业的热情。

返乡大学生教育管理　各乡镇团委以村团支部为单位,排查摸底在外就读学生,及时掌握第一手信息资料,掌握其基本表现,成立返乡学生团支部。对在外就读未返乡学生,各乡(镇)团委逐一入户走访,落实未返回原因、现所在地,并开展教育培训。团县委于寒暑假期间,组织返乡学生开展各式各样民族团结活动、周末营等活动,其中19个村社区865名学生参与"红领巾小课堂"活动;老师们根据少年儿童身心特点,开展绘画、剪纸、唱歌、舞蹈、趣味游戏,丰富少年儿童的假期生活,引导他们追求积极健康的生活方式;组织少年儿童开展打扫环境卫生、做好人好事等活动;开展以国情区情、民族团结、少先队基本知识等为主要内容的主题教育活动,培养少年儿童爱党爱国爱疆的真挚感情,教育引导各族少年儿童从小牢固树立"三个离不开""五个认同"意识。2018年8月,组织返乡大学生举办才艺表演,选定吐鲁番市参演的5个节目,取得最佳影响力奖,奖金1000元;2018年8月,组织98名返乡大学生参加"吐鲁番人游吐鲁番"一日游活动。在红领巾小课堂返乡大学生老师针对性地开展学业辅导,帮助少年儿童提高学习成绩。

贫困大学生资助　2018年,贫困大学生资助项目3个,资助学生41人,其中"芙蓉学子"12人、"湘吐情"25人、"国酒茅台·国之栋梁"4人。

志愿者工作　2018年,托克逊县有志愿者20人,其中2017年老志愿者4名(2018年年底3名志愿者结束服务期)、2018年8月有16名新志愿者来县服务,团县委合理制订志愿者分配方案,优先安排解决志愿者食宿,督促各服务单位按时、足额的为志愿者发放生活补贴。定期召开志愿者工作例会,成立志愿者团支部共18人,选举委员5人。组织开展"吐鲁番人游吐鲁番"活动、庆国庆活动,在零海拔酒庄"葡萄节"上开展志愿服务。

年内,志愿者操杰、靳丽2人分别获得全国项目办表彰的2017—2018年度大学生志愿服务西部计划全国优秀志愿者荣誉称号。

助力扶贫攻坚　2018年,团县委超额完成县委、县政府制订10吨的哈密瓜销售任务,利用湖南援疆资源及共青团系统广大青年优势,主动与湖南株洲联系,依托团干部联系青年"1+100"系统扩大知晓率,销售哈密瓜16吨。

【"五四"表彰】2018年,团县委召开"纪念五四运动99周年、建团96周年表彰大会暨聚焦总目标从严治团指导督导工作部署会议",评选五四红旗团委3个、团支部4个,优秀共青团员9名、团干部9名,青年岗位能手2名,青年创业致富能手2名,青年文明号3

个，青少年民族团结先进集体5个、先进个人5名。

（钱　丰）

妇女工作

【概况】 2018年，全县共有8个乡（镇）妇联，45个村妇代会，56个机关事业单位妇委会。妇女59389人，占总人口的49.5%。

妇联在编人员5人，其中少数民族4人，女4人。地方性事业编2人。

【妇联改革】

2018年6月12日起，对乡（镇）、村（社区）进行区域化妇联组织建设，推动村（社区）妇代会改建妇联，建立配套工作机制，8个乡（镇），45个村，12个社区选举产生妇联主席65人、专职副主席65人、兼职副主席195人、执委713人。至7月29日，8个乡（镇）、57个村（社区）区域化改革全部完成。

2018年8月12日，托克逊县召开会议主题为《不忘初心，牢记使命以奋斗的姿态开启新时代妇女工作新征程》的第十一次妇女代表大会。全县各族各界129名妇女代表参会，会议选举谢日甫古力·阿不都热合曼为主席，江华为专职副主席，哈丽丹·布尔汗为挂职副主席，卢柏涛、欧阳利江为兼职副主席，选举产生23名执行委员会委员和15名执委会常委

【争先树优】 2018年，在托克逊广播电台等主流媒体宣传各行各业、各条战线先进妇女代表8人，通过宣传，使更多的妇女参与建设美好家园浪潮中。“三八”期间，托克逊县妇女联合会表彰“三八红旗集体”10家、“三八”红旗手18人、“巾帼建功”先进集体12家、“巾帼建功”先进个人25名、32个家庭为“最美家庭”。

【示范引导】 年内，开展“建设美丽家园”活动，引导妇女并带动家庭成员自觉践行绿色、节水、低碳的生产生活方式，托克逊镇美汇小区开展“凝聚巾帼力量，共建美丽庭院”活动。推广“乡风文明”建设中的好做法，扩大庭院文化活动的示范性，实施新一轮家庭教育规划，广泛开展形式多样的家庭教育实践活动，增强各类特色家庭创建的吸引力。召开“美好生活——模范榜样回娘家”座谈会，表彰12户“最美家庭”，3户“五好文明家庭”，并为15户家庭送棉被和节日祝福。

【法制维权】

妇女维权 年内，利用妇联“12338”（8822107）妇女维权公益服务热线，各级妇联调解119件，组织听取妇女诉求，化解群众矛盾，维护妇女儿童合法权益，使妇联真正成为妇女群众信赖的“妇女之家”。

维权周活动 开展法律宣传活动，将妇女维权知识送进社区、家庭。开展“艾滋病知识调查”活动，现场发放艾滋病调查问卷650份，收回500余份，让广大妇女群众预防艾滋病，深入了解了其带来的危害。

法律宣传活动 年内，1200名各族妇女干部、群众通过自治区党员干部现代远程教育平台开展学习法律知识和观看励志电影，党员干部学习法律知识、观看励志影片活动。

【创业就业】 年内，传播现代文化、促进就业创业，扶持特色优势产业，举办刺绣、炸馓子、打馕、花帽制作、刺绣品展览等职业技能竞赛活动，引导和推动更多的妇女和家庭成员实现创业、就业、增加收入。举办家政服务员（母婴护理）职业技能培训，邀请吐鲁番市爱恩家政职业技能培训学校教师，100名妇女学员接受培训。

【“两纲”工作】 各级妇女组织以实施自治区民生工程——新疆女性“靓丽工程”为重点，整合资源，承接实施一批事关妇女儿童生存发展的项目。

贫困母亲“两癌”检查及救助项目 2018年，为农村3名患“两癌”贫困妇女争取贫困母亲“两癌”救助专项救助基金3万元，每人1万元，减轻了经济负担，提高了被救助妇女儿童的生活质量和幸福

指数。

“爱心一元捐”项目·巾帼扶贫行动·小额循环贷款发放活动 2018年，县妇联帮扶50名妇女创业，累计发放小额循环贷款金额19.2万元，用于扶持牛羊养殖、蔬菜种植等产业发展，解决妇女发展产业资金短缺的问题；“爱心一元捐”项目“爱家乡·春暖生”活动 县妇联为7名品学兼优、生活困难的贫困女大学生资助学费1.4万元，每人2000元。

“扶贫助学”活动 “爱心妈妈”团队自发捐款3660元，资助2名贫困女大学生，直到毕业。

【关爱妇女儿童】“春节”期间，深入到乡（镇）、社区，走访慰问8户贫困妇女家庭，送去慰问金共1600元。

县妇联围绕“湘吐情·一户一工人”活动，组织农村富余劳动力参加技能培训班掌握一技之长，帮助5人联系就业岗位，增加家庭收入。通过各类文化旅游节进行展销等平台，促进妇女增收致富、拓宽就业门路。

投入8500元资金用于援助42名贫困妇女儿童。

“三八”期间，在夏镇巴扎社区文化大院组织26名退休妇女主任座谈。

为8个乡（镇）、44个村共330名贫困儿童发放“爱心毛衣”，用爱心让孩子们感受了社会大家庭的温暖。

开展“爱心妈妈奉献爱心”活动，走访慰问2户贫困户和10户重病居民，为她们送去米、面、油等生活必需品。

为社区贫困妇女发放18个母亲邮包，每一个“母亲邮包”里装有家庭小药箱、针线盒、毛毯、护膝、手套、袜子、手电筒等日常生活用品，帮助解决贫困母亲的生活困难，提高了她们的基本安全健康知识。

【技能培训】年内，博斯坦镇“亮剪手工艺品农民专业合作社”组织50人学做衣服、被褥、枕头等生活用品的技能培训，运行较好。举办刺绣、糕点等各类培训班，提高妇女综合素质，提升妇联组织的影响力和吸引力。

（谢 惠 邓 琛）

文联工作

【概况】托克逊县文学艺术界联合会（以下简称县文联）管理县作家协会、县书法家协会2个文艺团体。2个协会有会员200余人，其中新疆书法家协会会员1人、中国散文文学会会员1人、新疆作家协会会员16人。2018年，县文联有干部2人。

【文学艺术活动】

创作培训 1月，县文联邀请新疆作协理事、著名作家李健为托克逊县作协会员和文学爱好者讲授小说创作；邀请新疆书协理事、著名书法家肖龙为托克逊县书协会员和书法爱好者授课，讲授书法创作；3月，组织县作协、书协会员召开文艺创作座谈会，11名会员代表参会。9月，选派2名作协会员参加由新疆作协与木垒书院联合举办的“大地生长新疆作家班（第二期）”，与来自全疆10个地区、15个县市的青年作家在菜籽沟木垒书院学习、培训，聆听著名评论家、中山大学中文系教授谢有顺，《花城》杂志主编、资深编辑人、出版人朱燕玲，新疆师范大学历史学院副院长刘学堂，著名作家刘亮程等讲座。10月，县文联主席参加中国作协鲁迅文学院全国基层作协负责人培训班，聆听中国作协副主席、评论家阎晶明，清华大学教授刘玲玲，中国作协创研部原主任、评论家胡平，中央党校党建部教授吕品等授课。

主题活动 “我的中国梦——文化进万家”活动。1月26日至2月10日，县书协组织会员组成文艺小分队，先后到郭勒布依乡硝儿村、新疆中泰化学托克逊能化有限公司、托克逊镇金泉社区、伊拉湖镇康喀村等，为村民、社区居民、企业员工1500余幅春联，现场写春联和“福”字700余幅。2月10日，县文联与县纪委监察局联合举办“写廉洁对联，过平安佳节”主题活动。县文联组织县书协会员书写廉洁对联和“廉”字40多幅，作为新春礼物，送给领导干部们。

征文评奖 托克逊杏花季

全国征文大赛评奖工作经过评委会公正、公平、公开的评选，共评出一、二、三等奖和优秀奖共13个，其中一等奖2名、二等奖3名、三等奖5名、优秀奖3名。此项征文活动提升托克逊的知名度，展示托克逊杏花季丰富的文化内涵和独特风采。

编辑出版《托克逊文学系列丛书·小说卷》收录小说20篇，主要是托克逊本土作家创作的小说，同时收录董立勃等新疆著名小说家创作的反映托克逊的小说作品。这些小说均从不同侧面反映托克逊的地理风貌、自然景观、人文景观、历史风貌、民风民俗、变化变迁等。《托克逊文学系列丛书·小说卷》是继2014年编辑出版的《托克逊文学系列丛书·散文卷》、2015年编辑出版的《托克逊文学系列丛书·诗歌卷》之后，县文联出版的又一部反映托克逊的文学著作。年内，《托克逊文学系列丛书·小说卷》初步完成征稿、审读、编辑、校对等工作流程。

文学创作　2018年，县文联组织县作协会员开展文学创作活动，创作散文、诗歌、小说等各类体裁的文学作品共百余篇（首），其中县作协钱龙宁创作的文学作品30余篇（首）。县作协陈永江创作的儿童小说《向日葵男孩》《左老师》《木拉提的秘密》发表在《文学少年》杂志。

（钱龙宁）

残疾人工作

【概况】托克逊县残疾人联合会（简称县残联）下设办公室、康复室、就业服务所、财务室、维权室5个办公室。2018年，全县登记的残疾人332人。其中视力残疾45人，听力残疾28人，言语残疾2人，肢体残疾131人，智力残疾29人，精神残疾77人，多重残疾20人。累计为托克逊县域内4336人办理残疾证。

2018年，县残联有正式干部6名，其中女3人、少数民族5人。地方性事业编3人（1人被借调）、公益性岗位6人、劳务派遣2人。

【残代会】4月14日，县残联召开托克逊县残疾人联合会第六次代表大会，80名代表参加会议，听取和审议县残联第五届主席团作出工作报告。帕热地古丽·马合木提当选执行理事会理事长，戚军雯当选副理事长，古丽阿扎提·艾合力、帕尔哈提·克拜吐力、杨勤龙3人当选理事。

选举产生肢残协会主席艾尼·都尕木，副主席徐余世；盲人协会主席西日甫江·夏依买尔旦，副主席买尔孜亚古丽·外力；聋人协会主席阿木尼依木·克依木，副主席吐尔迪·托合提；精神、智力残疾人亲友协会主席史俊荣，副主席赛迪汗·外力。

【残保金审核】2018年，重度残疾人养老保险适保年龄、保底情况和社保局审核残疾人910人。

残疾人就业保障金代征工作，税务局审核企业人数9人。

【康复工作】

脑瘫儿童康复　县残联筹措资金10.56万元为8名残疾脑瘫儿童在县医院康复科进行为期10个月的抢救性康复训练，同时为8名脑瘫儿童免费佩戴矫形器、并指导他们进行针对性康复训练。此次安装成人大腿假肢3例，小腿假肢3例，儿童桥形器2名4例。

精神残疾人救助　全年，县残联协调资金9.3万元，完成80名贫困精神残疾人免费服药和28名贫困精神残疾人免费住院工作。

助听器发放　全年，县残联完成50名贫困残疾人助听器发放工作。

肢体残疾人康复　2018年，县残联筹措资金16.6万元，选送65名成人肢体残疾人在县维吾尔医院接受为期3个月的康复训练。

贫困残疾人器具　2018年，县残联为300名贫困残疾人免费发放辅助器具（轮椅120辆）。

农村无障碍改造　2018年，县残联落实资金10.5万元为35户农村残疾人家庭进行无障碍改造，主要是改造卫生间。

【特殊教育】 协调筹集配套资金,发放“爱心天使”助学基金补助资金,为61名残疾人家庭子女和残疾学生发放21.08万元的“爱心天使”助学基金。

调查2018年参加高考的残疾学生和残疾人家庭子女,共43名残疾学生和残疾人家庭子女争取“爱心天使”助学资金。

【就业工作】 2018年,全县完成残疾人培训210人,其中完成职业技能培训人数68人,完成农村实用技术培训142人。安排残疾人就业53人,其中按比例就业23人,集中就业7人,辅助性就业3人,个体就业和自主创业18人,其他就业2人。其中个体创业残疾人18人,发放资金5.4万元,残疾人康复扶贫贴息贷款人数106人,发放资金7.42万元。

【宣传活动】 开展“爱耳日”“全国助残日”“残疾预防日”等宣传活动。2018年3月3日全国第十九次“爱耳日”活动中,高昌区听声助听器验配服务中心专业验配师对前来咨询的70余名群众耐心、细致地提供听力筛查、耳病诊断等相关疾病的诊查。维修已发放的助听器8台和电池15包。县残联工作人员及医生向群众发放“听见未来,从预防开始”的宣传手册150份。

【精准康复】 2018年,为加快实现残疾人普遍享有基本康复服务目标,县残联联合有关部门下发《托克逊县残疾人精准康复服务行动实施方案》,按照残疾类别对精准康复服务的残疾人录入数据库。实施助残惠残工程,落实残疾人工作各项目标任务。

【“两项补贴”】 落实困难残疾人生活补贴和重度残疾人护理补贴发放工作。摸底审核残疾人两项补贴,联合民政部门发放困难残疾人生活补贴和重度残疾人护理补贴。2018年,享受生活和护理补贴残疾人有2915人,享受生活补贴残疾人有1557人,享受护理补贴残疾人有1358人,发放补贴资金23.38万元。

【社会保障】

危房改造工程 2018年,补贴2017年危房改造资金,纳入县农村贫困残疾人危房改造“安居富民”工程的残疾家庭共160户,危房改造每户补贴5000元,共补贴80万元。

贫困白内障患者免费手术与筛查 协调吐鲁番市阿迪娅眼科医院和县人民医院完成60例贫困白内障患者复明手术。

【信访维权】县残联收集群众反映问题16条,经多方协调问题全部解决,办理好事实事18件,其中为各残疾人群众免费发放辅助器具7件,其中轮椅6辆,拐杖1副。

(米哈热阿·艾尼瓦)

工商业联合会(总商会)工作

【概况】2018年,托克逊县工商联合会(总商会)有执委30人,会员192人,其中个体会员106人,企业会员42人,单位会员44人。在职人员2人,其中少数民族1人。

【“光彩事业托克逊行”活动】为帮助托克逊县小微企业渡过难关,发挥光彩基金贷款作用,为小微企业发展提供保障,为托克逊县非公有制经济的稳定增长履职尽责。2018年,托克逊县非公有制经济增加值为33.5%,较上年(32.6%)同期相比长0.9个百分点。同时,走访企业,联系各企业,发挥民营企业优势就业扶贫,转移一大批贫困户家庭成员前往工厂做技术工人。非公有制经济吸纳就业1765人,比上年同期1436人增长22.9%,非公有制经济吸纳就业增长明显。利用“千企帮千村”平台,促使企业与贫困村、贫困户进行结对帮扶,通过产业扶贫、公益扶贫、教育扶贫等帮扶贫困村、贫困户脱贫。托克逊县参与“千企帮千村”企业17家,精准扶贫贫困村数17户,汇总贫困人口2704户9984人、受帮扶人口842户2404人、产业帮扶15.7万元/9

人、就业帮扶238.02万元/288人、公益帮扶32.734万元/906人、技能帮扶18万元/34人，为小微企业、大学生创业增加动力，为有创业意愿的农民解决融资难、融资贵难题，也为托克逊县非公有制企业健康发展提供了良好的发展环境。

【调查研究】开展新入会会员企业服务需求问卷调查，根据企业实际需要开展工作，调研金润枣业、雪银矿业等规模以上企业社会责任。组织开展上规模民营企业发展现状调研，了解托克逊县上规模民营企业发展情况及困难，及时向相关部门反映并协调解决。年内，走访调研托克逊县非公有制企业10家次。

【政府与企业沟通平台】组织托克逊县中小企业融资及产品"走出去"座谈，邀请工商联会员企业代表共同座谈交流，为托克逊县小微企业出现的融资难、融资贵等出谋划策，使企业界人士感到背后始终有坚强的后盾，放开手脚专心搞经济发展。（陶长江）

红十字会工作

【概况】2018年，托克逊县行政企事业单位红十字会团体会员单位96个，会员3653人。县红十字会有干部3人，其中女1人，少数民族1人。

【防灾应急】年内，县红十字会协同县第二中学开展"5·12"汶川地震十周年地震演练活动，共2000余人参加。加强安全教育，制订和落实安全应急预案，定期、不定期组织安全演练，强化师生地震脱险、自救、自护方法。还开展"自救互救"宣传以及红十字应急救护知识，讲授心肺复苏技术和创伤救护四大技能知识，讲解现场救护的知识与技能、心肺复苏的实际操作方法。

【宣讲宣传】年内，县红十字会开展以纪念"5·8"世界红十字日宣传服务宣讲活动，宣讲2017年修订颁布并实施的《中华人民共和国红十字会法》，现场发放红十字会相关法规知识、四项救助、艾滋病预防知识宣传材料共200余份。开展"三项基金"宣传活动3次，发放宣传单200份，应急救助宣讲2场。

【大病救助民生工程项目】加大对红十字会重点民生工程，包括"小天使基金"（白血病）项目、"天使阳光基金"（先心病）项目、"嫣然天使基金"（唇腭裂）项目以及艾滋病预防知识的宣传力度。年内，争取吐鲁番市红十字生活用品慰问包30包，价值6000元。

（段晓娜）

社会科学界联合会工作

【基本情况】托克逊县社会科学界联合会与县委宣传部合署办公。2018年，托克逊县社科联所属学会有计划生育协会、青年志愿者协会、慈善协会、文联、郭勒布依乡硝儿村蔬菜协会、反邪教协会、托克逊县拌面协会、托克逊县馕文化科技开发协会、消费者协会、业余体校青少年俱乐部、体育舞蹈协会等社科类社团，各社团现运行及活动开展正常。

【科普宣讲】整合县内社科资源，宣传和普及社科知识是县社科联的一项重要工作。9月，与县委宣传部联合举办"庆中秋，迎国庆，民族团结一家亲"为主题的科普活动，引导各族群众不断增强"五个认同"，自觉维护新疆社会稳定和长治久安。

开展"吐鲁番人游吐鲁番"科普活动。与县委宣传部联合组织开展"吐鲁番人游吐鲁番"科普活动，让各族群众正确认识"新疆是中国领土不可分割的一部分、新疆各民族是中华民族血脉相连的家庭成员、新疆各民族文化是中华文化的组成部分、新疆是多种宗教并存地区"等基本史实和观点，使大家坚定中华民族共同体意识，增强民族团结凝聚力，充分激发各族群众爱家乡、爱祖国的热情，引导广大群众自觉维护民族团结，维护社会稳定。年内，"吐鲁番人游吐鲁番"活动共开展1120场次，参加人数3.25万人次。

（张金梅）

农业

NONGYE

综述

【产值】2018年,全县实现农林牧渔业增加值10.87亿元,按可比价计算,同比增长4.76%,其中农业增加值8.6亿元,同比增长5.13%;林业增加值1224万元,同比增长5.56%;牧业增加值1.68亿元,同比增长2.26%;渔业增加值23万元,同比增长4.76%;农林牧渔业服务业增加值4659万元,同比增长7.47%。

【成效】2018年,全县从事农业生产的有6个乡镇45个行政村,有农牧民人口56871人,全县耕地面积35.51万亩。种植业产业结构不断优化,特色高效经济作物不断增加。2018年,全县种植粮食作物5.58万亩,西甜瓜3.45万亩,棉花8.21万亩,蔬菜2.54万亩,孜然2.57万亩,花生0.67万亩,饲草11.5万亩,红枣11.4万亩,杏子6.58万亩,葡萄5.28万亩、结果面积1.32万亩。2018年全县农村经济总收入达19.14亿元,同比增加1.53亿元,增长8.6%。农村居民可支配收入12987元,同比增加1134元,增幅为9.6%。

种植业

【退棉战略】2018年优化调整产业结构,实施退棉战略,2018年全县退棉1.4万亩,退棉后主要种植作物为玉米、西甜瓜、蔬菜、林果、饲草、药材等。

【哈密瓜产业】2018年,哈密瓜种植面积达3.1万亩,较上年增加300亩,2018年哈密瓜的平均价格约为3~3.5元/千克,农民从哈密瓜上获得的人均纯收入达82.2元,人均增收29.1元,增长54.9%。为确保哈密瓜产业的稳步发展,统一管理种子、技术培训、技术管理指导等,提早联系全国各地果品批发商设立哈密瓜收购点,协调解决哈密瓜收购过程中的相关问题,全年累计销售哈密瓜5.1万吨。

【蔬菜产业】依托天气、光热等资源优势,紧抓春提早、秋延晚的时令节气和种植技巧,突出早春反季节蔬菜种植,提前抢占乌鲁木齐蔬菜市场。2018年,蔬菜面积达2.54万亩,其中设施蔬菜种植面积1.36万亩,产量达3.25万吨;大田蔬菜种植面积达1.18万亩,产量达2.42万吨。同时设施农业的发展呈现多元化,从之前的单一的种植蔬菜模式发展成特色种植、养殖相结合的模式,不断增加温室草莓、油桃、葡萄及温室养鸡等数量。增加温室采摘、观光等农业旅游项目,“杏花季”“蔬菜节”“桑葚节”“红枣采摘节”等农旅节日,提高了设施农业收益。

【劳务增收】根据全县实际,拓展农村二、三产业就业增收空间,广辟外出务工转移就业渠道,增加农牧民工资性收入,全县第二产业总收入达15958.5万元,同比增长4.1%,实现人均纯收入852.3元;第三产业总收入18792万元，同比增长6.25%，实现人均纯收入1019.8元。据统计农民外出劳务收入达14639万元，较上年同期增加1599万元，增幅为12.3%。人均纯收入1687.6元，人均增收183.1元，同比增长12.2%。

【强农惠农补贴】2018年，落实中央、自治区已经明确的各项惠农强农政策的有：棉花目标价格补贴、合作医疗补贴、安居富民补贴低保、“五保”补贴、草原生态保护奖励资金、良种补贴、计划生育、退耕还林补贴、劳动力转移培训补贴。农民因各类惠农强农政策性补助、补贴收入得到实实在在的实惠。2018年全县各类惠农补贴总收入1.39亿元，比上年同期增加1184万元，人均纯收入1599.4元，比上年同期增加135.3元，增幅为9.2%。

【农村土地承包经营权确权登记颁证】2018年，托克逊县农村土地承包经营权确权登记颁证项目共完成234个发包方的确权登记工作。完成农村集体土地实测面积30.84万亩，承包地面积18.43万亩19410户农户。外业成果资料基本齐全、完整，符合要求，县、乡、村级确权登记类档案资料完整、内容基本符合规范要求，农户一户一档资料种类齐全、内容填写与数据库基本一致，外业界址点检测精度、面积精度检测符合规程要求，电子矢量数据种类齐全、内容填写基本完整，正在数据库合库进程中，县级管理信息平台（机房、软件）建成。

【农产品加工】年内，全县规模以上农产品加工企业有吐鲁番白粮液就业有限责任公司年生产白酒5000吨，新疆金润枣业股份有限公司年生产红枣、水果制品2万吨，托克逊县天马棉业有限责任公司年生产皮棉、棉籽和棉短绒2万吨，吐鲁番金澳果业有限公司年生产红枣、冻干果蔬2000吨，托克逊县徽商生态牧业有限公司年生产冻鲜羊肉、黑羔羊1万吨。

【农产品质量安全】2018年，配合自治区农产品质量安全例行监测工作，同时通过“双认证”（自治区农产品质量安全监管局、自治区质监局检验检测机构资质认定和农产品检测机构考核）考核评审，获得“检验检测机构资质认定证书”“农产品质量安全检测机构考核合格证书”。2018年，累计开展农业综合专项执法检查10次，检查农资经营户45家，发现5家农资店销售假冒伪劣农药32.5千克，销售假冒伪劣种子30袋（哈密瓜）。年内，全部没收，同时交由农业综合执法大队立案查处。

【农业行政处罚】2018年，行政处罚1家农资经营店销售未取得种子许可证经营种子产品，依据《中华人民共和国种子法》处罚5000元，并没收违法所得；行政处罚2家农资经营店销售假农药和高毒农药，依据《农药管理条例》警告训戒，分别处罚5000元，并没收违法所得。

【农产品存在问题】托克逊县多数农产品加工链条短，仍然停留在原产品销售上，即使加工，也只是简单的初级加工或粗加工，农产品附加值低，产品花色品种少、档次低、包装差，产品更新换代慢等。农产品加工企业政策性资金支持力度不够，不利于农产品加工企业做大做强。农产品加工企业数量少、规模小。哈密瓜数量大，没有更多的加工企业加工原材料，只要内地销售市场前景不好，疆内即出现销售压力大、不能实现大幅增收的目标。

种子市场经营主体多，从业人员业务素质和法律意识参差不齐，种子来源广，经营品种多，质量良莠不齐，流动经营种子行为时有发生。种子检验设备老化，未通过认证，只能检测种子发芽率指标，不能检测种子纯度，检测结果没有法律效益，种子市场监管难度大。

农业产业结构调优、调、精不够，需要大力探索尝试适合托克逊县气候、土壤特点的高效经济作物种植。特色农作物试验示范种植需要提供更多的资金支持。休闲观光农业起步晚,基础设施落后,需依托托克逊县独特气候特点及区位优势,做大做强休闲观光农业。

(杨　浩　依力哈木·尼亚孜)

水 利

【概况】托克逊县水利局机关下设9个科室,分别为行政、水土保持、水政水资源、防洪抗旱、改水防病、水产6个办公室和水政监察大队、乡镇水管总站、农村饮水安全工程管理站。下属单位有夏镇、郭勒布依乡、伊拉湖镇、博斯坦镇4个水管所和红山水库管理站、阿拉沟水管站以及夏镇、伊拉湖镇、郭勒布依乡和小草湖4个水厂。托克逊县节约用水办公室也设在水利局。2018年,有在职干部职工186人,其中中级专业技术职称12人,专科以上学历166人;干部147人,工人39人;女性81人,少数民族167人。

【水利建设】2018年,累计完成水利建设投资1.57亿元,新建防渗渠103千米,维修、清理渠道203千米,维修、更新闸门176座,普查机电井1731眼,机电井计量设施安装922眼,查处封填非法机电井3眼,封闭城区自备水源5眼,新建永久性防洪堤8.95千米,临时性防洪堤11.5千米,全县工农业生产用水条件得到很大改善。

【项目建设】

白杨河城区上游段及北大桥下游河道防洪工程　年内,争取中央预算内投资1540万元,新建护岸5.5千米,完成总投资1854万元。

3万亩高效节水工程　年内已完成,累计投资2797.84万元。

山洪灾害防治项目　年内,完成2018年山洪灾害防治全部建设内容,总投资10万元。

蓄水供水工作　年内,完成红山水库蓄水4217.88万立方米,新建小草湖供水主管道16千米,并修建伊拉湖镇、郭勒布依乡农村自来水管网6处,惠及供水总人口约800人。

乌斯通沟水库项目　乌斯通沟水库总库容1440万立方米,工程总投资4.47亿元。年内,项目可研报告已通过水利部审核,其余附件已完成编制审查工作,《托克逊"两河"流域规划环评报告》已上报自治区环保厅,待通过审查取得批复意见后,将报自治区发改委审批立项。

【中央环保整改】按照自治区及吐鲁番市整改方案中的整改目标、整改措施和完成时限要求完成编制《吐鲁番市用水总量控制实施方案》,其中明确托克逊县各乡镇和工业园区管委会用水总量控制指标,确定农业用水总量与地下水用水总量控制指标,同时将农业用水量、地下水用水量等2项重要指标纳入《2018年托克逊县实行最严格水资源管理考核方案》,形成长效考核机制。年内,按要求审查、公示,报送整改销号台账;委托单位编制《托克逊县地下水超采区治理方案》并通过市水利局审查。编制完成《托克逊县管业矿产开发有限公司艾维尔沟石灰石矿河道整治方案》,督促新疆冠业矿业和新疆天富化工有限公司侵占艾维尔沟河道的2家企业按要求清理侵占河道废渣98万吨,拆除、搬迁原有生产线,清理出的河道已铺设黄土并压实。

【河长制工作】

组织体系保障　召开全县乡(镇)级河段长专题会议,按照要求开展自查自改、立查立改活动,明确各成员单位工作职责和要求;专题研究部署河长巡河工作中白杨河非法采砂和占用河道问题。根据自治区河湖长制工作验收组反馈以及及吐鲁番市相关文件要求,托克逊县重新修订河(湖)长制工作实施方案,明确5个流域和1个湖泊的河湖长制组织体系,其中县级河(湖)长11名,8个乡(镇)内的河流河段长40名,并修订印发乡(镇)级工作方案。编发《白杨河水利工程确权划界工作实施方案》。加强日常巡河,推进工作常态化,全县各级河(湖)长开展巡河累计达160次,县级4个流域的“一河一策”由河长签发,河道保洁逐渐步入常态化。

河道环境治理 全县年内累计关闭非法采砂点7家,其中克尔碱2家、阿拉沟3家、白杨河2家;停业整顿废渣侵占河道采矿企业4家,有艾维尔沟天富、冠业、天山建材、天业,清理河道垃圾、矿山废渣147万吨;拆除河道内非法建筑11处73间,其中白杨河6处(河道内4处、河道外2处)、艾维尔沟2处、阿拉沟2处、克尔碱1处,拆除面积达1538平方米,河道环境明显改观。年内,各乡(镇)组织6批760余人次对河道沿线垃圾进行拉网式清理,共清理垃圾562吨,拆除河床岸线内违建房屋4处32间652平方米,县、乡累计投入治理资金150余万元;白杨河托克逊段所涉及的2家沿河非法采砂企业完成全部采砂设备及房屋设施拆除工作,完成场地清理3500平方米,其余5家违规占用河道采砂企业基本完成占用河道区域恢复治理工作。

【水政水资源管理】

水资源费 2018年,征收各类水行政规费(是行政事业性收费的代收项目,用于供水设施建设,含城市中直接从地下取水的单位及水权转让费等)1713.99万元,上交财政1302.99万元。

水费征收 各河流总引水量为19765万立方米,其中农业用水量14854万立方米,生态用水量3992万立方米,工业用水量919万立方米,实收水费1285.6万元,其中农业水费704.6万元,工业水费581万元。农村供水总站2018年完成供水235万立方米,实收水费446万元,自来水安装入户234户,收取安装费29.38万元。2017年至2018年连续两年,通过强化水费征收工作,足额征收水费,全额发放了两站干部职工工资及绩效奖,全部缴清社保、职业年金。所有干部职工的工资待遇得到了正常发放。

【地下水超采治理】制订出台《托克逊县地下水超采治理方案》,加大超采区巡查力度,统计核查地块面积及机电井数量。执行《托克逊县地下水资源管理办法(暂行)》,2017年、2018年两年累计关停机电井208眼,有效缓解了地下水超采现象。

【防洪工作】年内,加强汛期巡查力度,汛期24小时防汛值班制度,组建抢险队伍8支,汛前向各乡镇发放防洪物资:水泥145吨,编织袋2.25万条,铅丝网340片,铁丝80卷。为保障能够及时应对突发险情,再次采购防洪水泥500吨,防洪编织袋7万条,铅丝笼1000个,救生衣200件、安全绳1000米以及雨鞋、安全帽等防汛物资,经过严密部署,2018年境内未发生洪涝灾害。

【公示宣传】按照自治区水利厅《关于河湖长制公示牌设置管护有关事宜的通知》的要求,在河岸醒目位置和人员密集场所设立公示牌31块。同时,聘请社会监督员,设立社会监督台,主动接受群众监督。2018年,在“世界水日”“中国水周”以及国家、自治区重要宣传日集中在县城、各乡(镇)集市宣传水行政法律法规,共悬挂横幅20余条,发放宣传手册1500余份,增强群众自觉遵法守法意识。

(黄广琴)

林 业

【概况】托克逊县林业局下设县林业管理站、林果业研究开发中心、林业有害生物检疫局、公安局森林派出所、治沙站、第二苗圃6个二级单位。2018年,在编职工53人,其中女性22人、少数民族32人。地方性事业编3人。工程师8人,助理工程师3人。合同制国家重点公益林管护人员79人,合同制公益性岗位人员64人,临聘24人(南疆务工人员)。

【植树造林】 2018年,托克逊县规划造林3.2万亩,实际完成造林3.2万亩,完成规划任务的100%,其中乔木1.8万亩、灌木1.4万亩。义务植树65万株,参加义务植树7万人次,义务植树尽责率达94%。

【种苗管理】 严格落实种苗"四证一签"制度,规范林木种苗生产经营秩序。监测检验种苗质量,抽查杏树、桑树、榆树、沙枣、杨树等树种,现场抽检苗木分级捆绑、悬挂标签等质量合格率达95%。调查各乡(镇)苗木情况,订购、调运为春季造林提供苗木,抽查全县出圃苗木质量合格率达90%,发放常规树种出圃规格表和主要种树播种量及产苗量宣传资料300份。本着适地适树原则,2018年完成育苗1020亩,发放种苗生产经营许可证1份。

【森林公安】 按照自治区、市森林公安局的部署要求,组织开展冬季严打、缴枪治爆等专项行动。全年,累计出动车辆42辆次、出动警力94人次,接警12起(求助类警4起),处警12起,受案8起,查处林业行政案件4起,1起正在调查,处罚7人次,罚款2.43万元,收缴野生动物8头(只),移交3起涉林刑事案件。救助5只野生动物,全部放生。

培训半专业化扑火队伍使用扑火器具21人,应急演练1次,全年共排查林区6次,开展森林防火宣传3次,检查进入林区车辆200余辆,告诫进入林区人员360余人不得野外用火,全年未发生森林火灾。

【林政执法】 建立县级人民政府保护发展森林资源目标责任制,依法执行"十三五"森林采伐限额,严格管制林地用途,严查违法使用林地和毁林开垦破坏林地行为,监管服务林木采伐全过程,办理木材采伐许可证24本,蓄积355.98立方米。林权证抵押贷款手续3个,解押手续2份。

【检疫执法】

葡萄蛀果蛾专项调查 2018年,县林业有害生物检疫局对全县2.4万亩葡萄设置葡萄蛀果蛾监测点47个,临时监测点200个,共悬挂诱捕器4222套,其中葡萄园4215套、干果市场7套。在天山门、风城路等便民警务站设立2个临时检疫检查站,安排专人和县公安局联合执法。检疫检查过往车辆,禁止从吐鲁番市、高昌区、鄯善县调入鲜葡萄及葡萄干,查处1169车次,返回鲜葡萄及葡萄干118.05吨,销毁鲜葡萄7.65吨。

苗木产地、调运检疫执法 年内,检疫1个国营苗圃和8个乡(镇)20个行政村458个育苗户的苗木,苗木产地面积1317亩,检疫苗木900万株,发放产地检疫合格证458份,产地检疫率100%,办理调运相关检疫手续61件,调出苗木44件,调出苗木76.1万株,办理30件杏子调出检疫手续,调运300吨。调入苗木108件,调入苗木163.08万株,复检率100%。

【有害生物防治】

防治防控 林业局组织技术人员指导林业有害生物防控工作,100%全覆盖监测,并按照属地管理原则,明确各乡(镇)监测防治区域范围及任务分工,不留死角。林果清园、喷洒石硫合剂100%覆盖。全县发生林业有害生物4.32万亩,实际发生4.35万亩,预防防控11.3万亩测报准确率98%,无公害防治率98%,成灾率0.67‰。

监测预报 年内,制订5条林业有害生物调查踏查路线,设定55个预测预报监测点,确定调查责任区、责任人。按照"一病一虫一档案"建档归类,确保测报数据的准确性和时效性。

葡萄蛀果蛾防治 2018年4月,监测夏镇喀格恰克村一葡萄园中发现3套诱捕器共诱到10头葡萄蛀果蛾越冬代成虫之后,县林业局及时采取应对措施,按照发生区进行监测和防控,对除治区、监测区等不同区域采取不同的防控措施,不落一户,不落一棵葡萄。年内,完成葡萄蛀果蛾第五次化防控工作，全县化防累计面积6400亩，动员参与化防人数5055人，使用药械1600台次，更换诱芯10次，更换诱芯3.46万粒，更换粘虫板25次10.5万张。

胡杨病虫害防控 年内，检查吐—托快速绿化带的胡杨病虫害，发现杨柳小卷蛾危害胡杨，随后采用48%毒死蜱1000倍液化学防控，防控面积约650亩。

【林木管护】年内，全面落实管护主体。各乡（镇）按照实际情况分片区管护，并签订责任书层层落实管护责任。加大《托克逊县林木管护实施方案》《林木管护处罚办法》等制度办法的宣传力度。不定期督察林木管护情况，收回因外包导致林木管护不到位的伊拉湖、博斯坦镇1.5万亩梭梭林管护权，同时利用阿拉沟放水时节灌溉，保证梭梭林正常用水需求。修剪吐托快速路、红山水库、G30、大河沿路绿化区的林木，清理渠道工作。更换吐托快速绿化区1号井、2号井、6号井阳光爆晒脆裂的管道500卷。

【林果业建设】

品种改良 年内，完成任务6500亩。

品种引进 2018年，色日克墩酒庄新引进6个新樱桃品种，栽植面积300亩，引进黄桃品种栽植面积300亩。

示范园领办 托克逊领导干部领办示范园10个（红枣5个、杏5个）。

新建示范园 2018年，确定在伊拉湖镇布尔加依村新建1000亩葡萄标准化生产示范基地，在博斯坦镇新建8000亩、伊拉湖镇新建2000亩红枣准化生产示范园，在夏镇新建3000亩、郭勒布依乡新建2000亩杏标准化生产示范园。

特色采摘园 2018年，完成特色林果观赏采摘园5个，其中杏园4个、桑园1个。

按照每个种植葡萄的村民小组至少有一个葡萄农民技术员（土专家）的要求，托克逊县选拔了13名思想上进、勤劳好学、种植管理经验丰富、示范带动能力强的葡萄种植户，确定为葡萄农民技术员。

【退耕还林】自治区下达托克逊县2017年新一轮退耕还林任务4500亩，经2018年自查自验，完成造林4500亩，地块落实率100%。完成2016年度2.01万亩的县级自查，乡镇村公示后报县财政，兑现打卡。完成2015年6500亩退耕还林第二批补助资金县级自查，乡镇村公示后报县财政。完成2.9万亩完善退耕还林政策面积县级自查。

附：退耕还林工程简介

按照自治区林业厅《新一轮退耕地还林检查验收办法》要求，根据吐鲁番市退耕还林还草2017年中央预算内投资计划，托克逊县2017年新一轮退耕还林任务4500亩，涉及6个乡镇（郭勒布依乡、夏镇、博斯坦镇、伊拉湖镇、库米什镇、克尔碱镇）23个行政村366户445个小班。

2018年，吐鲁番市拨付2017年退耕还林还草资金和，新一轮退耕还林农户种苗补助费。2018年12月，保存合格面积3369.62亩。按照新一轮退耕还林补助政策，种苗补助费每亩400元，共134.78万元，退耕还林政策补助费每亩500元，共168.48万元，合计补助303.27万元。剩余不合格面积1130.38亩，待农户补植合格后方可按政策兑现。

【国家级公益林管护】

管护巡护 2018年，托克逊县区划国家级公益林面积89.17万亩，全部纳入国家森林生态效益补偿范围，聘用74名专职管护人员、6名监管人员及1名临时工。管护人员实行一年一聘一签制，形成半专业化管护队伍。管护队伍以专职管护员为骨干，季节性临时管护员为辅助，同时配备专业技术人员。管护方式主要根据管护站（所）管护面积及管护难易程度，为每个护林人员划分管护责任区定期巡护。

设施修缮 因各管护站年

久失修屋顶漏雨,墙皮脱落,门窗老坏,2018年,各管护站维修通过公开招投标,确定托克逊县建银建筑有限责任公司为中标单位,修缮库米什管护中心站、克尔碱管护站、克尔碱管护中心站及门窗更换、克尔碱中心站的院落建设。加强各管护站安检门、手持安检仪、身份识别、防攀爬网、管护站内监控、防冲撞栏等的维稳配套设施。克尔碱管护站已照明通电。

护林防火 2018年,县林业局成立半专业化扑火队,由森林武警进行专业培训、森林公安统一集训,在火险高危季节联合森林公安巡查国家公益林区,每年集中半专业化扑火队员培训演练2次,预防森林火灾。年内,各管护区植被生长良好,未发生人为或自然火灾。

动态监管 年内,抽取10处样地,通过查看资源变化情况采集的资源数据和照片图像对比,定期观测记录比对,总结分析各阶段结果,确定对国家级公益林的动态监测管理措施。

【绿化工程】 2018年,托克逊县实施红山生态公园绿化工程。红山生态公园绿化区位于克尔碱镇红山水库附近,距县城25千米。始建于1979年的红山水库,是托克逊县最重要的蓄洪防洪的水利工程,由于该区域常年多风,生态环境较为恶劣。

实施的红山生态公园按照主副林带完整、林网内种植防护林和经济林、作业道互通的生态模式布局。红山水库管理站将绿化区分隔为南北两侧,总面积1000亩,北侧面积490亩,南侧面积510亩。南侧规划以核桃、杏树2种经济林为主的观赏园各20亩,其他区域在林网内布局70%胡杨、30%桑树的混交防护林,株行距3×4米,总投资3100万元。

红山生态公园绿化工程可以涵养水源、防风固沙、改善环境,同时作为爱国主义教育基地,让前来参观各族干部群众、各界人士亲身感受艰苦奋斗、自力更生、排除万难、苦干实干的精神,教育意义非常深远。该工程与托克逊县的雅丹地貌、红河谷、克尔碱怪石林、大炼钢铁遗址连成一片、浑然一体,建成后是很好的旅游景观,可为托克逊县旅游创收、农民就业、脱贫扶贫贡献很大的力量。（俞　婕）

农村合作经济经营管理

【概况】托克逊县农村合作经济经营管理局内设办公室、审计、统计办公室、土地承包办公室。隶属县农业局管理,负责农牧民负担监督管理,农村土地承包管理,农村集体资产财务与资产管理,农村财务审计,指导农民经纪人和农民专业合作经济组织建设,指导农业社会化服务体系建设,农村收益分配统计,农经体系建设工作。2018年,在编12名,其中女5人、少数民族10人。

【农村经济发展】2018年,全县参加农村经济收益分配的6个乡镇,45个行政村,总人口86744人。农村经济总收入可达19.14亿元,同比增加1.53亿元,增长8.66%,可分配净收入总额12.74亿元,同比增加1.17亿元,同比增长10.14%。农民人均纯收入14689.95元,同比增加1341.76元,增长10.05%。

【农村土地承包管理】2018年,全县集体耕地面积34.47万亩,辖6个乡镇,44个行政村,227个村小组,8.66万人。县国土二调提供集体耕地面积34.47万亩,根据实测完成农村集体土地实际面积30.23万亩,二轮承包地合同面积17.65万亩,完成率100%。托克逊县农村土地承包经营权确权登记颁证工作9月通过吐鲁番市初验,11月,基本通过自治区复验。自治区农村土地承包经营纠纷仲裁年度考核取得95分的成绩。

【集体资产与财务管理】为加强农村集体资金、资产和资源的规范化管理和监督,充分利用农村产权改革工作一同对村级财务管理检查、完善和规范，2018年，全县8个贫困村发展壮大村集体经济收入达52.6万元。

【农牧民减负】2018年，托克逊县减轻农牧民负担涉及农业人口8.67万人，惠农补贴总额1.45亿元，惠农补贴人均减负1667元。

【农村集体产权改革】年内，成立县农村集体产权制度改革试点工作领导小组，办公室设在县农业局。制订托克逊县稳步推进农村集体产权制度改革试点工作实施意见和清产核资工作实施方案，8月召开全县产权制度改革暨清产核资动员大会，现场讲解说明实施意见和产权制度改革背景、内容和目标步骤，并培训指导。全县重点选择夏镇的布拉克贝希村和博斯坦镇琼帕依扎村进行产权改革试点，同时其他乡镇自定1个村配合开展改革工作。完成全县6个乡镇的土地确权航拍任务，航拍562平方千米区域。调查确认发包方、承包方及核准农户权属关系，完成夏镇8个村及伊拉湖镇、郭勒布依乡、克尔碱镇和库米什镇的调查草图制作，第二阶段确权工作稳步推进。年内，各行政村全面开展固定资产清理登记整理工作。

【农民专业合作社】2018年，开展新一轮新兴组织摸底调查，全县成立463家合作社，比上年增加13家合作社。年内，按照“谁主管，谁负责，谁审批，谁负责”的要求，统计农业合作社名称、成立日期、注册资本、经营范围、经营地址、法定代表人的姓名等详细资料作为摸底调查合作社的依据。（务喜英）

农牧业机械

【基本情况】托克逊县农牧业机械局下设局机关、农机化技术学校、农机推广站、农机监理站等。2018年3月，县农机局搬迁至托克逊镇政府楼一楼（原县政府综合办公楼）。2018年，农机局干部35人，其中女性19人，少数民族29人。

【农机化教育培训】

技术人员培训　2018年，县农机局组织局机关全体工作人员对农机管理和专业技术人员进行2次培训，参训人员53人次。主要培训内容有葡萄种植全程机械化技术、残膜回收机械化技术、农机深松

2018年托克逊县农民专业合作社成立情况表

表4

农民专业合作社名称	法定代表人	成立日期	注册资本	经营范围	经营地址
春秋畜牧养殖	吾斯曼·卡德尔	2018年1月	70万元	牲畜的养殖及销售	托克逊县养殖小区431号
金梧桐林果	乃斯肉拉·马合木提	2018年1月	50万元	树苗培育；林果种植、销售；林果业技术推广服务	郭勒布依乡萨依吐格曼村1组（村委会东侧1000米处）
黑白花马养殖	阿里木·湖加合买提	2018年1月	100万元	黑白花马养殖、销售；农业旅游观光服务；畜牧业生产经营有关的技术及信息服务；为成员提供畜牧业生产资料；畜产品加工销售	阿乐惠镇大松口

续表4

农民专业合作社名称	法定代表人	成立日期	注册资本	经营范围	经营地址
远程农机	艾海提·艾合买提	2018年2月	200万元	农机作业服务、农机维修、农产品加工及销售	库米什镇加油站南侧100米处
故城杏花园馕食品	夏克拉·胡加买提	2018年2月	100万元	馕、馓子加工及销售	夏镇铁提尔村1组
花之泉馕食品	买尔孜亚古力·依明	2018年3月	50万元	馕、馓子的加工及销售	九龙广场1单元101号
桃拉馕	雪克热提江·艾乃都力	2018年3月	80万元	馕、馓子及销售	伊拉湖镇阿克塔格村1组(白山小学旁边)
畜牧养殖	阿米尼古丽·乃吉木	2018年3月	30万元	畜牧养殖、销售;畜牧养殖技术服务	郭勒布依乡喀拉阿什村2组
巴雅夏提畜牧养殖农	夏克尔·夏木西	2018年4月	100万元	家禽、牲畜饲养及销售	高效畜牧养殖示范区波干路以北
吐努尔馕食品	帕尔哈提·玉苏甫	2018年4月	100万元	馕、馓子加工及销售	郭勒布依乡郭勒布依村(村委会西侧3千米处)
哈力汗灵手馕食品	哈力汗·阿布拉	2018年4月	50万元	馕、馓子加工及销售	伊拉湖镇伊拉湖村七组(村委会西侧2千米处)
肥羊羔畜牧养殖	热克甫·买尼克	2018年4月	200万元	家禽、牲畜饲养及销售	高效畜牧养殖示范小区
古丽孜热手工艺品	古丽孜热汗·尤努斯	2018年5月	50万元	手工艺品制作、销售	伊拉湖镇古勒巴格村(村委会西面300米处)

作业机械化技术及秋翻冬灌、农机购置补贴惠农政策等知识。

“三农”大培训　主要围绕农机深松作业机械化技术及秋翻冬灌、残膜回收机械化技术、葡萄种植全程机械化技术等农机新技术及实用技术知识,国家农机购置补贴政策、农机深松作业补助政策、农机报废更新政策等惠农政策开展宣讲,受训1307人。

拖拉机驾驶培训　2018年,对近两年未参加培训学员开展2期拖拉机驾驶培训并安排学员各项科目考试,两期共91名学员各项科目考试合格获发拖拉机驾驶执照。

大型工程机械设备和车辆培训　2018年11月在托克逊县城、黑山分别开展2期大型工程机械设备和车辆理论、实操培训,两期145人均通过考试获发大型机械操作证。

【春耕春播】2018年,完成春耕面积18.1万亩,春播面积16.73万亩,参与农机1059台(套)。

【农机深松整地】加强监管全力保证作业质量,要求每台作业机械都安装深松检测仪、应用GPS定位。2018年,完成3万亩深松作业任务,深松作业质量合格率达85%。

【农机补贴】2018年,托克逊县争取中央农机购置补贴200万元,农机深松作业补助30万元,上年结转42.45万元,其中农产品产地加工项目资金2.04万元。年内,执行补贴资金112.27万元、农机深松作业补贴资金25.76万元,其中20万元用于完成2018年春季库米什镇深松6636亩。共带动农民和农业生产经营组织投入资金361万元;受益户54户(合作组织3个);补贴各类农业机械84台,其中耕整地机械32台、种植施肥机械3台、田间管理机械2台、收获机械5台、畜牧养殖机械3台、动力机械39台。完成深松整地作业补助面积8586亩,执行作业补助资金25.76万元。

【农机安全生产监督管理】2018年,县农牧机械局开展安全生产大检查工作,检查农业机械425台/次,纠正各种违章行为36台/次,发现隐患150个,整改130个,查处"黑车非驾"16台,新落户134台、投保率100%,拖拉机审验1580台、行驶证补证164本、行驶证变更239个、驾驶证换证292本、新增驾驶员37名,拖拉机尾部粘贴反光标识730条,举办1期农机事故应急演练。

【大型工程机械设备安全监督管理】自2017年10月至2018年末登记注册大型工程机械设备1765台,其中录入系统1644台,完成纸质版档案1644台(装载机1024台、挖掘机548台、推土机9台、铲运机4台、压路机36台、平地机23台),78台信息不齐全无法录入系统,43台转移并注销。大型工程机械行驶证变更127个,发放操作证823个。开展安全生产大检查活动,大力宣传并对6个大型机械停车场检查督导80余次,发现问题30多条,要求限期整改。

【农机市场监管】2018年,监管农机三大市场,开展农机市场专项检查行动11次,未发现不规范现象。

【农机推广】年内,申报托克逊县林果业机械化推广示范点项目、托克逊县农机化质量及购置补贴监管能力提升项目、托克逊县农机信息化服务能力建设等三个项目,其中托克逊县农机化质量及购置补贴监管能力提升项目、托克逊县农机信息化服务能力建设2个项目年内已申报通过。

【秋翻冬灌】2018年,秋翻冬灌总面积为41.67万亩,累计完成秋翻38.26万亩,其中林果15.42万亩,大田22.84万亩,完成总任务的91.83%,累计冬灌9.9万亩。 (马 涛)

畜牧兽医

【基本情况】2018年,共协调发放牛羊育肥贷款1.1亿元,完成牛羊育肥120万头只,其中育肥牛6.6万头,育肥羊87万只;完成各类牲畜存栏35.25万头只,其中大牲畜2.45万头,猪240头,羊32.78万只(黑羊22万只,比上年增加1万只,多为新增羔羊);毛产量600吨;奶产量2100吨;产蛋量53吨;已完成黄牛冷配8500头;完成斗鸡养殖3.51万羽;完成吐鲁番驴养殖6205头;完成饲草种植面积11.95万亩,其中正播6.87万亩,复播5.08万亩;同时充分利用冬闲时机灌溉骆驼刺面积7万亩左右,完成草场灌水工作,改善草原生态环境和恢复草原生态功能。年内,全县疫情稳定,无重大动物疫情发生。

【养殖场区建设】年内,新改扩建肉羊标准化规模养殖场(小区)48个。命名自治区级标准化示范场2个,为托克逊县地方国营牧场,托克逊县高效畜牧养殖小区。徽商畜牧生态园投入使用。培育草食畜养殖专业户2500户,育肥出栏达1000只以上标准畜的养殖户有254户。

附:徽商畜牧生态园建设情况

托克逊县小黑羊(徽商)畜牧养殖科技有限公司从

2017年开始计划投资3亿元在托克逊县新建现代畜牧产业园区，主要建设标准化规模养殖区，2万亩饲草料基地，结合托克逊县农业发展所具备的条件及资源现状，大力发展“有机饲料加工，托克逊黑羊品种繁育保护、优质肉牛羊养殖、沼气工程及生物有机肥加工”于一体的综合型生态大农业产业，园区采用“企业+合作社+基地+养殖户”产业化模式实施和运作，极大提升“托克逊黑羊”品牌价值和影响。年内，园区完成150座羊舍钢结构安装和羊圈内部基础设施建设，已投入使用。托克逊县现代畜牧产业园区围绕牛羊养殖过程，将现代养殖、饲料研发、有机肥料、光伏能源等产业紧密连接，从而有效带动农业生产关系改变，创造全新的农业生产与生活方式，实现现代生态农业以及相关产业的生产、示范和科技创新功能，推进了现代生态农业和现代畜牧业的可持续发展。

【托克逊黑羊规模养殖】2018年，发挥黑羊核心群作用，改变以往分散养殖向集中规模养殖转变，托克逊黑羊得到较快发展。年内，建设完成“托克逊黑羊保护区”，培育3个托克逊黑羊核心群养殖基地，为托克逊县地方国营牧场、托克逊县绿叶畜牧养殖专业合作社、托克逊县清泉畜牧养殖专业合作社，黑羊年底存栏达22万只，占全吐鲁番市黑羊存栏总数的70%。

【畜牧产业化进程】2018年，托克逊县拥有良种繁育企业3家，规模养殖企业48家，规模以上屠宰加工企业2家，逐渐形成从繁育、养殖、加工的完整产业链。市级以上畜牧龙头企业1家，畜禽养殖专业合作社200余个，家庭牧场80余家。拥有市名牌农产品的涉牧品牌2个，为托克逊黑羊、夏塔吉畜牧养殖农民专业合作社。托克逊县大风鹰生态农业有限公司从事肉鸡饲养、屠宰、冷藏、销售等，实现年屠宰销售肉鸡100万只；托克逊县地方国营牧场的黑羊肉食品加工厂，经过预冷排酸、分割、真空包装的黑羊肉每千克可售100元左右，年产值300吨，经济效益可观。

【动物疫病防控】2018年，完成牲畜防疫29.69万头只次，其中口蹄疫防疫20.56万头只次，小反刍兽活疫苗免疫羊9.13万只次。家禽防疫4.26万羽次，监测高致病性禽流感163份，合格率为81%。新城疫163份，合格率84%。牛口蹄疫血清85份，合格率83%。羊血清100份，合格率91%。牛布病72份，结果均为阴性。肉品检验10份，检测结果未发现疫病疫情。

【品种改良】2018年，建设立足托克逊县辐射全地区的肉牛、肉羊优良品种繁育场，减少从区外引种数量，降低疫病风险。鼓励和扶持企业建设肉羊繁育基地和养殖小区，引导农户增加母畜饲养量，实现自繁自养、接羔育幼，动员养殖户新建、扩建维修暖圈，调配牲畜饲草料缺口，防止低温冻害等灾害。县农牧养殖户(场)从具有生产经营资质的种羊场购买三证齐全的种公羊一次性补助800元/只，种羊场扩繁、新增种母羊和后备母羊给予一次性补助100元/只，从而扩大良种补贴范围，加快黄牛改良步伐。按照“谁推广良种补助谁”的原则，对开展牛冷配的养殖户(场)使用中国西门塔尔牛的冻精购置每头能繁母牛补贴2剂冻精标准给予每剂冻精补助10元。2018年，黄牛改良完成冷配8500头。

【畜产品质量安全监管】2018年，完成畜禽屠宰检疫数量5.21万头(只)，其中猪4119头、牛3647头、羊4.43万只；产地检疫动物5.13万头只，其中猪4340万头、牛3850万头、羊4.31万只。定点屠宰点无害化处理有害动物脏器1660千克，定点屠宰场产地检疫回收率100%。畜禽屠宰检疫出证率均达100%，检疫证回收率在90%以上。屠宰环节动物“瘦肉精”检测1275头只，其中猪检测255

头，牛检测510头，羊检测510只，检测结果为阴性。加强动物调运监管，调入牲畜6252头只，其中牛620头、羊5632只；调出牧畜1746头只，其中牛756头、羊990只；监测本地调出外省动物产品（肉类）10276千克，发放动物防疫条件合格证6份，查处违法行为6起，全部立案处理结案。

【争取项目】2018年，县畜牧兽医局向农业农村部、自治区畜牧厅、市畜牧部门申报项目共5大类，争取项目资金总额3101.18万元。

草原生态补助 2018年开始在全县境内391.53万亩草场实施禁牧化管理，补助标准6元/亩，跨区62.4万亩草场实施草畜平衡管理，补助标准2.5元/亩，争取草原生态补助奖励资金2505.18万元。

粮改饲项目 争取资金200万元。

肉羊标准化养殖小区建设项目 争取资金投资60万元。

良种羊推广项目 资金52万元。

生猪、牛羊调出大县 奖励资金284万元。

2018年续建2017年退牧还草建设工程项目 完成人工饲草地建设1.7万亩、舍饲棚圈建设450座及2万亩毒害草治理工程。

（米热古丽·赛提尼亚孜）

农业技术推广

【科技示范】

设施蔬菜示范田 2018年，全县建立设施蔬菜示范指挥田6个，共83座温室，种植蔬菜、西甜瓜等多种作物，每个示范田有技术人员定期负责技术指导和技术服务，通过选用良种，高垄栽培、病虫害绿色防控等技术，推广立体间作套种模式，提高设施农业生产效益。年内，利用种植示范田开展技术培训7场210人次。

新品种、新技术的试验与示范 年内，开展4种花生品种比较试验示范、露地辣椒种植的实验与示范和12个哈密瓜品种比较实验。开发花生新品种“桂花1026”栽培技术示范3亩；推广孜然高产栽培技术2.3万亩、花生高产栽培技术5700亩。

【哈密瓜种植技术服务】

生产示范基地 年内，全县建立大田西瓜、哈密瓜生产示范基地10个，共870亩。

技术示范、指导和培训 2018年，全县种植哈密瓜2.95万亩（其中春季种植哈密瓜2.75万亩，秋季种植0.2万亩），精品哈密瓜种植面积1.5万亩，主要种植品种为25号系列、17号系列、9818等品种品系。全年共培训24场1129人次。

标准化安全生产 以示范田、示范户、示范棚为依托，推广西瓜、甜瓜标准化安全生产技术，特别是西瓜嫁接育苗技术、设施栽培。在夏镇南湖村开展西瓜嫁接育苗35万株，每株1.2元；设施西瓜采用有机栽培技术，西瓜4月下旬开始上市，每千克15元，每座温室西瓜收入2.8万～3万元左右；同时该村还种植连片露地双膜西瓜300亩，每亩产量2.5吨，每千克2元，亩收入5000元。

哈密瓜套作试验示范 2018年，示范推广哈密瓜套种洋葱245亩，亩产洋葱350千克，收入700元，除去育苗成本，每亩增收300元，该模式可提高土地利用率，增加种植效益，同时还可在哈密瓜和洋葱采收后轮作复播高粱。

秋季露地哈密瓜种植 秋季露地哈密瓜种植面积2000亩。经农技技术人员开展技术服务，秋季哈密瓜长势良好。

【预测预报】系统调查和大田普查烟粉虱、棉蚜、蝗虫、农田鼠害等病虫害，提高病虫测报的准确率。主要病虫害每5天一次定点调查，系统调查38次。年内，发布植保材料39期，其中病虫动态15期、长中短期病虫测报12期、植保信息12期，上报周报及疫情周报75次。

发放的病虫情报和植保信息4350份（维语、汉语），长期预报准确率达97.5%,中、短期预报准确率达98.5%。按照全国农业有害生物预警与控制站要求,网上填报病虫害发生防治系统调查数据745次。

【农作物病虫害综合防治】托克逊县各种农作物病虫草鼠害主要有棉铃虫、烟粉虱、蚜虫、蝗虫、红蜘蛛、蓟马、温室蔬菜潜叶蝇、温室蔬菜病害、菜青虫、甜瓜潜叶蝇和甜瓜病害,孜然病害和杂草。2018年,总发生面积11.41万亩次,总防治面积10.86万亩次,防治处置率达95.18%。主要发生病虫害烟粉虱,发生面积4.35万亩次,防治面积4.15万亩次,防治处置率95.4%。

【绿色防控示范区】

绿色防控统防统治 绿色防控面积3.27万亩,绿色防控覆盖率29.79%。农作物病虫害统防统治面积3.49万亩次,统防统治覆盖率31.81%。

设施农业农作物病虫害绿色防控 温室示范400亩,其中夏镇色日克吉勒尕村设施农业区100座,郭勒布依乡设施农业指挥部100座,博斯坦镇吉格代村A区100座,伊拉湖镇郭若村100座。2018年,温室示范区蔬菜病虫害零星发生,生长期未使用农药,达到预期效果。

甜瓜病虫害绿色防控示范区 全县面积2000亩,其中郭勒布依乡萨依吐格曼村和尤库日克喀拉阿什村共1000亩,伊拉湖镇安西村和依提帕克村1000亩,辐射带动全县西甜瓜病虫害防治工作,加强防治叶螨、烟粉虱、瓜蚜、甜瓜蔓枯病、西甜瓜疫病、西甜瓜白粉病等,确保托克逊县西甜瓜安全生产。通过土壤处理、种子处理、高温闷棚和低温冻棚处理、秋翻冬灌等综合防治措施,降低病毒病、蚜虫、红蜘蛛、烟粉虱等病虫害发生率。全年组织开展县级现场会1次,乡级现场会15次,培训人员840人次。

【"两减一增"】

农药减量增效 按照"预防为主、综合防治"植保方针和"公共植保、绿色植保、科学植保"理念要求,通过大田甜瓜农药减量增效试验、示范工作及设施蔬蔬菜农药减量增效示范工作。托克逊县农药使用量2017年为38.55吨(销售量),折百量14.6吨,金额117.4万元。到2018年急减到31.45吨(销售量),折百量10.34吨,金额108.4万元。按商品量算2018年农药使用量下降7.1吨,减少率18.42%。按折百量算2018年农药用量下降4.26吨,减少率29.18%。

2018年,大田甜瓜农药减量示范面积500亩,设施蔬菜示范面积100亩,促进植保公益性服务体系和经营性服务体系形成合力。

化肥减量增效 大力推广有机肥及秸秆还田替代化肥,增加林果、甜瓜种植面积,降低棉花种植面积,推进化肥减量增效工作。托克逊县耕地基础地力偏低,化肥施用对作物增产的贡献在40%以上,2017年全县化肥销售量2898.26吨,2018年急减到2255.86吨,化肥用量下降22.16%。2018年,托克逊县有机肥(堆肥+商品有机肥)施用面积20万亩施用量34.5万吨,绿肥种植面积5000亩,同时水肥一体化技术得到快速推广。节水灌溉面积10万亩,占全县耕地面积的30.3%。设施蔬菜地示范田全配方施肥,购入各种化肥(尿素+二胺+复合肥+菌肥+硫酸钾)180千克,腐熟羊粪5000千克,达到化肥减量、经济效益增加的目的。示范田内增施有机肥每亩240千克,减少化肥施用量71千克,亩用量比非实施区减少27.8%。

试验示范 春季大田甜瓜化肥农药减量增效示范500亩,示范田全面实行配方施肥,平均每亩购入商品化肥(二铵、钾肥、滴灌肥、尿素)平均每亩施90千克,平均每亩施腐熟有机肥料2500千克;建立田间生产档案,详细记录施肥情况;召开现场培训会,在夏镇甜瓜田间管理及关键时期施肥现场会等全县大规模现场会1次;示范田内哈密瓜增施有机肥每亩50千克,减少化肥施用量10.83千克，亩用量比非实施区减少23.5%，降低生产成本，达到了化肥减量、经济效益增加的目的。

（苏含明 阿尔孜古丽·热克甫）

农村广播电视培训

【基本情况】托克逊农广校主要职能是开展成人学历教育，培训农村中的科技能人和种养殖大户。2018年学校有教职工6人，其中少数民族5人，女3人；高级职称2人，中级职称1人。

【农牧民培训】农广校围绕托克逊县农业产业结构调整，大规模开展实用技术培训和科技培训，进村培训教师和人才，运用现代农业示范中心多媒体或现场讲解等形式多次开展科技之冬培训，聘请新疆农业大学园艺学院教授授课，重点讲解林果业、设施农业、温室蔬菜与整地、施肥、土壤消毒、病虫害防治后期管理技术等田间管理方面等知识。年内，培训845人，科技书屋发放科技书籍1520册。

【教学工作】严格执行教学计划，合理安排教学培训，按时检查专职、兼职老师教案、教学计划等；在坚持以声像教学为主的基础上，加强学员的自学指导和管理；组织学员到生产第一线实习，使学员理论结合实践，达到学用结合的效果。2018年，果蔬花卉生产技术专业47名学生毕业。

（肉克艳木·买苏木）

“三农”督查调研

【基本情况】2018年，新招录地方编制人员2人，至2018年底，托克逊县委农办在职在编人员6人。

【葡萄及葡萄酒产业】

葡萄酒生产　托克逊县委农办协调县食品安全部门，实时监督各酒庄企业按照技术要求生产酿造葡萄酒，严把酒类食品安全质量关，确保葡萄酒优质高效。2018年，全县共酿造各类葡萄酒2800吨，其中零海拔酒庄1500吨（赤霞珠干红葡萄酒1100吨，波特酒200吨，贵人香干白葡萄酒150吨，杏子酒50吨），恒汣庄园400吨（赤霞珠干红葡萄酒200吨、霞多丽干白葡萄酒100吨、烈焰酒100吨），德源酒庄400吨（赤霞珠干红200吨、贵人香干白100吨、白玉霓蒸馏酒100吨），风城酒庄200吨（赤霞珠干红），天驿酒庄300吨（葡萄蒸馏酒）。

葡萄酒品质　经过严格的葡萄酒生产工艺流程，按照葡萄酒国家标准生产，托克逊葡萄酒酿造品质在国内同类葡萄酒中崭露头角。2018年，恒氿庄园生产的2016赤霞珠干红葡萄酒获得中国第三届、第四届精品葡萄酒挑战赛精品奖，贵人香干白葡萄酒获中国第三届精品葡萄酒挑战赛精品奖，恒氿庄园干红2017获第四届精品葡萄酒挑战赛金奖；德源酒庄生产的2015原麓赤霞珠干红葡萄酒获第九届亚洲葡萄酒质量大赛银奖，2017贵人香干白葡萄酒获第九届亚洲葡萄酒质量大赛银奖。

新建续建酒庄　2018年，全县有酒庄23座，其中续建酒庄22座，新建酒庄1座。天驿酒庄、德源酒庄、恒氿庄园完成建设。德源酒庄、恒氿庄园在2018年取得SC生产许可认证及酒类经营许可证，生产运营与电商网络销售进入轨道；天驿酒庄整体布局设计合理，硬化及绿化配套设施完善，拟调试设备，投入运营；风城酒庄、泰越酒庄已完成主体工程建设，生产车间布局设计完善；鑫源酒庄主体已建成并已找到新的合作伙伴，拟完成设备调试，投入运营；建华酒庄为2017年新建酒庄，酿酒车间、酒窖生产建设和设备调试完毕，投入生产；零海拔酒庄逐步对外开放运营，进入葡萄酒产业与休闲观光游产业融合发展模式；零海拔酒庄集群中，11座续建小酒庄完成整体建设，其余4座小酒庄完成基本建设；新建1座杏子酒庄完成框架建设。

酿酒葡萄种植　年内，按照市葡萄酒局要求，完成符合相关标准的葡萄种植面积4000亩。

固定资产投资 2018年，酒庄建设完成固定投资6030万元，其中续建酒庄3970万元，新建酒庄2060万元。续建酒庄中零海拔酒庄装修、购买小设备等投资2500万元；鑫源酒庄投资410万元购买设备、装修和内部硬化等；泰越酒庄投资550万元，完成防护林带、葡萄等种植，开挖了酒窖；天驿、德源、恒氿庄园各投资350万元，完成防护林建设、葡萄种植；德源酒庄投资160万元装修。

【重要调研】2018年，托克逊县委农办配合自治区党委、市委农办完成葡萄及葡萄酒产业发展工作、援疆项目、品牌研究、农业农村经济运行工作的调研，使自治区党委农办掌握了县市发展过程中的一线资料，其中主要有：

3月17日，托克逊县委农办配合郴州援疆工作队调研湖南省"十三五"规划援疆项目。

6月20日，托克逊县委农办特邀自治区农科院葡萄种植首席专家潘明启深入托克逊县各酒庄葡萄种植基地调研种植户并进行技术指导。

9月16日，吐鲁番市委农办到托克逊县调研休闲观光农业和乡村游现状。

【农业农村工作调研】2018年，共完成各类农业农村工作调研4次，分别为市委农办调研托克逊县电化农村、农业生产情况、农产品品牌建设、乡村游、休闲观光农业等。综合统筹协调农口各部门，每月按时完成农业生产进度统计、农业信息、总结、调研报告等资料的上报工作。

【农业科技推广与服务项目申报】组织筛选完成上报项目3个，分别为"葡萄栽培新品种及"爬地龙"新型栽培模式推广项目""托克逊县色日克墩生态农业休闲旅游示范园建设""畜禽规模化标准化健康养殖技术示范与推广项目"。

【葡萄酒品尝体验活动】2018年8月26日，托克逊县举办以"品甘醇佳酿，'醉'美托克逊"为主题的酒庄葡萄酒品尝体验活动。托克逊县委、县人民政府，市委农办、市葡萄酒产业发展局，新疆荣坤集团、新疆安徽商会以及新疆农业大学食品工程学院领导及专家出席活动，在各酒庄品评葡萄酒。活动邀请中国新闻网、《新疆经济报》、自治区人民广播电台、托克逊县电视台多名记者进行了全程宣传报道。邀请参展葡萄酒及白酒企业7家及展示"托克逊县十宝"涉农企业8家，展出各种鲜食葡萄11个品种(无核白鸡心、淑女红、火焰无核、玫瑰香、美国大粒无核等)。评选结果，零海拔酒庄2016赤霞珠干红、恒氿庄园贵人香干白、德源酒庄2015赤霞珠干红3款葡萄酒获托克逊县酒庄葡萄酒品尝体验活动最佳人气奖。活动当天进入现场的游客及群众达2000人，带动经济收入76万元。

(韩新林)

工 业

GONGYE

工业经济与投入

【工业经济】2018年,规模以上工业总产值153.51亿元。2000万元以上工业增加值比重大,2000万元以上工业增加值45.39亿元,同比增长9.91%。

【运行监测】

骨干企业 圣雄能源、圣雄电石、圣雄氯碱、圣雄水泥、中泰能化5家企业生产产值占全县规模以上企业产值的70%以上,是拉动托克逊县经济增长的主动力。

支柱产业 化学原料和化学制品制造业、煤炭开采、洗选业和电力、热力生产供应占全县规模以上企业增加值的90%以上。

原煤产销 2018年,全县生产原煤1281.68万吨,同比减少77.1万吨,降低5.7%;销售1282.81万吨,同比减少122.16万吨,降低8.7%;库存7.13万吨,同比减少1.13万吨,降低13.68%。

经济效益 2018年,园区规模以上工业企业实现主营业收入163.3亿元,同比增长17.65%。

能源重化工工业园区

【基本情况】托克逊能源重化工工业园区管理委员会内设1室4部,即党政办公室、经济合作发展部、土地规划部、建设环境保护部、财务核算部,为全额事业单位。管理园区工业企业67家。

2018年,园区有编在岗人员20人,其中女5人,少数民族9人,硕士学历1人,本科学历本科学历14人,大专及以下学历6人。托克逊工业园区党工委共有12个党支

规模以上工业企业财务指标表

表5　　　　计量单位:个、万元

指 标 名 称	2018年
企业数	52
其中:亏损企业数	21
主营业务收入	1633077.8
主营业务成本	1320506.4
主营业务税金及附加	33637.2
利润总额	59065.3
应收账款	247824.6
应交增值税	75674.3
资产合计	2742953.1

续表5

指 标 名 称	2018年
其中:产成品	29042.9
负债合计	3064647.3

说明:年销售收入2000万元以上的工业企业财务指标

规模以上工业增加值一览表

表6　　　　计量单位:万元

指 标 名 称	2018年	2017年
规模以上工业分行业增加值	453917	336143
采掘业	132193	105855
煤炭开采和洗选业	124087	94679
非金属矿采选业	7198	9855
开采辅助活动	908	1321
制造业	221493	123047
农副食品加工业	225	1505
酒、饮料和精制茶制造业	758	1166
石油加工、炼焦和核燃料加工业	6176	4248
化学原料和化学制品制造业	197207	106005
橡胶和塑料制品业(2016年新增)	0	388
非金属矿物制品业	14630	7264
黑色金属冶炼和压延加工业	2496	528
电气机械和器材制造业	0	1943
电力、热力、燃气及水生产和供应业	89806	107211
电力、热力生产和供应业	85690	104222
燃气生产和供应业	4116	2989

说明:规模以上工业是指年销售收入2000万元以上的工业企业

部,其中非公有制企业党支部11个,机关支部1个,共有党员80人,其中机关支部党员8人,非公有制企业党员72人。

【经济发展】 2018年园区工业企业67家,规上企业完成工业总产值153.51亿元,同比增长6.19%,完成工业增加值45.39亿元,同比增长9.91%。

【重点项目建设】 年内,共6个重点项目:

中泰能化树脂项目　土建工程完工,安装完成备品备件库中间交接,PVC回收气柜外导轨安装、触媒库冷库钢结构。配套的绿色建材厂电除

2018年托克逊县园区管理企业情况表

表7

企业名称	产能规模	生产类型	备注
托克逊县长乐锰业有限公司	年产4万吨硅锰合金	在生产	核心企业
吐鲁番雪银金属矿业股份有限公司（硫酸厂）	年产10万吨硫酸	在生产	核心企业
中泰化学托克逊能化有限公司	年产110万吨电石配套2×330兆瓦电厂	在生产	核心企业
新疆天鹏炭素有限公司	年产60万吨电极糊项目一期 年产20万吨电极糊	在生产	核心企业
新疆华电吐鲁番发电有限责任公司	年产2×13.5万千瓦火电项目	在生产	核心企业
新疆亿恒达建材科技有限公司	年产300万平方米人造岗石一期 年产100万平方米	在生产	核心企业
吐鲁番天合光能有限公司	年产300兆瓦光伏组件项目	停产	核心企业
吐鲁番金风科技有限公司	年产100兆瓦风电机组项目	停产	核心企业
中车永济电机吐鲁番能源装备有限公司	年产100兆瓦风电发电机定子转子项目	停产	核心企业
托克逊新捷能源有限公司	天然气运输及供应项目	在生产	核心企业
托克逊县振坤物流有限公司	年运输500万吨货运量项目	在生产	核心企业
托克逊县合力预拌混凝土有限公司	年产10万立方米混凝土生产项目	在生产	核心企业
托克逊县绿翔管道制造有限公司	PVC管道制造	停产	核心企业
托克逊县华帝服装有限责任公司	年产100万套服装项目	在生产	核心企业
托克逊县疆运电力有限公司	年产10万根电线杆项目	在生产	核心企业
吐鲁番盛泰矿业开发有限公司	年产50万吨石灰石项目	在生产	
吐鲁番金海坤龙达矿业有限公司	年产50万吨石灰石项目	停产	
吐鲁番雪银金属矿业股份有限公司（选矿厂）	日处理2000吨多金属选矿项目	在生产	
托克逊县方脉矿业有限公司	多金属选矿项目	在生产	
新疆圣雄能源股份有限公司	年产400万吨煤矿和2×300兆瓦电厂	在生产	
新疆圣雄电石有限公司	年产120万吨电石项目	在生产	
新疆圣雄氯碱有限公司	年产50万吨PVC项目	在生产	
新疆圣雄水泥有限公司	年产180万吨水泥项目	在生产	

续表7

企业名称	产能规模	生产类型	备注
托克逊县金林实业有限公司	年产100万吨兰炭配套80万吨石灰项目	在生产	
新疆黑山煤炭化工有限公司	年产60万吨兰炭和2万吨活性炭项目	在生产	
新疆圣雄焦化有限公司	年差180万吨兰炭配套156万吨石灰项目	在生产	
神华新疆托克逊矿业有限责任公司	年产400万吨煤矿项目	在生产	
新疆黑山露天矿有限公司	年产30万吨煤矿项目	在生产	
新疆同泰煤业有限公司	年产90万吨煤矿项目	在生产	
新疆吐鲁番金马能源开发有限责任公司	年产60万吨煤矿项目	在生产	
托克逊县雨田煤业有限责任公司	年产90万吨煤矿项目	在生产	
托克逊县露天煤矿有限公司	年产15万吨煤矿项目	在生产	
新疆亿丰矿业开发有限责任公司	—	前期	
托克逊华天瓷业有限公司	年产900万平方米抛光砖项目	在生产	核心企业
托克逊县陇新化工有限公司	年产5000吨金属锶项目	冬季停产	
吐鲁番绿翔有限责任公司(岩棉厂)	年产6万平方米岩棉项目	在生产	核心企业
托克逊县新创源材料有限公司	年产30万立方米加气块项目	在生产	核心企业
新疆新华环保科技有限责任公司	年产3万吨活性炭项目	在生产	核心企业
托克逊三川建材有限公司(托克逊能化绿色建材厂)	年产12万吨水泥项目	停产	核心企业
中国中车吐鲁番能源装备有限公司	年产100兆瓦风电塔筒项目	停产	核心企业
托克逊县安信资源综合利用有限公司	年处理2万吨铜冶炼废渣项目	停产	核心企业
新疆七色花涂料有限公司	年产5000吨涂料项目	在生产	核心企业
托克逊县新轴混凝土有限公司	年产6万吨混凝土项目	在生产	核心企业
托克逊县亿昌建材有限公司	年产6万吨混凝土项目	在生产	核心企业
托克逊县宇昇印刷有限公司	年产660万平方米纸箱项目	在生产	核心企业
托克逊县瑞祥有限公司	年处理4.5万吨多金属回收选矿项目	停产	僵尸企业
托克逊县金龙建材有限公司	年产5万吨膨润土系列产品	停产	僵尸企业
托克逊县昌盛矿业有限公司	年产30万吨富锰渣项目	停产	僵尸企业
新疆雅钧硅业有限公司	年产5万吨金属硅项目	停产	僵尸企业
新疆林炭新材料科技发展有限公司	年产6万吨石油焦石墨化生产项目	在生产	核心企业

续表7

企业名称	产能规模	生产类型	备注
托克逊县鑫宇矿业新技术开发有限公司	年产2万吨多金属回收项目	停产	僵尸企业
骆驼集团托克逊县蓄电池制造有限公司	年处理32万吨废旧蓄电池综合回收生产线	在生产	核心企业
吐鲁番泰越建材有限公司	新型外墙保温材料生产线项目	调试	核心企业
新疆业泰能源股份有限公司	年产240万吨水泥项目	长期停工	僵尸企业
新疆神禾华投资有限公司	年处理5万吨宝玉石加工项目	长期停工	僵尸企业
吐鲁番承煦电气有限公司	年产1500套路灯项目	建成未投产	核心企业
新疆盛泰纺织有限公司	年产10万锭纺纱、4.8万吨无纺布项目	在建	核心企业
新疆康为实业有限公司	年产2000吨H酸单钠盐项目	停建	核心企业
新疆能源集团	托克逊洁净能源多联产项目(年处理300万吨/年原煤,联产35万吨/年煤焦油加氢,生产兰炭、1#轻质油、2#轻质油等产品)	前期	
中泰集团天雨煤化工有限公司	年500万吨煤质分级综合利用项目(年产270万吨兰炭、30万吨焦油加氢装置)	在建设	
新疆丝路兴达纺织有限公司	年处理5000吨羊绒、羊毛、驼毛,年生产50万件羊绒服装生产线	在建设	核心企业
托克逊风发科技发展有限公司	年产500套垂直轴风机项目	长期停工	僵尸企业
新疆远成矿业有限公司托克逊县分公司	年产100万吨型焦项目配套尾气制LNG项目	长期停工	核心企业
托克逊崇盛欣源新材料有限公司	年产5000吨车辙剂	在建设	核心企业
中盛监测站		运营	
顺通驾校		运营	
西润科技滴灌带项目			

尘改造和窑头窑尾改造工程完成85%,新建堆棚封顶,设备安装调试完成。

天雨煤化工项目 兰炭生产线设备改造和安装完成,焦油加氢设备逐步安装、污水处理土建工程正在施工,35千伏变电站具备受电条件。焦粉制球项目开工,设备到货率达到43.4%,中控、荒煤气脱硫等完成中交验收(又称中间验收),全厂工艺及供热外管网施工完成。

盛泰纺织废旧聚酯瓶片回收利用项目 厂房主体完工,厂区外管网、污水处理、高低压配电完成。

骆驼集团再生铅项目 完成厂房主体建设,设备安装完成90%,启动调试。

新能集团洁净煤项目 纳入国家煤炭深加工产业示范"十三五"规划项目清单待公示。

中泰化学煤基新材料升级示范项目 纳入国家石油和化学工业发展规划。

【企业设施建设】 2018年园区企业圣雄电石年产75万吨兰炭上料系统自动化改造项目开工建设后,圣雄电石兰炭项目荒煤气脱硫EPC工程、兰炭生产线新增10立方米/小时兰炭废水处理科研及建设工程相继开工建设,圣雄水泥SAP-ERP系统上线。工业园区污水处理厂项目建设完成,园区固废填埋场完成中央环保督查销号投入使用。润田、润北矿井整合方案上报自治区国土厅;办理完成神华托克逊露天矿采矿证和安全生产许可证,2018年实际产量达566万吨。托克逊县盘吉煤业有限公司煤矿可取的采矿证未获准。山西新华3万吨活性炭项目前期工作正在推进。

【升规入统】按照"规划一批、培育一批、壮大一批"的工作思路,建立后备企业库,引导小微企业上规升级。2018年新疆新华环保科技有限责任公司、托克逊县华天瓷业有限公司、博斯坦煤业有限公司、骆驼集团新疆蓄电池有限公司、托克逊县新业矿业有限责任公司5家企业升规统计入库。

【项目规划审批】2018年,清查园区政府性投资项目,调整完成工业园区土地利用规划,更新工业园区(核心园)用地现状图,开展2018年工业园区土地集约利用评价工作,年内完成园区安全风险性评价报告。

完成入园企业土地勘界手续、审查规划建设图纸、建材产业园道路清表、园区2017年新建道路绿化工程,规划园区天然气。解决华天瓷业、崇盛欣源、西润农业等项目用电事宜,解决齐鲁物流项目用水用电问题,协调解决新老企业建设生产中存在的困难问题。

【安全生产管理】 在全国两会中国国际进口博览会、改革开放40周年大会、国庆节等组织对园区企业和重点区域安全生产隐患大排查。2018年,检查重点企业和单位190次,发现隐患274处,完成整改274处,下发执法文书25份,园区安全生产形势总体平稳。

【存在问题】电石原料供应问题。由于环保督查整改工作,艾维尔沟6家主要石灰石矿停产,中泰和圣雄石灰石供应紧张。此外,金林实业生产兰炭日需求量约5000吨,日供应量仅达3000~3300吨。

原经济增长点拉动乏力。全县规模以上企业工业增加值增长点主要依靠中泰能化及圣雄集团各子公司,随着这些企业上年同期数的增大,利润上升空间有限,企业拉动作用逐步消弱,规上企业增加值增速逐步放缓。2018年,新增规模以上的8家企业(圣雄焦化、华帝服装、盛泰矿业、方脉矿业、天宝炸药、银光民爆、疆运电力、金海坤龙达),经济拉动作用不明显。全县52家规上企业有10家企业未复产。

企业融资难仍然突出。部分企业如长乐锰业、陇新化工、黑山露天矿(第三中学项目)等流动资金和发展后劲不足,影响生产。 (李纪东)

电力工业

【基本情况】国网托克逊县供电公司担负着托克逊县8个乡镇、乌市艾维尔沟矿区及巴州和静县阿拉沟乡的供电任务。公司设置6个智能部门及物资供应班、配电运检班、带电作业班、高压供电服务班、营业班5个班组。下设城区、夏镇、博斯坦镇、郭勒布依乡、伊拉湖镇、阿乐惠镇、克尔碱镇、库米什镇8个乡镇供电所。

2018年,公司定编30人,在岗25人,职工平均年龄38.6岁;具有中级专业资格3人,初级专业技术资格12人;高级技师3人、技师5人、高级工4人、中级工1人、初级工2人。

【电网设备】托克逊县区域内220千伏变电站4座，110千伏变电站7座，35千伏变电站11座。2018年，公司所辖配网10千伏线路共79条，线路总长度为1784.44千米，其中10千伏公用线路58回，线路总长度为1320.19千米；专用线路21回，线路总长度464.25千米。所辖400伏线路896条，线路长度1030.41千米。10千伏配变共2673台，容量共411.69兆伏安。其中10千伏公用配变896台，容量为128.24兆伏安；10千伏专用配变1946台，容量为283.46兆伏安。用电户数52928户，供电面积16171.47平方千米。

【经济指标】2018年，完成售电量较同期增长58.4%，电费回收率100%。2018年度10千伏同期线损率6.72%，400伏同期线损率2.95%。负控采集成功率99.94%，较指标值99.8%相比上升0.14%，终端可用率100%。低压集中器采集成功率99.95%，较指标值99.9%相比上升0.05%。集中器可用率100%。居于两县一区排名首位。

公司安全生产保持稳定，全年，未发生各类安全事故，实现了“七不发生一防范”(不发生人身死亡事故、不发生全场停电或负同等级及以上责任的电网瓦解大面积停电事故、不发生重大及以上设备损坏事故、不发生同等及以上责任的重大交通事故、不发生电厂垮坝事故、不发生重大及以上火灾事故、不发生重大及以上的施工机械事故、防范电网大面积停电)的安全总体目标。10千伏线路跳闸下降20%，10千伏线路接地下降27%，故障报修下降22.45%。2018年，实现跨年度连续安全运行6542天，年内安全运行365天。

2018年，城网可靠率99.93%，农网可靠率99.81%。

【经营管理】严格预算管理，分解全年指标，加大重点工作的督查督办，完善财务流程，强化费用管理，控制不必要的支出，使可控费用在计划内可控、在控、能控。完成各项税金审报及上缴，加强资金安全内控管理，总体上能防范资金安全风险。建立科学、规范的全员绩效管理体系，将组织绩效和个人绩效挂钩，落实部室关键业绩指标、同业对标目标的责任考核。

【安全生产】2018年，大风预警25次、沙尘暴预警20次，最大阵风14级，党员突击队应对大风天气频发，风前风后组织特巡。开展春秋季安全大检查、县公司安全性评价、安全月、隐患(缺陷)专项排查治理等活动，发现并消除缺陷1200条，治理隐患48处，查出违章9起。年度检修计划执行率100%，完成10千伏共32条线路的检修消缺工作。清除树障隐患2365棵。迎峰度夏，区域内配网线路远红外测温1082个点，测试35个台区的三相负荷。升级改造42条10千伏线路58台断路器控制箱，配电自动化覆盖率72.41%。开展“安全生产月”宣传活动，播放安全用电讲解视频，并组织知识竞赛及配电技能比武，提高新进员工业务技能水平。提高县公司应急能力，演练大面积停电的应急培训。通过带电消缺工作、倒负荷等方式，减少停电时间次数，提高供电可靠性。

【营销管理】2018年，公司开展星级乡镇供电所建设工作，每月组织相关人员检查星级供电所创建情况，提出整改意见及措施。阿乐惠、伊拉湖2个供电所通过2018年星级供电所验收。加强计量管控，更换时钟超差表、负控终端和轮换表。增供扩销，抓大不放小，提高电量指标。推广线上缴费，全年完成线上缴费55091人次668.08万元。

【农配网改造大修】农配网建设工程为托克逊县2018年配网升级改造工程，也是小康用电示范县工程。建设规模为新建10千伏线路16.85千米，400伏线路82.07千米，增换配电变压器51台，总容量10.1兆伏安。

2018年,技改大修项目共26项,其中技改项目3项、无大修项、省公司专项成本5项、本局成本11项、业扩配套7项。维修10千伏线路51.85千米,400伏线路40.14千米,新建10千伏线路17.5千米,400伏线路9.14千米,增加配电变压器22台,总容量9兆伏安。

【优质服务】走进社区、农村开展"安全用电活动宣传",广泛宣传办理流程、电费电价、远程充值、手机办电、安全用电、家庭节电等常识。加强监管,和流程管理,每月监督考核工单完成情况,承诺时间内必须完成。通过"95598"服务热线,监督服务质量,提升整体服务水平。2018年,公司共发生属实投诉11起(其中生产类低电压原因属实投诉10起),客户处理满意度100%。

(李广场、卢正民、马列军、曹超年、徐厚英、李冬梅、汪　鹏)

煤炭工业

【基本情况】托克逊县煤炭工业管理局内设办公室、行业管理股、安全监管股3个职能科(室)和1个事业单位,即煤矿安全培训中心。2018年,有在编干部16人,专业技术人员5人,工勤岗位1人(含地方性事业编、煤矿安全培训中心人员)。

【安全生产】

经济指标　2018年,全县生产原煤1281.68万吨,比上年减少77.1万吨,减少5.7%;销售1282.81万吨,比上年减少122.16万吨,减少8.7%;库存7.13万吨,比上年减少1.13万吨,减少13.68%。

安全指标　2018年,全县煤矿企业共发生1起安全生产事故,死亡1人,生产原煤1200万吨,百万吨死亡率0.078。

2018年12月24日,新疆同泰煤业有限公司托克逊沼和泉煤矿一号井11E5-306回撤工作面运输顺槽发生1起运输事故,造成1人死亡,直接经济损失160.76万元。

【安全监管】

隐患排查治理　2018年,县煤炭工业管理局会同自治区煤监局东疆分局、市煤炭局共检查矿井71矿次,下发现场检查笔录及执法文书71份,发现各类安全生产隐患1501条,整改1411条,整改率94.8%。其中联合自治区煤监局东疆分局检查20矿次,共下达执法文书20份,查出隐患215条;联合市煤炭局检查29矿次,共下达执法文书29份,共查出隐患625条。县煤炭工业管理局组织检查34矿次,共下达执法文书34份,共查出隐患661条。

驻矿巡矿监督管理　将监管力量分为驻矿监督和巡矿检查两个小组,交替进行驻矿监督和巡矿检查工作,重点监管安全生产、矿区维稳、环境治理、三机管理等方面。驻矿监督员按时参加企业的班前会和调度会,了解各煤炭企业生产建设情况。巡矿人员日常检查,收集、整理各专项活动及各类安全检查的资料。

专项行动　组织开展"打非治违"、瓦斯专项治理、安全生产标准化3个专项行动。2018年,圣雄黑山露天矿、新疆黑山露天矿、神华黑山露天矿通过二级标准化验收;雨田一号井、同泰煤业通过三级标准化验收。其余矿井均按照时间节点有序推进。

专家"会诊"查隐患　为有效防范和遏制煤矿安全生产事故的发生,县煤炭局从各企业抽调技术过硬的专业人员组成"专家组",每月开展一次"专家会诊",建立一矿一策。

重大节日前大检查大排查　2018年10月18—19日,根据国家煤矿安监局安排,国家煤炭总局安全生产标准化抽查考核验收小组指导性检查同泰煤业、雨田一号井,检查小组汇总打分并组织召开工作总结会,通报检查情况,宣布同泰煤业、雨田1号井在国家局安全生产标准化抽查考核组的检查下通过标准化验收。2018年10月20—21日,宁夏煤监局一行到托克逊县同泰煤业开展交流执法检查，要求煤炭企业严格按照规程规定做好矿井顶板、瓦斯、水、火、煤尘、冲击地压监测等防护措施，确保矿井安全生产形势稳定向好发展。

【行业管理】

安全隐患闭环管理 督促各煤炭企业建立健全风险分级管控和隐患排查治理双重预防机制。行业部门检查、企业自查的各类隐患均建立台账、制订整改时限、责任人，实现隐患排查、登记、治理、监督、销号全过程的闭环管理，落实企业安全生产主体责任。

煤炭去产能 博斯坦煤矿5号井被列入2018年煤炭去产能计划，退出产能9万吨，退出期限6月30日。矿区搬移地面设备，拆除房屋建筑，封闭井口并悬挂警示牌。6月23日通过自治区去产能领导小组的验收。

县域监控联网 出资160余万元建设托克逊县煤矿安全监控联网系统平台。完成视频监控、人员定位、瓦斯监控三大模块，并联网7个矿井，实现“千里眼、顺风耳”，可实时在线监控煤矿安全生产情况。

复产复工验收 制订验收方案，排查矿井各系统、各环节、各岗位存在的安全隐患，全面治理；严格落实“谁验收、谁签字、谁负责”的制度，复产按程序，过程要控制。2018年，有4家企业复产复工，分别为新疆同泰煤业有限公司照和泉煤矿、新疆吐鲁番金马能源有限公司克尔碱煤矿、托克逊县雨田煤业有限公司、托克逊县博斯坦煤业有限公司。

散煤经营点监管 县煤炭工业管理局会同县市场监督管理局、住建局、环保局、国土局、消防支队以及各乡（镇）组成煤炭经营监管联合执法督察检查工作领导小组，对煤炭经营监管情况督察检查。调查有储煤场地的59家煤炭经营网点，完成15家具有煤炭营业执照的网点备案工作，组织各乡（镇）协调有关部门自主选定8个散煤集中经营场所。年内，各煤炭集中经营场所筹建工作陆续开展。

黑山矿区集中整治 县煤炭工业管理局牵头成立黑山煤矿和非煤矿山企业专项整治组，专项整治3个月，向黑山矿区煤矿和非煤矿山制订下发企业生产经营标准告知书，每周组织人员到矿区检查各企业安防、安全生产、环保、流动人口管理等工作，下发整改通知单，并督促企业按期整改。

【存在问题】监管能力不足。监管人员知识更新缓慢；新进地方事业编人员业务知识需要一定时间培训，无执法证，安全监管受限，不能满足监管需求。

煤炭供应压力大。托克逊县生产矿井安全生产压力较大，煤炭需求增加，煤炭生产企业数量减少，产量相对减少，导致煤炭供应压力增大。

申报程序影响整改。部分国有企业在整改检查出安全生产及维稳隐患时，购买设备需要向上级部门层层报告，使设备无法按时购进，影响安全隐患整改。

证照影响开工时间。博斯坦煤业、盘吉塔格煤矿取得项目核准手续，且采矿证资料上报至自治区国土资源厅，一直未予批复，严重影响原计划开工建设工作。

环评影响企业建设。环保部针对克（布）尔碱矿区环评批复，克尔碱矿区10~16号矿井影响白杨河、克尔碱河道及地下水位，禁止开采。年内，托克逊县委托中国水利水电科学研究院重新论证。因环保要求，新建矿井生产能力不能低于120万吨/年，因此润田科技公司将润田和润北2个60万吨/年矿井合并为1个生产能力120万吨/年的矿井，合并手续未办理。

（阿扎地古丽·卡德尔）

城乡建设 环境保护 气象测报

CHENGXIANG JIANSHE HUANJING BAOHU QIXIANG CEBAO

城乡建设

城乡规划

【概况】 托克逊县住房和城乡建设局(简称住建局)位于解放南路,占地面积3亩,建筑面积1800平方米,承担城乡规划、村镇规划、城乡建设、村镇建设、建筑业、住宅和房地产、勘查设计咨询、市政公用事业等工作,内设办公室、财务室、建设工程质量监督站、建设工程安全监督站、城建办、房管所、建管办、招标办、住房保障办、住建局工会、城建档案室11个部门。下设县园林绿化中心、县市容环境卫生管理中心。2018年,全局有干部职工527人,其中女264人,少数民族465人。其中在编人员133人,地方性事业编20人,火电厂11人,借入13人,志愿者1人,公益性岗位228人,南疆籍务工人员121人。

年内,托克逊县大力实施主题公园、公厕改扩建、城区道路路网改造、给排水新建工程等民生项目,完善城镇基础设施,加快保障性住房建设进度,改造路灯,建立节能型城市照明体系,推进可再生能源建筑应用,发展应用新型墙材,全面开展供热计量改革。

【规划编制】 2018年,城乡规划管理局根据《托克逊县总体规划(2012—2030)》《托克逊县控制性详细规划》《托克逊县棚户区改造规划》,重点改造建设金泉社区及周边片区,喀拉苏村、巴扎村及周边片区和南疆路片区的棚户区,年内各棚户区改造工程按照规划审批方案施工。审查全县30余个项目选址方案、34个项目规划设计方案,保证科学调配城市资源,促进城市经济、社会和环境协调健康发展。

【规划项目审批】 2018年,城乡规划业务上共办理项目选址意见书21份,用地规划许可证39份,工程规划许可证82份,规划设计条件33份,竣工验收16份。总建筑面积94.08万平方米,总占地面积3672.66万平方米。项目配套设施给水管网2.79万米,排水管网3.27万米,供热管网2.25万米,天然气管网3.83万米,改造管网216.9米,建筑改造面积2998.07平方米,道路及硬化长度7.91万米,绿化面积(灌溉及绿化面积)4834.58万平方米,绿化管网总长54.03万米,35千伏线路2354米,电气线路1.31万米,广场总面积2.14万平方米。

城乡建设管理

【城市建设项目】 优化项目审批,各类建设项目必须先规划、后建设。监管政府性投资项目公开招标45项,邀请招标6项,共51项(其中施工招标38项,监理招标13项),中标金额5.37亿元;房屋建筑工程类项目36个,建筑面积为8.46万平方米,市政基础设施项目15个。非国有资金投资项目备案10个,发包金额9240.26万元,建筑面积7.17万平方米。

【质量安全监督】

建筑行业安全 2018年，监督408个单体在建项目，监督总工程面积99.04万平方米，工程总造价34.48亿元，其中房屋建筑工程共310个单体，工程造价21.02亿元。城镇基础设施工程共有98个单体，工程造价13.46亿元。全县有26家施工企业，16家监理企业。年底，建设工程质量安全监督站质量巡查托克逊县408个单体在建项目累计310余次，发现质量安全隐患1502处，整改1502处，整改率100%，下发建设工程质量安全整改（停工）通知书186份，其中安全整改通知书163份，质量整改通知书23份，2家施工企业通报不良行为记录1次，2个项目经理因不良行为扣分，行政处罚5万元。

燃气安全检查 2018年，开展安全检查活动4次，检查液化气用户2241户，检查天然气用户3815户（其中汇捷2460户、鑫天山1355户），涉及小区75个，检查燃气管道93.6千米，排查“围楼管”隐患112栋，检查率100%。重点检查加气站天然气生产区、储存区、加气区的所有防爆穿线失效情况及压力容器、高压软管等设施安全情况，并检测“三沟两井”（电缆沟、供水井、排污井）可燃气浓度等。

【棚户区改造】住建局把棚户区作为推进新型城镇化建设重要内容，也是改善人居环境，完善城市配套基础设施，提高城市整体形象的重点民生工程。2018年，全县棚户区改造任务为3500套，其中货币补偿1925套，实物安置1575套，年底，完成棚户区改造任务3341套，货币补偿1768套，实物开工1573套，其中2016年结转212套、2017年结转3013套，涉及拆迁户数1611户，拆迁面积128.21万平方米，房屋安置面积13.54万平方米，货币补偿金额6.29亿元。

【重点项目】2018年，住建局重点项目有24个，计划完成投资14.56亿元，年内累计完成投资10.19亿元，完成总投资任务的70%。

（孙文鑫）

市政公用事业

【城市供排水】2018年，每季度委托第三方检测分析3点107个项目供水水质，水质符合生活饮用水卫生标准，检测结果均达标。

2018年，供排水公司承接白粮液大厦接水项目1个，维修DN400主管网3次，DN300主管网1次，DN200主管网4次，DN100以下管网318次，及时更换供排水检查井井盖26个，水表改造195户，更换分管网230米，疏通排污主管网13次。

2018年，排污总量178万立方米，污水实际处理109.6万立方米，完成供水432万立方米，售水量111万立方米。新增用水用户1557户，城区有用水单位92家，居民小区54个，居民用水25122户，全部纳入计划用水管理范围，供水率100%。

全年公司财务收入362万元，其中水费185万元，污水处理费74万元，回收历年安装费103万元，上缴税金19万元。

【城市天然气】2018年，销售天然气5334.67万立方米，同比降低2.9%，其中车用气4640.68万立方米，同比降低11.23%；民用气共售279.7万立方米，同比增长8%；商用气54万立方米，同比增长33%；销售液化气60.3万立方米，同比减少9%；工业用气300万立方米。

托克逊县天然气入户14824户，入户率达99%。

【城市集中供暖】2018年10月25日开始供暖，运行二级换热站40座，供暖面积230万平方米，其中新增加面积30万平方米，增长率15%。

【供排水建设项目】

第二水源地和水厂配套管网建设工程 项目总投资

1.5亿元,资金来源为国家专项建设基金2300万元、银行贷款1.2亿元,企业自筹700万元,主要基本情况及规模为新建单向管网34千米、双向管网17千米及配套设施建,2017年计划完成投资1亿元。年内,自来水厂进水控制井、锅炉房、消毒间、反冲洗水池基础垫层施工完毕,两座清水池防腐施工完成,二泵房封顶,过滤车间回填过滤池完成。年内,完成投资1.03亿元,完成计划投资的68.6%。

供水改扩建及配套设施工程 项目为市级重点续建项目,项目总投资1亿元,资金来源为国家专项建设基金1400万元、银行贷款8000万元,企业自筹600万元;主要基本情况及规模为新建45千米供水管网及配套设施。6个老旧小区改造完毕。年内,完成投资707万元,完成土建部分建设的19%。

排水管网及污水处理二期工程 该项目总投资1.2亿元。新建1座日处理1.5万立方米中水回用污水处理厂,新建排水管网4.7千米及配套附属设施。年内,完成测试并试运行。

道路提升改造项目 解放路两侧人行道,总长度2182×2米,广场路两侧人行道1137×2米,西外环路两侧人行道3900×2米,滨河路两侧人行道1280×2米,总投资约1300万元,4月底竣工。

【城市照明】改建完成S202路灯101杆新建和解放路150杆路灯,更换灯泡300盏,维修线路1080米,红绿灯维护维修37次。托克逊县亮化白杨河公园以及19条道路,亮化总长度76.49千米,路杆5299杆(其中白杨河2784杆),灯11632盏,红绿信号灯22套。向振疆市政公司派发工程17项,金额为164.59万元,完成率100%。

(王　丽)

市容环境管理

【概况】2018年,县市容环境卫生管理中心有配套作业车25辆,密闭式电动车140辆;在编人员64名。全县245名环卫工人每天分两班制,全天候对主次道路、背街小巷、城乡结合部、住宅小区等2000多个点清扫保洁、垃圾清运。清扫保洁面积250万平方米,人均道路清扫保洁面积均5000平方米,道路机扫及洒水面积55万平方米,清扫保洁率100%;雨水清扫、除雪率达100%,日清运垃圾约105吨,密闭化运输率100%;日处理垃圾约100吨,全年共清运生活垃圾及各类垃圾约3.2万吨,无害化处置率95.8%。

【垃圾收集运输】城区生活垃圾采用区域实际分布设置,随时投放,各收集点垃圾由清运人员使用压缩车、摆臂车装运至垃圾中转站,经中转站集装后由车辆运至垃圾处理场。运输过程中封闭及覆盖篷布,日产日清。全年清运生活垃圾3.2万吨,日处理垃圾100吨,无害化处理3.07万吨,无害化处置率95.8%。

【公厕管理维护】托克逊县共有公水冲式厕23座,每日两次定时清扫冲洗保洁。专职管理人员卫生督查,并按照公厕卫生标准每月不定期综合抽查。日常管理中,对公厕管理人员、经费保障、设施维护管理、日常保洁、消毒除臭、开放时间等全部实行责任制。

【垃圾终端处置】垃圾场位于县城以南20千米处,占地面积约22万平方米,建设规模115吨/日,总容量29万立方米。垃圾进场后,推土机分层摊铺,再用专业设备按照规范要求分单元、分层压实及覆盖,防止垃圾场焚烧或自燃现象,无害化处理。2018年,生活垃圾清运总量3.84万吨,全部无害化处理。

【道路洒水除尘】2018年,每日保证对城市道路洒水除尘3次,根据部分道路污染较多的情况增加至4次,洒水面积60万平方米。(刘兆民)

园林绿化

【概况】托克逊县园林绿化管

理中心隶属县住房和城乡建设局管理,主要负责管理园林绿地、美化城市环境、城市园林绿地系统规划、建设、管理与维护。办公地点在友好西路建银公司5楼,办公用房面积282.93平方米。2018年,职工总数124人,其中女53人,少数民族115人;在编人数44人,其中管理岗4人,专业技术岗29人,工勤岗11人。

【公共绿地管理】年内,全县公园绿地12块,建成区绿化覆盖面积6900亩,绿化覆盖率38.34%。绿地面积6195亩,绿地率34.43%,公园绿地面积1927.5亩,人均公园绿地面积17.7平方米。

公园建设 2018年,完成胡杨主题公园道路硬化2万平方米、广场铺装1.65万平方米、绿化管道安装43.5千米、种植草坪25万平方米、种植各种乔木4600棵、放置各种景观石12个,安装3台变压器,2台水泵用于解决胡杨公园的绿化用水、公园亮化及设备用电。胡杨主题公园整体完工率达92%。完成砖窑遗址改造工程。

庭院绿化 绿化城区部分单位庭院裸露地块,清理垃圾及多余土方1230立方米,平整绿化场地9860平方米,种植灌木13.56万株、玫瑰花1.5万株、草花160平方米、玫瑰树10棵、草坪3680平方米,并安装喷灌、滴管、漫灌3套浇灌系统,其中安装管线约1300米。

街头游园 清运政府新的综合办公楼后面空地、团结路北侧空地、自来水厂后面空地、友好路(夏镇段)北侧等空地垃圾,黄土换填约2.13万立方米、平整绿化场地12.33万平方米、安装各类管线11.68千米、种植草坪1.27万平方米。

植树造林 3月,在吐—和立交桥附近植树320亩,种植桑树6600棵,榆树3300棵。

公园补植 玫瑰公园补植玫瑰花2.57万株,水蜡、红叶李、金叶榆等灌木4.3万株。胡杨公园补植紫穗槐11.56万株。白杨河二期工程两边补植宿根花卉7.36万株。

道路补植 滨河路、外环路、林水路、金泉路、始昌路、友好路、九龙路等城区各路段绿化带黄土裸露区块进行锄草、翻土、浇水、补植。补植紫穗槐、水蜡等灌木27.96万株,四季玫瑰1.32万株,各类乔木370棵,消除因人为损坏造成的部分黄土裸露绿化带,提升道路绿化效果。

【养护管理】

除草施肥 2018年,园林绿化管理中心除草除根,防止前边除后边发,累计除草约126万余平方米。乔木挖坑掩埋农家肥、灌木及草坪采用人工撒施(化肥)追肥,共施化肥约6吨、农家肥约360立方米。

整形修剪 2018年,园林绿化管理中心组织专业修剪队整形修剪九龙山公园、白杨河公园、街头小游园及城区各道路绿化带的乔木、灌木等,共整形修剪乔木约2.36万余棵、整形修剪灌木累计36.8万平方米。

病虫害防治 2018年,使用药品毒死蜱、助剂、营养液、生根剂、敌敌畏、正能量等农药共26万余元,对全城区道路、公园以及部分单位和小区的乔灌木病虫害进行3次全方位、立体式化学防治和1次人工喷药防治,防治小蠹虫和蚜虫高发,控制了城区病虫害。 (孙进昌)

城市执法

【概况】托克逊县城市管理行政执法局于5月1日将办公地址搬迁至和谐北路672号(原质量技术监督局),5月中旬正常开展市政公用、市容环卫、园林绿化、城市道路、城市河道、食品销售、餐饮摊点等相关城市执法管理各项工作。2018年,城市管理行政执法局有工作人员40人,其中行政参公12人,工勤22人,借调6人。

【行政执法审批】2018年,共下发各类整改通知4份,审批户外广告333个,办理大型车辆进城通行证123个。市政道路占道挖掘15起,其中公益性挖掘9起,主要是热力管网修理、天然气管网铺设,其他挖掘6起,共收费2.08万元;处罚违反《城市市容和环境卫生管理条例》上缴财政罚款4700元;处罚违反《城市绿化条例》上缴财政罚款9530元;处罚违反《城市道路条例》上缴财政罚款2.47万元,各种收费和罚没共5.98万元。

【违章搭建专项整治】严格按照城区规划要求,强制拆除影响市容和有碍观瞻的临时建筑物、构筑物。查处没有合法手续的新建、扩建、突击抢建等违法活动。2018年,累计拆除违法建设700余平方米,清理私搭乱建、乱堆乱放62处。

【户外广告专项整治】严格审批和管理户外广告,控制过街横幅、楼体布幔等低档次广告设置,杜绝铁皮广告和墙体商业广告制作,鼓励和引导城区沿街门面设置高档次、高品位、统一规格的门头灯箱,发展电子扫描等高、新、大、优的户外广告和亮化光源,增强艺术和文化内涵。年内,依法拆除破旧、违规悬挂广告牌匾42个;清理有碍观瞻的灯箱广告、落地灯箱120余个,处理乱张贴和"牛皮癣"小广告12起。

【车辆秩序专项整治】配合交通部门清理城区机动三轮车载客现象,整顿非机动车辆停放秩序,明确停放地点和要求。规范九龙农贸市场外围划线停车位和消防通道,制止纠正行人随意乱停车的不良习惯。年内,查处违章停车1200多辆次,协助处理友好路、九龙路机动车撞毁护栏事故28起。

【农贸市场专项整治】县城市管理行政执法局联合市场监督管理局、交警大队、爱卫办等部门开展九龙农贸市场专项整治工作。清理占道经营户20余家,责令拆除违章搭建5处。治理巴扎市场外围零散摊贩整治和乱停乱放现象,除正常巡逻检查外,每周日,与巴扎管理人员清理整治,依法治理、取缔违章占道经营摊点310余处,规范流动摊贩100人次,帮扶困难、残疾流动摊贩18人次,引导所有摊点进入巴扎市场内经营。全年,巴扎市场秩序正常,未发生安全隐患现象。

【餐饮油污专项整治】2018年,县城市管理行政执法局联合县环保局、市场监督管理局、社区等部门开展餐饮油烟污染和燃煤锅炉专项治理工作,检查餐饮店营业执照、卫生许可证、餐厨垃圾处理、油烟净化设施安装及运行、是否使用燃煤锅炉等情况,累计检查餐饮店156家次,专项整治油烟、噪音污染等扰民问题,关停19家食堂要求整改,更换油烟分离器和排气扇,安装具有静音功能的设备,拆除冷风机或安装隔音材料降低噪音,验收合格后开门营业。检查使用燃煤锅炉厂房13家,下发限期整改通知4份。135家餐饮店有131家安装油烟净化设施,安装率达97.04%。21家烧烤店全部使用环保无烟烧烤炉具替代老式炭烤炉具,更换率100%,13家使用燃煤锅炉全部拆除,改善了城区空气环境质量。

(鲍爱玲　路　铭)

房地产管理

【房地产市场】2018年,托克逊完成房地产开发投资1.6亿元,施工面积7.3万平方米,其中住宅5.9万平方米、商业1.4万平方米。共销售商品房165套,面积1.71万平方米,成交金额3886.11万元,其中住宅154套,面积1.63万平方米,成交额3485.99万元。商铺11套,面积670平方米,成交额400.12万元。二手房交易227套,面积2.09万平方米,成交金额3842.19万元。出具过户证明227份,档案查询约600份。

【小区物业管理】

物业行业监管　2018年,全县58个小区展开消防检查170次(其中大检查6次,日常检查164次），发现问题145个，重点问题有物业小区未画消防通道线，在消防通道内乱停放机动车、电动车，居民私拉电动车充电线，收集泡沫板、建筑垃圾木板及纸箱引燃物等问题。下发45份通知书，督促整改29个问题。

物业投诉处理 2018年，共接到居民投诉39起，其中电话投诉21起、信访局通知3起、上门投诉14起。解决35起，2起正在解决，2起正在和有关部门协商。受理的投诉案件主要集中于两个方面，一是服务人员办事效率低。二是老旧小区房屋漏水、下水管道堵塞，其他还有个别物业小区没有老年活动中心等。

【安居富民】 2018年，自治区下达托克逊县安居富民建设任务为2366户，其中夏镇年度计划任务426户（一般户91户、四类重点对象335户），郭勒布依乡年度计划任务682户（一般户200户、四类重点对象482户），伊拉湖镇年度计划任务540户（一般户200户、四类重点对象340户）；博斯坦镇年度计划任务675户（一般户170户、四类重点对象505户），克尔碱镇年度计划任务42户（一般户25户、四类重点对象17户），库米什镇年度计划任务1户（四类重点对象）。全年总开工2366户（四类重点对象建房户1680户、一般户建房户686户），开工率100%，竣工率100%。

年内，组建了74支施工队2251人（其中本地农民工1736人），开展质量技术、钢筋帮扎技术、工程建设质量技术等现场技术培训，施工队参与培训3000余人，其中培训管理人员27人，培训建筑工匠1050人，培训建房户1878人（包括部分建房户）。

（孙文鑫）

住房公积金管理

【公积金缴存】 2018年，托克逊县缴存住房公积金共16292人，公积金归集21190万元。缴交住房公积金的单位有289个。

【公积金提取】 2018年，托克逊县提取公积金10078万元，12279人提取公积金。

【公积金贷款】 全年累计发放个人住房公积金贷款296户5016.2万元。

（邸勇峰）

爱国卫生运动

【概况】 托克逊县爱国卫生运动委员会办公室负责统筹协调全县各乡镇单位、社区居委会及发动社会力量开展爱国卫生、除四害、疾病防治等活动，以提高群众健康水平和高质量人居环境。2018年，爱卫办有职工2人。

【卫生县城复审】 2015年托克逊县创建自治区级卫生县城。2018年，全县各级组织参与整治，进村、社区开展爱国卫生及健康教育宣讲活动，提高群众居民环卫意识，在重大节日及各项活动中整治环境卫生，绿化、净化、美化环境，清理建筑垃圾2.25万吨、生活垃圾1232吨，清理污染水沟500米、乱堆乱放10余处、整治卫生死角100余处，清除乱帖乱画小广告35处。2018年10月，通过自治区级卫生县城复审验收。

【宣传教育】 2018年，在“爱国卫生月”活动中开展宣传活动10余次，发放宣传册近3万册参与8万人次。

【爱国卫生活动】 2018年，托克逊县有环卫工人496人，其中吸收252名建档立卡贫困户、困难户、残疾人为环卫工人，配备至8个乡镇。全天对主次道路、背街小巷、城乡结合部、住宅小区等2000多个点进行清扫保洁、垃圾清运、城市洒水降尘工作。全县日均清扫保洁面积250万平方米，道路机扫及洒水面积55万平方米，垃圾密闭化运输率100%，日均清运生活垃圾及各类垃圾300余吨，无害化处理率95%以上。联合有关单位开展4次专项整治活动，改善九龙农贸市场环境卫生。

【除四害工作】2018年,托克逊县春、秋两季开展“灭四害”工作,免费发放毒饵站600个、毒饵盒1500个,杀蟑方便贴300盒,杀蟑针剂500支,维多克约2.6万袋,溴敌隆颗粒60千克,约6万余元,从源头上切断病媒生物传播性疾病病毒孳生和传播渠道。

【农村厕所摸排】2018年,县爱卫办组织各乡镇和教育局、卫计委等部门开展农村卫生厕所专项调查。托克逊县农村共25778户90259人,其中常住人口64423人。农村使用卫生厕所2290户,非卫生厕所20715户,没有厕所的1123户。其中贫困家庭1818户,贫困人口5491人,使用卫生厕所493户,非卫生厕所1270户,没有厕所的55户。卫生厕所普及率25%,无害化厕所普及率37.5%。

(王佩芳)

环境保护

【概况】托克逊县环境保护局内设行政办公室、综合业务科及环境监察大队3个科室。2017年7月搬迁至白杨河北侧环保监测执法业务用房,总面积1600平方米。2018年,有干部25名,其中女6人,少数民族5人。其中在编11人,地方性事业编12人,招聘临时干部2名。

【环保目标】2018年,河流总体水质保持为优,Ⅰ~Ⅲ类优良水质达标率100%;集中式饮用水源地总体水质保持为优,Ⅰ~Ⅱ类水质达标率100%。土壤环境质量状况总体保持良好,城市区域声环境质量稳定,辐射环境质量变化幅度小,全县未发生重大环境污染事件。

【执法监察】

环保排查 2018年,县环保局排查企业项目86个,检查环境风险突出企业的环保法律执行情况、违法违规建设项目、建设项目“三同时”执行情况和企业废水、废气、危险废物管理、尾矿库安全情况等,未发现托克逊县有较大的污染源环境安全问题,发现各类环境违法行为31个,其中“未批先建”案件20个、“未验先投”案件4个,其他违法行为案件7个。环保局按照相关法律法规对31个违法项目下发行政处罚事先(听证)告知书31份,下发行政处罚决定书31份,共处罚金1405.68万元,29起行政处罚缴纳345.74万元。

后督察 后督察本辖区做出的环境行政处罚决定和行政命令,督促整改进度缓慢的企业尽快整改落实到位。年内,县环保局共执行后督察31次,23项行政处罚案件完成整改,剩余8起行政处罚案件处于整改状态。

违法查封 按照《中华人民共和国环境保护法》查封、扣押配套办法的相关规定,查封存在违法行为的16家企业。环保局完善了一企一档的建档工作。

在线监测 县环保局安排专人与企业对接,建立在线设施管理信息微信群,企业每日报告在线情况日,异常企业24小时内向环保局报备,同时抄送市环保局。辖区内企业在线监测设施共47套,全部正常运转。

【项目环评审批及备案】2018年,共受理环境影响评价项目135个,其中报告书10个(初审10个),报告表55个(批复31个、备案20个、初审4个),登记表网上备案70个。建设项目环评审批公开,凡是通过审批的项目均按期上传至建设项目环评审批数据管理系统,以备上级环保部门审查。

【总量减排控制】

超低排放改造 督促检查新疆圣雄能源股份有限公司自备电厂超低排放和全工况脱硝改造工作以及中泰化学托克逊能化有限公司超低排放改造工作,中泰化学托克逊能化有限公司1号机组和新疆圣雄能源股份有限公司自备电厂2号机组超低排放改造完成评估验收。

水污染治理 2018年，全县禁养区面积为752.12平方千米，涉及17家养殖场(小区)或养殖专业户。年内，完成全县范围17家养殖场(小区)和养殖专业户关闭或搬迁任务。调查全县备案的80个畜禽养殖专业合作社(企业)的废弃物资源化利用情况，托克逊县规模养殖场配套建设粪污处理设施比例在70%以上，畜禽粪污综合利用率74%。

淘汰落后产能 淘汰落后产能，依法依规推动落后产能退出。2017年10月拆除新疆黑山煤化工有限公司2台5万吨/年兰炭炉，2018年1月通过验收。2018年2月拆除新疆圣雄电石有限公司16台5万吨/年兰炭炉并通过验收，8月底拆除新疆圣雄焦化有限公司24台5万吨/年兰炭炉，9月初通过验收。

【第二次全国污染源普查】托克逊县严格按照自治区污普办的时间节点及吐鲁番市污普办的要求完成县第二次全国污染源普查入户调查工作。清查基数为728户，其中工业企业和产业活动单位592户，集中式治理设施11户，生活源锅炉84户，加油加气站41家。

【危险废物监管】

危险废物管控 2018年，全县共有危废产生单位5家，建立危险废物产废台账，企业均存在制度不健全、管理不规范的问题。执法人员现场提出整改要求，均整改完毕。

医疗废物处置 抽查涉及医疗废物的县级、乡级医疗卫生机构和诊所，现场提出不规范管理问题，督促整改，要求医疗废物运送至指定地点集中处置。

污染地块管理 建立污染地块土壤环境管理信息系统，专项检查1家危险废物经营单位和3家重点产废单位，掌握危险废物的现状、底数、流向、处置情况及存在的隐患。

【中央环保督察】中央第八环保督察组向自治区反馈意见后，按照有关要求，坚持即知即改、立行立改、标本兼治，托克逊县对涉及的15项问题交账销号8项，正在落实7项，完成率53.33%，其中由环保局承办的昊通工贸污染治理设施未安装运行问题在规定的时间节点完成序时进度任务。2017年8—9月，中央第八环境保护督察组转办托克逊县群众信访举报件8批次11件，其中交办环境信访案件除1起因行政管辖权原因进行退回外，其他案件均按照信访投诉案件办理程序，办理完结，办结率100%。

【环境日宣教】2018年，“6·5”世界环境日，县环保局对服务对象和群众开展环境保护相关知识宣传工作，设立“环保新干线”微信公众号，发布现场检查及环保局相关工作开展情况，提高知晓率。同时，通过县政府门户网站、电视台、广播等方式，宣传群众关心的生态环境保护工作开展情况。

【信访投诉办理】2018年，“12369”信访投诉平台共受理投诉19起，其中废气14起，水1起，其他4起，均按照信访投诉办理要求办理并全部办结，办结率100%，均在信访举报平台上回复。人大议案7起，政协提案2起，均按要求回复办结。

【排污费改税】根据《中华人民共和国环境保护税法》要求，自2018年1月1日起征收环境保护税，不再征收排污费。2018年1月，县环保局和地税局开展环保税征收交接工作。向税务机关提供排污单位的排污许可、污染物排放等数据，移交排污费征收档案。统一指导县域内应税企业数据申报，配合地税部门完成环保税征收工作。

【污染源达标排放】现场检查火电、水泥、煤矿、污水处理厂4个重点行业60余家次。年内，托克逊辖区火电、水泥、煤矿、污水处理厂4个重点行业基本实现达标排放。

【专项整治】

砖瓦黏土行业整治 托克

逊县有砖瓦窑企业15家，15家企业均存在未批先建的违法行为，县环保局共下达责令改正违法行为决定书15份、行政处罚决定书15份。至年底，有13家砖瓦窑企业改正未批先建违法行为，1家长期停产、1家在整改中。安装脱硫设施的砖瓦窑企业共13家，除1家长期停产外，另1家脱硫设备到场待安装。

硫化氢行业整治 托克逊县有涉硫化氢尾气管控企业4家，年内检查企业90家次，除圣雄焦化完成主体拆除外，其他涉硫化氢企业未发现环境违法行为。

煤矿行业整治 托克逊县有煤矿企业16家，年内检查煤矿企业20家次，发现环境问题7项，下达责令整改7份，下达行政处罚决定书7份，共处罚金1269.69万元。至年底，有2家企业的4项违法行为缴纳210万元的行政处罚，其余企业尚在执行中。7项违法行为中有1项完成整改，其余6项正在整改。

重大节庆安全排查 严防突发性环境污染事故，确保春节、两会等重大节庆期间全县环境安全，共排查企业40家，未发现重大安全隐患问题。

纳污坑塘专项整治 为专项整治排查托克逊县黑臭水体工作，县环保局开展黑臭水体专项整治行动，经排查，未发现黑臭水体。

【保护区违法清理】 托克逊辖区新疆罗布泊野骆驼国家级自然保护区内有1家盐矿企业，县环保局共开展现场督促检查16次，该公司于2018年1月清理保护区痕迹，6月底完成整改销号工作。

【排污申报统计】 年初，及时与各企业事业单位联络，发放2017年度"排污申报统计表"并指导其完成填报工作，完成污染源统计和"十三五"环统数据填报工作，3月中旬通过自治区数据集中会审。2018年，监测有污染源企业91家，其中重点污染源企业12家，一般污染源企业79家。

（阿里娅古丽·阿不来提）

气象测报

【概况】 2013年以来国家加大对气象监测设备的投入力度，先后在黑山、乌斯通沟、克尔碱、甘沟建设4座气温、雨量两要素山洪雨量监测站，在阿乐惠镇建设1座六要素区域气象监测站，在郭勒布依乡建有土壤水分观测站1套，在夏镇、郭勒布依乡、博斯坦镇和伊拉湖镇建有四要素自动气象站4套。2016年在博斯坦镇吉格代村大棚新建区域建有小气候检测自动气象观测站1座。2017年先后将黑山、乌斯通沟、克尔碱、甘沟两要素区域站升级改造为六要素区域站。县域内有各类气象观测站13套。

2018年，托克逊县气象局有职工9人，其中女2人，少数民族5人。有副高职称1人、工程师2人、助工4人。县域内有国家级有人值守气象观测站2个，分别在托克逊镇和库米什镇。自1958年建站以来，已连续观测气象要素60年，参与国内、国际气象资料交换，为上、下游地区提供气象监测资料。

【气候概况】 2018年，托克逊主要天气气候特点为气温偏高，降水偏少。

气温 2018年年平均气温为15.1℃，比历年平均气温偏高0.6℃，比2017年度偏低1.4℃；月平均气温除5月、9月和10月与历年接近外，3—4月、6—8月均较历年平均偏高1.2℃～5.0℃，1月、2月、11月和12月均较历年平均偏低0.7℃～3.1℃。年降水量比历年年平均降水量偏多6.6毫米。3月月平均气温偏高5℃，对设施农业生产较为有利，10月19日霜冻对棉花生长极为不利，12月平均气温偏低3.1℃，对设施农业生产不利。其他天气气候情况正常。炎热日数（日极端最高气温≥35.0℃的日数）101天，比历年同期多4天，比2017年少20天；酷热日数（日极端最高气温≥40℃以上的日数）52天，比历年同期偏多19天，比2017年少10天；极热日数（日极端最高气温≥45℃以上的日数)2天,比2017年少7天。

大风沙尘 2018年大风日数为73天,比2017年多12天。沙尘暴日数2天,比2017年少2天。扬沙日数23天,比2017年少13天。霾日数11天,比2017年少41天,主要出现在3月2天、11月4天、12月5天。

降水 年降水量为14.7毫米,年降水量比历年平均降水量偏多6.6毫米,比2017年度偏多11.5毫米,一日最大降水量5.2毫米,出现在8月30日,日降水量大于0.1毫米天数9天,降水主要集中在8—10月。

霜降 开春期出现在2月16日,比历年偏晚1天。终霜期出现在3月4日,比历年偏早14天。入冬期出现在11月14日,比历年偏早12天。初霜期出现在10月19日,比历年偏早14天。年最大冻土深度36厘米,出现在1月、2月、12月。

年日照时数2930.6小时,年日照总时数比历年偏少6小时。

【测报工作】2016年1月1日国家级自动站正式在新址运行,自动站整点数据传输率、可用率、气象观测质量综合指数均为100%。报表全年无错,未发生重大差错。按要求组织集体学习、业务质量分析会和集体观测。及时上报气象探测环境变化报告表、各类数据文件。未使用带病、超检仪器。

【预报服务】县气象局把春季、汛期气象服务工作作为头等大事,做好关键性、灾害性、转折性天气预报和服务。严格执行领导带班的24小时防汛值班制度,及时向县领导和防洪办汇报天气情况。全年,气象预报服务准确及时,发布大风等重要天气情报服务27期,节日专题预报91期,气象灾害预警信号45期。气象短信信息48万余条,气象服务信息邮件约7.4万封。

【农业气象观测】完成托克逊县棉花农气观测业务和土壤水份观测任务和全年棉花发育期观测和伏前桃、伏桃、秋桃调查任务,分析棉花产量结构,全年农气业务工作未出现差错。

【气象灾情】2018年,出现天气灾情5次。受大风灾害影响,托克逊县全年损失2089.74万元。其中4月1日下午到5日凌晨,托克逊县范围内出现间歇性的大风天气,平原地区各乡镇阵风9~11级,三十里风区阵风12级。大风导致托克逊县农作物不同程度受损,损失共814.45万元。

4月18日20时到20日上午,城区阵风9级,损失金额共93.24万元。

5月6日夜间至8日凌晨,托克逊县郭勒布依乡和城区阵风12级,伊拉湖镇阵风13级,克尔碱镇14级(瞬间极大风速42.1米每秒)此次大风共造成托克逊县2240户8733人受灾,直接经济损失1003.95万元。

5月20日凌晨到21日凌晨,托克逊城区出现11级阵风,总经济损失约24.1万元。

12月1日5时至12月2日2时托克逊县出现11级及以上大风沙尘暴天气,夏镇、伊拉湖镇和郭勒布依乡阵风12级(极大风速33米/秒到35.7米/秒),城区阵风13级(极大风速39.1米/秒),克尔碱镇阵风14级(极大风速44.5米/秒),造成全县直接损失154万元。

年内出现的几次大风天气给托克逊县的农牧业生产、交通及人民生活造成极大的损失和影响。

【防灾减灾】2018年,召开气象、民政、安监、水利、国土、交通、旅游、农业、林业、消防等多部门联合天气会商3次,组织气象信息员、协理员培训1次,提高群众的气象灾害防范意识。推动基层气象防灾减灾预警发布覆盖范围,将县、乡、村级主要领导和各级信息员纳入气象灾害预警平台,遇有重要天气预警时及时通过短信、微博、微信等公众气象服务平台发布气象预报预警。县气象灾害防御指挥部、各乡镇气象灾害防御领导小组及编制的应急预案继续发挥防灾减灾作用,气象工作和防雷安全纳入各级政府的绩效考核中。

【科普宣传】2018年,托克逊县气象局结合“世界气象日”“中国水周”“防灾减灾日”“防灾减灾活动周”“安全生产月”等活动,组织开展以《中华人民共和国气象法》《施放气球管理办法》《防雷减灾管理办法》等有关法律、法规为主要内容的宣传活动。开放科普教育基地,发放各种科普宣传材料,向群众宣传防灾减灾知识和《气象灾害防御条例》。全年共接待100多名中小学生参观县气象局的青少年科普教育基地。

【科研科普】年内,新申报市局科研课题3项,发表科技论文1篇。《沙漠与绿洲气象》刊物上发表2篇论文,在CMA上录用信息2篇,在中国天气网录用稿件24篇,新疆气象网录用稿件28篇。

【援疆工作】2018年,托克逊县气象局预报节目在湖南省郴州市电视台常规播放。

(巴合提亚尔·木斯来丁)

2018年托克逊县平均气温、降水量表

表8

月份 要素	1	2	3	4	5	6	7	8	9	10	11	12	年均	年极高	年极低
温度(℃)	-8.6	-0.6	14.9	20.3	25.6	32.7	33.8	32.7	23	14	2.13	-8.95	15.1	45.1	-16.9
降水(毫米)	0	0	6.5	0	0	0	0	7.8	0	0.4	0	0	总量14.7		

交通运输 通信信息

JIAOTONG YUNSHU TONGXIN XINXI

交通运输

公路建设与管理

【概况】县内拥有出租汽车经营企业4家，出租汽车335辆。城市公交经营企业2家，运营公交线路8条，公交车37辆，设置公交站点50个。

2018年，托克逊县交通运输局在职干部职工22人，其中女6人，少数民族11人。

【农村公路】 2018年，托克逊县农村公路共1342.58千米，其中县道177.84千米，乡道349.29千米，村道656.12千米，专用道路159.33千米。其中一级公路370米，二级公路30.17千米，三级公路218.9千米，四级公路1024.75千米，等外路68.4千米，全县乡镇、行政村实现通畅率100%，8个乡镇客运班车通车率100%，42个行政村通客运班车，通车率95.45%，2个行政村列入通车计划。2018年共新开工县乡道改造、危桥改造、安全生命防护、"访惠聚"道路、窄路加宽等项目22个，累计开工里程102.53千米（危桥改造128米），完工通车里程92.33千米。

【公路养护】年内，完成坑槽修补13.49万平方米，安装标志牌47块，减速带500米，抢修过水路面1处。

【路政执法】2018年，托克逊县路政稽查队查处超限超载、道路污染、损坏路面案件7起，收回路产路权损失3.74万元。

【公共客运管理】

行业督查　托克逊县交通运输局联合路政、公路、运管和交警等部门组成交通行业督导组，排查整治各个客运站及客运企业、客货危险品企业、修理服务中心、物流等领域安全防范情况。年内，检查4家出租汽车企业、2家公交企业、2座客运站以及黑车非法运营情况，发现隐患1751个，限期整改739个，现场整改1012个，停业整顿23家、下发整改通知书32份，共处罚金7000元。

交通服务　高考期间，在全县出租汽车、公交车发起免费接送高考生志愿服务活动，组织100辆出租汽车、为考生提供免费乘车服务，接送考生1500余人次。

专项整治　年内，县交通运输局组织运管、路政、公路、交警等部门对黑山、阿乐惠镇超载超限车辆开展专项整治活动，共检查车辆514辆，查处超限超载车辆23辆，强制卸货共913.6吨，交警扣分共138分，罚款共4.6万元。

非法查处　年内，查处车辆道路运输违规28起，停运教育学习11人次。其中查获非法运营车辆19辆，16辆车罚款4.8万元，3辆在办理中。出租汽车不按规定使用计价器、拒载、合乘、未按规定着装、车容车貌不符合规定等违法违规行为9起。受理“12328”网站投诉及电话投诉31起,处理投诉27起,无效投诉4起。

出租车等级考核 编制出租汽车服务质量信誉考核实施方案,完成全县4家出租车公司及335辆出租车2017年信誉等级考核工作,更新老旧出租汽车22辆,将车型由原来的桑塔纳、比亚迪更新为上海大众朗逸和新款大众桑塔纳,排量均为1.6升。

【安全生产监管】县交通局先后召开系统专题安全生产会议8次,与客运企业、施工等各单位签订安全生产目标责任书和安全生产合同。成立行业督察组,开展各项安全生产大检查活动及安全生产专项检查活动,在全县范围内开展节假日期间交通运输领域安全排查整治专项活动。加强应急处突,大风雨雪等恶劣天气疏散滞留人员,确保旅客人身安全。联合警务站、客运站开展消防演练、防暴恐演练等各类应急演练10余次。年度未发生重大安全生产事故。

(江雪香 王文欢)

公路管养

【基本情况】托克逊公路托克逊公路分局养护总里程为268.8千米,管养匝道9.82千米,其中G3012线高速及一级公路145千米;S301线养护里程82千米(二级公路62.7千米、三级公路19.3千米);管养S202线27.67千米,专用线14.13千米(Z475线长7.73千米,Z476线二级公路长6.4千米);管养桥梁130座,涵洞730道。2018年,分局有职工103人,其中女19人,少数民族50人。

【公路养护】

日常养护 托克逊公路分局以三区段养护模式为基础,将托克逊县养护路段共划分16个区段(好路精养6个区段、重点养护9个区段、维持养护1个区段)。按日常保养、维修、专项工程三类工作内容,经常保养工作和定期维修,处治零星病害,沿线路容路貌良好,路面干净整洁、无明坑,边坡稳定,沿线设施完好,桥涵维修按计划正常开展,维修效果较好。2018年,打扫停车场、停车带152.09万平方米,机械翻松避险车道3.61万平方米,人工平整避险车道4243平方米,平整避险车道19处,修补路基缺口8771立方米,清理路基外及隔离栅垃圾6089千米,整修土质边坡112.89万平方米,整修土路肩46.69万平方米,整修路基坡脚59.91万平方米,整修卵石路肩23.1万平方米,人工修剪路肩边坡杂草102.9万平方米,清理边沟11.7万米,清扫路肩146千米,清理车祸现场垃圾430平方米,清理塌方1134立方米,备防滑沙600立方米,清理泥石流380立方米,人工清扫路肩200千米。

路面管护 机械撒融雪剂625.3万平方米,冬季养护除雪除冰17.91万立方米,机械清扫路面6513万平方米,人工清扫路面8.2万平方米,自贴压缝带处治单条裂缝16.23千米,切割灌封处治单条裂缝40.42千米,修补坑槽798.42平方米。处治拥包(沿行车方向或横向出现局部隆起)217.33平方米,人工清扫路肩548千米。

桥涵养护 壁可法(利用橡胶注入器自身的内部压力将特殊环氧树脂注入材料缓慢地注入到混凝土裂缝中并达到裂缝的微细末端,是对混凝土结构裂缝进行修补的最佳工法)修补桥涵裂缝330米,清扫桥面9.86万平方米,清理泄水孔1037个,清扫伸缩缝杂物1369米,清理涵洞751.4立方米,新增踏步55.5米,桥梁伸缩缝锚固区维修20.2平方米,漆刷桥栏杆扶手2785平方米,更换桥梁橡胶条100米。

沿线设施 全年更换护栏3133米,更换护栏立柱589根,更换护栏立柱帽683只,更换护栏防阻块993块,更换波形梁护栏板方垫板915片,更换护栏板螺栓8820套,更换端头26块,安装附着式轮廓标104根,安装柱式轮廓标

1516根，清洗柱式轮廓标2830根，更换隔离栅铁丝网752.7平方米，维修更换隔离栅立柱107根，机械清洗护栏2448.53千米，安装标志牌16块，安装百米号9块，刷新百米号738块，补充线型诱导标85块，维修中央开口门65米，拆除隔离栅3146平方米，更换里程碑（铝板材质）3块，维修、更换防眩板638米，贴附着式轮廓标反光膜16325个，贴柱式轮廓标反光膜4822个，更换警示桩35个，刷新里程碑82块。

【工程修复】

2017年危桥改造项目G3012线K71+892无名沟1号大桥修复工程 该工程合同工期为2017年10月30日至2018年5月30日，按计划完成。该项目施工图预算批复金额为54.2万元，其中建筑安装工程费44.23万元，工程建设其他费用8.39万元，其中工程监理费1.11万元，勘察设计费5.31万元，预备费1.58万元，施工合同价为54.2万元。

路面裂缝处治小型专项工程 工程内容为贴缝带处治路面裂缝39.12千米，开槽灌缝处治裂缝80.15千米。年内，完成灌缝40.42千米，贴缝带16.22千米。

【抢险救援】分局配备冬夏季应急抢险救援机械车辆29台，包括应急指挥车2辆、宇通客车2台、依维柯2辆、江铃双排自卸2辆、重型自卸车3辆、装载机2台、挖掘机2台、挖掘装载机1台、除雪车9台、随车吊1台、道路清扫车1台、推土机1台、平地机1台；应急物资包括沥青、砂石料、水泥、钢筋、型材、木材、铅丝笼、麻袋、融雪剂、防滑材料等，保证救援所需。

年内，出动冬季防雪保交通抢险3次，撒布融雪剂123吨，盐6吨，防滑沙400立方米，路面清雪17.905万立方米，出动机械34台班，人工81人次。出动道路抢险救援（车祸、塌方）2次，出动人工20人次，机械4台班。共计出动水毁抢险2次，出动人工96工日，机械49台班。

【安全监督】2018年，托克逊公路分局每月定期和不定期开展安全检查，查出隐患28个，整改28个，组织专项隐患排查整治6次，排查隐患21个，全部整改完成。

按照属地维稳工作相关要求，分局展开隐患排查工作69次，发现隐患62个，整改隐患62个。适时维护单位院内及3个家属区的监控、一键报警系统、身份验证系统、安检门等设施。

（麦丽开木·买买提）

道路运输管理

【概况】 全县有普通货物运输企业91家，个体340家，道路运输普货车辆1940辆。道路旅客运输企业5家，客运车辆59辆。机动车维修企业129家（含二类维修企业），危险品运输企业8家，驾驶员培训学校3所，检测站1家。

2018年，托克逊县道路运输管理局在职干部职工11人，其中女5人，少数民族9人，退休职工6人。

【行政许可】

道路货运许可 2018年，行政许可47件，新增21家普货企业，注销道路货物运输企业7家，道路运输经营许可证换证32家；新增普货车辆695辆，车辆道路运输证注销22辆，办理停运车辆13辆，办理复驶43辆，道路运输证换证58辆，道路运输证补证96辆，道路运输证过户转入16辆，道路运输证转籍转入7辆，道路运输证过户转出3辆，道路运输证转籍转出2辆。

机动车维修许可 2018年上半年行政许可29件，注销1家，换证18家。按照国务院决定取消的行政许可等事项目录第三项取消机动车维修经营许可，自2018年7月下旬起，不再对机动车维修企业进行经营许可。

道路旅客运输许可 客运车辆办理停运4辆、复驶1辆，道路运输证换证4辆，报废9辆，报废更新7辆。

机动车驾驶员培训许可

新增驾驶车2辆。

【行政执法】

年审 2018年,货运道路运输证年审1616人次,客运道路运输证年审86人次,道路运输驾驶员资格证年审860人次,继续再教育914人次。

处罚 2018年,查处各类违章、违规案件67件,其中一般程序案件30件,简易程序37件,未发生行政复议案件。各类台账登记规范整洁。严格按照《新疆道路运输行政处罚自由裁量基准》规范行政处罚自由裁量行为,在案件处理中统一执法尺度,落实自由裁量权,行政处罚公平、公正、公开,保护行政相对人合法权益。

【安全监管】

运输安全检查 组织辖区道路运输企业召开安全生产会议12次,深入各道路运输企业开展安全生产检查和维稳督导工作,全力做好重点时段和特殊节点道路运输安全稳定工作。2018年,下发整改通知书16份,托克逊县道路运输市场未发生重大运营责任事故。

货运源头治理 2018年,与各矿山企业和道路运输企业签订货运源头企业治超工作目标责任书,道路运输管理局执法人员联合县路政局、交警大队在黑山开展专项治理工作。年内,检查黑山、阿乐惠镇营运货车318辆,其中未盖篷布车辆14辆,非法改装车辆10辆,责令现场整改未盖篷布车辆,非法改装加高板车辆责令前往就近修理厂拆除处理。

超限运输车整顿 年内,对2016年6月至2017年6月及对2017年7月至2018年6月内违法超限运输车辆超过本单位货运车辆总数10%(含10%)以上的14家道路运输企业,实施为期三个月的停业整顿,一年内停止办理新增道路运输经营许可和新增车辆业务。企业法人代表和安全生产负责人参加由自治区运管局组织的法律法规培训学习班。

【投诉举报】年内,接自治区道路运输管理局"12328"投诉中心转办的投诉举报案件10件,受理率100%,全部在规定期限内处理完毕。 (张 静)

路政管理

【基本情况】托克逊路政管理局内设财务科、内业室、路政队,下设一个超限检测站,管辖里程362.6千米,其中国道G3012线(K0+000 ~ K145+000)、G30线(K3421 ~ K3472)196千米,省道S301线(K0+000 ~ K102+000)、S202线(K37+732 ~ K88+668)152.94千米,专用公路Z475线(K0+000 ~ K7+260)、Z476线(K0+000 ~ K6+400米)13.66千米。

2018年,有在职干部职工12人,其中女2人、少数民族3人。退休干部5人。

【依法治路】年内,托克逊路政管理局依法查处、办理各类路政案件169起,收缴公路赔(补)偿费108.82万元、罚款34.04万元,两项费用共142.86万元,行政处罚案件102起,损坏路产、侵占路权的行政处罚案件56起,罚款2.19万元;超限检测站共检测车辆37.02万辆,超限运输的行政处罚案件46起,超限率为0.01%,罚款31.85万元。受理行政许可11起,办结11起,许可补偿费13.79万元,路产损坏赔偿案件56起,收缴赔偿费95.03万元,路产损失回收率97.5%。

【巡查监督】杜绝新增违章建筑,取缔占路摊点。全年巡查里程累计9.44万千米,其中高速(含一级)公路平均巡查频率为0.42次/日,普通(二级及以下)公路平均巡查频率为2.1次/周;向公路养护部门送达公路、公路附属设施修复及隐患排查告知单63份,其中告知公路养护部门修复55项,安全隐患18处,公路养护部门已修复55项、处置安全隐患12处,配合公路养护、交警部门疏导交通1次,配合养护部门抗灾、清雪保畅2次,公路路域环境得到改观。

【检测稽查】 2018年，固定检测和流动稽查相结合，检测车辆37.02万辆，查处违法超限运输车辆46辆，卸载、分流、转运货物3134.12吨，罚款31.85万元。同比减少54.3%，超限率为0.01%。（张　红）

公路客运

【概况】 托克逊县客运站经自治区运管局站级评定为二级客运站，下设办公室、财务科、安全科3个科室和客运一、二班、伊拉湖班和托运部、旅行分社、超市、客运宾馆等部门，站内实行智能系统化管理和售票系统、全方位监控系统安全生产标准化管理，站内设有洗车场、综合服务台、特殊旅客候车室、行包托运、超市等功能区。是集旅客运输组织与管理、中转换乘、行包托运、宾馆餐厅、火车票代售、旅行社服务等业务为一体的多功能、开放式、系统化的运输服务体系。站址位于县友好路西延段南侧，占地面积3万平方米（45亩），建筑面积3779.75平方米，前后停车场一次性可容纳100多辆大中型客运车辆。

2018年，在册职工45人。

【客运班线】 2018年，日均发班次258.8车次，日发送旅客为2184.7人次。经营客运班线13条，其中有托克逊至乌鲁木齐、托克逊至库尔勒、伊拉湖至乌鲁木齐的市际班线3条。托克逊至吐鲁番、托克逊至大河沿镇的县际班线2条。县内通往各乡镇共有8条客运班线，分别是县城至伊拉湖镇、博斯坦镇、阿乐惠镇、克尔碱镇、南湖村、喀格恰克村、郭勒布依乡和库米什镇的客运班线，还开通有伊拉湖至布尔碱线路，客运班车乡镇通达率100%，进站营运客车98辆。

托克逊县客运站下设5个乡镇客运站（郭勒布依乡客运站、伊拉湖镇客运站、夏镇客运站、克尔碱镇客运站、库米什镇客运站），3个简易站（县电视台简易站、雪银硫酸厂简易站、九龙路简易站），3个招呼站（克尔碱镇英阿瓦提村招呼站、郭勒布依乡萨依吐格曼村招呼站、夏镇工尚村招呼站）。

【线路经营】 2018年，客运站共发送车9.45万次，比上年12.77万车次下降26%；完成客流量79.74万人/次，比上年123万人/次下降35%；完成旅客周转量5146.4万人/千米，比上年7968.13万人/千米下降35%，完成售票额1149.1万元，比上年1503.89万元下降24%。由于私家车发展迅猛，冲击班线客运，高铁公交化、城铁班次化，市际长途客流下降，整体生产效益下滑。

【安全生产管理】 客运站不定期安全检查所有营运车辆进行安全、卫生、车况等进，安全生产隐患采取“五落实、五到位”制度，及时发现、及时整改，及时落实、及时报告有关部门。培训班组人员鉴别非法出版物和“三品”等危险品的能力。排查和收缴营运车辆影像制品并登记、备案。查堵“三品”进站上车。2018年，客运站召开安全生产会12次，安全警示教育6次，职工和驾驶员参会人员达800余人次，消防演练8次，反恐演练18次，明察暗访16次，查出一般安全隐患46次，整改46次，整改率100%。全年没有发生生产安全事故。

（李　华）

通信信息

邮　政

【概况】 中国邮政集团公司新疆维吾尔自治区托克逊县分公司简称托克逊县邮政分公司。县邮政分公司共有11处邮政网点和普遍服务网点，其中城市网点4处，分别是北大街邮政支局、金桥邮政支局、西大街金融专厅、西大街速递专厅。农村网点7处，分别是郭勒布依乡邮政所、夏镇邮政所、库米什镇邮政所、伊拉湖镇邮政支局、阿乐惠镇邮政所，空白乡镇网点电子化支局2处（克尔碱镇空白乡镇邮政所，博斯坦镇空白乡镇邮政所）。县城内有3个邮政储蓄代理网点，乡镇有1个邮政储蓄代理网点。

2018年，有职工70人，其中在职职工35人，劳务工35人。女36人，少数民族64人。

【业务收入】 2018年，县邮政分公司累计实现收入1125万元，完成市分公司预算进度的72.83%，其中代理金融类实现收入640万元，完成预算收入78%；代理速递类实现收入165万元，完成预算收入65.5%；分销业务完成158万元，完成预算收入81%；集邮业务实现收入27万元，完成预算收入的32.5%；报刊业务完成73万元，完成预算收入的98.6%；电商业务完成46万元，完成预算收入的52.8%，函件业务完成2.5万元。

【主要业务】

寄递业务 2018年，托克逊县分公司根据用户需求，优化"家乡包裹"，因地制宜开发具有本地特色的"家乡包裹"风城特产寄递——托克逊县特色鲜红枣、干红枣、西州密25号哈密瓜等家乡特色包裹。2018年寄递红枣10吨，西州密25号哈密瓜50吨，农村电商示范点使托克逊分公司在建设中收益。

金融储蓄 2018年，由于客户维护力度不够，缺乏对金融大客户有效的系统管理和维护，细节工作做得不扎实，各网点对客户资料的采集也不够重视，维护手段比较简单，造成客户资源逐渐流失，导致发展潜力不足，影响了余额增长。储蓄余额累计较上年比均降低，全年累积减少7060.46万元，其中伊拉湖镇邮政支局减少753.43万元，金桥邮政支局减少3891.24万元，西大街金融专厅减少1520.57万元，北大街邮政支局减少895.22万元。

分销业务 2018年，农资销售350吨，销售额116万元。酒水销售260件，销售额14万元，五节联送销售7万元。端午邮情销售6.2万元，中秋思乡月销售8.22万元。

（再乃提古丽·尼斯尔）

电　信

【概况】中国电信股份有限公司托克逊分公司主要经营固网光宽、移动通信、互联网接入及应用等综合信息服务，拥有覆盖全县、通达各乡镇、村庄的电信网络，具有"公安访客系统""一键报警""天翼光宽带""天翼高清电视""维稳信息化产品"等知名品牌，具备电信全业务、多产品融合的服务能力。2018年，县电信分公司拥有合同制职工25人，其中少数民族17人。

【重点业务营销】2018年，县电信分公司配合开展跨年度营销、各节日促销、城市攻坚战、维稳信息化产品发展等活动。通过扫村、扫楼、扫街等方式，重点聚焦城市、校园和流动市场，加大4G智能终端促销力度，以整村整楼免费体验、存费送机、购机送红包等灵活促销方式，开展多波次，灵活多样的营销活动，促进各项业务发展。

【信息化网络服务】2018年，中国电信股份有限公司全面推进光网大建设活动以及移动4G互联网的建设力度。扩大CDMA网络的覆盖区域，在人口集中的城市区域，拓展4G网络的覆盖深度，提升网络质量；通过规模引入EPON技术，实施推进光纤进大楼及光纤到户FTTH、中国电信的光纤接入及"光进铜退"工作，县城区域基本实现光纤的全覆盖，农村乡村的光纤覆盖工作也在有序推进。

【业务发展】2018年，中国电信"放新增天翼"完成全年计划的119.1%；有线宽带完成全年计划的131.7%；FTTH完成全年计划90.9%。

（鲁　娟）

移　动

【概况】托克逊县移动分公司隶属于吐鲁番市移动分公司，下设经理办、副经理办、综合办、销售服务中心、大客户管理中心、维护建设部6个，自办营业厅1个，城区片区1个区域、乡镇2个区域，辖管乡镇营业厅46个，形成方便、快捷的服务营销网络。2018年，托克逊县移动分公司有员工29人，其中少数民族19人，女性13人，大专以上学历28人。

【网络建设】2018年，托克逊县移动分公司业务已开通127个热点，覆盖用户1.7万左右，4G室分县城区域基本普及，同时启动GSM村通工程，以乡镇、矿区、吐库铁路复线工区覆盖为重点，手机信号、GPRS覆盖由原来的“乡乡通”深入到“村村通”，基站数量达到400个左右，4G300个左右，实现移动通信网络深度覆盖。

【主营业务】2018年，客户满意度测评营业厅客户满意度短信评价得99.54分，客户满意度短信评价回复率35.6%，电子渠道营销业务办理占比达到75.63%，电子渠道增值业务开通占比达79.99%，缴费金额占比达25.67%，各厅电子渠道业务办理占比达79%，缴费占比达97%。

（崔松梅）

联　通

【概况】中国联合网络通信有限公司托克县分公司(以下简称托克逊县联通公司)是中国联合网络通信有限公司在托克逊的分支机构，主要经营移动通信、数据通信、互联网、国际国内长途及各种电信增值业务，依托新疆联通产业互联网研究院，围绕生态环境、交通旅游、医疗卫生、政务、教育、工业互联网、金融等行业提供创新领域的新型ICT服务，2018年，共有在编人员5人，职工16人，全县各乡镇均设有营销网点共17家，手机移动用户达4万户，宽带IPTV用户达2000户，解决带动相关就业100余人(以联通业务为主合作商)。

【业务发展】2018年，托克逊县联通公司同全国联通公司同步首批混改，引进多家大型电商，开展互联网化运营，为满足用户需求推出众多互联网产品和优惠业务，降低通信资费，提高服务水平。

【通信网络建设】2018年，开通36网(包括圣雄园、九龙工业园、伊拉湖工业园)的网络覆盖以及厂矿互联网、固话等。年内，托克逊3G、4G网络覆盖率达95%。新开小区为光纤到户，以满足客户的需求。互联网覆盖的区域有滨河、湖滨、湘泉、华安、碧水云天、始昌花园、永兴等小区，可服务5000户居民。

【安全生产】2018年，分公司在资金、财务、车辆、消防、人员等方面未发生安全事故。

（王立东）

商贸供销 招商引资 烟草专卖

SHANGMAO GONGXIAO ZHAOSHANG YINZI YANCAO ZHUANMAI

商贸流通

【项目申报】商经委组织辖区内各中小企业、合作社申报自治区各类专项资金项目,2018年,争取纺织服装产业专项补贴资金286万元,中小企业创业基地扶持资金25万元,电商发展专项资金500万元。3家企业列入2018年第一批电力直接交易电力用户名单,降低企业用电成本,其中自治区民生工业发展专项资金项目2个,到位资金15万元;自治区纺织服装企业岗前培训和新增就业专项资金项目3个,到位资金313万元;自治区纺织服装产业专项补贴资金项目2个,到位资金100万元;自治区工业节能专项资金项目3个,到位资金23万元。完成2016年电力用户与发电企业直接交易试点总结暨2017年电力直接交易申报工作,组织申报企业5家,共节省资金404.76万元。

【防范和化解金融风险】商经委发挥县金融办工作职能,在监督管理好4家小额贷款公司的同时,组织开展各类打击和防范非法集资专项活动,全年通过摸排监督未发现金融风险。2018年,统筹各乡镇和各成员单位打击和防范全县非法集资活动,向市金融办上报各类信息70余份(条)、报表36个、总结8份。

【中央环保督察意见整改】中央第八环境保护督查组组反馈意见第八条“地条钢”排查和建立长效机制整改销号工作。托克逊县根据中央第八环境保护督察组反馈意见,淘汰落后产能,督促新疆黑山煤化工有限公司、新疆圣雄电石有限公司、新疆圣雄焦化有限公司淘汰落后产能,拆除装置,并依据拆除方案严格督促执行,通过县商经委、发改委、环保局、纪检委等部门联合验收。

【储备肉投放】2018年春节期间共投放储备鲜羊肉7970.12千克,县财政补贴金额为3.99万元。

【成品油市场管理】2018年,全县汽油购进量2.16万吨,同比下降2.56%;汽油销售量2.13万吨,同比下降5.03%;柴油购进量11.74万吨,同比下降3.89%;柴油销售量11.66万吨,同比下降5.20%。年检全县30家加油站,向12家单位发函,下发整改通知书12份,申请注销成品油零售许可证书企业4家,保障全县成品油稳定供应。集中开展3次成品油专项整治工作,劝返75辆外地运油车,开展企业自备油库隐患排查工作,净化黑山矿区成品油流通市场;组织开展加油站地下油罐防渗改造工作,27家加油站完成,未完成的4家已办理成品油零售经营证书注销手续。

【消费品市场】2018年,托克逊县社会消费品零售总额6.67亿元(预计),其中城镇社会消费品零售额为3.51亿元,乡村社会消费品零售额为3.16亿元。第三产业销售总额16.96亿元。做好12家商务部三大监测系统样本企业信息报送工作,报送商务预报信息272篇。

【外经贸发展】托克逊县大润发发艺制作有限公司2018年全年完成出口价值48.37万美元的毛发制假发。

【电商产业】建立县级电子商务公共服务中心1个，乡镇级电子商务服务站8个，村级电子商务服务点24个，县、乡、村三级服务体系基本搭建成型。年内，通过物流整合，打通"工业品下乡、农产品进城"上下行物流通道。完成5410人次的电子商务培训工作，其中贫困户培训626人次，培育企业、个人网商110家，带动214人就业。2018年，全县快递进口量69.45万件，其中电商快递进口量为59.06万件，网购额2951.59万元。服务型敬意主题网络销售额180万元。电子商务交易额3830.62万元，同比增长43.1%。全县网销零售额879.03万元，同比增长49.9%。全县农村网销额699.03万元，同比增长30.3%。

【物流寄递行业管理】2018年，累计检查快递公司和托运部1030人次，检查企业2291家次，发现安全隐患909处，其中现场责令立即整改852，限期整改57处，下发责令整改通知书74份，责令停业整改15家/次，移交行业主管部门处理12起，确保寄递物流行业"三项百分百"制度的落实。

【重点物流项目建设】商经委牵头推进丝路驿站物流园项目建设。苗木种植除东侧和南侧外完成总量的90%。防护林道路工程路基及砾石基层、级配砾石面层已全部完成。园区绿化种植土换填完成20%。

【职工安置】年内，界定县三川建材职工身份并统计职工工资、社保、住房押金，同时协调有意愿去托克逊县中泰集团项目上班人员，相关款项正在协调发放中；重新制订金兰水泥厂职工安置方案，并将其发放给职工代表征求意见，有80人提交回复意见，并核算完成县财政补缴社保金金额。申请解决天福食品公司在职及退休人员第一、二季度养老金，医疗保险费用，申请解决到达退休年龄的原化工、煤炭、货运、百货、麻黄素厂、西域、烟酒等7家破产企业的9名职工养老统筹、失业金等。

【转移就业】年内，与企业对接，安排南疆籍务工人员转移就业。保障南疆务工人员住宿、伙食等，给务工人员创造稳定就业条件。2018年，在2017年有组织转移的100名南疆籍务工人员中，有82人在托克逊县稳定工作。

【惠企政策】2018年，争取自治区纺织服装产业专项补贴资金286万元，中小企业创业基地扶持资金25万元，电商发展专项资金500万元；将3家企业列入2018年第一批电力直接交易电力用户名单，降低企业用电成本。

【安全生产工作】民爆企业共发现安全隐患35处，现场整改8处，下发责令整改通知书4份，限期整改27处。重点检查32家加油站、19家物流寄递企业、8家大型商超212次，联合检查5次、出动执法人员累计434人次，发现的安全隐患均整改完成。 （郑开林）

供销合作

【概况】托克逊县供销合作社联合社内设党政办、综合业务科、财务科、安全生产和资产监管科。2018年，有工作人员9人，其中女2人，少数民族3人。

2018年新建基层社1个（托克逊县吉格代惠民果蔬种植农民专业合作社），改建基层社1个，领办农民专业合作社3个。

【综合改革】2018年9月，县委、县政府深化供销合作社综合改革，创新社有资产管理体制机制，成立安全生产和资产监管科，专人专管，加强社有资产的经营管理。

农资经销 销售各类农资718.4万元。

招商引资 为盘活社有固

定资产,年内引进托克逊县鑫海岸建材有限公司,年增固定资产收益3万元。

安全生产 2018年,对所属门店及出租场地开展安全生产督查,检查企业安全生产制度落实情况、用电线路改造、消防设施、安防设备等情况,有效防止安全生产事故发生。

退休养老 2018年为9名下岗职工办理退休手续,补缴社会养老保险金4.82万元。

信访工作 妥善解决下岗职工上访反应的问题6件。

培训工作 全年安排农民专业合作社参加电子商务培训30人。

(阿依古丽·尼亚孜)

烟草专卖

【概况】托克逊县烟草专卖局隶属新疆维吾尔自治区烟草专卖局(公司)吐鲁番市局(公司)。县烟草专卖局(营销部)下设专卖稽查大队和客户服务部。承担着托克逊县域的烟草专卖管理与卷烟营销客户服务任务。2018年,托克逊烟草专卖局在岗员工3人,其中编制人员3人,聘用人员1人。少数民族1人。2018年,辖区持有烟草专卖零售许可证的单位、个人802户。

【案件查处】2018年,查处案件31起,查获涉案卷烟1078.2条,其中真烟案件25起,涉烟1157.2条;假烟案件4起,涉烟18.9条;莫合烟案件5起,118.83千克,案值13.86万元,案值比上年的10.02万元增长38.3%,查获涉案卷烟比上年的890.3条增长32.1%。与托克逊县公安局经侦大队联合查处1起涉烟案件,涉烟51.8条,案值共3.37万元。参与邮政管理局行业督导组开展2次联合检查,拓展协作区域,落实常驻监管,深挖扩线1起涉烟违法线索,快递环节共查获卷烟包裹2个,涉及卷烟6条,其中假烟6条,立案2起,案值合计1640元。 (李 进)

招商引资

【概况】托克逊县招商管理局(托克逊县经济技术协作办公室)主要职能是统筹协调全县对外招商引资工作;参与指导、协调各县直经济部门、乡镇的招商引资工作;建立招商引资项目信息库和参与协调全县重大对外招商引资项目的谈判、技术考察、签约工作。2018年,招商管理局有9人,其中女性3人,少数民族5人。

【引资签约】2018年,吐鲁番市下达托克逊县招商引资到位资金任务180亿元,完成招商引资到位资金44.9亿元,完成目标任务的24.9%,其中新执行项目6个,到位资金3.4亿元;续建项目26个,到位资金41.5亿元。签约项目22个,签约资金68.2亿元,跟踪洽谈项目87个,项目拟投资总额369.7亿元。

【参会参展】2018年,托克逊县参加国内各类经贸洽谈活动精准招商,拓展发展空间。参加在乌鲁木齐市举办的2018亚欧商品贸易博览会签约项目2个,签约金额4.5亿元。第二十六届中国丝绸之路吐鲁番葡萄节签约项目13家、签约总金额46.2亿元,湖南工商联系统企业项目对接会签约项目4个,签约金额4.7亿元,签约项目涵盖矿业加工、装备制造、农副产品深加工、新型建材材料、物流、房地产业、新能源7个行业。年内,亚欧商博会、葡萄节签约项目全部履约落地,项目建设加紧推进,履约率达100%。

【在建项目建设】经常调度在建项目,收集整理项目建设中存在问题和困难,会同工业园区管委会、经信委等部门帮助企业及时解决处理,推进在建项目实施。

新疆再生资源集团与湖北骆驼集团合作投资7亿元,建设年处理20万吨废旧蓄电瓶及400万千伏安电瓶生产项目建设完毕,年内完成试投产。

托克逊县华帝服装有限责任公司总投资2.3亿元,建设年产100万套服装项目及新疆丝路兴达投资3亿元，建设120吨/年精梳绒、羊绒纱线500吨/年、羊绒服装50万件/年生产项目，年内完成试投产。

年内，投资2.27亿元的徽商白粮液大厦、2.74亿元的零海拔小区建设项目开工建设；投资1.7亿元的广东开能粉尘综合利用项目注册、选址完成及办理前期手续。

【政策落实】根据自治区、市相关产业鼓励政策，提出合理化建议，对煤炭精细化工、新能源装备制造、矿山装备制造、再生资源生产、新型材料等科技含量高、财政贡献大的企业按贡献程度给予政策性奖励和补贴。属于国家认证的高新技术企业，在国家补贴标准的基础上再给予一定补贴支持。对专利技术引进中试、规模化生产等高新技术项目建设生产，可享受科技三项费相关政策的支持等建议，得到县委、政府主要领导的肯定。托克逊县客商依法依规依程序享受到招商引资的各项优惠政策，全年兑现各类补贴资金1000余万元。

【存在问题】投资软环境方面，企业贷款难、融资难，资金来源渠道少。国家整个经济下行压力较大，企业普遍很难得到金融单位的信贷支持，发展资金短缺，致使招商引资企业发展后劲不足，大部分客商持观望态度。投资硬环境方面，招商引资基础较差。标准厂房建设严重滞后，部分客商租赁厂房办企业的愿望难以实现。受地理位置、县区功能、资源状况、基础设施建设等因素的影响，投资环境还不能满足一些项目的投资需求。客商核算运输成本高。用工选择难度大。本地用工资源匮乏，符合企业需求标准的工人少，双语及职业技能水平不高。

湖南产业援疆招商中洽谈的客商较多，但履约落地的偏少。2018年有9个签约项目，只落地3个项目。

（梁　鑫）

2018年托克逊县招商引资项目建设情况表

表9

项目名称	投资方单位	签约时间	总投资（万元）
白粮液大厦项目	托克逊县西域徽商房地产	2018年5月	22700
零海拔小区项目	托克逊县西域徽商房地产	2018年5月	27400
上海浩登年产3.5万吨高分子产品及1万吨咪唑系列产品项目	华天陶瓷有限公司	2017年5月	35000
新疆中泰化学集团圣雄能源工业园高含碳难燃烧废弃粉尘综合利用项目	广东开能	2018年4月	9000
建设基地及花生榨油生产线，及种植花生	河南省星河油脂有限公司	2018年7月	1000
果脯生产线	高六齐个人	2018年7月	2000
重庆泰越商贸有限公司新型外墙保温材料生产线项目	重庆泰越商贸有限公司	2018年3月	12000

2018年度招商引资执行项目投建情况表

表10 单位:千万元

项目名称	开工日期	计划投资额	往年累计结转额	累计额
托克逊天鹏炭素有限公司年产60万吨电极糊项目	2014年7月	20	10	7.9
托克逊宇升印刷有限公司年产5亿平方米纸质品包装材料生产线建设项目	2016年5月	15	0.5	2.61
托克逊县黑山矿区仓储物流基地建设项目	2016年6月	10	0	10
年产20万锭纺配套48000吨无纺布项目	2016年8月	120	6	0
中泰化学高性能树脂产业园区配套基础设施建设项目	2016年8月	200	110	186
新疆能源公司托克逊县库米什区域油气风险勘查项目,克尔碱矿区资源整合与开发,洁净能源循环经济多联产项目	2016年10月	2800	0	0.5
丝路路兴达羊绒产业加深工项目	2017年1月	30	5	9.48
托克逊县丝路驿站物流园建设项目	2017年1月	45	20	7.72
年产900万平方米高档抛光瓷质建设项目	2017年1月	30	15	10.76
高低压开关柜,配电箱生产项目	2017年3月	30	9	0
托克逊县绿叶红服装厂年产100万件服装生产建设项目	2017年4月	7.01	0	1.7
山东贝斯特包装有限公司年产2亿条化工包装袋生产项目	2017年5月	10	0	0.3
杭州福融农业开发有限公司万亩(桑葚)防风固沙生态防护林建设及年出栏万头生猪肉驴养殖基地建设项目	2017年5月	10	0	5
骆驼集团托克逊县再生铅和蓄电池制造项目	2017年7月	32	25	23.7
托克逊县泰越驴奶加工生产及加工基地建设项目	2017年7月	8.5	0	1.9
托克逊崇盛欣源新材料有限公司年产5000吨抗车辙剂、5000吨固体燃料生产项目。	2017年7月	15	0	8.75
新疆众志集团建设众志微量元素硅矿粉产业园项目	2017年7月	51	0	5
华帝年产服装100万套,针织20万套项目	2017年8月	30	16	1.17
宁疆工贸有限公司年产120万吨/年煤炭选洗及废弃物资源综合利用建设项目	2017年8月	5	0	6.15
色日克墩葡萄酒庄建设项目	2017年8月	20	0	0
陇新化工年产5000吨金属锶项目	2017年8月	10	0	15

续表10

项目名称	开工日期	计划投资额	往年累计结转额	累计额
天雨化工年产500万吨煤分质清油高效综合利用项目	2017年9月	182	26	88.6
新疆华仪电器有限公司年产3000台高低压开关柜及配电柜	2017年9月	30	9	8
浙江新通联泵阀有限公司年产3.2万台泵阀生产制造项目	2017年10月	15	5	4
河南大润发发艺制作有限公司年产300万条假发及15万个教学头项目	2017年10月	10	5	3
重庆泰越商贸有限公司新型外墙保温材料生产线项目	2018年3月	12	0	8.33
新疆中泰化学集团圣雄能源工业园高含碳难燃烧废弃粉尘综合利用项目	2018年4月	9	—	10.5
上海浩登年产3.5万吨高分子产品及1万吨咪唑系列产品	2018年5月	35	—	10
白粮液大厦项目	2018年5月	22.7	—	7.5
零海拔小区项目	2018年5月	27.4	—	4.9
投资1000万元建设花生榨油生产线，及种植花生	2018年7月	1	—	0.1
投资2000万元建设果脯生产线	2018年7月	2	—	1.01
合计				449.58

经济管理与监督

JINGJI GUANLI YU JIANDU

发展与经济建设

【宏观经济运行】 2018年,全县固定资产投资累计完成50亿元,同比下降57.29%,其中第一产业完成投资4800万元,同比下降91.5%。第二产业完成投资39.85亿元,同比增长0.72%。第三产业完成投资9.67亿元,同比下降86.56%。累计实现社会消费品零售总额6.15亿元,同比增长5.19%;完成一般公共预算收入14.97亿元,同比增长54.9%。全年城镇居民可支配收入3.3万元,比上年增加2561元,增长8.4%。农村居民可支配收入12987元,比上年增加1134元,增长9.6%。

【项目建设】

项目审批 2018年,审批项目65项,备案项目49项,审批备案项目网上同步审批。

中央预算内资金争取 2018年,争取中央、自治区预算内投资项目18项,共争取中央预算内资金1.69亿元,项目总投资达3.57亿元。

固定资产投资 2018年,全社会固定资产投资支撑项目有56项,年计划投资46.5亿元。储备项目有25项,总投资达198.28亿元。全县完成固定资产投资50亿元。

重点项目 中泰集团50万吨PVC、华天瓷业年产900万平方米中高档抛光瓷砖、绿翔年产6万吨新型外墙保温材料等全面达产;骆驼集团年产400万千瓦蓄电池首期100万千瓦生产线进入试生产;中泰年产30万吨高性能树脂生产线、中泰天雨500万吨/年煤分质清洁高效综合利用项目一期120万吨/年半焦、30万吨/年焦油加氢装置项目、中泰绿色建材电石渣节能环保综合利用项目完成目标任务的70%,骆驼集团年处理16万吨废铅酸蓄电池回收项目完成;新疆中泰新能源有限公司煤基新材料升级示范项目列入《国家现代煤化工产业创新发展布局方案》并上报国家发改委;新疆能源集团托克逊洁净能源多联产一期工程热解项目列入《煤炭深加工产业示范“十三五”规划》通过审核,待国家能源局发布公告;神华黑山露天煤矿400万吨/年项目取得国家能源局核准;克布尔碱矿区总规环评通过生态环境部审查。

【防范化解重大风险】 年内,梳理2017年1月1日后县本级审批政府投资类项目82项,基础设施领域建设项目151项,按照自治区党委“四个一律”(一律不准下可能导致债务风险或隐形债务风险的指标,一律不准受理无资金来源的项目,一律不准再申报无资金来源的项目,一律不准再上无资金来源的项目)要求,严格把关,消除可能发生的政府隐性债务风险,牢牢守住“零举债”底线。

【污染防治】 年内,将自治区下达的节能约束性指标万元增加值能耗任务细化分解到全县52家规模以上工业企业并签订节能降耗目标责任书,每月预警通报,关停和处罚月通报2次的企业。加强能源消耗统计工作,尤其是对中泰、圣雄等6家规模以上企业增加值、能源现状、统计数据填报,确保能源消费总量和单位GDP能源消耗量完成“双控”目标任务。完成“十三五”期间能耗强度控制在2.38吨标准煤/万元,能耗总量控制在354万吨标准煤的目标任务。

【对口援托】

“十三五”援疆规划中期评估 “十三五”期间,托克逊规划实施援疆项目24个,规划安排援疆资金3.84亿元,2016年、2017年、2018年分三批次共安排援疆资金20.73亿元,援疆项目双语幼儿园、教育信息化、一中多功能教育楼、滨河学校塑胶运动场和室内篮球馆、夏镇卡拉苏小学、贫困户(村)富民安居工程配套基础设施建设、维吾尔医院、基层干部轮训等完工并交付使用。根据国家发改委要求,年内中期评估“十三五”援疆规划,涉及调整、取消和新增的项目共23个,其中调整项目资金11个:定居兴牧工程、乡镇卫生院业务用房改扩建项目、村民小组活动室建设项目、公安局购置警用装备和技术装备项目、幼儿园建设项目、教育信息化项目、一中多功能教学楼建设项目、夏镇卡拉苏小学综合教学楼建设项目、维吾尔医医院门诊综合楼建设项目、村级阵地建设项目和广播电视中心和发射塔项目。取消项目5个,分别是临水西外环引道工程、产业园区标准化厂房建设项目、夏镇贫困村异地搬迁项目、现代农业精品人才培养工程、促进劳动力就业项目。新增项目7个,分别是文化活动中心室内装修及设备购置工程、援疆生态林、万名教室支教工程、夏镇色日克墩村基础设施建设项目、伊拉湖镇康喀村基础设施建设项目和教育系统消防工程改造项目。

就业培训 根据“湘吐情·一户一工人”培养工程计划,从2018—2022年计划用5年时间培训城乡富余劳动力1000人,促进就业创业80%以上人次。2018年,共举办培训班2期,培训126人,就业107人,就业率85%。

项目援建 2018年,托克逊县援建项目13个,其中固定资产投资类10个,非固定资产投资类3个,援助资金8956万元全部到位。年内完成13个项目,即未就业大学生锻炼培训项目、家门口就业项目、双语幼儿园建设项目、一中多功能教学楼建设项目、滨河学校塑胶运动场项目、滨河学校室内篮球馆建设项目,夏镇卡拉苏小学综合教学楼建设项目、资助内地贫困大学生项目、人才交流交往培养项目、安居富民工程、维吾尔医医院门诊综合楼建设项目、广播电视中心和发射塔项目(完成年内规划建设任务)和县村级阵地建设项目。

产业援助 2018年,为助力脱贫攻坚,实施托克逊县未就业大学生锻炼培训项目、托克逊县家门口就业项目等就业及支持产业发展项目2个,援助资金160万元,2个项目完成任务。完成湖南援疆招商引资签约项目4个,签约资金4.7亿元,服务落地项目5个,到位资金1.1亿元。通过引导企业参加中国(长沙)果品大会、2018湖南农博会,帮助企业打开市场、打开销路,全年“疆品入湘”实现销售收入1.5亿元。

维稳援助 资金援助。2018年,湖南省郴州市援助托克逊县公安局资金400万元,有效缓解了警用车辆紧张局面。

人才援助 根据党中央、公安部党委统一部署,湖南郴州、湘西共21名援疆民警于2018年9月到托克逊县参与维稳工作,全体援疆民警紧紧围绕习近平总书记提出的社会稳定和长治久安新疆工作总目标和自治区党委明确“一年稳住、两年巩固、三年基本常态、五年全面稳定”工作规划,牢固树立“四个意识”,坚决做到“两个维护”“四个服从”,谨记舍家报国倾情援疆的光荣使命,在吐鲁番这片神奇的土地上挥洒汗水,奉献才智、忘我工作,坚持与受援地民警同工作同学习,不搞特殊化,为托克逊县社会持续稳定和长治久安做出突出贡献。

物价管理

【价格监测】

烟酒市场价格专项巡查　巡查家乐福超市、忠信欢乐家超市等各大超市和烟酒专卖店的烟酒商品价格情况以及明码标价执行情况,未发现扰乱市场秩序,推动烟酒价格过高过快上涨、恶意囤积等行为和捏造、散布涨价信息的情况。

电价补贴政策落实检查　2017年,自治区实施城乡居民生活用电同网同价改革,自2017年7月1日起统一全区城乡居民生活用电价格,同网同价,全区城乡居民生活用电价格到户终端价为0.39元/千瓦时。为保证此项惠民政策实施到位,县发改委检查辖区范围内转供电物业公司执行到位情况,2017年12月电价补贴全部落实,涉及居民生活用电7270户,全年降费132.21万元,县转供电小区于2018年1月开始按0.39元/千瓦时标准收取居民用电价格。

清理规范一般工商业转供电环节加价行为　组织45家转供电主体落实清理规范一般工商业用电降价政策。26个一般工商业转供电业务转供电主体基本完成一般工商业电价降低10%的目标,涉及转供电用户8049户,其中涉及一般工商业用户1779户,降费金额90.95万元。未按自治区转供电政策降费、退费的转供电主体已限期整改。

天然气用气价格指标　为保障各族人民顺利过冬,用上安全、清洁天然气,与中国石油天然气股份有限公司天然气销售西部分公司新疆代表处协调用气指标,按照天然气领域相关规定,促成天然气经营企业达成价格和解。2018年,天然气价格为1.3元/立方米,保障了托克逊县居民用气价格合理规范与用气安全。

棉花目标价格改革　根据自治区棉花目标价格改革棉花加工企业暂行管理办法和棉花加工企业诚信经营评价暂行管理办法,组织棉花经营企业参与诚信经营评价工作及棉花加工企业认定不良行为,强化棉花市场事中事后监管。年内,完成棉花加工企业向国家发改委填报棉花目标价格改革预警系统信息以及相关审核工作。2018年,共上报164次,籽棉收购价格在5.3~6.6元/千克,棉籽收购价格在1.6~1.78元/千克,公定衣分率(棉籽公定衣分率是指从棉籽上轧出的皮棉公定重量占相应籽棉重量的百分率)30.2%~36.1%。

【价格举报】　县发改委及时发现价格波动走向,关注民生热点难点。12358热线电话第一时间答复群众咨询,受理群众举报投诉,化解价格矛盾与纠纷。2018年,咨询投诉热点从往年的教育、医疗和行政机关收费逐渐转移到物业、停车、转供水电、出租车行业等日常生活方面。共受理价格咨询20件,受理价格举报投诉8件。

【价格管理】　年内,完成新疆收费管理信息网和全国收费动态监管系统审核工作。审查和核对2017年收费单位提供的年终报表、收费收款票据、收费项目收费标准等,未发现漏报、重报、瞒报等现象。摸排多家企业未发现涉企收费情况。

【价格认证】　2018年,价格认证中心受理案件52起,认定金额共716.3万元,其中刑事案件19起,价格认定金额211.27万元;车损案件2起,价格认定金额3.36万元;涉及拆迁案件31起,价格认定金额501.67万元。

粮食管理

【库存调查】　深入粮食销售企业、商店开展粮食安全和法律咨询活动,30个农户、10家粮油经营个体户和1家粮食转化企业参加粮食统计台账填写、粮食消耗量调查工作,全县粮食库存及消费量明晰,为宏观调控全县粮食提供基础。

【军粮供应】　军粮专库保管,建立军粮保管、供应、出入库登记专用账卡，完善粮食交接手续，建立粮食来源和供应粮食质量档案。定期走访部队，调查了解部队对军供粮质量和服务满意度以及需求情况，退换有质量问题的粮食。

（古丽斯坦·帕尔哈提）

统计管理

【概况】 2018年，统计局共有干部职工10人，其中女性8人，少数民族8人。全年统计报表45种4500余份。

【综合统计】 2018年，编印发布《托克逊县国民经济和社会发展统计公报》《领导干部手册》《托克逊县经济要情参考》，印发彩版《托克逊县经济要情参考》11期。发挥统计监测职能作用，把握全年经济走势，制订来年计划和目标考核提供依据，让各级领导提前了解全年经济运行情况，为领导宏观决策和考核目标任务完成情况提供可靠的基础资料。

【常规统计】 每月按时汇总各部门、各专业经济指标预计数据，定期分析月度经济运行情况在全县公布。同县商经、发改、税务、市场监督管理等部门入库监测新引进注册单位、规模以下企业运营情况，确保"四上"单位应统尽统。2018年，县统计局累计编写经济要情卡片500余份，编写涉及工业、能源、投资等各类经济分析材料30余篇，统计名录库更新100余家，新增规模以上企业6家。

【第四次全国经济普查工作】 2018年9月起全国同步开始开展第四次全国经济普查，编制托克逊县第四次全经济普查工作方案，预算普查经费，会同县市场监督管理局、税务、编办、民宗、教育、交通、运管等部门数据，反复核对全县法人、产业活动单位名录。9月上旬开始开展普查清查，全县累计清查企业1136户、行政事业单位296户、村（居）委会57户、民办非企业10户、协会31户、合作社397户、清真寺49户、个体户7199户。

【城乡住户调查】 托克逊县城乡一体化样本调查户120户，其中省级和县级样本户各60户。2018年为样本轮换期，为衔接好样本，确保如实统计城乡居民可支配收入，统计局干部深入各行政村，逐户了解家庭基本情况、收支情况，逐户造册，确保依法全面统计，通过了自治区住户调查总队对"城乡一体化"工作验收。

（王亚红）

国有资产监督管理

【概况】 国资委下设综合办公室、产权办公室、财务办公室。2018年，国资委有11人，其中在编在职人员6人，地方性事业编5人。女性5人，少数民族2人。

【总体资产负债】 2018年，国有企业共54家，其中国有独资企业47家，国有控股企业2家，国有参股企业5家。54家企业中融资企业19家，实体企业15家，拟注销企业20家。年内，国有独资及国有控股企业资产总计13.33亿元，负债总额10.61亿元，所有者权益2.72亿元，主营业务收入总额1.56亿元，利润总额为8419万元，上缴税额1691万元。

【重点项目融资】 通过债券、国家专项建设基金投资、银行专项贷款等渠道对承接重点项目的融资类公司融资。2017年棚改项目实际融资11.84亿元，完成率77.41%，资金加大了对公益性事业、公共设施、民生工程、产业设施的投资力度，推动了棚户区改造、农村路网建设、美丽乡村等民生工程的建设。

【项目建设】

天山商城建设项目 项目由托克逊县润泽房地产开发有限公司实施建设，总建筑面积5.3万平方米，项目总投资1.5亿元，项目施工图设计方案确定、地勘报告完成、土地手续正在与国土局协调办理。

润泽商业街项目 项目由托克逊县润泽房地产开发有限公司实施建设,总建筑面积2.6万平方米,项目总投资6500万元,项目施工图设计方案已确定、地勘报告完成、土地手续正在与国土局协调办理。

望月楼旧楼改造项目 望月楼部分设计方案完成,旧厂房部分计划改造为健身房,外围场地改造为篮球场、羽毛球场及夜市。

【三大攻坚战】

防止违规举债 停止所有违规政府购买服务融资项目提款,严控项目建设进度和规模,确保2018年后地方政府违规举债零增长。由县财政局、国资委及下属国有公司筹集资金用于偿还农发行、国开行、农行等政府购买服务贷款、基金、企业债、行政事业单位拆借资金共17.15亿元。

脱贫攻坚 贯彻落实自治区、市委、县委工作安排和部署,推进夏镇扶贫资金资产收益项目建设,年内完成项目建设。

污染防治 艾维尔沟矿区专用道路建设环保专项督查治理建设项目于2017年8月开工建设,年内完成工程总量的75%。按照托克逊县污染整改要求,工业园区污水处理厂及管网建设项目于2017年3月开工建设,当年8月被列入环保督查专项治理建设项目,该项目完成总工程的80%。

【国企改革】 国资监管体制。不断强化实体运营的国有企业主体责任,合理划分职责和权利,逐步完善法人治理结构制度建设,将国有企业财务移交至国资委统一管理。深化国有企业内部用人制度改革,全面推进企业绩效考核。每月召开国资监管企业经营会议,协调解决企业经营中存在的困难和问题。

国有资产规范管理。严格按照国有资产转让规定,对托克逊县绿之源公司色日克墩办公区及沼气池等资产办理相关权属,其中色日克墩办公区相关资料提交至县国土局,年内办理完成。要求收回绿惠公司租赁至南疆5台挖机,2台挖机已交还,其余3台未收回。为实现政企分离,制订阿乐惠镇镇政府与托克逊县和裕城市建设有限责任公司市政设施运营权、管理权和收益权移交方案。

经营性国有资产集中统一监管。管控企业资产,严格落实国有资产登记工作,将经营性国有资产调拨至托克逊县碧禾兰商贸有限公司集中统一监管,制订国有资产管理办法,以出租或资产出资对外合作等形式确保国有资产保值增值。

【国资处置和利益分配】

2018年,县属国有企业托克逊县小黑羊畜牧养殖科技有限公司现代畜牧产业园区项目北区资产(评估价格4146万元)划拨至托克逊县职业技能教育培训服务管理局,并在南区重新选址,开展新的生产办公区等配套的管理用房建设工作。

为改善人居环境、推进新型城镇化建设。年内,完成托克逊县天山小镇房屋66栋(一栋两层)主体建设和室内设施配套及外墙保温等工作,办理相关土地手续。

整合16处国有资产,完成2017年度处置国有固定资产挖掘机7台,处置资产净值57.4万元。 (李　鹏)

审计监督

【概况】 托克逊县审计局内设办公室、经济责任科、财金科、行政事业科、投资审计科。2018年,在职人员24人,其中女性11人,少数民族12人;会计专业人员5人,工程类专业4人,审计专业1人,经济类专业4人。

【投资审计】 2018年,共完成竣工结算审计项目定案39个,送审价1.84亿元,审定价1.49亿元,核减额3500万元,核减率19.18%,比上年核减额增加348.47万元,核减率提高1.04%。完成50万元以下备案项目109个,比上年增加90个,核减额1051.94万元,比上年增加1020.16万元，核减率达36%，为政府节省大量资金。

完成交通局2017年基础建设项目（各乡镇农村道路821.98千米，合同价6.42亿元）清算审计的前期准备工作。

【项目审计】 2018年，托克逊县审计局完成项目41个，其中自治区统一安排的保障性住房跟踪审计项目1个，吐鲁番市安排的政府性债务调查和扶贫资金调查检查项目2个，托克逊县本级财政预算执行审计项目1个。组织部委托的经济责任审计项目16个，县政府委托的预算执行、财务收支、经济责任、工程基本建设项目检查审计21个。年内共完成30个审计项目，11个未完成。

年内，审计政府性债务6.87亿元，审计扶贫资金2612万元。审计本级财政预算执行项目3.32亿元，经济责任审计1.25亿元。检查审计县政府委托的预算执行、财务收支、经济责任、工程基本建设项目资金2.87亿元。

审计发现违规使用现金发放津贴补贴，未及时清理长期挂账、来往账款，固定资产账账不符、账实不符，项目专款支出无由，挤占挪用专项资金等问题，督促相关单位整改。

【建章立制】 起草制订《托克逊县审计全覆盖实施方案》，完善审计整改机制。在总结近年来审计出现的普遍问题基础上，制订《托克逊县政府性投资项目结算审计协审机构管理办法》及政府投资项目管理暂行办法的补充通知，建立起科学、民主、依法的投资决策、实施和监管机制，提高政府投资效益。指导完成的经济责任、财务收支审计项目整改，每审完一个项目即反馈被审计单位，提高被审计单位遵章守纪意识。

【责任审计】 年内，县审计局对公共资金、国有资产、国有资源和领导干部履行经济责任情况实行审计全覆盖，应审尽审、凡审必严、严肃问责。加大对问题多、反映大的单位及领导干部的审计频次，发挥审计在党和国家监督体系中的重要作用。“四结合一利用”（即经济责任审计与财政预算执行审计相结合，经济责任审计与专项资金审计相结合，经济责任审计与乡镇财政决算审计相结合，党、政主要领导经济责任审计相结合，对前次审计不满一年的项目，利用其审计成果，解决审计任务与人员力量不足的问题），保证审计全覆盖。

年内，组织符合资质的社会审计中介机构对组织部委托的18家县直单位进行了领导干部经济责任离任审计，审计全覆盖县人民政府委托的58家重点部门。（蔡　荣）

安全生产监督管理

【概况】 托克逊县安全生产监督管理局内设机构有办公室、综合业务科。2018年在职19人，其中少数民族6人。

县域内危险化学品企业41家，其中危险化学品生产企业8家，加油站32家，烟花爆竹销售商1家，非煤矿山企业23家。

【安全生产情况】 2018年，吐鲁番市下达给托克逊县安全生产控制指标为12人，其中生产经营性道路交通控制指标为9人，工矿商贸领域控制指标为3人，其他领域控制指标为零。

2018年，全县发生生产经营性各类安全生产事故3起（不含消防），死亡3人，受伤3人。其中道路交通经营性安全生产事故2起，死亡2人，受伤3人；煤炭1起，死亡1人，其他行业未发生生产经营性安全生产事故。

【安全生产责任】 2018年，县委、政府召开5次安委会全体会议，每月召开1次安全生产工作例会，累计召开12次，安排部署安全生产工作，组织学习《习近平总书记有关安全生产工作十个方面重要论述》《自治区安全生产严格执法十项措施》及《自治区实施〈地方党政领导干部安全生产责任制规定〉细则》等。针对“11·28”张家口危化企业爆燃事故,动员大干100天,确保安全稳定无事故,成立危险化学品、非煤矿山等16个专项行业检查组,消除各类安全隐患,严防各类生产安全事故发生。

【安全生产检查】 2018年,托克逊县在整改治理上出重拳,标本兼治遏制重特大事故,建立完善重点行业领域安全风险分级管控和隐患排查双重预防机制。16个行业督导检查组在各重大节假日及重点时段开展全域性安全生产大排查,治理了大批隐患。重点矿山企业、重大煤化工企业各派驻1名安全生产监督员加强安全生产监管执法,重点对其安全生产、矿区维稳、环境治理等方面进行监管。为各乡镇订购简易消防车8辆,新建微型消防站359个,预备先行扑救初始火灾。开展危险化学品、非煤矿山、重点行业尘毒危害等16个行业领域安全生产专项治理工作。通过聘请专家检查危险化学品及非煤矿山企业,彻底消除安全隐患和薄弱环节,落实企业主体责任、健全安全管理制度,累计罚款176.4万元。

【安全生产监管】

行政管理 托克逊县各级党委、政府及其工作部门“党政同责”,量化各级党政领导干部“管行业必须管安全、管业务必须管安全、管生产经营必须管安全”的“一岗双责”,细化各级行业主管部门直接监管、安全监管部门综合监管、乡(镇)政府属地监管“三个监管”责任,落实企业及其企业党政主要负责人的安全生产主体责任。签订安全生产责任状,明确各乡镇、各部门、各重点企业安全生产年度目标、职责、责任。

政府购买安全服务 推行专家查隐患机制,实行政府购买安全服务,为重点监管企业诊断把脉。聘请非煤矿山、危化企业专家,有重点的检查非煤矿山企业和危化企业。通过5次聘请专家查隐患,消除安全隐患和薄弱环节,落实企业主体责任、健全安全管理制度。专家累计排查隐患188条,整改121条,未整改67条隐患均在整改期限内。

网络信息化管理 2018年,推行网络信息化运用,线上线下协同办公,先后运用网络系统处理隐患排查治理、行政许可、事故管理等业务,改变以前被动管理变企业主动排查隐患,由企业每月按期填报当月本企业自查自纠排查隐患情况并整改,抽查企业自查自改排查隐患情况,每月定期通报隐患自查自报系统运用情况,分析查找原因。年内,实现网络线上自查自报自改。

【专项整治】 2018年,16个行业检查组检查人员密集场所、交通安全、工矿企业安全、消防安全、危爆物品安全、农机安全等12个领域,专项检查5162件,下发文书1066份,停产整顿112家,罚款169.47万元。

道路交通安全整治 交通运输局检查单位、企业669家次,查出隐患1681处,停业整改23家次,全部整改完毕,下发指令书32份,罚款7000元。

非煤矿山安全整治 检查企业113家次,排查隐患175条,整改175条,下发指令书37份,罚款21万元。

煤矿安全整治 检查矿井70矿次,发现隐患1472处,整改1396处,下发整改通知书66份,罚款29万元。

危险化学品及烟花爆竹安全整治 2018年,查出隐患523条,已完成整改523条,下发整改指令书47份,罚款57.2万元。邀请自治区专家组对托克逊县9家危险化学品生产企业进行综合检查,发现隐患117处,整改117处,下发整改通知书10份。托克逊县只有1家烟花爆竹零售点,地点为郭勒布依乡一家废弃的瓜果销售市场旁,距离便民警务站15米。附近无其他易燃易爆危险物品生产、储存设施,无学校、幼儿园、医院等人员密集场所。该经营网点已接入零售点边的便民警务站视频监控全覆盖,并安装防撞措施、红外线报警装置。销售期间专门安排3名干警现场登记、实名制销售。

工贸安全生产整治 检查33家次，发现隐患54条，整改54条，下发整改指令书3份，罚款1万元。

消防安全整治 开展消防送教活动51场次，授教群众2万余人。组织重点单位责任人、消防安全管理人、消防控制室操作人参加培训取证100余人。各乡镇订购简易消防车8辆，新建微型消防站359个，检查社会单位2243家次，出动监督检查人员3800余人次，发现火灾隐患或违法行为2097处，督促整改2092次，下发责令改正通知书1077份，下发行政处罚决定书68份，下发临时查封决定书20份，责令“三停”（停止施工、停止使用、停产停业）单位12家次，罚款41.22万元，行政拘留8人。

建筑安全及城镇燃气安全整治 出动执法人员1643人次，检查企业单位1763家次，查出安全隐患1440处，停业整改89处，下发指令书162份，罚款5万元。同时，安全监督检查燃气企业，督促企业认真执行燃气管理法规制度和安全规范，重点检查公交车辆、出租车用燃气和高层建筑燃气安全和气瓶及燃气管道异常情况。

旅行社非法经营专项整治 检查单位468家次，发现隐患155处，停业整改1家，下发整改通知书23份，整改完毕。

文化娱乐场所专项整治 检查企业单位1563家次，发现隐患279家次，立即整改201处，限期整改36处，停业整顿42家次，整改完毕。

校园安全专项整治 检查学校1740家次，检查学校（幼儿园）1534家次，查出隐患864条，下发指令书864份，扣发补助9.03万元。

民爆物品专项整治 检查单位81家次，查出安全隐患87处，立即整改87处，整改完毕。

特种设备领域专项整治 共检查特种设备使用企业46家次，查出安全隐患123处，停业整改2家次，下发《特种设备安全监察指令书》32份，罚款17万元，立案查处3家。

工商领域专项整治 检查商户、企业1987家次，发现问题709处，停业整顿93处，下发整改通知书212份，整改完毕。

农机安全专项整治 检查单位138家次，农业机械425台次，排查隐患150条，下发整改指令书50份，罚款2600元，整改完毕。按照《自治区大型工程机械设备和车辆安全监督管理办法》分乡镇、分片区挂牌登记全县大型机械，划定区域统一管理。

医疗机构安全专项检查 检查卫生计生单位478家次，发现隐患206条，立即整改201条，限期整改5条，停业整改1家私人医院，下发整改指令书206份，整改完毕。

职业健康专项治理 开展粉尘作业专项治理和重点行业领域专项整治工作。以矿山开采、砖厂砂石料厂、化工等尘毒危害突出的企业为重点，组织开展粉尘与重点行业领域专项检查和集中治理活动。检查中发现部分企业所采用的生产工艺、技术设备落后，存在职业危害风险。部分企业负责人没有把职业健康工作作为一项长期的任务来抓。共检查10家次，发现危险有害健康隐患23处，整改完毕。许多劳动者自我维权意识不强，个人防护意识不足，不能正确使用防护用品，缺乏自我保护能力。安监局加强宣传教育，促进全县职业安全健康工作。2018年，职业健康体检7000余人，未发现职业病或疑似职业病的人。

特种作业专项治理 对非煤矿山、危险化学品行业领域开展特种作业人员持证上岗情况的专项执法检查，重点查核特种作业人员培训情况、证书来源及证书的真实性。共检查企业7家次，特种作业人数150人次，持证人数150人次，检验后真实数量150人次，其中2人次特殊工种操作证书过期未参加再培训。

企业安全管理专项治理 围绕健全安全生产制度、提高人员安全素质、强化现场安全管理3个关键环节，督促指导企业建立自主化、常态化的反“三违”(违规作业、违章指挥、违反劳动纪律)长效机制,并作为一项重要措施和手段推动防范典型事故、外包工程、检维修作业、尘毒危害等专项治理工作的开展,检查100余家次,未发现“三违”现象存在,企业自查“三违”现象15条。

消防安防专项检查 专项检查全县5家棉花加工收购场所,发现问题20处,整改完毕。

电井窨井安全排查 排查废弃机电井共9眼,水利局负责对达到报废程度的机电井直接回填处理;摸排检查窨井2224口,发现破损窨井22口,由住建局进行整改。

外墙保温板情况摸排 摸排统计全县各住宅小区楼房外保温板外墙保温板脱落、损坏小区20个,破损面积约1391.2平方米交由相关部门整改。

【企业安全生产标准化建设】 2018年,托克逊县8家危化品生产企业中有3个达到安全标准化二级,1家达到安全标准化三级,其余4家危化品企业正在申报当中,等待验收;33家加油站中,有21家达到安全生产标准化二级,11家达到安全生产标准化三级。非煤矿山企业有2家达到安全生产标准化二级,6家达到安全生产标准化三级;5家生产煤矿企业中,2家达到安全生产标准化二级,1家达到安全生产标准化三级,其余2家企业正在等待安全生产标准化验收。有100余家企业登录并应用隐患排查治理系统。在高危行业领域推进实施“机械化换人、自动化减人”。建立安全生产诚信体系和安全生产不良记录“黑名单”制度,按规定向上一级上报企业红、黑名单。

【宣传培训】 各安委会成员单位累计发放宣传单近3000张,宣传册500余本。职业病防治周活动期间累计发放《职业病防治法》宣传材料200余份。深入中泰化学、圣雄厂区内开展宣传培训,为企业员工现场讲解职业病防治知识。组织卫生、安监、人社等部门以及部分企业召开职业病防治座谈会,研究讨论企业的职业病防治工作。围绕企业安全发展需要对企业从业人员的安全生产知识培训工作。各类生产经营单位主要负责人、安全管理人员、特种作业人员执行持证上岗制度。动员安全生产培训机构走访企业,上门培训服务,全年累计7000余人参加了企业全员培训。（陈 蕊）

市场监督管理

【概况】 2018年3月机构改革,原托克逊县工商行政管理局、质量技术监督局、食品药品监督管理局、食品安全委员会办公室撤并,相关职责整合成立托克逊县市场监督管理局(以下简称市监局),为托克逊县人民政府部门,内设科室10个,即办公室、政策法规室、行政审批科、市场主体信用监督管理科、食品安全监督管理科、药品医疗器械监督管理科、标准计量科、消费者权益保护监督管理科、质量监督管理科和稽查科等。派出机构2个,即城镇市场监督管理所、伊拉湖镇市场监督管理所。行业督查组3个,即商超餐饮督查组、酒店宾馆督查组、质检特种设备督查组。

2018年,市场监督管理局共管理个体6620家、企业1942家。

2018年,市场监督管理局总编制65人,实有66人(其中抽调人员30人,实际在岗36人),其中行政编制56人、事业编制6人、工勤人员事业编制4人;女36人,少数民族50人。退休人员35人。

【行业督查】 2018年,检查3867户次,发现问题709处,当场整改488处,限期整改110处,停业整改93处,建议其他部门整改18处。

【制度改革】

商事制度登记改革 推进并严格落实“多证合一”“一照一码”“先照后证”制度。截至2018年,托克逊县实有个体户6357户,实有企业1921户(其中内资企业178户，私营企业1293户，农民专业合作社450户），注册资本总额183.98亿元。办理股权出质登记7起，出质金额1.26亿元，被担保债权数额4.76亿元

“先照后证”“证照分离”改革 市监局方便企业办事、简化登记手续、降低行政成本，严格按照“多证合一”改革要求，优化审批流程，提高登记效率，方便企业准入。2018年，完成加载社会信用统一代码企业营业执照1847户。

【年报公示】 2018年，应报企业1357户，完成企业年报1199户，年报率88.9%；应报农民专业合作社448户，完成农民专业合作社年报370户，年报率82.8%；应报个体工商户为5969户，完成个体工商户年报5018户，年报率85.9%。

【消费权益保护】 2018年，在“12315”网络平台受理投诉和举报56起、自办3起，其中举报5起，办结55起，办结率98.2%，回访44起，为消费者挽回经济损失3.55万元。

完善基层消费维权组织规范化建设。托克逊县辖区设有消费者协会分会7个，共建立一会两站51个，12315“五进”建立数量43个。按照“一会两站”及12315“五进”标准要求和工作规范开展工作。与弱势群体消费维权工作相结合，重新授牌15个消费维权服务站规范培训。

【质量监督管理】

质量管理 开展3家企业新疆名牌产品申报。对标核查3家企业上半年度能源消耗计量数据网上直报及能效工作。监督检查4家食品生产企业包装物。

标准化管理 监督检查托克逊县敬老院和婚姻登记处标准化建设，推进托克逊县儿童福利院、敬老院社会工作等领域标准化建设工作。

特种设备安全专项整治 专项整治压力容器。检查7家气瓶充装站，发现2家气瓶充装不按规定充装、充装不合格气瓶和非自有产权气瓶和未执行充装前后的检查记录制度的违法违规行为，按照相关规定进行了整改。

专项整治电梯。检查托克逊县23家电梯使用单位117部电梯的使用登记情况、定期检验情况、人员持证上岗情况、安全管理制度落实情况、事故隐患整治和应急预案制订及演练情况等内容。2018年检查特种设备使用单位46家，下达安全监察指令书32份，发现一般安全隐患123处，当场整改70处，限期整改53处，封存电梯10部。

专项整治淘汰燃煤小锅炉。按照国十条、区十条和中央环保督察整改方案要求，每台燃煤锅炉均建立档案，记录完整的整改佐证材料。治理散煤污染，整合煤炭经营网点，加快煤炭集中经营场所的施工建设。年内，摸排检查55家，下达责令整改通知书37份。初步确定6家煤炭经营企业允许销售散煤，将按照有关规定对其颁发营业执照，检定计量器具。依法取缔其余散煤经营户，淘汰燃煤锅炉。2018年，10吨以下承压燃煤锅炉煤改气、煤改电完成5台，拆除1台。

计量检定和检验 2018年，共抽检检验建材产品43批次，其中多孔砖9批次，砂石料34批次，检验合格率100%；计量器具检定共4653台（件），完成全年计划的99%。其中台案秤601台，血压计134台；压力表2424块。加油机342枪。燃气表1154块。免费检定了超市，医院血压计、人体秤，电子秤等计量器具共160台(件)。

【食品监督管理】 2018年，市监局监督检查食品安全804家次，下发责令整改通知书109份，立案1起。

城区餐饮服务食品安全专项整治 不合格的餐厅停业整顿，检查合格后允许开业。2018年，托克逊县共有餐饮服务单位521家。

校园饮食安全专项检查 对全县60所学校(含托幼机构)食堂及学校周围200米内商超餐饮服务单位共检查

178家次,开展专项检查2次,其中20家商超发现的"五毛"食品当场下架,责令整改28家次。

交通要道、旅游景区餐饮食品安全专项整治 2018年,检查餐饮单位22家,责令整改9家。清查克尔碱镇旅游景区周边餐饮,按要求整治。

农村食品安全和集体聚餐场所餐饮服务食品安全专项整治 检查农村食堂81家次,责令整改72家,取缔无证经营13家。

厂矿企业食堂调查摸底 年内,检查企业食堂9家,责令整改7家。

食品生产环节监督检查 2018年,托克逊县有食品生产企业18家,共监督检查24家次,提交自查报告23份,下达责令整改通知书6份。

餐饮业油烟治理 2018年,组织开展托克逊县餐饮业油烟污染整治行动1次,检查餐饮服务单位140家,其中安装油烟净化器136家,对油烟净化装置保养不及时、油烟净化器不能正常运行及未安装的单位共下达责令整改通知书7份。

节日期间食品安全检查 2018年,节假日期间,市监局对托克逊县美食天下、金汇广场、圣源城、滨河小区附近等人员密集场所及重点餐饮服务单位、商超进行拉网式检查,检查餐饮服务单位及商超462家次,责令整改68家次,立案1起。

农产品抽检 完成111批次,合格率100%。

【药品安全监管】

药品医疗器械 2018年,检查零售药店150家次,下发责令整改通知书5份;检查医疗机构44家次,下发责令整改通知书2份;有效的规范了涉药械单位经营和使用行为。

药品、化妆品监督抽验 2018年,按照市局监督抽样任务安排,完成基本药物抽验8批次,药品监督抽验10批次,中药材及中药饮片监督抽验5批次,完成抽验任务,合格率为100%。完成化妆品监督抽验2批次,完成抽验任务,合格率为100%。

药械、化妆品不良反应监测 2018年,举办药械、化妆品不良反应培训班1期,培训人员12人;完成药品不良反应报告80例,医疗器械不良事件报告45例,化妆品不良反应报告10例。举办药品医疗器械从业人员岗位培训班1期,培训人员78人,药械从业人员的从业水平得到提高。

【法治建设】 2018年,办理特种设备未检验、销售不合格农资、无证无照经营、无中文标签进口食品等案件,共立案31起,结案31起,案件总值3.49万元,罚没款入库14.59万元。

【动产抵押登记】 2018年,办理动产抵押物登记16件,抵押物价值29.74万元,贷款金额22.9万元。

【商广监管】 2018年,市监局开展商标、广告经营资格监管工作。年内,托克逊县共注册商标33件。

产品制售集中地,商品集散地以侵犯驰名商标、著名商标专用权为重点,开展双打专项整治行动,检查发现1起冒用厂名厂址案,案值1.35万元,没收水泥570袋,散装水泥8吨,罚没款7300元。

(古丽给娜·泰来提)

国土资源管理

GUOTU ZIYUAN GUANLI

土地资源管理

【概况】 托克逊县国土资源局内设行政办公室、地籍测绘科、建设用地科 、耕保科、矿管科、储量科、有偿用地科、纪检监察办、纠纷办，下属不动产登记中心、规划队2个事业单位(其中女性9人、少数民族12人)。2018年，有行政人员11人，其中女3人，少数民族7人。工勤编制1人。借调各乡镇国土资源所干部19人。

【国土资源】 2018年，托克逊县土地总面积16561.05平方千米，其中农用地面积1810.93平方千米，建设用地面积104.06平方千米，未利用地面积14646.06平方千米。

【土地效益】 2018年，托克逊县国土资源局挂牌出让土地8宗，面积20.94公顷，成交总价8914.55万元。

【用地保障】 2018年，组织审查上报建设用地报件23件，涉及33个项目，面积120.78公顷，其中报厅审批报件7个，涉及9个项目，面积12.06公顷；目前正在组织建设用地报件6个，涉及11个项目，面积84.45公顷，需组织建设用地审批报件35个，不涉及占用建设用地项目19个，需提交办理不动产登记证项目34个，12个项目土地手续办理完毕。

【不动产统一登记】 2018年，共办理不动产登记2629件，其中发放不动产权证1846本、发放不动产登记证明783份，涉及抵押金额13.33亿元，房、地信息查询800余次。房产部门共移交1889份电子存量数据，涉及房屋信息数据约2.3万户。整合土地、房产存量数据共计5586宗，剩余存量数据整合工作。委托技术承担单位完成档案扫描及登记信息整理1897宗，图属挂接81宗，房产信息标准化转换8.4万户。

【农村地籍及房屋调查】 2018年，完成全县6个乡(镇)45个行政村外业权属调查及房屋调查29881宗，地籍调查表及房屋调查表填写29881宗；制作宗地图29881份，界址点成果表29881份。权属调查签字率0.93%，空宗率0.7%。完成地籍测量及1:1000地籍图制作约1077幅，面积1.41万公顷。2018年10月30号同步开展数据建库工作，年内外业工作完成。

【基本农田整理项目】 完成2016年申报2017年郭勒布依乡河东村等4个村基本农田整理项目，总投资833.91万元，建设规模309.78公顷。

【闲置土地清理】 排查2009年后批准的304宗用地，认定闲置土地39宗，面积137.55公顷，移交国土资源执法监察大队处理。

矿产资源管理

【矿业权登记报件审查】 2018年，共审查上报探矿权登记申请18个，采矿权登记申请26个，审查办理建设项目压覆重要矿产资源查询

37个,上报压覆意见18宗。完成2017年度86家矿山企业统计年报工作,通过自治区国土资源厅数据汇审。出让三类采矿权3个,收缴采矿权价款70万元。为了更好地将托克逊县资源优势变为经济优势,由企业申报结合托克逊县矿产资源实际,经实地踏勘将9个探矿权面积6432公顷、7个三类新增采矿权面积261公顷全部纳入矿产资源规划。

【治理整改】 2018年,托克逊县在自然保护区内的1家采矿权与保护区部分重叠,经上报国土厅扣除重叠区域,重新核发了采矿许可证,治理工作共回填重叠区域内287条盐池,恢复土地面积79公顷。年内整改销号。经调查,托克逊县有政策性煤矿1家、面积105公顷。政策性关闭砂石料矿9家,面积87.3公顷,1家煤矿和剩余8家砂石料矿的治理方案通过评审,其中1家煤矿和1家砂石料矿开展治理工作,剩余7家砂石料矿申报地质环境治理项目。涉及艾维尔沟矿区地质环境恢复治理的6家矿山,需清理小料总量376.9万吨,清理小料419.13万吨。根据环保要求,针对托克逊县白杨河区域河道内沙场地质环境问题,拆除白杨河后沟段2个砂石料厂约0.15公顷的违法建筑和生产设备,清理、平整矿区。督促治理恢复白杨河小草湖段河道西侧3家砂石料厂,拉运距离河道150米以内的废料,并治理平整采坑。

【地质环境治理】 2018年,托克逊县郭勒布依乡(二期)和伊拉湖镇西部砂石采坑治理完毕并通过验收,治理资金650万元。托克逊县在吐—和立交桥周边有政策性关闭的砂石料矿7个、伊拉湖镇阿克塔格村等3处遗留的砂石料采坑需治理,已上报至自治区国土资源厅,力争纳入自治区财政出资治理项目。

【矿山监督执法】 2018年,累计循环检查矿山企业194家,查处无证开采行为11起,扣押违法机械11台,铲车6辆及其他设施,拆除非法建筑0.028公顷。下发《限期整改通知书》45家,当地派出所协助查封3家,开展“回头看”12次。同时检查矿山企业的大型机械挂牌、“三机”打码、地质灾害隐患等,消除安全隐患。

【矿产卫片执法检查】 2017年,国家下发托克逊县土地变更调查图斑391个,面积1619.13公顷,经联合执法监察大队对18个违法图斑立案查处并结案;下发矿产卫片图斑23个,经实地核查报国土资源厅审核退回图斑16个,并完成16个图斑的印证资料档案,托克逊县2017年度土地矿产卫片执法监督检查工作通过自治区检查验收。

测绘管理

【第三次土地调查】 2018年,成立全国第三次土地调查领导小组并召开三调培训会、三调生产会、三调技术交流会和三调成果汇报会等10余次,组织技术人员培训、座谈、交流,收集梳理并处理各类问题20余项,自查小组100%自检调查结果。

第三次全国国土调查需完成托克逊县行政辖区总控制面积165.64万公顷,其中农业用地20.73万公顷,建设用地2.06万公顷,未利用地142.86万公顷。全县10个乡、镇级单位(含兵团104团两个场),110个村级单位,国家下发A类图斑6645个。

【地图市场监管】 年内,检查10家地图市场场所,结果均未发现问题。

【涉密测绘成果保密检查】 根据自治区有关要求,对本辖区内领取、使用、保管涉密基础测绘成果资料的用户单位、测绘资质单位进行涉密测绘成果保密检查,未发生违反保密和安全的行为。

【信访矛盾纠纷调处】 2018年,县国土资源局对各乡镇接到县群众服务管理办公室督办问题17起，其中调处县群众服务管理办公室督办通知案件14起，1起移交县林业局调处，调处化解积案2起，结案率100%。处理决定符合相关法律法规，调查处理与复查结论定性准确。全年无发生涉地涉矿群体性上访事件。

（刘　盼）

国土资源执法监察

【概况】 托克逊县国土资源执法监察大队主要职能是监督检查土地、矿产资源法律、法规和政策执行情况，发现和制止土地、矿产资源违法行为。受理检举、举报和控告土地、矿产资源的违法行为，立案查处土地、矿产违法案件。对违反土地、矿产资源管理法律、法规，依法应当给予行政处分的个人和单位负责人提出行政处分建议。

2018年，县国土资源执法监察大队干部职工有7人，实际在编在岗2人，临聘人员3人（劳务派遣）。

【案件查办】 2018年，立案查处国土案件28件（其中土地14件，矿产资源违法14件），结案28件（含上年未结案2件），本年未结案2件。共收缴罚没款155.97万元（土地23.62万元、矿产132.35万元），全部上缴财政。

【卫片执法】 2017年托克逊县土地变更调查下发的遥感监测图斑391个经拆分合并后图斑为405个，总面积1619.13公顷。2018年，国土局判定后移交大队疑似违法图斑23个。经核查其中违法图斑18个，非立案处理4个。拆除违法建筑2.63公顷，收缴罚没款16.38万元。大队立案查处土地卫片违法案件13件，其中基本农田2件1.12公顷，结案13件，罚款21.12万元，拆除建筑物4446.4平方米，问责7人。

处理2017年国家下发的托克逊县矿产卫片执法遥感疑似违法图斑23个，其中合法图斑5个，伪变化图斑11个，违法图斑7个。立案查处矿产卫片违法案件7件，结案5件，罚没款17.95万元，未结案2件。

【建设用地动态监管】 2018年，国土资源执法监察大队审查签批涉及25个用地项目批前踏勘、实地核查和用地工作，监管面积447.3公顷，执法关口前移，防止了未批先建等土地违法行为发生。

（阿不力克木·牙生　顾莹龙）

财政 税收

CAIZHENG SHUISHOU

财 政

【概况】财政局内设行政办公室、预算科、国库科、企财科、农财科、文行科、社保科、综合科、会计科、财政监督科、政府采购办公室、农业综合开发办公室、乡镇财政管理局等13个科室局。2018年,实有27人,其中女性12人,少数民族13人。

【财政收支】2018年,地方财政收入(含基金国有资本经营收入)完成15.87亿元,完成年初预算任务(含基金)14.57亿元的108.9%,同比增长11.9%,其中公共财政预算收入完成14.97亿元,完成年初预算任务12.57亿元的119%,较上年增长54.8%;政府性基金收入完成7506万元,完成年初预算任务2亿元的37.5%,较上年下降63.7%,国有资本经营收入1500万元。

2018年,地方财政支出完成35.77亿万元(含专项),完成年初预算17.21亿元的207.8%,同比增长66.4%,其中公共财政预算支出完成31.44亿元,完成年初预算15.21亿元的206.7%,同比增长49.5%,政府性基金支出完成4.12亿元,完成年初预算2亿元的205.7%,同比增长874%,国有资本经营支出2022万元。

【财政管理】

预决算管理 制订托克逊县部门预算编制方案,细化预算编制,向预算单位印发详细的部门预算编制说明,根据本级财力及单位实际情况,公开、公平、公正,明确公用经费定额标准以及其他经费测算标准。

企业财务管理 根据企业财务通则及企业财务管理要求、基本内容履行财政基本职能,2家国有企业(托克逊县供排水公司、托克逊县地方国营牧场)每月及时准确地上报企业主要指标月快报表。

财政专户管理资金收入管理和使用 托克逊县加强管理财政专户管理资金。3家有财政专户管理资金收入的单位包括粮食风险金、社保专户、教育基金的财政专户管理资金全部纳入财政专户。全面推行“票款分离”和“收支两条线”管理制度,实行“单位开票、银行代收、财政统管”的征管制度,严格执行收费、基金和罚没收入“票款分离、罚缴分离”的规定,从根本上规范收费、基金和罚没收入收缴行为,杜绝截留、挤占、挪用和坐收坐支资金。

【政府采购】 2018年,实施政府采购298笔,完成采购预算3.53亿元,实际采购金额3.19亿元,节约率为8.27%。

【社会保障】 2018年,及时下拨城乡低保资金3214.82万元、特困群众供养资金143.15万元、老年生活补助及免费体检资金88.93万元、城乡居民养老保险基金1703.8万元、机关事业养老保险1.34亿元、城乡医疗救助资金732.97万元、城乡居民基本医疗保险7213.62

万元、优抚资金221.77万元、自然灾害资金59万元、再就业资金1890.6万元、全民健康体检资金805.34万元。

【惠农政策】

涉农惠民补贴 2018年，纳入一卡通系统补贴项目共21项，受益农户43498户，受益组织32个，发放惠民补贴资金9060.3万元，此项工作走在全市前列。补贴2017年“棉花目标价格”棉农4065户，补贴实际发放资金1722.81万元，年内已全部兑现。2018年，农机补贴发放兑现55户，补贴金额132.26万元，机具数量83台，年内兑现完毕。

保障脱贫攻坚 2018年，全县脱贫攻坚到位资金1324.5万元，其中中央财政扶贫专项资金643万元，中央下达少数民族发展资金151.5万元，吐鲁番市安排扶贫资金330万元，县级财政配套资金200万元。实施扶贫项目18个，其中少数民族发展资金项目3个、防渗渠建设项目3个、项目管理费项目1个、产业增收项目7个。

【财政改革】

财政国库管理 简化程序、拓宽范围、压缩和减少支付中间环节，提高财政直接支付比例。2018年共受理、批复单位用款计划23995笔，累计金额31.69亿元。其中办理财政直接支付业务5670笔，累计金额25.98亿元；办理财政授权支付业务18325笔，累计金额5.71亿元，财政应用平台整体运作良好。

国库集中支付和公务卡改革 强化国库资金管理，统筹使用，提高财政资金使用效益。提高公务卡支付比率，减少公务支出中的现金使用。

乡镇财政管理 2018年，托克逊县财政局升级维护财政涉农惠民资金一卡通系统，各项涉农惠民补贴资金逐步通过一卡通系统打卡发放。

【农业综合开发】2018年，组织实施土地治理项目1个，即伊拉湖镇0.5万亩高标准农田建设项目，总投资630万元。产业化贷款贴息项目1个，即托克逊县白粮液酒厂改扩建项目，总投资90万元。

（王海涛）

税 收

【概况】2018年7月20日，原托克逊县国家税务局、托克逊县地方税务局合并成为国家税务总局托克逊县税务局并挂牌成立，为吐鲁番市地方税务局的直属机构，具体承担所辖区域内各项税收、非税收入征管等职责。2019年1月1日起基本养老保险费、基本医疗保险费、失业保险费等各项社会保险费交由税务部门统一征收。

2018年，托克逊县税务局在职人员134人，其中行政人员129人，工勤1人，事业编1人，参公事业编3人；女性63人，少数民族69人；退休人员33人。托克逊县税务局成立1个机关党委，下设2个党支部，成立1个团支部。

托克逊县税务局设有16个科室，其中内设机构11个，即办公室、法制股、税政股、社会保险费和非税收入股、纳税服务股、征收管理股、收入核算股、税源管理一股、税源管理二股、风险管理股、人事教育股；2个派出机构，即第一税务所(办税服务厅)、第二税务所；事业单位1个，即信息中心；另设机关党委和纪检组。

【税收收入】2018年，完成组织收入21.04亿元，同比增长23.07%，增收3.94亿元，其中完成税收收入20.2亿元，同比增长23.18%，增收3.8亿元，完成非税收入8343万元，同比增长20.41%，增收1414万元。完成各项税收收入目标任务，全年组织税收收入突破20亿元，创县局组织收入的历史最高记录。

全年累计组织中央级税收收入8.26亿元，同比增长27.15%，增收1.76亿元；完成省级税收收入9207万元，同比增长29.15%，增收2078万元。完成市级税收收入2211万元，同比全额增收。完成县

2018年托克逊县财政收支预算执行情况表

表11

单位:万元

收入	2018年预算	上年同期完成	完成情况		比上年同期		支出	2018年预算	上年同期完成	完成情况		比上年同期	
			金额	完成预算(%)	增减	增减(%)				金额	完成预算(%)	增减	增减(%)
全口径财政	222529	167558	245982	110.5	78424	46.8	地方财政	172107	214961	355641	206.6	140680	65.4
地方财政	145737	108944	157194	107.9	48250	44.3	公共财政预算	152064	210243	314407	206.8	104164	49.5
公共财政预算	125737	96655	149688	119.0	53033	54.9	一般公共服务	14195	25570	21472	151.3	-4098	-16.0
税收	101143	74296	108049	106.8	33753	45.4	公共安全	12388	17609	28265	228.2	10656	60.5
增值税	51434	37067	54760	106.5	17693	47.7	教育	53611	52904	53649	100.1	745	1.4
其中:改征增值税		9020	10786		1766	19.6	科学技术	170	667	199	117.1	-468	-70.2
营业税		73	16		-57	-78.1	文化体育与传媒	4488	5663	4867	108.4	-796	-14.1
企业所得税	6526	4318	10829	165.9	6511	150.8	社会保障和就业	14473	17805	16103	111.3	-1702	-9.6
个人所得税	4713	3408	5133	108.9	1725	50.6	医疗卫生与计划生育	13033	17897	17937	137.6	40	0.2
资源税	9994	7269	10934	109.4	3665	50.4	节能环保	620	2240	4537	731.8	2297	102.5
城市维护建设税	5459	3972	5437	99.6	1465	36.9	城乡社区	7613	19864	31489	413.6	11625	58.5
房产税	4386	3038	4325	98.6	1287	42.4	农林水	13395	24100	18132	135.4	-5968	-24.8
印花税	1341	956	1293	96.4	337	35.3	交通运输	712	475	2652	372.5	2177	458.3
城镇土地使用税	5145	3541	5540	107.7	1999	56.5	资源勘探信息等	3341	9008	28486	852.6	19478	216.2
土地增值税	278	202	431	155	229	113.4	商业服务业等	145	658	861	593.8	203	30.9

续表11

收入	2018年预算	上年同期完成	完成情况		比上年同期		支出	2018年预算	上年同期完成	完成情况		比上年同期	
			金额	完成预算(%)	增减	增减(%)				金额	完成预算(%)	增减	增减(%)
车船税	689	490	686	99.6	196	40.0	金融		42	41		-1	-2.4
耕地占用税	10302	9347	7649	74.2	-1698	-18.2	国土海洋气象等	225	316	402	178.7	86	27.2
契税	876	615	1016	116.0	401	65.2	住房保障支出	9620	13340	24452	254.2	11112	83.3
非税收入(不含政府性基金收入)	24594	22359	41639	169.3	19280	86.2	粮油物资储备		44			-44	-100.0
专项收入	5552	5046	5553	100	507	10.0	预备费	1500			0.0	0	
行政事业性收费	10232	9302	28155	275.2	18853	202.7	其他支出			58016		58016	
罚没收入	5425	4933	4467	82.3	-466	-9.4	债务付息	2535	2027	2823	111.4	796	39.3
国有资本经营			15		15		债务发行费用		14	24		10	71.4
国有资源(资产)有偿使用	3000	2728	2276	75.9	-452	-16.6	政府性基金预算	20043	4718	41234	205.7	36516	774.0
捐赠	327	297	982	300.3	685	230.6							
政府住房基金	58	53	191	329.3	138	260.4							
政府性基金预算	20000	12289	7506	37.5	-4783	-38.9							
上划自治区税收	8000	7080	9216	115.2	2136	30.2							
上划中央税收	68792	51534	79572	115.7	28038	54.4							
增值税	51434	35808	54861	106.7	19053	53.2							
消费税(100%)	500	399	768	153.6	369	92.5							
企业所得税	9789	8900	16243	165.9	7343	82.5							
个人所得税	7069	6427	7700	108.9	1273	19.8							

级税收收入10.8万元,同比增长17.51%,增收1.61亿元。

省、市、县三级地方税收收入11.95亿元,完成区局地方级税收任务目标11.5亿元的103.88%。累计组织市、县两级地方税收收入11.03亿元,完成市局调整后的地方级税收收入任务目标(不含省级收入)10.85亿元的101.62%。累计组织县级税收收入10.8亿元,完成县财政年初下达目标任务10.3亿元的104.92%,完成县财政调整后的目标任务10.63亿元的101.64%。

【征管质量提质增效】 2018年,托克逊县税务局堵漏增收,完成20户企业的纳税评估工作,共入库税款1700万余元,完成雨田煤业等8户企业的风险应对任务,入库税款250万余元,促进了税收增收。全年风险管理系统完成纳税评估59户,入库税款3047.24万元,入库滞纳金81.98万元,利润调增365.62万元。建立欠税清缴台账,针对长期欠税的企业制订清欠计划,共清理欠税4515万元。建立外埠企业管理台账,全年共报验登记2013户次,预缴税款8320万元。

【税收优惠】 托克逊县税务局落实各项税收优惠政策,算好"税收优惠对税收收入一时的减收"和"促进经济发展带来长远稳定增收"两笔账,落实各项减税减负政策。全年累计各类减免税2.88亿元,同比增长139.86%,占税收收入的14.23%,其中促进小型微利企业发展减免税额246万元。

【纳税服务】 深入开展"便民办税春风行动",重新升级改造网上办税厅及网上办税体验区,新配备广告宣传屏、自助查询一体打印设备、9台自助办税终端等价值50多万元的办税设备,在方便纳税人办理涉税事项的同时,实现涉税宣传平台由纸质化全面转向电子化、信息化。年内,新疆税务APP代开电子发票业务及车购税业务全面试点,托克逊县税务局成功开具首张电子发票。网厅与手机APP的推行缓解了办税服务厅的拥堵,绝大部分纳税人足不出户即可办理相关税收业务。2018年,网厅受理各项业务2845笔,其中电子发票发售288笔,办结率100%。年底,托克逊县税务局新建自助办税服务厅投入使用,缩短纳税人办税时间。2018年,托克逊县税务局在纳税满意度测评中位列全疆第三的成绩。

(单小艳)

2018年托克逊县税收收入情况表

表12

项目	本年税收收入及完成情况				分级次收入情况(万元)			
	本年累计(万元)	同比增长率(%)	本年计划(万元)	计划完成情况(%)	中央级	省级	市级	县级
税收收入合计	202027	23.19	200500	100.76	82552	9216	2211	108048
增值税	109723	17.41	111700	98.23	54862	102	0	54759
营业税	31	-80.86	30	103.33	16	0	0	15
消费税	768	92.48	610	125.90	768	0	0	0
企业所得税	27072	82.50	26800	101.01	16243	0	0	10829
个人所得税	12833	19.80	12500	102.66	7700	0	0	5133
资源税	19992	24.06	19000	105.22	0	9077	0	10915

续表12

项目	本年税收收入及完成情况				分级次收入情况(万元)			
	本年累计(万元)	同比增长率(%)	本年计划(万元)	计划完成情况(%)	中央级	省级	市级	县级
城镇土地使用税	5532	18.66	5100	108.47	0	0	0	5532
城市维护建设税	5437	9.55	5000	108.74	0	0	0	5437
印花税	1294	6.15	1250	103.52	0	0	0	1294
土地增值税	431	70.36	400	107.75	0	0	0	431
房产税	4325	8.50	4200	102.98	0	0	0	4325
车船税	685	9.42	650	105.38	0	0	0	685
车辆购置税	2963	23.97	3000	98.77	2963	0	0	0
耕地占用税	7650	−18.31	7000	109.29	0	0	0	7650
契税	1017	27.76	1000	101.70	0	0	0	1017
环境保护税	2211	100.00	2200	100.50	0	0	2211	0
石油税收	63	−1.56	60	105.00	0	37	0	26

金 融

JINRONG

银 行

中国人民银行托克逊县支行

【概况】 2018年,中国人民银行托克逊县支行内设综合办公室、营业室、保卫股。在职职工24人,其中女性9人,少数民族12人。大专以上文化程度占92%,中级职称4人,平均年龄44岁。

【货币政策执行】 年内,托克逊县金融机构人民币存款余额53.16亿元,较年初增加2100万元;贷款余额50.1亿元,较年初减少了1.03亿元。

2018年,银行系统对全县建档立卡贫困户入户调查率达100%,其中核定有贷款意愿且符合贷款条件的1138户,累计发放小额信贷1138户1189笔,累计发放扶贫贷款3213.54万元,有效信贷需求满足率100%。发挥支农再贷款作用,引导金融机构加大脱贫巩固、涉农、棚户区改造和公用设施等重点市政项目建设的信贷支持;发放支农再贷款7笔共3.4亿元。支持牛羊育肥、葡萄、设施农业等特色优势产业,探索开展法人金融机构宏观审慎评估,督促农村信用社巩固和提高改革成效,增强支持县域经济发展的实力。

【金融环境建设】 依托精准扶贫政策,完善金融基础建设。引导金融机构完善县域所有行政村实施普惠金融全覆盖,托克逊县27个行政村金融服务分解落实到各金融机构,制订具体的要求及完成时限,组织人员现场督导县工行、农行、农村信用合作联社化企业开户服务工作,提高客户满意度,落实“放管服”改革工作要求。2018年,共办理结算账户342户,变更结算账户365户,撤销结算账户234户。监测存款保险制度的实施和风险,完成存款保险保费核定、上缴工作。妥善处置信贷风险,加强与公安、法院和检察院等部门的沟通联系,建立对电信诈骗、反恐怖融资和反洗钱等违法犯罪的协调联系机制,推动信息共享,增强监管合力。监测分析跨行业、跨领域的潜在金融风险并预警,重点关注产能过剩行业、房地产、非法融资等重点领域,落实重大事项报告制度和金融维稳舆情监测制度。

【金融服务与管理】 国库综合前置系统、二代国库信息处理系统上线运行。2018年,实现正常县级收入12.09亿元,地州级2269万元,省区级收入8164万元,中央级收入7.23亿元,办理支出34.2亿元。全年累计办理个人信用报告查询业务4950笔,办理企事业、个体工商户信用报告查询业务140笔。全年为企事业单位、个体工商户办理机构信用代码证发放、换发、变更、补发业务986笔。

【货币供应与管理】 科学调拨发行基金,确保辖内合理现金供应。2018年,共投放人民币2.43亿元，回笼人民币2.14亿元，净投放2900万元。

【反假人民币管理】 2018年，共收缴假币228张，假币面值19330元。

【纪念币发行管理】 按照中国人民银行总行要求，“2019年贺岁普通纪念币”发行面值10元的3万枚，“高铁纪念币”发行面值10元的1.2万枚，“改革开放40周年纪念币”发行面值10元的1.2万枚，“人民币发行70周年纪念钞”发行面值50元的9000张。严格要求托克逊县农业银行做好网上预约和线下纪念币兑换，确保纪念币预约和兑换工作有序、安全进行。

（单雪红）

中国农业发展银行托克逊县支行

【概况】 托克逊县支行内设办公室、信贷业务部、会计结算部。2018年，在职人员20人，其中女性12人，占职工总人数的60%。少数民族11人，占职工总人数的55%。大专以上学历20人，占职工总人数的100%。

【业务经营】 2018年，各项贷款余额16.32亿元，较年初增加1000万元，其中粮食贷款余额89万元，与年初持平；棉花贷款余额3860万元，较年初及同期增加600万元。中长期贷款余额15.93亿元，较年初及同期增加0.42亿元。

全年累计发放贷款5.37亿元，比上年同期减少8.33亿元，中长期贷款4.82亿元，棉花收购贷款5500万元。账面盈利754万元，同比减少599万元。

【棉花信贷管理】 2018年，累计发放棉花收购贷款5500万元，年末棉花贷款余额3800万元。累计收购1.12万吨籽棉，折合皮棉4254.46吨，累计收购值5684.57万元，累计皮棉贷款值5500万元。棉花收购贷款在风险可控范围之内。

【中长期贷款业务】 聚焦乡村宜居，为乡村振兴补齐发展短板，推动以棚户区改造贷款的基础设施贷款业务，开展棚改项目调查评估。全年，共审批棚改项目2个金额8.1亿元，累计发放棚改贷款4.82亿元，改造棚户区2416套，改善了9664名居民住房条件。

【农发重点基金】 年内，累计安排专项建设基金10个批次，五批基金9个项目到位总额5.92亿元，支付5.7亿元，支付率96.35%。发挥基金杠杆作用，撬动社会资金8.15亿元，为乡村振兴发挥积极作用。

【业务拓展】 国家清理整顿政府债务，依靠政府信用投放贷款方式难以为继，托克逊县农行大力开展创新业务营销。同国资委、发改委、农业局等部门向托克逊县徽商集团、中泰集团下盛泰纺织、金融枣业接洽营销，推介项目，先后开展7个项目调查，报自治区分行同意准入3个项目，2个项目流程报自治区分行。

【风险防范排查】 2018年，认定违规债务项目9个、贷款4.31亿元，基金1个、投资1500万元全部清收完毕，完成违规债务清理工作。从客户准入、评级授信、作业监督、资金支付、收贷收息、日常监管、资产分类等环节入手，针对2018年末仍有贷款余额的信贷业务，全面检查信贷制度的执行情况。未发现严重问题，个别存在较轻微的差错问题，督促主管信贷人员及时整改。

（再乃甫古丽·阿不力米提）

中国工商银行股份有限公司托克逊支行

【概况】 2018年，托克逊支行有员工22人，其中正式员工18人，上级选派协助员工4人。其中女性8人，少数民族11人。本科学历12人、大专8人、中专以下2人。

【存款业务】 2018年，托克

逊支行各项存款时点余额7.37亿元，较年初增加7423.64万元，比同业农行余额市场份额多，增量市场份额占比第一，其中储蓄存款余额4.8亿元，计划增加3475万元，实际增加3890.84万元，完成任务的111.97%，储蓄存款余额占市场份额的53.14%，比上年末提升4.27%。公司存款余额1.27亿元，计划增加2769万元，较年初减少806.16万元，降低了29.11%。机构存款余额1.3亿元，计划增加3960万元，实际增加4338.96万元，增长了109.57%。

【贷款业务】 2018年，托克逊支行各项贷款余额7.91亿元，较年初减少1.75亿元，存贷比107.35%，其中公司贷款余额6.84亿元，较年初减少1.72亿元，公司贷款投放主要为银团贷款1户1亿元。结算贷款2户，分别为100万元和68万元。向企业法人发放经营性结算贷款4户，分别39.5万元、10.8万元、1万元和11万元。贷款余额下降的主要原因为2亿元银团贷款到期归还和存量新能源项目贷款按期还款。

个人贷款余额1.07亿元，较年初减少218.38万元，剔除个人经营性贷款托克逊支行个贷较年初增加82.12万元，完成全年630万元任务的13.03%，其中住房贷款余额9085.07万元，累计放款1525.2万元，较年初净增173.04万元；消费贷款561.05万元，较年初减少90.92万元。

【经营效益】 2018年，托克逊支行实现净利润2494.87万元，较同期增加114.29万元，增长4.8%。

【营销管理】 利用客户经理晨夕会、融E联工作群对日常业务督导激励，重点工作和营销任务指标每日派工，并将每位员工的工作业绩在融E联工作群发布，分析解决问题。

通过走访客户，了解客户业务需求，为客户提供服务，上门为重点代发工资的客户办理工资卡等，为各项存款不断创造新的增长点。

【对公拓户】 2018年，托克逊支行累计开立对公账户139户。引导新开户对公客户掌握企业网银及电票等业务技能和操作，使客户通过网上银行与手机银行交易。在维护大集团客户的同时，加强对小微企业的跟踪服务，公私联动，稳存增存。

【票据贴现】 2018年票据贴现利率居高不下，支行要求客户经理以客户为中心，不断提高业务处理效率。对于符合办理条件的业务，确保贴现资金及时到位，满足客户对票据融资业务实效的需求，对于重点大户的贴现需求，主动与企业及区分行专业部门沟通，加快信息传递速度，及时锁定利率价格及票据规模，确保托克逊支行在同业中具有较强的竞争优势。2018年，托克逊支行累计办理票据贴现17.33亿元，占全辖贴现量18.87亿元的91.84%，创利息收入4232.99万元，占全辖利息收入4526.06万元的93.52%，贴现客户数23户，全年保持同业第一。

【内控管理】

组织建设 2018年初，支行及时调整本机构案件防范工作领导小组成员，支行每两月召开内控案防工作会议、不定期召开本机构案件防范工作领导小组会议，及时研究解决支行案件防范、内控管理以及业务运营中存在的问题，并按照案件防范工作长效机制建设要求对支行各重点岗位人员分解案件防范工作职责任务。

案件防控管理 2018年，托克逊支行行长即分别与二级分行行长、支行副行长及部门主任之间以及支行副行长、部门主任和员工之间双签2018年支行案件防控目标责任书和党风廉政建设责任书，将案件风险防范工作责任目标任务分解落实到支行部门、网点、员工。全行员工签订中国工商银行吐鲁番分行员工行为承诺书，所有客户经理均签订新时期“十大禁令”承诺书、个人客户经理自律承诺书、个人客户经理营销行为禁止性规定、拒绝私售承诺书、个人客户经理承诺书、保守国家秘密承诺书。托克逊支行每两月召开内控案防会，分析当前案防形势，查找问题隐患，对存在的问题及时采取措施予以解决，集中学习最新规章制度及警示案例通报，开展内控合规教育和业务培训，提高全员合规经营和防范案件能力。

动态排查　托克逊支行每月按时排查、重点关注员工异常行为并及时上报支行，帮教有不良行为和异常现象的员工，促进转化、消除隐患，引导和督促员工自觉遵纪守法。同时走访单位辖属社区，专项排查支行员工是否存在涉黄、赌、毒及参加非法宗教活动的问题。走访工商行政管理局，专项排查支行员工是否存在参与经商办企业行为，排查结果全行员工在托克逊县工商局登记范围内无工商登记信息。支行常态化开展排查，发现相关问题及时上报，建立员工行为动态排查档案，跟踪走访，密切关注员工思想动态。

风险防控　支行负责人定期或不定期听取副职、网点及部门主任和合规经理等落实防范案件工作情况汇报。按总、分行案防工作制度规定，制订2018年度案防工作计划、案防工作考核办法、内控案防工作目标和措施以及案防教育计划。将内控管理、核算质量纳入到绩效考核中与业务同考核，将内控案防落实情况纳入业绩考核指标体系，使其和员工收入、评先、选优紧密桂钩，科学考核并激励约束员工。

贷款管理　2018年，支行按季度对存量贷款客户进行100%实地贷后检查，规范整理客户经理贷后报告及贷后资料。2018年，个贷客户经理按日催收个人贷款逾期的客户，电话催促每日新增逾期客户，通过房产公司或社区等渠道上门催收无法联系的客户。托克逊支行个人逾期关注类贷款月末余额均控制在二级分行下达的任务之内，2018年个人贷款不良余额及关注余额均为零。

【网点运营管理】

风险管控　2018年，4个季度网点运营风险评级均为C级，除3月、6月、9月、11月和12月无风险事件发生外，全年共触发11笔三类风险事件，较上年同期14笔三类风险事件笔数减少三笔，全年4个季度可控风险暴露水平分别为2.87、2.82、2.27和1.51。按季度可控风险暴露水平呈现下降趋势，但每个季度分别高于全疆平均水平40.69%、68.86%、57.64%和29.06%，仍与全疆平均水平存在差距。

业务集中处理　2018年，托克逊支行业务集中处理总量为24123笔，占全辖业务量的31.71%，4个季度业务集中处理退回率分别为0.67%、0.81%、0.92%和0.85%，全年4个季度业务集中处理拒绝率均低于二级分行平均值。远程授权方面托克逊支行2018年4个季度业务集中处理拒绝率均低于二级分行平均值。

远程授权　托克逊支行2018年4个季度远程授权通过率分别为99.06%、99.23%、99.2%和98.87%，全年仅二季度远程授权通过率高于二级分行平均值。

（马学文）

中国农业银行股份有限公司托克逊县支行

【概况】　2018年，托克逊县农业银行对外营业机构1个，内设客户“三农”服务部、后台机关。支行共有员工20人，其中少数民族干部15人。

【经营情况】

存款业务　截至年底，各项存款余额11.13亿元，较年初的11.52亿元下降3967万元，其中储蓄存款比年初下降3985万元，对公存款比年初增加18万元。

资产业务　截至年底，各项贷款余额1.68亿元，较年初下降1.79亿元（下降原因主要是企业归还贷款和贴现），其中对公贷款1.53亿元、个人类贷款1490万元(含农户),较年初下降324万元,无不良。

【企业贷款】 托克逊县支行加大对公信贷领域营销,支持小微企业贷款,及早介入了解、走访园区企业,对有需求企业,提前做资料收集、信用等级评定等前期工作,择机介入符合贷款条件的企业,给予资金支持,根据企业客户2018年度流动资金缺口,托克逊县农业银行投放贷款2.02亿元,有力支持了托克逊县国有企业、民营企业、小微企业的发展壮大。

【农业贷款】 托克逊县农业银行加大对产业化龙头企业、农民专业合作社的支持,做强金融产业链服务。托克逊县红枣种植面积为10.60万亩,占吐鲁番市种植面积的80.91%,总产量2.3万吨,占全市总产量的97.2%,县农行以贷款支持红枣种植及交易为重点,"公司+农户联保"担保。2018年,支持特色农业贷款1020万元。

【个贷业务】 支持合理自住购房,围绕汽车消费、房屋装修、旅游休闲、健康养老、文化教育、信息通讯等民生消费领域,推进"随薪贷""房抵贷""家装贷"等重点产品批量营销。扩大"网捷贷"、个人理财自助质押贷款等线上产品覆盖面,推动消费贷款加速发展。2018年,托克逊县农业银行发放个人贷款576万元。

(王新华)

2018年托克逊县商业银行各项存款占比表

表13　　单位:万元

商业银行	余额	年初	比年初	增量份额	市场份额
工行	73653	66228	7425	100%	39.82%
农行	111316	115294	-3967	0	60.18%
合计	184969	181522	3458	100%	100%

托克逊县农村信用合作联社

【概况】 托克逊县农村信用合作联社直属自治区联社党委管理,主要职能是服务三农,管理模式为社员代表大会、理事会、监事会,实施统一法人,有较为全面、合理、相互制衡的"法人治理"框架。共设立营业网点10个,金融服务站1个,实现了县域各乡镇金融服务全覆盖。2018年,在职职工104人,其中女性53人,少数民族66人。

【存款业务】 2018年,各项存款余额24.51亿元,较年初增加4969万元,增长2.07%,完成年初制订目标任务的102.04%。

【贷款业务】 2018年,各项贷款余额(含转贴现)23.67亿元,较年初增加2.47亿元,增长11.65%。全年累计投放贷款10.12亿元,其中企业贷款4.45亿元,城市个人贷款1.37亿元,农户贷款4.3亿元。

【不良贷款】 2018年,不良贷款余额9095万元,较年初减少607万元,不良贷款率3.84%,较年初下降0.74个百分点,实现不良贷款"双降"目标。其中农户不良贷款1269.45万元,企业不良贷款7798.21万元。

【经营效益】 2018年末,实现各项收入1.48亿元,同比增加1947万元,增幅15.2%;各项支出1.18亿元,同比减少727万元,减幅5.78%;拨备覆盖率161.53%,较上年增加25.42个百分点;实现账面净利润2427万元。资本充足率12.78%,较年初增加0.57%。资本净额2.17亿元,较年初增加2520.44万元,核心一级资本净额1.98亿元,较年初增加

2380.61万元。全年上缴税金1355.54万元。

【中间业务】 2018年末，全辖累计发行银行卡10.03万张，累计交易总笔数达45.83万笔，银行卡存款余额4.28亿元。累计发放金融社保卡8.56万张，存款余额3285.73万元。发行金卡159张，余额1570.3万元。累计开通特约商户271户，布放POS机371台、自助设备16台。全年拓展条码支付商户1002户，开通银信通8.2万户，占发卡总量的81%。累计开办个人网银1.89万户，开办手机银行1.73万户，自助设备累计交易笔数为133.76万笔，交易金额为16.06万元。

【“三农”信贷】 按照“立足三农、服务小微、服务县域经济”的市场定位，强化涉农服务。2018年全年累计投放春耕备耕生产贷款2.99亿元，有效满足了农户春耕备耕生产资金需求。联社大部分农户贷款由原先的小额信用贷款归还后转为“农贷通”贷款，随着农村信用环境的逐步改善，适时将“农贷通”额度进行了提高。目前，“农贷通”贷款已占信用贷款的90%以上，余额达到2.77亿元。

【精准扶贫】 2018年，共向建档立卡贫困户累计发放小额扶贫贷款1189户3214万元，扶贫贷款覆盖率达到100%，通过贷后调查，扶贫小额贷款发放到真正有发展愿望和有能力的贫困户手中，信贷扶贫工作取得阶段性成果。

【城市业务】 宣传推广“惠商户”系列个体工商户贷款和公职人员消费贷款，全年共发放个体工商户贷款59户1699万元；共发放公职人员消费贷款632笔，金额8691万元。走访企业，开展银企对接座谈，向国资上市公司中泰能化营销贷款9600万元，向中泰集团下游企业营销贴现业务19笔，金额2860万元，并继续向华天陶瓷、天马棉业、金润枣业等法人客户授信支持。2018年，共办理保函业务8笔，金额2669万元，签发银行承兑汇票12笔，金额600万元，满足了当地中小微企业新的信贷需求。

【民生项目】 联社响应政府号召，拓展民生项目，在将城乡居民医疗缴费模块增加至移动缴费终端的同时，开通了社保卡即时补发卡业务，并实施“一站式”服务阶段，全年累计发放金融社保卡8.56万张，余额3285.73万元。各种财政补贴、民政资金和社保资金均通过联社金融社保卡发放，有效扩大了银行卡发行规模，实现银行卡“广覆盖”的市场定位，最大限度地发挥了金融社保卡的金融功能和服务。

【条码支付】 根据自治区农村信用合作联社条码支付行业应用要求，制订联社条码支付业务组织实施方案及营销推广方案，并改造辖内条码支付商户，联社条码支付业务获2018年10月农信银条码支付评比活动三等奖。

【普惠金融】 成立普惠金融服务站推广工作领导小组，对接电子商务进农村项目，将电子商务服务站与普惠金融服务站相互结合，让居民在家门口就可以咨询、查询、办理各类金融业务。年内，联社设立的10个普惠金融服务站正式启用。 （王晋华）

中国邮政储蓄银行托克逊支行

【概况】 中国邮政储蓄银行是2007年经中国银监会批准成立的大型国有商业银行，拥有全功能营业网点3.6万处，服务触角遍及城乡。托克逊县支行2008年7月挂牌成立。支行内设财务室，信贷部和网点等部门。2018年成立营销、服务等为一体的专业化营销团队，实现增量创收。2018年，邮储银行托克逊县支行有1个自营网点、4个邮政储蓄代理网点，支行员工共11人，其中女性7人，少数民族6人。

【经营情况】 2018年，累计

完成收入779.10万元,同比增长13.05%,实现利润208.62万元。居民储蓄余额1.69亿元,比上年增加1715万元,活期比重42%,活期比重比上年增长0.3%,定期比重58%。个人储蓄业务实现收入423.57万元,公司存款余额万元2784万元,比上年减少150万元,累计完成收入77.21万元。信贷业务年末规模结余5883万元,其中小额贷款结余1379万元,个人商务1419万元,消费贷3085万元。支行逾期金额为83万元,较年初增加28万元,逾期率1.51%,逾期主要集中在小贷和个商。

【不良贷款】 不良贷款236万元,较年初增加231万元,不良率4.28%(主要集中在小贷和个商)。2018年,放款2885万元,比上年减少585万元,信贷累计完成收入278.32万元。

【内控管理】 2018年,邮储银行托克逊县支行加强各个业务环节的风险管控,不定期组织开展业务检查,提高合规操作能力,通过交叉验证提高信贷逾期。提高资产质量,提升自主清收能力,尽快实现不良贷款"双降"目标,严格落实安全保卫和案件防控工作,每月组织开展安全和业务培训,每季度组织应急预案演练和案防内控知识学习和测试,落实岗位责任,增强专项操作风险管理能力,开展案防警示教育进行风险提示。建立健全营销机制和团队,实现队伍的整合营销,组织营销实战演练,充分利用团队开展有针对性地营销活动。

【服务措施】 2018年,托克逊县支行每月组织开展服务检查,并结合上级行服务通报和神秘人服务检查通报,通过服务积分处罚和服务积分奖励等,增强员工主动服务意识,提高员工服务质量,规范员工服务行为,提升网点服务质量。 (努斯来提·买买提)

保 险

中国人民财产保险股份有限公司托克逊县支公司

【概况】 中国人民财产保险股份有限公司(以下简称人保财险)公司设有营销部、理赔部、承保部三大部门。主要经营业务为机动车辆保险、企业财产综合保险、信用保证保险、责任保险、意外健康保险及政策性农业保险。2018年托克逊支公司在职员工11人,其中女性4人,少数民族5人。

【业务经营】 2018年,人保财险托克逊支公司实现保费总收入4700万元,其中车险业务保费3500万元,承保22951笔,承保车辆17160辆。其他业务险种1200万元。

【理赔服务】 2018年,公司处理各类赔案累计支付赔款3600万元,其中农业保险全年累计赔款246余万元,为广大农民朋友提供上亿风险保障。承保的县建档立卡贫困户补充医疗保险累计赔款102万元,确保贫困户医疗保险保障。为客户提供一站式理赔服务,打造全国通赔、限时理赔、极速理赔等高品质理赔服务。

【公司优势】 中国人保财险托克逊支公司在经营发展中,乡镇级网点覆盖率达70%,构建城网农网共建共享、线上线下结合的立体化销售服务网络。可以与客户实现"点对点"快速对接。打造"人保之友"客户俱乐部,为客户提供车辆和生活相关的增值服务。 (王 刚)

中国人寿保险股份有限公司托克逊县支公司

【基本情况】 2018年,中国人寿保险股份有限公司托克逊县支公司有正式员工5人,营销员上百人。

【经营情况】 2018年实现总保费收入7799.17万元,同比上年增长2.59%,其中新单保费2059.14万元,同比上年增长5.8%,短险保费433.84万元,续收保费5306.19万元。2018年承保新农合大病保险,成为新疆自治区全民意外险承保理赔服务商。

【理赔服务】 2018年,公司共为657名客户提供理赔服务,赔付总金额645.06万元,其中长险理赔件数134笔,赔付金额392.34万元,短险524件,赔付金额252.72万元。

附:重大理赔案件

被保险人马某,因疾病死亡,赔付20万元。

被保险人孙某某,因重大疾病赔付10万元,客户治疗后,身体恢复良好。

【新产品发布】 2018年3月,中国人寿特别推出“康宁”品牌系列20周年纪念版产品——“康宁终身(优享版)”保险产品组合,涵盖重大疾病、特定疾病、身体高度残疾、身故等多重保障,为客户提供全方位、多角度的保障服务。

(方婷婷)

脱贫攻坚

TUO PIN GONG JIAN

【概况】全县有扶贫开发任务的乡(镇)6个、行政村42个。建档立卡贫困人口1942户6567人,其中贫困村8个(夏镇布拉克贝希村、喀拉苏村、奥依曼买里村;郭勒布依乡尤库日克喀拉阿什村;伊拉湖镇依提帕克村、郭若村;克尔碱镇英阿瓦提村和库米什镇柯尔克孜铁米村)共966户3476人,8个贫困村贫困人口占全县总贫困人口的52.93%。2018年,脱贫84户280人,未脱贫3户9人,贫困发生率0.13‰。

2018年,全县建档立卡贫困户发展生产1418户2105人;转移就业1513人,(其中稳定就业894人、灵活就业619人);生态补偿260户264人;综合保障3161人(包括享受低保、基本医疗支付、大病救助、慢性病救助2158人和教育扶持1003人)。

2018年,完成贫困人口人均纯收入3750元的目标任务,并通过自治区委托的第三方(新疆财经大学)评估考核验收。

【专题研究】2018年,强化脱贫工作组织领导,市、县、乡(镇)、村和工作组"五位一体"。县委、政府主要领导定期组织召开专题会议,听取乡镇和有关牵头单位工作开展情况。坚持问题导向,严格落实责任追究制。构建行业主管部门直接监督,乡镇党委、政府属地监督,党政同责、一岗双责、上下联动的监管机制。2018年,县委常委会专题研究脱贫攻坚工作9次,县政府常务会议专题研究脱贫攻坚工作6次,县扶贫开发领导小组召开脱贫攻坚工作会、推进会、专题会等全县会议18次。

【财政专项扶贫】健全完善和动态调整2018—2020年财政专项扶贫资金项目库,储备93个项目。优先实施农业产业发展、农田水利设施等项目,提升贫困户增收能力。强化资金审核,坚持国库集中支付制,资金使用和投向上按照专项资金要求严格用于扶贫项目。项目管理上,财政、扶贫等部门相互协作、配合。2018年,申请各级财政专项扶贫资金1324.5万元,其中中央财政专项扶贫发展资金643万元,中央少数民族发展资金151.5万元,吐鲁番市本级安排扶贫资金330万元、县级财政配套资金安排200万元,实施7类21个扶贫项目。617户贫困户发展特色种植业2643.2亩。3个贫困村新建防渗渠11.4千米,惠及234户贫困户;新建农产品交易市场1个,提升农副产品的附加值,解决10名贫困户就业,提升郭若村综合服务能力和贫困户就业创收;2个畜牧养殖类项目,带动630户贫困户壮大畜牧养殖业。

【产业发展】托克逊县引导贫困村、贫困户调整产业结构,退减棉花等低效作物种植,鼓励贫困村、贫困户发展西甜瓜、红枣、葡萄、杏子等特色作物。8个贫困村基本形成主导产业,夏镇布拉克贝希村以蔬菜种植为主,林果种植为辅,适度发展畜禽养殖;喀拉苏村以杏子种植为主,规模化养殖为辅,适度发展葡萄种植。发展第三产业转移就业,推动产业转型升级;奥依曼买里村以杏树种植为主、大田蔬菜为辅,规模化畜禽养殖相结合;郭勒布依乡尤库日克喀拉阿什村以红枣种植为主,哈密瓜、杏子种植为辅发展产业;伊拉湖镇郭若村、依提帕克村以哈密瓜种植为主,红枣及大田蔬菜为辅的特色产业种植格局,着力发展馕食品产业和特色养殖业;克尔碱镇英阿瓦提村种植大田蔬菜、花生、芝麻等特色作物,引导农户发展庭院蔬菜、林果种植;库米什镇柯尔克孜铁米村引导种植户发展种植大田蔬菜(恰玛古、胡萝卜)。

2018年,8个贫困村新增特色林果2200亩,组织617户贫困户实施了精品哈密瓜、特色林果种植等7个产业增收类项目,通过开展技术服务带动贫困户增收,增强贫困户发展能力。

【**转移就业**】采取“政府开发、企业提供、自主择业”的就业方式,统筹职业技能、实用技术和典型经验等培训,提高贫困家庭劳动力技能培训精准度,增强就地发展生产、进城进园就业、自我发展创业的能力,实现“就业一人、致富一家”的目标。年底,全县建档立卡贫困人口实现转移就业1513人。

【**综合保障**】

医疗救助 实施“三免四减半”惠及建档立卡贫困人口4867人,涉及金额13.18万元,按照床位的2%—5%左右设立扶贫病床46张,减免费用7.54万元。贫困患者先诊疗后付费1154人次。建档立卡贫困人口家庭医生签约率100%,为每户贫困户配备纱布、绷带、创可贴、体温计共30元基本医疗设备。

社会保障 建档立卡贫困人员基本医疗保险县级以上医疗机构门诊、住院报销比例提高5个百分点,门诊慢性病补偿比例由40%提高到50%,年度封顶线由3000元提高到4000元,建档立卡贫困人口享受基本医保普通门诊待遇13085人次,医保基金支付32万元,享受基本医保门诊、慢性病待遇986人次,医保基金支付46万元,享受住院待遇1728人次,医保基金支付349万元。开通乡镇卫生院慢性病结算窗口,简化常见慢性病办理流程,就近诊断、治疗和结算,截至年底,建档立卡贫困人口办理慢性病2514人次,其中乡镇卫生院办理467人次。乡镇卫生院就诊取药70人次,报销1887.11元。建档立卡贫困户100%参保。民政为1093户1342名贫困人口发放低保金475.68万元,代缴城乡居民基本医疗保险102.63万元,为425名建档立卡低保对象发放医疗救助资金41.06万元,城乡低保对象外地住院二次医疗救助比例从50%提高到70%。为5905名贫困人口缴纳补充医疗保险,贫困户报销比例达到95%,为676名贫困人口赔付47.4万元。

【**教育扶贫**】托克逊县贫困家庭子女享受学前教育、义务教育和就读普通高中、中等职业学校、普通高校等方面的资助政策。贫困家庭子女义务教育阶段适龄学生无一人辍学,贫困家庭子女上大学全部享受资助,其中本科6000元、大专4000元,以期阻断贫困代际传播。截至年底,发放助学补助金420.75万元,有1003人(其中学前教育138人、小学408人、初中144人、高中108人、中职44人、大学161人)贫困学生享受政策。

【**金融扶贫**】按照自治区、吐鲁番市关于发放“两免一补”小额贷款工作要求,托克逊县组织贫困户发展特色种养殖、庭院经济、加工制作等,撬动产业发展,带动贫困户增收。累计发放小额信贷1186户,发放扶贫贷款3201.54万元,其中2018年156户400.1万元。

【**社会帮扶**】组织社会企业、爱心人士和干部职工参与脱贫攻坚工作。发挥单位后盾作用,“访惠聚”驻村工作队利用派出单位优势,开展定点帮扶、“民族团结一家亲”等实行“一户一台账”。组织县直3181名干部职工参与定点帮扶,累计慰问物资72万元。实施企业帮扶工程,24个规上企业帮扶8个贫困村;2家社会企业捐款20万元,资助20名贫困大学生,1家爱心企业设立村级扶贫基金50万元。第五个全国“扶贫日”期间,托克逊县倡导全县各级党政机关、企事业单位及广大干部职工,各个行业、社会组织分头开展扶贫资金募集、物资捐赠等活动,捐资、捐物约80万元。组织5家煤炭企业捐赠1.06万吨煤炭,价值320万元,为贫困、低保、残疾和优抚等低收入群体送去党和政府的温暖。

【党建扶贫】帮钱帮物不如帮建一个好支部。各乡镇党委和所属各支部抓好“三会一课”、组织生活会、民主评议党员等基本制度落实,常态化开展“党员效能示范岗”“党员责任区”及“5+X”主题党日活动。定期为贫困群众提供致富、务工等服务信息。引导成立农民专业合作社140个,协助发展和引进中小微企业11个。在原有“2133”扶贫机制基础上,对脱贫确有困难的94户农民,由县级领导、正科级领导每人再包联2户,副科级领导再包联1户且每月动态包联5户贫困户,全程跟踪指导,不脱贫、不收兵。全年累计物资慰问72万元,组建生产互助组3300余个,开展互助活动5000余场次,帮扶群众1.5万余人;帮助销售农产品累计4500余万元,节约生产成本160余万元,推动党建工作真正融入扶贫、服务扶贫、推动扶贫。

【宣传培训】2018年,全县6个乡镇设置27名扶贫专干,42个有贫困人口的行政村,57名第一书记和专司扶贫的工作人员利用“早派工、晚研判”“以会代训”等宣传扶贫政策196场次,培训人员1094人次。化解矛盾纠纷2588件,为群众办好事实事6784件,帮助基层梳理解决问题2414个。在贫困村开展职业技能培训10期270人,涉及中式面点师、烹调师、保安、园艺师、装载机驾驶员、美发师等6个工种。举办就业招聘会13场。

【反馈整改】

考核反馈　年内,托克逊县将2017年省级党委和政府扶贫开发工作成效考核反馈涉及托克逊县的12项35个问题全部整改完毕,系统梳理了2016年各类问题并形成整改台账,贯穿于年度脱贫攻坚始终。

督导反馈　自治区纪委第四轮群众工作督导反馈7个问题全部整改完毕。

审计反馈　对吐鲁番市财政、审计反馈的托克逊县财政专项扶贫资金项目问题研判分析,制订整改措施,并建立长效机制。

督促落实　成立3个工作组长驻乡镇、村开展指导工作,逐村逐户走访,督促各乡镇、村落实各项脱贫攻坚工作任务,带动和提升县、乡镇、村各级扶贫人员工作能力。

【扶贫领域问责】2018年,扶贫领域共处置问题87件,问责113人,其中党政纪处分53人,组织处理60人。

(鲁福平)

教 育

JIAOYU

教育行政

【概况】县教育局内设办公室、组织人事科、思想政治教育办、督导室、核算中心、内审办、纪检信访办、招生资助办、安全维稳办、条件装备办、工会办、教师发展中心、青少年活动中心14个科室。2018年，有在职干部109人，其中在职在编33人，借调76人；女48人，少数民族73人。年底，县教育局从县职业高中办公地点搬迁至友好中路（九龙农贸市场对面）。

2018年，托克逊县有普通中小学校41所（包括阳光私立小学），其中完全小学33所、九年一贯制学校3所、初级中学2所、完全中学1所、高级中学1所、职业高中1所。在校生共18099人，其中小学学生11321人、初中学生3755人、高中学生2409人、职业高中在校生614人。

2018年，全县有幼儿园52所，其中农村幼儿园44所，城镇幼儿园8所；公办幼儿园49所、民办幼儿园3所，学前教育学生6243人。

2018年，教育系统实有在岗教职工共3347人（含专业技术岗教师2207人，工勤岗38人）。其中转岗至保育员、保安、寺管会、后勤、社区、村委会、客运站岗位的教师762人。在岗一线专任教师2127人，其中幼儿园教师344人、中小学教师1734人、职业高中教师49人。

全县教育系统党支部共54个（包括教育局机关党支部、阳光学校党支部），独立党支部41个，联合党支部13个。在职党员793人，退休党员385人。教育局成立教育局团工委，8个团委，174个团支部。团支部以班级为单位。

【教育发展】2018年，以各学校综合素质（师资力量、教学水平及课改进程等因素）结成31组“捆绑式发展”学校。组织学校管理层互访交流，各捆绑学校在学校管理、队伍建设、教育科研、学生活动、学校文化等方面进行互动交流，共同讨论捆绑发展方向及需求，实现资源共享、优势互补、互惠共赢，增强托克逊县各校整体实力。123名中小学（幼儿园）教师参加信息技术能力提升培训。邀请天闻数媒公司再次培训学校配备语音教室设备的教师25人、学校配备地理主题教室设备的教师10人。完成1091名中小学、幼儿园教师、大学生、社会人员的中国少数民族汉语水平等级考试（MHK），55名中小学、幼儿园教师、大学毕业生、社会人员取得相应的教师资格证。2018年，选派34人参加各级各类培训，其中参加疆外一年制“岗位能力提高”10人、国语能力强化8人、“湖南援吐”培训10人、鄯善县顶岗实训6人。

【教研活动】

生动课堂选拔赛 2018年，教育局组织开展语文、历史、物理、化学、生物、道德与法治、心理健康教育及数学等多学科的生动课堂选拔赛，参加赛课，评课及听课活动教师

140余人。

绘画作品大赛 2018年,教育局举办托克逊县首届中学生绘画作品大赛,组织教师参加新疆首届中小学美术教师速写作品评比活动,全县各学校共上报学生作品32个、教师作品12个,托克逊县选送4名学生和4名老师的作品报市教育局并选送到自治区参赛。

“一师一优课、一课一名师” 2018年,组织托克逊县各中小学校开展“一师一优课、一课一名师”网上晒课活动,共晒课165节,县级推优43节。

“潇湘名家讲坛”系列讲座 2018年,邀请托克逊县和湖南一些在校园管理、教学教研和课堂教学等方面的专家、学者、名校长、名教师通过视频开坛授课、举办讲座等,加强托克逊县教育系统人才培养力度,提高教育教学质量和校园管理水平。

【招生工作】

小学 2018年,一年级共招生1782人,其中汉族256人,少数民族1526人,少数民族学生占85.63%;二至六年级在校生共9743人,其中汉族1386人,少数民族8357人,少数民族学生占85.77%。

初中 2018年,七年级共招生1307人,其中汉族103人,少数民族1204人,少数民族学生占92.11%;八、九年级在校生共2315人,其中汉族289人,少数民族2026人,少数民族学生占87.52%。

高中 2018年,全县初中毕业生共1350人,按照普职比6:4的要求,吐鲁番市给托克逊县下达普通高中招生计划为680人。高一年级共招生666人,完成招生计划的97.94%,其中汉族67人,少数民族599人,少数民族学生占89.94%;高二、高三年级在校生共1680人,其中汉族237人,少数民族1443人,少数民族学生占85.89%。

【升学工作】

小升初 2018年,托克逊县参加内初考试的考生总人数810人,录取78人。湖南韶山援吐内地内初班托克逊县录取15人(全市共录取40人)。

中考 2018年,托克逊县参加初中毕业升学考试的考生811人,其中汉语言考生300人,双语班考生511人。参加内高考试的考生总人数410人,录取92人。内职班报名85人,录取19人。托克逊县湖南周南班报考123人,录取11人。

高考 2018年,托克逊县高考报名934人,实际参加普通高考933人,本科上线386人,上线率45%,同比增长6.5%,大专以上录取843人。

职高 2018年,托克逊县有初中毕业“两后生”522人(6名学生因特殊原因不能继续升学),吐鲁番职业技术学院录取128人、托克逊县职业高中181人,内职19人,疆内、疆外中职学校录188人,“两后生”100%入学。

【教育经费】2018年,教育经费支出5.09亿元,其中工资支出3.22亿元,商品服务支出5200万元,个人家庭补助2300万元,房屋建筑和设备采购1.13亿元。

学前三年免费教育资金 申请2018年6157名学生学前三年免费教育保障机制资金1024.16万元,其中自治区资金563.98万元、县级配套460.18万元。解决全县52所幼儿园幼儿的伙食费及相关费用。

城乡义务教育保障资金 全县11321名小学生、3755名初中生享受2018年城乡义务教育保障资金(公用经费、取暖费)999.07万元,其中中央资金936.35万元,自治区资金62.72万元。2018年,寄宿生生活补助费268.62万元,其中中央资金121.65万元,自治区资金146.97万元。157名小学生、1781名初中学生享受生活补助。

高中教育补助资金 2018年,全县有2409名高中学生享受国家补助的学费、住宿费、寄宿生生活费等费用,其中普通高中助学金141.98万元,高中补助资金513.19万元。

特岗教师工资、补助 2018年,650名自治区特岗教师、特设岗位计划招聘教师申请的工资和绩效工资补助为343.2万元。

设施、设备采购资金 2018年，托克逊县第一中学“湘疆剧院”配备158.7万元的设备；2所学校采购电锅炉18万元；采购幼儿园教学玩具14.7万元；“雪亮细胞”试点建设应用工程采购4.4万元；采购录播教室相关设备43万元；采购托克逊县禁毒基地设备65万元；采购心理咨询室相关设备13万元。为新聘教师采购冰箱、空调、洗衣机、衣柜、晾衣架等生活设备358万元，为湖南援疆教师公租房配备宿舍设备146万元，采购秋季绿化树苗40.3万元，采购燃煤6981吨273万元。

项目审计督办 2018年，县教育局向项目施工企业下达审计督办函4次，审计2010—2018年500余个项目，审计完成300余个项目。

【基础建设】

电化农村学校、幼儿园试点 2018年，县财政投入资金134万元，完成“电化农村”试点20所学校及幼儿园线路改造、2所学校变压器扩容招标工作。2所学校安装变压器，4所学校专线改造完成。

园舍维修消防改造 2018年，自治区下达园舍维修资金67万元消防改造夏镇南湖小学、英阿瓦提小学、夏镇中心幼儿园、泛海希望小学、库米什小学、湘山幼儿园等6所学校幼儿园；县财政投入189万元消防改造9所学校（含1所幼儿园）。年内完成15所学校的消防改造工程。

“全面改薄”项目 2018年，托克逊县共实施“全面改薄”（全面改善贫困地区义务教育薄弱学校基本办学条件）项目3个，项目总投资2072万元，总建筑面积8305平方米，其中新建郭勒布依乡光荣小学综合教学楼和县第二小学教学楼2个项目，续建项目1个，即县第二小学运动场。年内，郭勒布依乡光荣小学综合教学楼建设项目竣工，其他两个项目主体框架完成。

塑胶运动场、食堂项目 2018年，托克逊县统筹县级财政资金915万元，新建夏镇布拉克贝希小学塑胶运动场、县滨河学校食堂及郭勒布依乡中心校塑胶运动场3个项目建设。郭勒布依乡中心校塑胶运动场竣工，夏镇布拉克贝希小学塑胶运动场项目未完成，滨河学校食堂项目完成主体框架，装饰装修工程未完工。

县第三中学项目 2018年，新疆黑山露天矿有限公司出资2.5亿元新建托克逊县第三中学，新建校舍23栋8.7万平方米，各单体建筑全部开工建设，其中6栋封顶。

【教育资助】

春季贫困大学生资助 2018年，共791名贫困大学生（其中本科530人，专科261人）享受资助金211.2万元。

秋季建档立卡、低保户贫困大学生资助 资助登记在册的建档立卡贫困户、低保户家庭的贫困大学生381人96.3万元（其中本科生201人，每生每学期3000元，共60.3万元；专科生180人，每生每学期2000元，共36万元）。补助秋季困难家庭子女75人的生活费45万元，每人每月生活补助600元（一年补助10个月）。年内，资金全部补助到位。

困难家庭子女资助 核定学生279人，资助金额64.65万元（其中本科生177人，每生每学期2500元，共44.25万元；大专生102人，每生每学期2000元，共20.4万元）。新增困难子女21人，补助资金4.75万元（其中本科生11人，每生每学期2500元，共2.75万元；专科生10人，每生每学期2000元，共2万元）。年内，资金全部补助到位。

湖南援助托克逊籍考入内地高校的大学生资助项目 符合条件的贫困大学生87人，每生一次性资助6000元，资金共52.2万元。2018年，郴州市教育基金会对托克逊县统计上报义务教育阶段中的建档立卡、低保户、残疾人员等50人，每生一次性发放2000元，共10万元，全部补助到位。

企业资助托克逊县贫困大学生项目 2018年,中国铁路乌鲁木齐局集团有限公司对县扶贫办提供的建档立卡贫困户学生10人,发放资助金6.9万元。

【教材征订】

学前 托克逊县6243名学前教育学生发放6284套教材及配套教学资源。

中小学 完成2018年秋季15306名学生的免费教材征订工作以及春季教材补订征订、结算工作。学年内共14681名学生享受免费教材,财政支出152.85万元。

职高 2018年,托克逊县有职业高中1所,征订教材均严格选用国家、自治区规划和推荐的教材,按照市职成办下发的教材目录征订。

民办 全县1所民办小学、2所民办幼儿园,教材及教辅材料均按照自治区统一下发目录征订,未违规使用自治区中小学教材教辅目录之外的教材教辅。

校外 全县17家校外培训机构(其中艺术类培训机构3家、体育类培训机构1家、课后辅导培训机构13家)。校外培训机构主要辅导学生课后作业及习题,教材均是学生使用的课本,未发现私自订购教材。

【国语教育】

目标任务 2017—2020年,要求实现国语推进全覆盖,即2017年在小学一年级、二年级和初中七年级实施国语教学。2018年从学前三年、义务教育阶段和高一年级全面实施国语教学。2020年实现学前教育、义务教育阶段和高中教育阶段国家通用语言文字教学全覆盖。

教师队伍建设 年内组织建设市级工作室4个,评选出市级教坛新秀20人、教学能手29人、学科带头人11人、火洲名师9人,评选出县级教坛名师5人、学科带头人10人、教学骨干10人、教学能手15人、教坛新秀10人。轮岗交流、缩小差距,教育局统一管理收归调配城乡教师编制,逐步解决学科建设不合理的问题。不能胜任国语教学的教师分别转岗分流至保安、保育员、警务室等岗位。新招录自治区特岗教师180人(2016—2018年未入编特岗教师409人),地方性事业编制教师449人(2017—2018年地方编教师共638人),建立托克逊县实习支教基地,定岗实训实习生120人,补充国语教师。开展教职工"每天一小时"国家通用语言文字学习活动,提升教职工口语表达能力和写规范字的能力。

学生国语学习 托克逊县教育系统开展"5+1"(5天正常上课时间学习国语,根据学生自愿通过周六或周日组织学生不带书包到学校开展国语学习)强化国语学习活动,各中小学分学段制订详细的国家通用语言文字活动计划及活动内容,在原来课程设置的基础上每周调整增加4节部编(教育部组织编写)语文的课时量,提高学生的国家通用语言口语表达能力、写作能力、阅读能力及应用学习能力。各中小学开展"每天一句话""每周一演讲""每月一竞赛"等活动,督促师生加强国家通用语言学习。职高对语言水平不合格的新生设置语文学习、专业课程,确保每周语文教学不少于36课时,严格执行国家对于中职校的课程设置标准。

口语大赛 组织参加自治区"讯飞杯"大赛,2017年自治区决赛中托克逊县7名选手入围,入围选手中2名选手获自治区二等奖,1名选手获自治区三等奖,其他4名选手均为自治区优秀奖。2018年,市级复赛中托克逊县4名选手脱颖而出,入围自治区级决赛。

【内学管理】完成2018年内初、内高及内职班考生报名、考试及录取工作,托克逊县共接收内地回疆内高82所学校369名学生、内职班14所学校29名学生,接收区内初中班5所学校169名学生。年内,运送283名学生,其中内高班92名、内职班18名、内初班新生74名及部分内初班往届生99

名安全返校。

【教材清查】教育局清理清查全县各级各类学校教材、教辅材料、绘本、读本、挂图、图册和图书室、教室班级图书角所藏的各种图书、期刊杂志、电子音像制品等，共清查教材、教辅2.9万册，图书室、教室班级图书角所藏的各种图书43万余册。各中小学对所有教材教辅、讲义讲稿、校园文化以及网络资源开展自查，托克逊县基础教育学校均是按照自治区下发的目录选定教材教辅，无违规使用自治区中小学教材教辅目录之外的教材教辅、学校违规组织编写使用的校本教材、随意增加语文（民语）课时的情况和未经教育部门同意擅自建立网站的行为。

【返乡学生管理】

基本情况　全县在外就读学生共4775人，其中疆内3246人，疆外1507人，国外22人；研究生21人，本科生2302人，大专生1096人，中专生357人，高中生608人，初中生360人，小学生24人，吐鲁番社会主义学院7人。2018年返乡4024人（其中疆内2786人，疆外1235人，国外3人；研究生21人，本科生1925人，大专生874人，中专生312人，高中生564人，初中生323人，小学生2人，国小3人）。

服务教育　抽调业务骨干监督管理和服务各乡镇返乡学生，每日掌握返乡学生情况。托克逊县制订2018年暑期大中专学生“学讲话、学纪要、深化社会实践”活动方案，组织全县暑期返乡学生开展宣讲活动，增强各族青年学生、干部群众“五个认同”思想，为实现新疆社会稳定和长治久安总目标打下坚实的思想政治基础。

社会实践　引导返乡学生参与维稳宣讲、小课堂辅导、安全宣讲、家乡变化宣传、惠民政策宣讲、法律宣传员、警务站（点）协理、文化大院兼职表演、农业技术等系列社会实践活动中来，参与的返乡学生达1127人次。

活动育人　组织1025名返乡学生参加“吐鲁番人游吐鲁番”活动，举办“民族团结一家亲”篮球赛5场，开展主题演讲大赛、走进家乡名企活动，50余名返乡大学生到工业园区、中泰集团产业园、华帝服装厂零海拔酒庄等家乡名企实地参观学习，组织“热爱家乡，放飞梦想”暨返乡学生文艺会演活动。

帮扶活动　2018年，托克逊县返乡办注册设立“爱心妈妈”网上信箱（aXmx163.com），方便返乡学生反映困难诉求，收到返乡学生来信26封，答复解决相关困难7个，19个困难正在校查解决中，“爱心妈妈”电子邮箱已成为政府和返乡学生之间的爱心桥梁。

【维稳安全】

“三防”体系　全县41所中小学32所幼儿园维稳安全设备“十有十保障”“九配备”。人防，全县中小学、幼儿园按标准配备安保人员，成立学生上下学护校队。物防，安装减速带129处共1108.89米，防冲撞硬隔离栏83个、交通管制硬隔离栏199处共1927.46米，“减速慢行”警示牌131个、校门口斑马线27处、阻车钉73个、校园电铃134个、公安访客系统73个、X光安检门94个、一键式报警器286个、手摇式报警器78个、微型消防站70个、家长等候区73个。技防，校园内及校园周边全部更换高清摄像头2922处，安装政法委综治视联网71处。

平安建设　各学校、幼儿园联合派出所、便民警务站，不定期开展应急处突演练，增强师生应急处置能力。创建平安校园工作，平安创建知识知晓率、满意率、参与率均达到100%。年内县级平安校园共57所，市级平安校园2所。

安全教育　年内，共开展维稳安全宣传教育活动300余场次。各学校制订消防安全教育计划、确保每学期4课时消防安全课，举办消防知识讲座、观看教育影片80余场次，经常开展消防演练，提高师生逃生自救和自我保护能力。食品安全教育纳入到健康课课程,全县55所校园食堂安装“明厨亮灶”监控设备,确保校园师生饮食安全。联合公安局、环保局、安监局等部门统一处置教育系统734千克危险化学药品交给克拉玛依沃森环保科技有限责任公司。

督查整改 全年召开96期维稳安全隐患分析研判会,学校、幼儿园自查汇报922个问题,整改834个,未整改88个。每季度排查校园周边的餐饮、商店、网吧,并限期整改隐患问题。2018年,教育局维稳安全督查组检查学校(幼儿园)1534次,发现隐患864个,立即整改724个,限期整改140个,下发整改通知书864份。

【民族团结活动】开展“民族团结一家亲”和民族团结联谊活动,推进“三进两联一交友”活动。2018年,教育系统共有2087名教职工结对认亲,其中汉族教职工350人,少数民族教职工1737人。结对认亲户数2187户,其中汉族336户,少数民族1851户。

(阿迪莱·西克然木)

附:

托克逊县第一中学

【概况】第一中学位于县城友好东路邻近山泉社区,是一所初级中学,学校占地面积47710平方米,建筑面积21267平方米。全校共有39间教室、42间各类功能室。2018年,共有教学班级39个,在校学生人数1659人,其中少数民族1382人。教职工188人,其中女129人,少数民族115人。研究生2人、本科生148人、大专生15人。高级职称37人、一级职称82人,特岗23人,援疆教师14人。

【教学成绩】2018年,第一中学初中毕业班共14个(其中双语班8个,汉语班6个),毕业生628人。五科成绩600分以上的49人,500分以上167人,400分以上177人,300分以上129人,300分以下106人。内地新疆高中班考试达到体检分数线25人(2017年65人),汉语班前十名:章欣然(711分)、代思思(689分)、李园子(682分)、高晴(678分)、张智慧(668分)、吴莹莹(639分)、周文静(638.5分)、蒋文涵(636分)、杨哲(635分)、贾皓文(631分)。双语班前十名:凯迪日耶·卡哈日曼(660分)、穆斯塔发·买明(655.5分)、艾丽菲热·艾乃吐拉(643.5分)、开依赛尔江·艾亚斯丁(642.1分)、古丽艾加尔·阿布来提(642分)、买尔比亚·阿不来克木(641.5分)、吐马热斯·赛米(641分)、依合巴力·阿布都热依木(638分)、娜迪热古丽·马合木提(637分)、阿依怕热·吐尔逊(636分)。

【德育工作】每周一举行升旗仪式和国旗下讲话活动,每天早上第一节课前五分钟唱国歌。坚持每周一召开班主任工作例会,定期检查班主任手册,量化班级管理,专项检查学生日常行为规范并及时反馈,天天检查、天天反馈。每个月设计教育主题班会内容,上好环境教育课,学校开展关爱“留守儿童”教育,谈心解惑、家访及课业帮扶。组织师生开展“三进两联一交友”、民族团结知识竞赛、民族团结趣味运动会等各种形式的民族团结交友活动。开展防范交通事故、预防溺水、避免拥挤踩踏、消防安全、网络安全、预防煤气中毒等安全教育。开展宪法晨读活动和宪法宣誓签字仪式。

【同课异构】2018年5月5日,托克逊县一中同郴州市六中借助现代化信息设备,依托网络平台,参加第三届全国基础教育信息化应用展示交流活动,郴州六中的尹洁老师和托克逊县一中的邹明老师共上课题为“在那遥远的地方”的音乐课。汝城岭秀学校、汝城井坡学校等同步观看,北京展厅实时互动。

6日,郴州市六中与托克逊县一中物理教研组合作开展同课异构片段教学联合教研活动。3名教师一同完成“浮力产生的原因”同课异构片段教学。郴州市六中的李娜老师采用情景教学方式，以抢答的形式做练习，激发学生们的学习热情。王军华老师以实验为导入点创设问题激发学生们的求知欲。托克逊县一中的杨兰老师以探究活动为主，让学生分组操作实验，体现出"学生为主体，教师为主导"的新课改理念。

北京展厅全程直播了这两次活动，网络联校打破区域限制的课程凸显出教育信息化发展前景和资源共享的优势。

【教研成就】年内，托克逊县中小学生"我的一本课外书"新编舞台剧评选活动获二等奖，托克逊县中小学生在"汉字英雄"评比活动中获吐鲁番市二等奖，托克逊县中小学数学教师课堂教学大赛2人获二等奖、义务教育阶段青年教师苏比努尔·艾热西丁在教学大赛中获物理一等奖、日西迪古丽·艾尼瓦尔获生物二等奖。周军、董莉莉在吐鲁番市中学语文教师素养比赛暨课堂教学现场课大赛中获二等奖。2018年。自治区级、市级以校为本小课题研究立项语文课题成功立项。

【安全教育】全年，学校开展安全讲座和消防实战演练培训18次，地震演习6次，冬季传染病知识讲座1次，禁毒宣传活动1次，网络安全教育1次，防止校园暴力事件安全隐患大排查4次，联合公安局民警对全校师生手机、电脑大排查2次，印制有关防溺水的致家长的一封信3400余份。专项检查学生骑电动车情况，确保每个骑电动车的同学都达到法定年龄并征得家长同意，签订安全责任书1758份。

【队伍建设】

干部培养　从敬业态度、团队意识、沟通能力、学习精神、规范操作、落实力方面提升中层干部专业管理能力。年内，调整选拔20名年轻的中层干部。

教学常规　年内，常规检查130余名专任教师的教案、备课笔记、听课笔记、作业批改，及时总结反馈并提出意见建议。每天巡查常规教学工作、规范管理新进教师，教务处累计推门听课300次。分别为国语班配备19个专任教师完成语文教学任务。

教育培训　年内，组织教师培训累计150人次，其中网络培训130人次，周末大讲堂培训11次，累计培训1600人次，国语培训5人次，校内公开课50人次，与郴州六中网络联校培训3次，英语培训2次，语文培训2次，历史学科培训1次，校外送教活动8次。

团支部活动　组织全校15个团支部(14个班级支部，1个教师支部)开展从严治团主题团日活动，11个中队组织七年级建队、八年级退队活动。　（张春梅　冯　欣）

托克逊县第二中学

【概况】托克逊县第二中学占地面积10.36万平方米(155.4亩)，校舍建筑面积4.56万平方米。配套设施设备较完善，设有综合教学楼、学生公寓楼、食堂，多媒体教室、"班班通"、数字化实验室等学习、生活场地，基本、满足教育教学工作开展。2018年，第二中学被评为市先进基层党组织，通过自治区德育示范校、依法治校示范校验收。

2018年，学校教职工有在编人员252人，其中专任教师250人，少数民族171人。大专学历8人、本科学历241人、研究生学历3人，高级职称62人、一级职称78人、二级职称108人、未定职称4人。

2018年，共有教学班级47个，在校学生人数2093人，其中少数民族1691人，住宿学生749人。

【教研工作】2018年，学校4次培训新招聘的特岗教师，推门听课150余次，课后及时组织评课，为年轻教师给予建议与意见，促使他们快速成长。组织骨干教师与新聘教师结对子，46名教师参与结对。开展课堂教学研讨课、观摩课、公开课、示范课、教学讲座等活动。教师顾瑞泉获中国电化馆“一师一优课、一课一名师”教育部优秀课评奖，何平兰、邓仁刚、苏智新、付静获吐鲁番市教育局“汉字英雄”比赛指导教师奖，教师邓仁刚编排“我的一本课外书”获吐鲁番市中小学生新编舞台剧三等奖。

【高考情况】2018年，县二中参加高考人数606人，其中双语理科354人，汉语言文科79人，汉语言理科78人，民语言文科94人，双语文科1人；民考汉文科10人，民考汉理科11人。本科一批、二批上线287人，上线率47%。

【德育工作】2018年，600名新生参加军训。194名湖南援疆老师、地方编老师与750多名各民族学生结为朋友，6个年级组成为结对年级、44个班级互成为结对班级、2000多名学生分小组成为民族团结对子。通过主题班会、思想政治学习课、团课等，安排学生学习党的政策、习近平总书记系列讲话精神、十九大精神、法律法规、新疆历史、反分裂反渗透等内容，举办“欢度传统佳节 高奏团结之歌”为主题的手抄报比赛、社会主义核心价值观、爱国爱党爱家乡、文明礼仪文化墙、读书比赛等活动，增强学生的爱党、爱国、爱中华的精神。在传统节日、纪念日期间，组织团员参观爱国主义教育基地、去烈士陵园扫墓及“十八岁成人礼”，培训入团积极分子。

【安全工作】年内，排查防火、防盗和不安全隐患，落实安全巡查日报制，地震逃生演练6次(其中高考考生地震演练3次)、消防演练5次和多次维稳安保演练。 (孙 洁)

民办教育

【概况】托克逊县阳光民办学校创办于2007年8月，是一所民办全日制寄宿式小学，附设幼儿园。2018年，在校学生219人，生源为托克逊县本地户口的农牧民子女和少数外来务工子女及父母离异单亲子女，寄宿全托的学生占90%。有教职工18人。

【收费开支】学校低收费服务社会，办学至今无违规违法、乱收费用的现象，收取费用均按照县发改委要求或低于发改委规定的收费标准。幼儿园住校生每月每人收取保教费、学费、住宿费、生活费共580元，小学一至六年级住宿生每人每学期收取学费、住宿费、生活费共2800元，收取的费用均用于学生的一日三餐、教职工工资、校车燃油费等学校必要开支。

【扶贫帮困】学校每年为一些家庭贫困子女及特殊家庭子女减免费用3万余元，还为一些进城务工子女，如偏远矿区、工厂务工人员的子女提供食宿。有专用校车每天早晚免费接送走读孩子入学。

幼儿教育

【概况】托克逊县有52所幼儿园，其中农村幼儿园44所，城镇幼儿园8所，公办幼儿园49所、民办幼儿园3所，学前教育学生6243人。

【幼儿园建设】

城镇中心幼儿园 位于托克逊县人民东路，占地面积9071平方米，建筑面积2700平方米。绿化面积4001平方米，户外活动场地2754平方米，教学楼内活动室面积42.53平方米，寝室面积42.3平方米。

2018年，开设小、中、大3个年级组，共15个班，小班5个，中班5个，大班5个，全园幼儿有673人。在编教职工77人，在岗教职工65人，在编教师39人，转岗教师14人，特岗9教师人，地方编教师3人。其中一线教师30人，保育教师15人，食堂人员7人，后勤人员8人。

城镇湘缘幼儿园 位于托克逊县人民东路，始建于2014年9月，是一所全日制公办幼儿园，占地面积6087.7平方米，建筑面积1953.73平方米。2018年有大、中、小教学班10个，在园幼儿386人。每个班级都配有电视1台、VCD1台、电脑1台、电子琴1架等标准化设备。

全园在编教职工46人，其中专任教师20人，保育教师10人。地方编教师6人。本科学历19人，专科学历21人，中专学历6人。2017年获吐鲁番市先进集体、吐鲁番市示范性幼儿园；2018年，获吐鲁番市先进党组织荣誉。

城镇银泉幼儿园 位于托克逊县友好西路南侧，邻近奇石城和圣源中心城，始建于2017年9月，是一所公办幼儿园。全园占地面积4000平方米，建筑面积2531.37平方米。其中活动室总面积611.11平方米，寝室总面积492.81平方米，洗手间面积164.79平方米，厨房面积115.37平方米。绿化用地面积863平方米，运动场地面积621.47平方米。全园可容纳9个班级，2018年，开设小、中、大班4个教学班，有幼儿108人。

全园有教职工23人，其中地方编制教师4人，转岗保育员4人，后勤人员4人(安全主任、食堂管理员、财务)，转岗厨师2人，转岗保安2人。

职业教育

【概况】 2018年，学校有教职工71人，其中专任教师37人。大学本科以上学历占66%，双师型教师9人。在籍学生614人，开设烹饪、服装设计与生产、木工工艺、汽车运用与维修、机电技术运用共5个专业，13个班级。

【教学管理】

国语教学 2018年，职业高中实施自治区党委职业教育国语教学全覆盖政策，测试秋季新入学学生国语，分为6个预科班、1个提高班、1个强化班，重点实行国语教学，强化国语水平。重点对17级专业班实施技能教学。

常规教学 定期、不定期带领教务处督查教育教学、教师课堂纪律，组织教师听课评课。安排教研室每月定期检查各任课教师的教学计划、教案、批改作业情况，组织文化课、专业课教师集体备课、研讨等活动，提高教师教学水平和教学质量。

【教师队伍】

师资引进 2018年，职业高中引进年轻教师10人，特岗教师2人(音乐、美术各1人)，按照吐鲁番市委要求规范课程设置，以国语教学为主，开设音乐、美术等多样性课程。

教师培训 年内，职业高中1名汽车维修专业教师在北京进修1年，1名计算机专业教师、1名中式面点教师在新疆大学参加一个学期的专业培训，另外4名教师在乌鲁木齐各学校参加电焊、电子商务、维修电工等专业培训。

荣誉表彰 2018年，在自治区级中等职业院校第三届班主任基本功技能大赛中，县职高有2名教师参加，其中教师石志梅获三等奖、米合尔古丽·巴拉提获优秀奖。

【就业培训】

技能培训 2018年，职业高中对各乡镇开展农村富余劳动力职业技能培训。开设计算机操作员、维修电工、中式烹调、中式面点师、美容师、装饰装修工、砌筑工、保安、园艺等9个工种27期培训班，培训总人数1141人，取得职业资格685人，其中计算机操作员12期，培训431人，取得资格证书362人；美发师1期，培训9人，均未取得资格证书；美容师3期，培训85人，取得资格证书45人；砌筑工1期，培训38人，取得资格证书31人；维修电工3期，培训136人，取得业资格证书27人；园艺工2期，培训66人，取得资格证书55人；中式面点师2期，培训89人，取得资格证书75人；中式烹调师3期，培训106人，取得资格证书66人；装饰装修工1期，培训36人，取得资格证书23人。保安、协警培训145人。培训人中建档立卡贫困户有50人，其中41人考核合格，取得职业资格证书。培训的大部分学员在县人力资源社会保障局就业局根据市场紧急人才就业需求统一安排乡镇各便民警务站、砖厂、培训中心理发师等岗位就业。

系统培训 职业高中职业技能培训系统上有21个工种。2018年,开展计算机操作员12期,吐鲁番蓝盾保安公司合作开展4期保安培训班,培训总人数145人,全部安排到各乡镇便民警务站、村委会、各中小学幼儿园就业。

学生就业 2018年,学校先后与乌鲁木齐66中学、新疆古凯斯尔房屋装修公司、西菲尔咖啡厅、绿叶服装厂、弘扬汽车修理厂、齐鲁汽车维修中心、托克逊县宇昇特种印刷有限公司等15家企事业单位合作。2018年职业高中毕业学生75人,就业学生71人,就业率95%。

培训管理 职业高中系统的管理教师、学员、培训材料、考核、鉴定培训过程,完成2018年的培训任务。

【校园建设】

德育教育 出台班主任考核制度、班级管理量化考核制度。上好班会课,每月一个主题,系统地进行思想品德教育。构建班主任工作考核评估机制,真实、客观地衡量班主任工作。发挥团委、学生会在学生管理中的作用,抓好每周升国旗仪式,开展红歌比赛、诺肉孜节、“三八”国际妇女节文艺会演、春季运动会、“十九大精神”知识竞赛、法制专题讲座、“爱我中华”演讲比赛、“五四”青年节文艺会演、“校园开放日”、祖国在我心中演讲比赛、军训表演、教师节活动、“十一”红歌比赛社会公益活动等,以健康有益、文明向上、丰富多彩的校园文化娱乐活动教育学生。

安全教育 对学生进行预防传染病安全、交通安全、消防安全、食品卫生安全、防自然灾害、防踩踏、防骗拐、防溺水等安全意识的强化教育,提高学生的安全意识及自我防范和自护自救能力。完善防范和处置各类突发性事件的应急预案,每月开展1次应急演练,组织全校师生进行消防演练、防震减灾演练2次,提高师生自救自护能力。每个班选出1名国语水平好的学生开展护校队工作,每周召开1次安全工作例会,开展3次以上安全教育为主题的晨会,每月开1次安全主题队活动课、1次专项的安全隐患排查整改工作。邀请法制副校长、交警支队警官、消防中队警官来校宣讲交通安全、消防安全知识并演习消防灭火、开展消防应急逃生演练。年内,完成学校安全工作目标管理责任制考核迎检。

“三防”建设 学校配备校园专职安保人员8人,宿管4人,保证每天24小时安保人员在岗护校。按照“五位一体”的要求,落实“3344”机制(即:3名民警、3名保安、4名教师、4名“访惠聚”工作队干部),配备安保设备。同时成立学生护校队,制订错时放学制度,杜绝放学高峰期人员密集安全隐患问题发生。

职业高中按照物防建设标准建立各项设施,配备安保器材达人均1套,校门前设置减速带2处,校门口防冲在学生宿舍、教学楼重点部位加装防护栏,更换和新增灭火器共120余具,定期维修改造校园围墙、教学楼扶梯。依据“一校一室”要求,学校设置警务室、配置警力,统一标识牌、公告栏、报警灯箱。配齐配全制服以及防暴钢叉、橡胶棍、头盔、防割手套、对讲机等安保器械,增强物防威慑效果,提高校园防护能力。

在学校教学楼、宿舍、食堂、实验室及校门、楼道、重要出入口等重点场所、重点部位安装视频监控探头100余个,在教学楼、门卫室、宿舍楼、综合楼、食堂安装一键式报警器5套,保证技防设施覆盖到位,实时监控,没有盲角。

【党建工作】2018年,职高党支部有党员教师23人,发展对象1人,入党积极分子1人。开展主题党日活动9次,组织党员集中学习30余次,党支部书记上专题党课2次,党的十九大精神知识测试1次,撰写学习心得体会20余篇,心得交流会3次。

【扶贫帮困】2018年，职业高中“困难学生”83人，每名困难学生安排1名帮扶老师在思想上、学习上、生活上帮扶他们。老师去学生家进行“住家式”活动，跟他们同吃、同住、同学习，为38名贫困生每生充饭卡200元。每位教师每月看望结对亲戚2次，重大节日与结对亲戚在一起，共帮扶结对亲戚55户，送去慰问品约1.6万元。职业高中党支部书记、校长主动垫付500元为贫困户安装天然气。职业高中教师家中发生火灾，房屋烧毁，全体教师筹款2800元。

（木巴热克·阿不都热依木）

校外教育

【概况】托克逊县青少年活动中心是隶属县教育局的事业单位。2018年5月，中心搬迁入新建大楼，校址在县第一中学院内。项目建设总投资1200万元其中湖南援建资金950万，县内自筹250万元，建筑面积3823平方米，为四层框架结构的多功能综合楼，楼内设置有舞蹈、素描、跆拳道、书法、古筝、播音主持、钢琴、民族器乐等20多个活动室，是托克逊县未成年人思想道德建设的重要阵地。2018年，中心有工作人员8人，在编在岗6人，借调2人。

托克逊县青少年活动中心也是托克逊县青少年校外教育和乡村少年宫建设和管理工作领导小组下设办公室所在地，负责全县8所乡村少年宫和16所校外活动站的管理、检查指导和考核等工作。形成由县青少年活动中心、乡村少年宫和校外活动站的金字塔式校外教育体系，在全疆率先实现全覆盖。

【制度保障】年内，根据县青少年活动中心和乡村少年宫的管理特点制订一系列相关制度，涉及人员管理、工作职责、部室规划、后勤保障、学习要求及考勤制度等各个方面，制订下发托克逊县乡村少年宫建设和管理工作实施意见、乡村少年宫建设和管理工作实施细则、加强托克逊县青少年校外教育工作的实施意见等各项规章制度，保证校外活动场所的各项工作有目标、有计划、有组织、有秩序、有成效地进行，定期召开乡村少年宫校长例会，定期组织各宫、站骨干教师业务培训。校外活动场所环境整治到位、宫站管理规范、部室工作严谨、活动开展顺畅、整体运转良好。

【青少年活动】中心根据青少年兴趣特点共开设舞蹈、素描、跆拳道、书法、绘画、古筝、播音主持、钢琴、民族器乐等8大类20个兴趣班培训活动，中心设有托克逊县禁毒教育基地展厅，接待全县中小学师生进行禁毒宣教参观活动。

2018年，中心面向广大青少年免费开放图书阅览室、书画展览室、科技展览室等多个活动室。组织33名少数民族家庭贫困学生免费来中心学习舞蹈、声乐、器乐等活动，从未间断。

【校外活动场所】各校外活动场所不断增设兴趣项目，先后开设书法、国画、素描、沙画、手工制作、少儿舞蹈、跆拳道、声乐、钢琴、科技制作、民族器乐等专业，乡村少年宫和校外活动站活动项目由原来的10个专业扩展到20多个专业，免费项目增加到10个，覆盖率100%。

2018年，组织开展托克逊县中小学生寒假快乐教育系列活动、汇报演出活动、集体生日活动、国学经典诵读活动、“爱心妈妈”活动、慰问演出活动等10项活动，周末及寒暑假8所乡村少年宫和16所校外活动站免费组织学生开展各类校外实践体验活动37次。

【社会实践】2018年，面向全县青少年儿童开展59场次各类公益性主题、实践、艺术、科普、和体育等综合实践活动，活动参与学生达10万人次。利用节假日开展深受少年儿童喜爱的各类实践活动，以假日小队为单位开展少先队“文明小公民”社会实践活动，以绘画、书法作品、制作主题网页等形式开展“美丽托克逊”主题活动，带领孩子走进大自然、走进克尔碱怪石林感受生态托克逊的魅力。发挥公益职能,免费开放红色影院、图书阅览、棋艺活动、乒乓球等,参加学生2000余名。清明节期间,号召全县中小学生开展文明网上祭祀活动,对学员进行生动的爱国主义教育和革命传统教育。

【品牌特色】

"一宫一特色" 县青少年校外教育工作领导小组、县乡村少年宫建设和管理领导小组根据乡村少年宫学生的年龄特点和兴趣爱好,充分挖掘传统资源,突出乡土特色和民族特色,打造各自的校外教育品牌。郭勒布依乡乡村少年宫以棋类、乒乓球为特色,每月以"打擂、挑战"的形式,普及推广中国传统益智活动;博斯坦镇乡村少年宫以足球、木卡姆为特色,重点发扬民族艺术——"木卡姆",开展百人大型木卡姆歌舞乐表演,传承和发扬少数民族文化遗产。努力使每一个青少年都能在文体活动中健康、快乐地成长。

"一站一品牌" 县青少年校外教育工作领导小组、县乡村少年宫建设和管理领导小组通过实地走访,多次调研,将具有一定特色的学校发展为校外教育活动站,形成各自品牌,使校外教育与校内教育有机融合、有益互补,有力带动其他学校积极开展特色校外教育活动。如郭勒布依乡卡拉西学校校外活动站因地制宜,突出体验式教育,依托校园内果园开发农业劳动实践田及种植、养殖园,让学生自己动手种植西红柿、辣椒、花生等蔬菜,亲自养鸡、兔子等动物。并作为全县农村社会实践基地,让各族青少年走进果园和田间地头,使他们在直接体验中感受劳动的快乐。

教育督导

【健全体制】构建监督、检查、评估、指导、服务的教育督导新机制,责任区督学挂牌公示。全县划分为5个督学责任区,聘任16名专职责任督学,涉及学校及幼儿园93所。实行随访督导制度和专职督学工作例会制度,各乡镇责任区专职督学对本责任区学校的随访督导每月不少于8次,随访督导、专项督导与交叉督导,提出整改建议。建立责任督学考核制度和落实督导意见责任追究制度,实行督学责任区专职督学年度绩效考核,量化评价,表彰奖励工作成绩突出的责任督学,责任追究无故不执行责任督学提出正确督导意见的学校,把责任督学随访督导认定的事实材料和评定结果作为学校评定校长年终考核的重要依据。2018年,县政府教育督导室围绕督政、督学、监测3项工作职能,针对教育重难点,完成监督、检查、评估的各项工作。

【换届竞聘】2018年,全面贯彻国家《教育督导条例》三年一届聘期的要求,根据督学队伍实际,各中小学以公开、公平、公正、择优选聘的原则换届竞聘督学,调整新聘托克逊县第四届县人民政府教育督导委员会19名乡镇责任区兼职督学。

【控辍保学】年内,托克逊县教育系统落实"双线控辍保学"机制,将"零辍学"目标作为年度考核要求。各中小学实行"课堂日志"制度,每日一报,统计在校生到校情况,动态管理和跟踪教育未到校学生,前期预防有可能"辍学"学生的工作。

【督导评估】2018,专项督导各中小学暑期国语强化、规范化办学(园)行为工作10余次,及时下发整改通知。

督导检查 年内,主要督导检查各中小学期末考试、自治区及市级抽考等各类考试。中小学寒暑假前后集中教育学习工作、学生家庭对各中小学"住家式家访"工作及"三进两联一交友"活动以及在职教师有偿家教行为和减轻学生课业负担等工作情况,为迎接国务院大督查收集建档材料做准备。避免出现各中小学有关违规代收费现象(代收教辅材料费、保险费及饮用水费等)。督促落实各义务教育阶段中小学起始年级开学前发放入学通知书和小学毕业生整班移交初中情况。推进各中小学"5+1"国家通用语言活动的开展情况及师生在校内外使用国家通用语言交流情况。

专项督查 年内,专项督查各中小学、幼儿园国语教育推进、双语教育规范化办学行为、中小学"5+1"推进国家通用语言活动开展及校内外使用国家通用语言交流情况。

督导评估 年内,督导评估申报自治区的第二小学、郭勒布依乡开斯克尔学校、伊拉湖镇中心校、城镇湘缘幼儿园、夏镇阿克塔格幼儿园及博斯坦镇中心园6所示范性校(园)的办学(园)方向、队伍建设、教学管理、质量提升、组织管理、保教工作、幼儿发展等方面开展规范化办学(园)行为工作。专项督导各中小学暑期国语强化、规范化办学(园)行为工作10余次,及时下发整改通知。督促各级各类学校做好开学前条件保障、开学后师生到位、学校各类安全教育和管理情况,突出解决人民群众关心的热点问题与校园安全管理难点工作。督查各中小学有无以各种名义设立重点班等的违规办班情况,各中小学国语教育推进、学前和义务教育阶段是否规范等办学行为。

学校自评 各中小学对照《新疆维吾尔自治区中小学督导评估指标体系》,于年底之前开展一次常规性自查自评工作,形成学校工作汇报、自查自评报告,制订学校在新一轮督导评估周期内(3年)的发展规划和年度计划。按照不同学段成立督导评估组,收集信息,听取教师、学生及家长意见,征求社会和公众意见。及时向学校反馈督导评估意见、沟通交流。县人民政府教育督导室根据评估组报告、学校自评报告和向师生以及家长发的调查问卷综合评估,形成督导报告并报学校上级主管部门。

【义务教育均衡规划】年内,托克逊县教育督导室制订自治区对托克逊县义务教育均衡发展工作存在问题反馈的整改方案,完善学校功能室各类账本及相关档案资料,培训全县各中小学各功能室负责人200余人,自查托克逊县各义务教育阶段学校优质均衡发展现状及达标情况,制订推进优质均衡达标创建规划方案。2018年3月,国务院教育督导委员会授予托克逊县"全国义务教育发展基本均衡县(市、区)"。

【规范建档】托克逊县教育督导室牵头对30个涉教成员单位、8个乡镇和教育局各科室分别进行培训3场次150余人次开展规范建档培训,并对接、收集、整理政府履行教育职责工作的建档工作和自查工作。年内,完成建档工作任务。2018年11月,通过自治区督查组的督导评估检查。

(周 燕)

科学技术

KEXUE JISHU

科技活动

【概况】托克逊县科学技术局内设办公室和综合业务科。2018年,有工作人员9人,其中女性3人,少数民族3人;大学生志愿者1人,地方性事业编2人。原地震局的职责整体划入县科学技术局。

【科技创新】2018年,科技局引进科技服务机构(第三方服务机构),为企业认定科技中小型企业,培训高新技术企业培育认定等相关知识。第五届新疆创新创业大赛(东疆赛区)暨吐鲁番市创新创业大赛参赛工作中,科技局引进乌鲁木齐智源易通智能科技有限公司为托克逊县企业、农民专业合作社参赛提供全程服务指导,托克逊县有10家企业完成中国创新创业大赛官网的注册并报名参赛,克然木巴巴农民专业合作社获二等奖,艾美、华帝服装两家企业获优秀奖。

【科技富民】2018年,科技局通过对托克逊县杏产业发展优、劣势的充分调研与分析后,组织编写自治区富民强县项目——托克逊县优质杏基地建设及产业化示范项目上报自治区科技厅,项目获批立项。组织华帝、金润枣业两个企业和克然木巴巴、董双双、哈克尼、亚然农机、谷力丹等14个合作社申报吐鲁番市科技富民扶贫创新项目,4个村委会申报科技维稳转化项目,泰越电子商务有限公司申报“双创”平台建设项目,共上报各类项目19个。

【科普e站基础站建设】中国科协动员开展科普中国·百城千校万村行动,托克逊县计划三年内将在全县中小学、社区、乡村开展科普e站基础站建设工作,即全县共建设科普e站72个,其中建设校园科普e站41个,建设社区科普e站13个,建设乡村科普e站17个,LED科普电子屏1个,提升基层科普服务能力和科普信息化水平。2018年,建成科普e站10个,其中校园e站3个(分别在县一中、一小、二小),乡村e站4个(分别在郭勒布依乡河东村、夏镇色日克吉勒尕村、伊拉湖镇安西村、夏镇布拉克贝希村),客运站、人民医院、托克逊县农贸市场人流密集区建设科普e站3个。

【防震减灾】2018年防灾减灾宣传周,科技局地震办实地检查调研全县8个宏观观测点运行情况,查看各个观测点环境变化和观测记录,现场检查指导如何开展宏观测报工作。协调配合国家地震局完成郭勒布依乡开斯克尔村、库米什镇、阿乐惠镇3处国家级地震观测点的观测任务。

【项目建设】

“国家地震烈度速报与预警工程项目—新疆分区”项目 计划在托克逊县建设4个基准站(克尔碱镇2个、黑山1个、阿乐惠镇1个),2个基本站(县城一校内1个、库米什镇邮政所院内1个),5个一般站(郭勒布依乡1个、克尔碱镇2个、伊拉湖镇2个)。年底,2个基本站选址工作完成，4个基准站选址工作完成，田广地的基本站、黑山的基本站国营牧场获批，草原站和畜牧局在报批中。

“基层科普行动计划”项目　年内，争取6项项目经费18万元，其中托克逊县爱吉尔科普示范基地项目资金4万元、新疆金润枣业股份有限公司科普示范基地项目资金6万元，精准扶贫专家服务行动项目4项8万元，其中拜合西合作社2万元、色日克吉勒尕村2万元、彩色花生种植技术推广及科技培训项目2万元、克尔碱特色花卉+旅游基地建设扶贫项目2万元。

【地震演练】2018年，科技局组织开展地震风险隐患排查，发现18处办公场所不完全具备抗震要求，排查结果报有关部门。组织8个乡镇和108家单位(含教育、卫生系统)开展地震应急演练，共有2.92万人参与地震应急演练。5月12日，县第二中学组织开展“纪念汶川大地震十周年”地震应急疏散演练。通过这些演练使广大群众掌握正确的地震逃生方法，熟悉紧急疏散的程序和线路。加强避难场所规范化建设，城区把政府新办公楼院内、托克逊镇办公楼院内和白杨河公园、二中、一中、一小6处地方确定为地震避难场所，各乡镇确定自己的避难场所，配套设施在完善中。

科普宣传教育

【概况】科学技术协会主要职责是动员和组织所属团体即广大科技工作者，为县域经济建设、社会发展和科技进步积极主动、独立负责地开展工作。负责协会、学会的管理工作，开展学术交流。普及科学知识，传播科学思想和科学方法；开展青少年科技教育活动，提高全社会科学文化素质。2018年，科协在职人员有3人，其中女性1人，少数民族1人。

【科协系统改革】2018年，根据中国科协提升基层科协组织力“3+1”试点工作总体方案和自治区党委关于加强和改进党的群团工作的实施意见以及自治区科协、市科协系统改革实施方案，县科协开展全县乡镇科协建设及工作现状调查，并上报托克逊县科协“3+1”试点工作实施方案、深化改革实施方案，送审县委常委会议讨论通过，后续工作有序开展。

【群众性科普活动】科技活动周期间，科技局、科协走上街头，开展科技扶贫展示及宣传活动，在天泉社区举行活动启动仪式，展出科普宣传展板10余块，开设科普资料发放台，技术咨询台等，向群众发放科普宣传资料2000余份，咨询讲解科技有关知识。科普大篷车开进各乡镇，为农民提供科学种植、养殖技术指导，发放科普挂图等相关技术资料。科技局结合“访惠聚”、住户帮扶等活动，深入基层帮助农民解决杏树培育、棉花风灾受损后补种等技术问题20余个，组织学生参观科普教育基地500余人次，开展科技培训近20场。累计开展活动33场次，发放挂图2万余份，科普杂志2.5万余份。

【全民科学素质行动】2018年，科协分解实施《托克逊县全民科学素质纲要》“十三五”中期评估工作考核评估内容，各部门、各行业结合职责对2016年以来托克逊县纲要实施情况开展自评估，由县科协形成评估自评报告上报自治区科协，完成中期评估的自评估工作。

知识产权

【概况】托克逊县知识产权局是县人民政府主管专利工作和协调知识产权事宜，具有行政职能的事业单位。2018年，有事业编制3人，其中女性2人，少数民族2人。

【专利申请】2018年，托克逊县专利申请任务76件，完成20件。其中发明专利4件，实用新型16件。

【宣传咨询】 在第18个“世界知识产权日”,由知识产权局牵头,市场监督管理局、文广局、妇联、法院、检察院、司法局等13家单位在始昌驿步行街前,开展以“倡导创新文化,尊重知识产权”为主题的知识产权宣传、咨询活动,发放《中华人民共和国专利法》《知识产权基础知识》《新疆维吾尔自治区专利促进和保护条例》等宣传资料1000余份,现场咨询300余人次。在夏镇喀格恰克小学开展“保护知识产权从我做起”签名活动,增强学生的知识产权保护意识。引进乌鲁木齐智源易通智能科技有限公司帮助各企业做发展规划,帮助亿恒达、艾美环保申报自治区专利实施计划项目。

【行政执法】 2018年,与市知识产权局开展1次联合执法,先后对家乐福超市、阿凡提药品超市等检查,未发现违法行为。

2018年托克逊县申请专利统计表

表14

专利名称	专利号	申请日期	专利类型	专利权人
一种户外悬挂式大气污染测定及预警报警装置	201820854469.5	2018年6月4日	实用新型	杨卫东
一种制作训练服领子的夹紧固定装置	201821012848.6	2018年12月10日	实用新型	托克逊县华帝服装有限责任公司
一种自动缝制作战服领子的装置	201821010875.x	2018年6月28日	实用新型	托克逊县华帝服装有限责任公司
一种可以自动调节布匹干湿度的验布系统	201821012694.0	2018年6月28日	实用新型	托克逊县华帝服装有限责任公司
一种用于瓜果增甜驱虫的有机肥的制备方法	201810777711.4	2018年7月13日	发明专利	董思琪
一种牛奶西瓜专用肥及牛奶西甜瓜增甜双茬的种植方法	201810771177.x	2018年7月13日	发明专利	董月强

(努斯热提古丽·雪克来提)

社会民生

SHEHUI MINSHENG

人力资源

【概况】 托克逊县人力资源和社会保障局内设办公室、就业促进与职业能力建设科、公务员管理科、事业管理科、工资福利退休科、养老失业生育保险科、劳动关系科、工伤医疗保险科、劳动保障监察与基金监督科9个机构。2018年,在职干部25人,其中女性6人,少数民族11人。

【事业单位管理】 2018年,全县共有事业单位188个,在职工作人员6525人,其中管理人员554人,专业技术人员3539人,工勤人员202人。引进各类人才2230人,其中公安机关869人,党政机关466人、教育626人,乡镇269人。审核上报3名少数民族科技骨特殊培养人员、工种种晋级培训48人,为28名技术工人办理岗位聘任手续,新接收3名自主择业军转干部。

因机构改革,岗位变动及职称评审工作暂停。2018年,托克逊县未兑现中、高级职称,未开展职称评审相关工作。

【公务员管理】 2018年,全县公务员1005人,其中乡镇263人、参照公务员管理事业单位人员303人。2018年,12家单位招录公务员,共招聘23人;6家单位招录事业编,共招聘11人;为35人办理调动手续。年内,完成全县政府机关、事业单位工作人员干部考核工作。

【工资福利与退休】

薪资晋升 2018年,完成事业单位的职工考核合格以上增加一个薪级工资;机关单位和参照公务员管理的事业单位职工考核累计五年称职以上晋升一个级别工资、累计两年称职以上晋升一个档次工资。

工资审批兑现 2018年,审核托克逊县法院、检察院绩效奖金总量工作。提拔、晋升职务增加工资、事业单位岗位变动、新参加工作人员的高定工资、警衔津贴、公务员职务与职级并行、调整艰苦边远地区津贴标准、人民警察值勤津贴、人民警察法定节假日加班补贴、政法委机关工作人员津贴、机关事业单位工作人员、额内法官、检察官基本工资标准调整等审批兑现工作。套改54名调动人员的工资。审核审批全县机关事业单位工资、地方性津贴、绩效工资。审批职工死亡后的丧葬费、抚恤金45人、职工死亡后17人遗属补助费。

退休 2018年,为70人办理退休手续。组织2015—2018年托克逊县机关事业单位因病退休(退职)24人到吐鲁番市人民医院参加复检。上报申请伤病残鉴定的18人材料至市劳动能力鉴定委员会。

【人事档案管理】 全年,共管理各类行政单位、事业单位、企业单位、一般干部和工人在编人员档案、退休人员档案、死亡人员档案以及大中专毕业生档案、人才交流档案等11015册档案,文书档案22098册,其中行政事业单位干部档案3677册(干部档案

2048册、工人档案342册、退休875册、死亡档案412册),企业档案3448册(干部164册、工人2114册、退休干部180册、退休工人990册);退伍军人37册,无头档案129册,人才交流档案42册,学生档案3682册。

【企业职工退休审批】年内,办理原企业职工和灵活就业人员正常退休86人,向市人社局上报1名特殊工种认定材料,8名因病提前退休劳动能力鉴定材料,1名因病提前退休和1名因特殊工种提前退休材料。

【视同缴费年限认定】年内,通过查阅相关资料、干部个人档案、企业职工档案,共完成5个单位477人人事工资封定、养老保险信息采集工作,认定73名企业职工视同缴费年限。

【人力资源市场秩序】年内,推行集体合同制,扩大劳务用工日常巡视检查和书面审查覆盖范围。常规检查124家用人单位,涉及1.4万余人,补签劳动合同3624份;指导38家企业签订集体合同,覆盖职工9200余人。加强经营劳务派遣业务行政许可和监督,清理整顿人力资源市场秩序,分行业、分区域开展联合专项执法检查33家单位组织,未发现有收取押金、扣押身份证等非法行为。受理投诉案件22件,立案17件,快速调解5件,为604名农民工追回工资668.84万元。

劳动就业

【转移就业】

整建制转移就业 2018年,全县实现城镇新增就业3353人,完成目标任务2800人的119.7%,其中就业困难人员实现就业521人,完成目标任务500人的104.1%;城镇登记失业率2.9%;农业富余劳动力转移就业13958人次,完成目标任务1.1万人次的126.8%。新疆公共就业服务体统共录入933名应届高校毕业生,已就业901人,就业率96.6%,全县共开展职业技能培训7005人,完成全年培训任务5680人的123.3%。

农村劳动力转移就业 2018年,梳理企业就业岗位,开展15场招聘会,参加招聘企业、单位共51家,提供就业岗位1729个,参加招聘会人数累计3063人次,帮助推荐残疾人就业35名。发放各种关于就业、创业和扶贫等政策宣传册累计1.2万余份,现场解答480余人次。督办各乡镇群众工作中反映的就业问题,帮扶就业困难群体就业201人,处理群众工作服务管理办公室下发的督办单共28期,服务群众51人,推荐就业岗位共42个。

2018年,托克逊县吸纳南疆务工人员745人。

本地区内劳动力转移就业 组织农村富余劳动力到鄯善县企业合盛硅业有限公司参观,有100人与企业签订劳动合同,和新疆科瑞石油工程技术服务有限公司联系,推荐20名农村富余劳动力上岗;动员各乡镇、村组织48名农村富余劳动力到库米什镇为种植大户拾棉花,实现区域内转移就业。

转移到湖南企业就业 2018年,人社部门深入6个乡镇、行政村开展湖南口味王集团专场招聘会6场次,累计有150多名城乡劳动力报名,政审和体检后101名城乡劳动力符合转移就业条件。托克逊县为每名转移就业人员购买皮箱、棉衣、火车票,统一购买矿泉水、食品和常用药品等,制作托克逊县城乡富余劳动力转移就业工作证到湖南转移就业。

【技能培训】编印《托克逊县职业技能培训管理手册》65份,培训农村劳动力。开展餐饮从业工种培训30期1236人。加强纺织服装产业培训力度和岗位对接,为华帝服装有限责任公司、新疆盛泰纺织有限公司等投产企业储备纺织服装产业工人,开展妇女纺织服装类培训10期615人,培训后签订劳动合同实现就近就地就业。

【就业脱贫】对接就业岗位，建立建档立卡贫困人员就业、未就业实名制台账，举办2018年托克逊县促进转移就业，支持返乡创业，助力增收脱贫招聘会、企业助力脱贫攻坚专场招聘会，每月找岗位、每月搞招聘，贫困村累计参加招聘会500余人。全县建档立卡贫困户就业1508人，其中稳定就业890人，灵活就业618人；8个贫困村开展有需求、就业率高的职业技能培训10期410人其中建档立卡贫困户270人。

【创业就业】2018年，共有13名建档立卡贫困户参加创业培训(农产品经纪人)，创业成功率提升。依托对口援建省市柔性援疆项目，组织2批52名高校毕业生赴湖南参加自主创业培训班。

【劳动监察】

清理整顿人力资源市场秩序 推行集体合同制，扩大劳务用工日常巡视检查和书面审查覆盖范围。指导38家企业签订集体合同，覆盖职工9200余人。加强经营劳务派遣业务行政许可和监督，制订人力资源市场秩序清理整顿方案，分行业、分区域开展联合专项执法检查33家单位组织，未发现有收取押金、扣押身份证等非法行为。

劳动监察执法 专项检查非煤矿山、煤矿、建筑领域、小砖厂等用人单位，检查巡查企业遵守劳动保障法律法规情况。常规检查用人单位124家，涉及劳动者13350余人，补签劳动合同3620余份。共受理投诉案件22件，立案17件，快速调解5件，为农民工追回工资400余万元，涉及劳动者300余人，依法维护劳动者的合法权益。

劳动用工书面审查及备案 全县用人单位开展用人单位劳动用工书面材料审查及备案工作，书面审查备案115家用人单位的劳动用工，涉及5920余人。

【工伤认定】2018年，共完成工伤认定116起，上报伤残鉴定材料59起，送达工伤认定结果116人和鉴定等级结论59人，保障职工得到基本救治和经济补偿，托克逊县新建建筑企业参保率达100%。共有“两定”服务机构23家，其中医疗机构6家，零售药店17家。

【农民工工资保证金征缴】年内，托克逊县解决拖欠农民工工资，印发农民工工资保证金征缴方案，常态化落实保证金收缴制度。征缴33个在建工程项目保证金816万元。

【劳动争议调解仲裁】全年，有8个乡镇建立劳动人事争议调解中心，40家用人单位建立劳动争议调解委员会，65家事业单位建立劳动人事争议调解委员会。2018年，共立案处理劳动争议案件18件，全部结案，其中裁决5件，调解8件，撤诉5件，涉及劳动者18人，涉案金额192余万元。仲裁案件法定期限内结案率100%。

【社保惠民】企业职工养老保险参保15262人，其中在职人员参保11600人，完成任务11295人的102.7%；失业保险参保14361人，完成任务13106人的109.58%，医疗保险参保116026人(职工19781人、城乡居民96245人)，完成任务111036人的104.5%；工伤保险参保19644人，完成任务17489人的112%；生育保险参保17195人，完成任务15008人的114.58%；城乡居民基本养老保险参保人员52925人，参保率96%；机关事业单位养老保险参保7558人，其中在职人员参保7558人，完成任务6119人的123%；职业年金参保7991人。(徐富增)

公共就业服务

【概况】托克逊县公共就业服务局隶属县人力资源和社会保障局，局内设机构3个，即办公室、就业创业科与综合办。2018年，有事业编制管理岗5人，在职干部4人，其中女性2人，少数民族2人。

【应届高校毕业生就业】实名

制登记应届毕业生,并将信息录入新疆公共就业服务网实名制系统。2018年,新疆公共就业服务体统共录入933名应届高校毕业生(疆外336人,疆内597人),其中博士1人,研究生23人,本科生560人,大专生349人;维吾尔族669人,汉族198人,回族62人,其他民族4人。已就业901人,未就业7人,其他去向25人(延期毕业13人、行政处理2人、空挂及户口迁移为10人),就业率96.6%。就业方向为:党政机关18人、科研设计单位1人、其他事业单位343人、国有企业93人、非国有企业260人、基层项目18人、其他灵活就业106人、升学54人、预征入伍2人、自主创业2人、出国4人。

组织两批52名有就业创业意愿的大学生到湖南参加就业创业培训班,开阔其眼界,帮助其寻找致富项目,提高就业创业成功率。

【转移就业服务】深入全县基层各乡镇、村社区,通过宣传单、专栏、QQ、微信群及微信公众平台等宣传就业促进新政策。制作发放就业政策指南、招工信息等各种宣传资料2万余份,确保各项就业扶持政策落实。全县共开展21场招聘会,参加招聘企业、单位共52家,提供就业岗位1829个,帮助推荐残疾人就业35名。组织农村富余劳动力100人鄯善县合盛硅业有限公司签订劳动合同。推荐20名农村富余劳动力到新疆科瑞石油工程技术服务有限公司上岗,实现区域内转移就业。组织167名有就业意愿的城乡未就业劳动力参加培训,推荐就业121人。

【赴内地转移就业】2018年,整建制组织城乡富余劳动力转移到湖南口味王集团就业,转移101人,为确保转移就业工作顺利开展,为每名务工人员购买了皮箱、服装,制作托克逊县城乡富余劳动力转移就业工作证,筛选出政治合格、工作能力强的少数民族干部作为带队管理员,从生活上关心关爱,确保转移就业人员能安下心、稳得住在企业工作、生活。

【考核工作】2018年,对农村富余劳动力进行初级职业技能鉴定达2515人,合格鉴定人数1958人。鉴定工种中式烹调师607人、合格549人,中式面点师342人、合格321人,保安员1528人、合格1057人,砌筑工38人、合格31人。

【“三支一扶”】2018年,市直部门分配到托克逊县“三支一扶”(支医、支农、支教和扶贫)名额为26人,通过发布招募通知,26名“三支一扶”大学生分别服务于托克逊镇人民政府12人、夏镇人民政府4人、郭勒布依乡人民政府3人、伊拉湖镇人民政府3人、博斯坦镇人民政府4人)。

(热孜也·艾尼瓦尔)

社会保险

【概况】托克逊县社会保险管理局隶属于县人力资源和社会保障局,负责托克逊县养老、失业、医疗、工伤、生育,机关养老、城乡居民基本养老、基本医疗保险基金的收缴、支付、管理、运营事务,社会保障卡的申领、发放、信息变更等业务,组织实施社会保险基础性、技术性、事务性和服务性工作。托克逊县社会保险管理局内设行政办公室、财务室、基金征缴办公室、待遇支付办公室、医保结算办公室、信息办公室、基金财务办公室、稽核办公室、机关事业单位养老办公室、城乡居民基本养老、医疗保险办公室共10个办公室13个业务窗口。办公区域建筑面积约为1200平方米,其中“一站式”服务大厅使用面积约为400平方米。2018年,有工作人员24人,其中女性15人,少数民族10人。

【城镇职工基本养老保险】2018年,托克逊县城镇企业职工基本养老保险参保单位225家,参保15262人,基金征缴13873万元,支出10741万元;为托克逊县3630名企业退休人员、2233名机关事业单位退休人员进行调资。调整后企业基本养老金由原来的2104.95元调整到2247.03元,月人均调整金额为142.08元;机关事业单位退休人员基本养老金由原来的4840元调整到5046元,月人均调资金额为206元。

【城镇职工基本医疗保险】年内,托克逊县城镇职工基本医疗保险参保单位243家,参保20781人,城镇职工医疗基金征缴9215万元,支出城镇职工医疗保险费4818万元。

【失业保险】2018年,托克逊县失业保险参保单位239家,参保14361人,基金征缴912万元,新增领取失业金148人次,享受失业金待遇1417人次,支出失业金196万元。

【工伤保险】2018年,托克逊县工伤保险参保单位293家,参保19644人,基金征缴1589万元,享受工伤保险待遇139人,支出工伤保险费788万元。

【生育保险】2018年,托克逊县生育保险参保单位293家,参保17195人,基金征缴709万元,享受生育保险待遇856人次,支出生育保险费757万元。

【城乡居民基本养老保险】2018年,托克逊县城乡居民基本养老保险参保人员50193人,参保率96%。缴费人数39448人,累计征缴养老金678万元;享受待遇人数10745人,累计发放养老金1670万元。

【城乡居民基本医疗保险】原新型农牧区合作医疗与原城镇居民基本医疗正式并轨后,自2018年1月1日起执行统一的缴费标准、统一的待遇支付制度。2018年10月启动2019年度城乡居民基本医疗保险基金征缴工作,参保缴费94360人,累计征缴基金2453万元。

【机关事业单位养老保险】2018年,托克逊县机关事业单位养老保险参保7558人,征缴养老金14432万元,发放养老金13396万元。

【职业年金】托克逊县职业年金参保7991人,征缴基金2330万元。

【"一卡通"建设】2018年,提交制卡数据15101条,完成全部5905名建档立卡贫困人员社会保障卡的制卡和发放工作,完成全县119529张社会保障卡制卡和发放。

【补充医疗保险】年内,与保险公司合作续签2018年城镇职工补充医疗保险协议,全县参加补充医疗保险16539人缴费481万元,报销3259人次284万元。

【社会保险基金管理】2018年,经办机构内部定期自查,社保部门稽核各参保单位、参保个人。加强基金管理,严格实行业务、财务分离及收支两条线管理,社会保险基金按规定纳入财政专户,按规定定期与财政、银行对账,社保基金专款专用,按月、季、中期编制、上报专项基金报表。稽核外伤84起,拒付5起。联合人社局等部门开展对两定机构检查26次,开展养老、医疗、工伤、生育险四险实地稽核6864人次,书面稽核348个单位22851人。清欠历年养老保险费600万元、清欠失业保险费40万元。

（赵学智）

民政救助

【概况】2018年,托克逊县民政局主要职能是解决社会问题、调解社会矛盾、维护社会公平、发展社会民主、保持社会稳定、维护和保障人民群众基本生活权益的社会行政管理工作。下辖办公室、救灾救济科、城乡低保办、优抚安置办、区划地名办、基层政权科、社会组织管理科7个业务科室,下辖救助管理站1个参照公务员管理单位,儿童福利院、敬老院、怡心福利院、老年人活动中心、福利中心、殡仪馆、殡葬办、婚姻登记处8个事业单位,夏镇、郭勒布依乡、伊拉湖镇、博斯坦镇、托克逊镇、克尔碱镇、库米什镇、阿乐惠镇8个乡镇民政站所。

2018年,民政系统在编60人,其中女性34人,少数民族49人。行政编13人,事业编38人,工勤岗9人。大学本科24人,大学专科24人。各乡镇民政干事均为各乡镇政府工作人员兼职。

【赈灾救济】2018年,下拨救灾资金59万元,解决1854人受灾群众口粮救济、冬煤发放1万吨和灾后过渡性救助的困难。

【低保工作】2018年,累计向城乡低保对象7549户9713人发放城乡低保资金2459.8万元,保障全县城乡困难居民家庭的基本生活。农村低保标准从人均年收入3200元提高至3600元,城市低保标准从人均年收入376元提高至386元。

【"五保"供养】2018年,托克逊县有城市"三无"农村"五保"老人203人,实施分散供养105人,集中供养农村"五保"老人89人,发放"五保"供养资金98.6万元,城市"三无"人员22人,发放生活补助资金12.74万元。

【社会组织登记管理】2018年,登记注册的社会组织共33个,变更登记4个,参加年检社会组织15个。规范社会组织登记管理,依法做好社会组织登记、年检、变更、执法、评估等工作。

【城乡特困群体救助】2018年,为15510名参保救助对象发放参保资助325.71万元,累计受理医疗救助3216人次,发放医疗救助金415.04万元,救助比例达到70%,保障托克逊县特困重病患者能够及时得到救助。

【婚姻登记、收养登记】依法加强婚姻登记管理,开展婚姻和收养法律法规宣传活动,托克逊县婚姻登记服务大厅成功申报自治区民政标准化示范单位,办理结婚登记894件,离婚登记329件,补发婚姻登记证473件,收养登记9件。

【救助管理】2018年,规范开展流浪乞讨人员、流浪未成年人救助保护,累计救助各类人员16人。

【殡葬管理】组织实施殡葬管理服务专项整治,整治乱埋乱葬行为。清明节期间,开通清明节祭扫免费客运专线接送217人。观测扫墓车辆1104辆,扫墓人数2572人。新建建筑面积为3700平方米的民族殡仪馆。倡导移风易俗、生态文明节俭的殡葬新风尚。

【优抚安置】落实双拥优抚安置政策。足额发放优抚对象补助、义务兵家庭优待金70万元,按照退役事务部工作要求完成全县退役军人信息采集工作。2018年,发放各类优抚资金262.66万元。

【儿童福利院】儿童福利院有床位70张,孤儿59人,其中在儿童福利院集中供养46人,分散供养13人,集中供养达到78%。13名分散供养孤儿每人每月600元,儿童福利院有大学生14人,每人每月生活费700元。全县免费治疗的弱势儿童42人,脑瘫儿童2人,疝气儿童10人,配合绿梦公益基金初步治疗7名疝气儿童。

【行政区划与地名管理】完成第二次全国地名普查后续工作并通过自治区级和国家普查办验收。完成吐鲁番市与巴州边界联检工作,编纂托克逊县"国家地名词典""国家标准地名志"工作,并上报自治区。

【老龄工作】2018年,贯彻落实80周岁以上老年人生活补贴制度和免费体检制度,发放80周岁以上老年人生活补贴61.16万元,支付80周岁以上老年人免费体检资金6.82万元。 (荆雪松)

医疗 卫生

YI LIAO WEISHENG

卫生行政

【概况】2018年,托克逊县有县级卫生和计生单位6家(托克逊县疾控中心、妇幼保健站、人民医院、维吾尔医医院、卫生局卫生监督所、计划生育服务指导站),乡镇卫生院7所,计划生育服务站5个,村卫生室46个,社区卫生服务中心1个,社区卫生服务站诊所14个。托克逊县医疗机构病床418张,实际开放床位610张。

卫生健康系统核定编制605人,实际在编539人,临聘人员519人,村医93人。空编66个。卫生技术人员836人,卫生技术人员正高职称14人,副高职称59人,中级职称174人。县、乡(镇)计生工作人员72人,其中专业技术人员24名,村(社区)计生宣传员47人,村(社区)计生协管员324人。

【公立医院改革】2018年,实现药品零差价销售工作。托克逊县公立医院就诊总人次数20.71万次(2017年19.37万人次),同比增长6.46%;2018年医疗收入1.42亿元(2017年1.13亿元),同比增长20.9%。药占比15.28%,基本达到国家公立医院标准要求20%以下。

开展远程会诊及医联体服务人数2762人次。为160位白内障患者实施手术,完成108例手足显微外科手术、28例肿瘤手术、36例耳鼻喉手术。每月邀请自治区人民医院心血管内科主任坐诊开展心血管介入术。2018年,为县域参保人员完成冠脉造影术162例,支架39例,让老百姓在家门口就能享受顶级医院专家的诊疗服务。

【全民免费健康体检】2018年,托克逊县城乡居民实行健康体检工作,确保全民免费享受健康体检。5月开始全面体检,年初全县摸底人数100801人,累计完成体检102416人,完成101.6%。

【基本药物制度】2018年,托克逊县7所乡镇卫生院及45所村卫生室全部实行国家基本药物制度,药品采购严格按照规定网上集中采购,并全部实行零差率销售,不允许以药补医,强化药品供应保障,全县2家公立医院全部取消药品加成。药品采购严格按照要求实行“两票制”。

【公共卫生管理】2018年,组建家庭医生签约服务团队47个,家庭医生签约52907人次,签约率35%,其中重点人群26107人次,签约率65%,建档立卡贫困人口签约率100%。完成自治区下达的任务指标。完成居民健康档案累计110802份,建档率为90%。全县高血压、糖尿病病人规范化管理率达62%,达到自治区要求,重性精神病病人规范化管理率100%。年内,全县7所乡镇卫生院、45所村卫生室全部完成标准化建设任务。

【计划生育管理】2018年,全县总人口11.97万人,出生1304人,计划生育政策符合率99.9%、人口出生率10.52‰、自然增长率6.23‰、长效节育率68.95%、综合节育率78.4%、领证率58.7%,其中农牧民领证率63.24%。完成了市政府下达的各项目标任务。办理生育服务证1320个、再生育审批32个,实施全面两孩政策以后,办理二孩生育服务证674个、计划生育父母光荣证497个、独生子女父母光荣证139个。2018年符合国家、自治区各项奖励扶助政策8182户15174人的审核、录入、确认上报和发放工作,发放计划生育各项奖励扶助金1306.11万元。幸福工程·救助贫困母亲行动项目滚动运作三轮,共救助贫困母亲98人,滚动发放资金100万元。

【中医药服务】落实全民医保中的中医药优惠政策,针灸、推拿等中医非药物治疗技术纳入新农合报销范围,将符合条件的中药(含中药饮片、中成药、中药制剂)和中医治疗项目按规定纳入到基本医疗保险基金支付范围,中草药补偿比例提高10%。按照基本药物制度的要求,配备了中药饮片和中成药品种,使用中药饮片538种,基本满足临床需要。

【健康扶贫】2018年,托克逊县健康扶贫数据动态管理系统中的5905名贫困人口已全部录入,完成进度100%;8所贫困村卫生室均达到标准化建设,实施国家基本药物制度;建立贫困人口诊疗绿色通道(专用窗口)。各医疗机构为贫困人口就医看病开通绿色通道,执行先诊疗后付费;各医疗机构为建档立卡贫困户住院的1405人、门诊3462人实施"三免四减半"(免挂号费、输液费、换药费;减半床位费、护理费、三大常规费)健康扶贫优惠政策,"三免四减半"共减免12.64万元;设立扶贫病房(病床),减免费用75354元;开展巡回医疗,为贫困户免费送医送药2862人次,惠民金额3.98万元;实现基本医疗保险、大病保险、医疗救助和社会慈善救助、商业保险"一站式"信息交换和即时结算,贫困患者需负担自费医疗费用,实施1388例,减免补充医疗53.75万元;县人民医院联合"绿梦公益"举办绿梦绽放·"疝"始善终——托克逊县百名儿童腹股沟疝关爱救助计划公益项目启动仪式,并为患儿免费手术。

【地方病工作】

碘缺乏病防治 2018年完成8~10岁儿童和孕妇的尿碘、盐碘含量监测工作。

犬感染监测 2018年完成犬粪检测1000份,每月对家犬进行驱虫管理。

包虫病防治 全年共完成B超筛查5000人,对发现的包虫病患者建立档案、治疗管理。

饮用水卫生监测 年内,乡镇监测覆盖率100%。

【结核病管理】结合全民免费健康体检,对全县15岁以上体检群众全部进行X线胸片检查,复诊发现的疑似肺结核病人,确诊后患者均接受免费治疗,全县肺结核患者均实现门诊就医检查费用实际报销100%、住院费用实际报销90%。住院期间所有伙食费用由县级医疗机构按每人每天25元标准补贴。

【队伍建设】2018年,全年开展卫生业务技能培训60次,培训卫生业务人员1200人次,完成全科医师转岗培训1人、助理医师规范化培训4人。

(许丹丹)

附:

托克逊县人民医院

【概况】托克逊县人民医院是综合性二级甲等医院。2013年9月,在吐鲁番地区率先完成等级医院评审。医院占地面积25897平方米,建筑面积30897平方米,设有14个临床科室、7个医技科室、10个行政职能科室。医院定编床位183张,实际开放床位310张。医院拥有1.5T核磁共振、16排CT、DR、DSA(数字减影)、钼靶机(数字乳腺X线摄影系统)、四维彩超、心脏彩超、十二导心电图机、动态心电图、海扶刀(聚焦超声肿瘤消融机)、体外冲击波碎石机、钬激光治疗机、全自动生化分析仪、全自动凝血分析仪、五分类血液细胞分析仪、全自动免疫发光测定仪、奥林巴斯电子胃镜、奥林巴斯腹腔镜、电子喉镜、超声骨密度仪、口腔全景CT(口腔科X线数字化体层摄影)、血液透析机、麻醉机、呼吸机、肺功能仪、视觉电生理检测仪、听力计、耳声阻抗测定仪、数字眼底照相系统、OCT(眼科相干断层扫描仪)、角膜内皮显微镜、手术显微镜、超声乳化仪、超声乳化剥切治疗仪、全自动电脑验光仪等先进医疗设备百余台。

2018年,核定人员编制256人。全院在职职工481人,在编222人(其中差额事业编214人,地方事业编8人),临聘259人。其中专业技术人员414人,占全院职工人员86%,行政后勤人员67人。其中高级44人,占专业技术人员10.6%。中级98人,占专业技术人员23.7%。初级人员272人,占专业技术人员65.7%。

【设施建设】2018年,更换医院科室门禁系统及防火门,改造康复医学科病房,安装院内标识牌、门诊楼新电梯、完成门诊附属楼外墙保温,装修专家宿舍、滨河小区人才周转房简装修等,累计投资80余万元。建设新建人民医院综合业务用房、分院康复中心、分院门诊综合楼项目,新建人民医院综合业务用房完成围墙和地基建设;分院康复中心建设项目基本完成,累计投资2000万元。人民医院分院门诊综合楼建设项目完成地下一层、地上六层主体水泥浇筑,累计投资1700万元。完善信息化建设核心项目,搭建门诊电子病历、手术麻醉信息管理系统、ICU临床信息管理系统、供应室追溯系统,简化优化患者就医、医护诊疗流程,提高工作效率,保障医疗安全,累计投资207万元;构建基于虚拟存储的虚拟化架构,增强医疗设备的使用效率和医疗数据的分析精确性,为医院科学发展提供决策依据,累计投资172.4万元。

【业务工作】

医疗指标 2018年,抢救急、危重病人2797人次,抢救成功2758人次,成功率98.6%,急诊出诊1028次。全院实际占用床日数12.6万天,病床使用率112.79%,甲级病案率95.2%,处方合格率92.3%。开具住院证20326张,距核定目标增长2470张,同期对比增长3908张,同比增长23.8%。门、急诊就诊患者156751人次,距核定目标增长2463人次,同期对比增长7743人次,同比增长4.6%。出院患者19960人次,距核定目标增长1333人次,同期对比增长3570人次,同比增长21.7%。手术例数2873台(含产科),比核定目标减少336台,同期对比增加519台次,同比增长22%。

经济指标 2018年,医疗收入11989万元,同比增加33.83%,其中门诊收入3563万元,同比增加7.03%、住院收入8426万元,同比增加49.72%,其中药品收入1890万元,同比增加11.57%,占医疗收入的15.57%。总薪资5624万元,财政拨款2645万元,单位垫资2979万元。公务接待2.18万元,同比增加4.98%;汽车油料费20万元;人员差旅费7.13万元,同比增加2.52%。

【技术创新】通过专家坐诊、远程会诊等方式,与疆内疆外多家医院建立项目合作关系,提升医院诊疗水平。2018年,医院陆续实现“乳癌根治术”“脑血管造影术”等23种高难度手术零的突破,共完成例冠脉造影术377例,其中植入支架118枚、经皮冠状动脉腔内成形术6例、临时起搏器安装术3例、急诊手术13例;邀请中国人民解放军乌鲁木齐总医院专家完成脑血管造影术6台;皮肤科完成浅表手术7例、双眼皮手术3例、二氧化碳激光治疗1例;血液净化科总透析次数3882人次,其中普通血液透析3364人次、血液灌流286人次、血液透析滤过202人次;放射科与功能科共同完成1例腹盆腔脓肿穿刺引流术;颌面外科手术邀请院外专家完成6例,自行完成2例;快速冰冻切片共完成41例(其中恶性肿瘤8例);手麻科与妇产科联合开展无痛分娩1例。

【队伍建设】2018年,新入职106人,留院47人,转正31人。全年参加高级专业资格考试人员27人,中级专业资格考试人员24人,初级专业资格考试人员40人,执业医师考试人员18人,执业助理考试人员32人。上半年共办理专业资格证书75人(高级资格证书6人、中级8人、初级36人),延续注册人员25人。全年共派出医疗护理技术骨干27人前往疆内及内地各大医院进修学习,其中疆内进修22人,内地进修5人。

2018年,医疗教学培训共110余次,其中院内援疆专家(全覆盖)培训24次、日常业务培训百余次,培训人员共约3000人次,全院初级职称医疗人员"三基"理论考核3次、中级职称医疗人员考核2次、新进人员转正前统一考核1次,临床医师医疗十八项核心制度、病历书写规范理论知识测试合格率分别为89%、86%,外科系统参加外科洗手及无菌换药操作技能培训及考核。

【公立医院改革】2018年,医院促进分级诊疗和优质医疗资源下沉,构建县乡村一体化医疗服务体系,努力实现公立医院改革"大病不出县"工作要求。

成本核算 医院成立核算领导小组,负责对医院各科室的一次性耗材、医疗设备、器材、药品等成本核算,严格控制药费增长及药品比例。

药品采购 网上采购药品率达95%以上。建立药品使用管理的激励与约束机制,完善医嘱处方点评,定期分析通报医生基本药品、抗生素使用情况,强化用药行为的监督评价,提高合理用药水平,保证用药安全。普通和高值耗材、检验试剂在《吐鲁番地区医疗机构医用耗材及检验试剂集中议价采购中标品种通知书》中标价格的基础上降低20%、25%、50%,以降价后金额采购,真正让群众得到了更多实惠。

绩效管理 加强职工成本意识,降低医院成本,引导科室职工关注服务质量、技术难度、成本控制、群众满意。重实绩、重贡献,让技术高、责任重、风险大、贡献多的职工获得应得的报酬,向优秀人才和关键岗位倾斜的分配制度。

院感排查 2018年,医院产生医疗垃圾共41256千克,收到个体诊所转运的医疗垃圾6221千克,共处置医疗垃圾47477千克,其中感染性医疗垃圾30972千克、损伤性医疗垃圾10400千克、病理性医疗垃圾155千克、塑料瓶4095千克。抓好重点部门、重点部位、重点环节,特别是手术室、消毒供应室、口腔科、胃镜室、检验科等重点部门的医院感染管理;制订重点部位、重点环节的防治院内感染措施,院感办常规督查指导各临床科室。

健康扶贫 2018年,累计为贫困门诊患者共减免24678元;为贫困住院患者共减免83007元;对农村贫困"白内障"患者免费救治,2015年至2018年累计完成白内障手术965例,补助资金共87.7万元。

【民生服务】2018年,完成出院患者电话回访5498人次,回访率达30%;入户随访436次,为775名出院患者提供专业的健康指导,术后出院患者的并发症发生率下降。2018年,全民健康体检活动接待体检共36080人次。探索适合医院志愿者服务模式,让病患得到安全、有效、便捷的医疗服务和社会各界的关爱和帮助。

【扶贫帮困】年内,农忙时节医院组织党员干部2次共60人深入硝儿村,帮助结对亲戚、农民干农活。根据当地居民常见病,医院派遣内科、普外科、康复医学科、中医科、妇科、五官科、口腔科、功能科8个专业25位专家为居民义诊，共120人次，心电图36人次，B超45人次，妇科检查50人次，普外科筛查发现甲状腺瘤12人次，五官科筛查白内障16人次。向居民宣传医疗科普知识，发放肿瘤宣教手册40本。为湘泉社区投入21.5万元，其中生活设施4.35万元，走访慰问群众1.5万元，其他方面投入约15.7万元，主要用于购买空调5台、防刺服10件、迷彩服60套、43寸电视2台、电动车5辆、对讲机10部、高低床4张，新建值班室2间、砌围墙15米、改装淋浴间下水道、配备电脑2台、打印机1台、刻录机1部。

（母小婷）

托克逊县维吾尔医医院

【概况】托克逊县维吾尔医医院是一所二级甲等维吾尔医医院。医院设内科、外科、康复理疗科、妇科、产科、口腔科、肛肠科、皮肤科、检验科、B超心电图室、放射科、手术麻醉科等科室。占地面积10320平方米，建筑面积11318.23平方米（其中病房楼4999平方米、综合门诊楼5999平方米、食堂70平方米、洗衣房100.23平方米、供应室80平方米、警卫室70平方米），绿化面积为318平方米。编制床位95张，实际开放床位120张。2018年，医院有职工174人，其中在编人员77人，聘用人员97人。卫生技术人员159人，其中高级专业技术人员11人，中级专业技术人员29人。

【业务工作】2018年，总住院7036人次，住院均次费用3420.18元。门诊诊疗40159人次，人均费用147元。化验、检查费降低15%，减少113万元。实施药品零差价，取消药品加成，百姓受益66万元。年内，出院2645人，其中医保患者627人、居民医保患者128人、新农合1730人、自费160人，平均住院日6天，治疗率53%。年内，医院安装先进的管理系统（HIS）和远程诊疗系统，查询快捷高效。

【医疗改革】

药物采购　执行药物集中采购政策，网上采购药品率在95%以上。医院采购西成药160种，落实两票制，提供药品达90%。门诊药占比36%，住院药占比18%，全院药占比21%；门诊药占比下降2%，全院药占比下降3%。根据二甲医院的评审标准，提高维吾尔药的使用率，全院维吾尔药的使用率51.42%，住院51.7%，门诊51.14%，全院维吾尔医草药使用率28.36%，门诊23.14%，住院33.57%。

精准扶贫　推行贫困患者住院“先治疗、后付费”，实行“三免四减半”惠民政策，年内享受“先治疗、后付费”的贫困患者128人，享受“三免四减半”贫困患者323人，减免费用共24974.2元。“一站式”综合服务窗口实现基本医疗保险、大病保险、医疗求助和社会慈善救助、商业保险“一站式”信息交换和即时结算，贫困患者需负担自费医疗费用，实属有57例，减免23411.28元。

专项督查　年内，在自治区中医医疗机构传染病防治和感染防控监督执法专项督查，医院工作受肯定。

【预防保健】

传染病登记　2018年，登记梅毒、肺结核、水痘和肝包虫等患者，法定传染病报告率100%。

疫苗接种　脊髓灰质炎糖丸接种数57人、乙肝疫苗接种人数68人、卡介苗接种人数68人。

医院产科　分娩人数68人，自然分娩29人，剖宫产39人，剖宫产率57%，新生儿筛查并上报68人。

输血　全年输血5例，成分红细胞悬液5例，总量1800克，输血适应症合格率100%。

手术　全年手术共93人，其中产科手术50人次，外科手术43人次。

【社会服务】

全民体检　2018年，完成

体检任务9273人,其中居民体检5242人、学生体检4031人。

巡回义诊 2018年,医院组织医护人员深入各乡镇开展义诊,医护人员携带便携式诊疗设备为基层群众体检,调查村(居)民健康情况,填写健康体检表,讲解健康知识,传授健康常识,缓解偏远地区群众“看病难”问题。免费医疗服务1138次、测血压522次、心电图304次、健康宣传1361次。

社区服务 为社区提供电动自行车4辆,开展一家亲联谊活动6次,累计入户走访570户次。为社区居民办好事实事39次,送慰问金1410元。义诊、健康教育16次,免费送药约470元。送阿乐惠镇南泉社区居民前往吐鲁番市旅游,伙食费218元,车费2500元。为“访惠聚”工作队置办公用品、生活用品,更新维修社区办公区域、职工宿舍、职工食堂,累计投入资金5.45万元。

【援疆项目】托克逊县维吾尔医医院门诊综合楼建设援疆项目总投资1500万元,总面积6000平方米,门诊综合楼于2018年11月竣工交付使用。

【党建工作】2018年,有5人提交入党申请书,确定1人为入党积极分子,制作完成《我是一名共产党员》为题的微视频,展现共产党员积极向上的精神风貌。年内,医院党支部开展“去极端化”宣传教育工作,开展以“学党章党规、学系列讲话、争做合格党员”为主要内容的“两学一做”学习教育活动、开展“以案促改”学习活动、召开揭批挖两面派专项活动集中学习、专题讨论等,全院无干部职工违法违纪案件出现。

【综治维稳】建立健全管理规章制度,大门值班室安排带班领导1人、职工2人、保安2人,24小时值班,组织备勤人员7人,随时待命;配备维稳安保设施设备,完善维稳管理规章制度,实行问责制;及时检查监控设备,保持监控设备完好,配备金属探测仪、对讲机、“八件套”等设备,严格安保制度。

(阿不都热合曼·艾合买提)

卫生监督

【概况】托克逊县卫生监督所隶属县卫生和计划生育委员会管理,共核定事业编制10名。实有干部职工9人,其中女性5人,少数民族6人;大专以上学历8人。

托克逊县有卫生监督对象303家,分布在全县1乡7镇。其中公共场所182家,医疗卫生机构72家,集中式供水单位14家,中小学校34家,餐具消毒单位1家。

【卫生行政许可】2018年,托克逊县卫生监督所审核、办理公共场所卫生行政许可证63件,办理个体诊所卫生行政许可证6件,为乡镇卫生院办理放射诊疗许可证1件,办理健康证691人次。

【法律法规宣传】2018年,托克逊县卫生监督所利用各种法制宣传日开展卫生法律法规宣传活动4次,累计发放各类宣传资料1000份。深入各类公共场所,现场对监督对象宣传讲解《中华人民共和国行政许可法》《公共场所卫生管理条例》。

【公共场所卫生监督】2018年,卫生监督所对全县189家公共场所开展经常性卫生监督和行业督导检查,日常监督覆盖率达100%。各公共场所的卫生许可持证率100%,从业人员持有效健康证达98%。根据上级下达的“双随机”任务,完成21家公共场所的卫生抽检任务,完成率和合格率均100%。

【生活饮用水卫生监督监测】2018年,监督检查14家集中式供水单位的卫生消毒情况和饮用水安全保障,下达监督意见书10份,督促整改。经常性督促各供水单位规范开展水质消毒,每季度水质采样送检化验,以保证生活饮用水的安全。

【医疗机构卫生监督】托克逊县有医疗卫生机构73家，其中县级医疗机构6家，乡镇卫生院7所，村卫生室40个，个体诊所(综合门诊)20家。卫生监督所主要监督检查医疗卫生机构的执业许可证情况、执业人员资质情况、卫生诊疗情况、医疗废物处置情况。2018年，多次专项检查和整治各医疗机构的医疗废物管理情况，保证规范分类储存、转运和处置医疗废物。定期组织开展集中培训，分别对维稳防护知识、消防安全知识、院内感染和传染病防治进行现场培训。经常性监督检查20家个体诊所，规范个体医的医疗服务行为。

【学校卫生专项督查】2018年，指导规范全县34所网报的中小学校做好教学环境、生活饮用水、传染病防治、生活设施方面卫生和消毒工作。深入学校开展结核病防治和艾滋病防治方面的宣传教育，累计发放相关宣传资料350份。中考、高考期间全面监督检查县第一中学、第二中学的环境卫生、教室布局、消毒等卫生情况。使用快测设备，完成6所乡镇级中小学校的“双随机”抽检任务，现场检测教室环境卫生、采光照明等指标，不符合要求的责令整改。

【餐饮具集中消毒】2018年，对托克逊县1家餐具消毒单位开展4次专项监督检查，规范消毒管理工作。督促开展2次餐饮具抽检，抽样25份，抽检结果均符合国家卫生标准。

【案件查处】2018年，4次集中整治监督检查各医疗机构，取缔2家无证行医“黑诊所”并处罚5000元。严肃取缔和整治夏镇色日克墩村1名“赤脚医生”在家开展诊疗活动。立案处理1家违规开展医疗活动的个体诊所，警告并处罚1000元。 (李 荣)

妇女儿童保健

【概况】托克逊县妇幼保健站设有妇保科、儿保科、妇科、儿科、检验科、药剂科、注射室、行政科、财务科9个科室。拥有先进医疗设备，能开展常规检查，生化及理化项目，医疗仪器有彩色B超、薄层液基涂片系统(TCT)、全自动生化仪、尿十项、血球仪、微量元素仪、骨密度仪等。主要开展孕妇儿童系统保健、婚姻保健、妇女儿童常见病、多发病的诊断治疗工作、健康咨询及妇科、儿科常见病的诊治等工作。县妇幼保健院建设项目与县人口和计划生育服务站与建设项目合并建设业务用房及附属工程。建设规模3500平方米、共四层，总投资1035万元，2018年7月完工，妇幼保健站于11月底搬迁至新业务楼(文化路269号)正式投入使用。

2018年，有职工18人，其中少数民族11人。有副高职称3人、中级职称5人、初级职称7人。

【妇幼保健】

儿童、孕产妇保健 2018年，全县总产妇数1123人，活产数1124人，早孕建卡人数1053人，早孕建卡率93.68%，住院分娩1124人，率达100%，孕产妇系统管理1024人，率达91.10%，产后随访1067人，率达94.93%，高危孕产妇502人，管理率100%，剖宫产活产数521人，率达46.35%，孕产妇死亡0人。3岁以下儿童3924人，3岁以下儿童系统管理3812人，率达97.15%，0～6岁儿童总数10463人，0～6岁儿童保健管理数10403人，保健管理率99.43%，新生儿防视数1063人，率达94.57%，新生儿死亡数5人，死亡率4.45%，婴儿死亡数7人，死亡率6.23%，5岁以下儿童死亡数10人，死亡率8.9%。

入托儿童体检 年内，检查0～6岁儿童5422人，入托儿童体检率达99%。

婚检 全年，参加婚检人数1806人，婚检率100%，检出携带传染性疾病病毒104人，并建议治疗后再予以登记，阳性率为5.7%。

【门诊业务】全年,妇幼保健站就诊人数达3.3万人次,其中妇女保健门诊人数8500人次,儿童保健门诊人数2.2万人次,其他门诊人数2500人次。

【拓展业务】聘请自治区专家开展危重孕产妇和新生儿死亡评审。托克逊县与自治区妇幼保健院签订协议,开展唐氏筛查采血工作,送往自治区妇幼保健站检验。

【医疗项目】

艾滋病、梅毒、乙肝母婴阻断项目 2018年,HIV、梅毒、乙肝咨询及抗体检测孕妇1874人,咨询率及检测率100%,其中HIV阳性产妇6人,出生婴幼儿6人,终止妊娠4人。年内,11名阳性孕产妇所分娩婴儿随访中,早期诊断8人,均为阴性。梅毒阳性产妇11例,均进行抗梅毒治疗。乙肝表面抗原检测孕妇数19人,其中乙肝表面抗原阳性产妇数40人,所娩活产数41人,均注射乙肝免疫球蛋白41人,注射率100%。

农村孕产妇住院分娩补助项目 全年农村孕产妇住院补助366人,实施补助资金18.30万元。

农村妇女免费增补叶酸项目 全年应服人数975人,服用人数915人,服用率93.87%。

“两癌”筛查项目 乳腺癌筛查全年任务数1000例,完成1000例,查出乳腺癌2例,宫颈癌筛查任务数2000例,现完成2000例,查出宫颈癌4例。

新生儿疾病(苯丙酮尿症、先天性甲状腺功能减低症)筛查 年内,新生儿活产数1039人,共采集血950份,筛查率为91.43%,不合格血片零,血片合格率为99.86%,无可疑苯丙酮尿症、先天性甲状腺功能减低症阳性患儿。

新生儿听筛项目 全年筛查981人,全县筛查率为94.42%。

艾滋病扩大检测项目 全年检测3713人,新发现HIV阳性2人。 (赵 梅)

疾病预防控制

【概况】疾病预防控制中心内设行政办公室、检验室、结核病防治股、地方病股、艾滋病防治股、疾病预防股6个股室。主要职能为负责全县传染病防治、免疫规划、艾滋病防治、地方病防治、寄生虫防治、生活饮用水监测、碘盐检测、突发公共卫生事件处置等工作。有业务用房1538平方米,其中检验室用房500平方米,检验设有艾滋病初筛实验室,以及理化检验、微生物检验、临床检验等功能实验室。2018年,在编34人,其中女18人,少数民族18人,地方性事业编4人。高级专业技术8人,中级专业技术人员4人。

【免疫规划管理】

常规免疫接种 2018年,卡介苗接种率100%、新生儿乙肝疫苗第一针及时接种率95.44%、全程接种率99.9%、脊髓灰质炎疫苗全程接种率99.9%、百白破全程接种率99.9%、含麻类疫苗(麻风、麻腮风)接种率99.4%、A群流脑疫苗全程接种率99.6%、A+C群流脑疫苗全程接种率99.7%、甲肝疫苗接种率99.56%、白破疫苗接种率100%。

AFP监测 2018年,实施第二轮脊髓灰质炎疫苗应急强化免疫活动,为全县所有目标儿童接种脊髓灰质炎疫苗13775人次,自治区快速评估接种率为98.9%。

预防接种证查验 2018年,对全县33所小学、47所幼儿园开展两轮预防接种证查验工作(3月、9月),3月份查验7683人,9月份查验7680人,查验率为100%,补种漏种儿童663人,补种率100%。

【传染病管理】2018年,托克逊县无甲类传染病发生,乙、丙类传染病19种889例,传染率8.08‰,无死亡病例。报告1起一般突发公共卫生事件(博斯坦镇海提甫坎儿孜小学水痘爆发流行)。全年为各培训中心注射流感疫5000支,幼儿园、小学、儿童福利院共注射水痘171支。

【结核病防治】 2018年,新发现病人140例,接诊疑似肺结核病人1751例,免费拍摄胸片1101人,自带胸片631人,查痰1553例,查痰率88.69%(达到自治区指标85%)。发现活动性肺结核225例。其中初治涂阳病人53例、复治涂阳5例、涂阴166例、管理219例(5人死亡)。非结防机构网络疑似或确诊病例共574例、删除重报26例,总体到位率98.17%,追踪到位95例,追踪到位率90.47%。全县启动"集中服药+营养早餐"活动,全县219人每天享受3.5元的营养早餐补贴。2018年9月底开始,县人民医院感染科开展传染性病人收治治疗工作,发现一个,收治一个。

【疾病预防管理】2018年,各类常规疫苗接种率均在95%以上。实施每年两轮脊髓灰质炎疫苗补充免疫工作,通过自治区快速评估。2018年无甲类传染病报告,各类传染病均呈散发趋势,未发生突发公共卫生事件。

【艾滋病管理】 2018年,县疾病预防控制中心加大对艾滋病的预防宣传,自愿接受艾滋病检测的有1093人,其中疾控中心完成630人、县医院完成300人、妇幼保健站完成163人。病人配偶HIV抗体检测比例达到98.65%,检测出的阳性患者均接受抗病毒治疗。抗病毒治疗CD4检测470份,病毒载量检测分析417份,检测率100%。开展各类地方病防治知识讲座,共发放预防艾滋病、扫黄戒毒等宣传材料1000余份。

监管场所检测239人,检出梅毒阳性、艾滋病初筛阳性、丙肝等病患者共14例,完成率100%,CD4检测550例,完成率93.8%。

【地方病监测】

碘盐检测 2018年,中心监测分析居民食盐碘含量,碘盐食用率100%,全县居民合格碘盐食用率98.3%。年内,完成四类目标人群应急补碘工作。

犬感染情况监测 年内,完成犬粪检测1000份,每月对家犬进行驱虫管理。

包虫病防治、感染情况调查 全年共完成B超筛查5000人,对发现的包虫病患者建立档案,进行治疗管理。完成儿童血清检测650人。

人间布鲁氏菌病监测 全年布病筛查400人,追踪督导治疗病人数50人。

【水质监测】2018年,完成全县8个集中供水工程24个监测点的水碘监测点基本情况调查及水样采集工作。检测全县7镇1乡8个饮用水工程,24个监测点共监测2次,枯水期、丰水期分别采集出厂水和末梢水水样各24份,结果显示全县饮用水总体卫生指标合格,全县居民饮用水安全。

【卫生检验及临床检验】2018年,县疾控中心采集手足口病17份、麻疹6份,猩红热采样血样59份,碘盐监测300份、犬粪棘球绦虫抗原检测1000份、查痰224人次,启动"预防性体检"免费服务活动,7220人享受惠民政策。完成全国CD4+T淋巴细胞检测实验室能力验证并取得优秀证书,完成国家性艾中心组织的HIV病毒载量检测考核和确认实验室第一次PT考核,通过自治区性艾中心组织的HIV和梅毒的能力验证考核。

(马 丽 周永萍)

卫生服务中心

【概况】托克逊县卫生服务中心服务辖区托克逊镇总人口8118户2.49万人。下辖天泉、山泉、龙泉、玉泉、银泉、金泉、阳光、滨河8个卫生服务站。办公地址位于友好路原计生指导站办公楼1楼,办公面积约150平方米。

2018年,核定事业编制12人,在编人员15人,其中女性13人,少数民族12人。管理岗1人,专业技术岗14人;中级职称4人,初级职称10人;注册护士6人。

【入户调查】2018年,建立城镇居民健康档案,完成一般人群电子健康档案建档数23778人,新增1161人,建档率95.6%。

【慢病管理】调查辖区65岁以上老年人,建立健康档案1652人(新增275人),并进行健康管理、健康危险因素和一般体格检查,每年为已建档的65岁以上老年人健康体检1次。管理高血压患者1494人(新增387人),管理糖尿病病人650人(新增131人),对高血压患者、糖尿病病人每季度面对面随访1次。管理重症精神病病人111人,建立纸质档案、电子档111人。每月入户随访评估重症精神病病人1次。管理结核病病人19人,每天按时发药及牛奶、鸡蛋等营养早餐。

【健康教育】2018年,累计在各社区、公共场所宣传艾滋病防治、脊髓灰质炎防治、"世界无烟日"禁烟控烟等11次,举行健康知识讲座24期,免费义诊950人,免费为居民测量血压1500余人,测量血糖1100余人。

【预防接种】开展2018年3—4月脊髓灰质炎的查漏补种工作,3月、4月份两轮脊灰疫苗补充免疫为0~4岁城镇儿童发放脊灰糖丸共3977人次。辖区内所有适龄儿童0~6岁儿童共4190人,各社区共接种一类疫苗10395针次。

【死因管理】配合县疾控中心进行辖区人口死亡信息登记管理网报工作,上报2018年死亡人口信息88例。

【全民体检】县卫生服务中心在原有建档基础上完成2018年度托克逊镇辖区居民全民健康体检档案的规范建档工作。2018年,完成体检13345人,录入体检记录13131人。

【家庭医生签约】县卫生服务中心共组建家庭医生团队8个,每个团队由1名公卫人员、1名护士及两家县级医院配备家庭医师组成,负责300~400户家庭。优先覆盖贫困户、老年人、孕产妇、儿童、残疾人等人群,以及高血压、糖尿病、结核病等慢性疾病患者和严重精神障碍患者等。年内,完成一般人群签约数3431人,重点人群签约数5671人,其中0~6岁儿童签约数2298人、65岁及以上常住居民签约数1107人、高血压患者签约数961人、糖尿病患者签约数500人、严重精神障碍患者签约数72人、结核病患者签约数17人、贫困户居民签约数716人。

【存在的问题】中心医疗机构执业许可证尚未获批。工作人员结构不合理,卫生服务中心无全科医师、口腔医师及公卫医师,无法开展基本医疗服务,不能满足社区卫生服务工作需要。（李　翔）

文化体育·旅游广电·图书

WENHUA TIYU LVYOU GUANGDIAN TUSHU

文化 体育

【概况】2018年，县文化体育广播影视局（以下简称县文广局）下设局办公室、电视录转台、人民广播电台、文化市场管理办公室、文化馆、图书馆、托克逊广电网络中心、业余体校、农影办、文工团、村村通11个部门。在职在编职工109人，其中女性58人，少数民族93人。行政编制9人，参照公务员管理3人。全额事业编34人，地方性事业编9人，自收自支8人，协警编42人，村村通聘用4人。

【群众文化】2018年，县文广局以民族团结为主题开展“民族团结手拉手，文化进万家”惠民演出活动28场次，“十九大精神进万家”演出活动25场次，“红色文艺标兵”PK歌曲、唱红歌16场次，开展文艺演出活动进企业11场、进军营4场、进社区4场、进学校5场，“民族团结一家亲”活动22场，完成第二十七届吐鲁番番葡萄节托克逊分会场开幕式、“八一”建军节、国庆节文艺演出活动，年初赴湖南省郴州市文化交流，感恩湖南省郴州市20年来对托克逊县的无私援助，宣传吐鲁番、托克逊的美食、美景，展示郴托人民一家亲的手足情谊。

【文化市场管理】 县文广局组织开展“安全生产月”“人员密集场所”“六小场所”等各类专项检查活动。全县有文化娱乐场所130家，年内开展去极端化、打击“三非”、校园周边环境整治、“扫黄打非·净网、护苗、固边、清源、清朗”等专项行动，检查企业单位1804家次，发现隐患297个，立即整改218个，限期整改30个，停业整顿49家次。年底，辖区营业中的56家文化娱乐场所均安装自动隔离门。开展“3·15”法律宣传等专项法制宣传4次。组织开展文化行业从业人员消防安全专项培训。

【项目建设】

托克逊县文化活动中心项目 年内，完成主体结构五方认证，完成投资额5730万元。

广播电视景观发射塔项目 年内，井架安装到117米，塔体安装到87米，完成投资3315万元。

广播电视中心项目 年内，施工图审查已审核完成，已报市消防支队消防审核，已完成广播电视中心施工监理招投标。

全民健身活动中心项目 2018年，主体竣工验收，正在审计中，室内装饰装修已完成45%。

体育设施建设项目 年内，争取自治区体育局为托克逊县配发的10副篮球架，并在10个行政村安装完成。

文化图书建设项目 年内，为8个乡镇清真寺配发自治区文化厅支持的图书架135个。

【图书管理】2018年，文广局定期下乡督查、辅导，培训农家书屋图书管理员，提高服务质量和管理水平。全年组织

125人次重点抽查各乡镇农家书屋、“东风工程”、阅报栏管理情况，重新整理图书、报刊、报纸上架。严厉打击侵权盗版行为，净化出版物市场，开展打“三非”执法检查60余次，“3·15”销毁全部缴盗版音像制品、盗版图书。

【电影放映】2018年，放映电影665场，其中科教片170场，观影28 030人次。

【彩票销售】2018年，共销售体育彩票3.8万元。（李兴华）

旅　游

【概况】2018年，累计接待游客116.5万人次，较上年增长44.6%，旅游收入2.55亿元，较上年增长13.7%。2018年，县旅游文物局在职人员11人，其中女性4人，少数民族3人。公务员7人，地方性事业编4人。

【整体规划】2018年，根据托克逊县旅游资源特色，编制全域旅游总体规划，确立推进托克逊县南湖杏花园、红河谷景区和零海拔酒庄创建旅游在上位规划中的核心定位。启动雅丹地貌和红河谷景区申报国家地质公园工作，科学编制规划，多规合一，坚持保护优先原则，逐步把雅丹地貌和红河谷景区打造成为全国知名高端私人订制旅游品牌。对照编制的全县乡村旅游发展规划，提升夏镇南湖村和郭勒布依乡开斯克尔村2个杏花旅游专业村，实施南湖专业旅游村基础设施建设。重点发展白杨河沿岸美化绿化观光带、郭勒布依乡克然木巴巴农业观光基地、郭勒布依乡硝儿村彩叶苗木休闲观光科技示范园、零海拔酒庄观光园、博斯坦镇万亩优质红枣生态休闲观光园等乡村旅游发展项目。在扶贫领域工作中，克尔碱镇通沟村、克尔碱镇英阿瓦提村作为旅游扶贫重点村。

【项目建设】

南湖村杏花园旅游景点项目　2018年，完成南湖村广场、基础设施及绿化景观项目建设。投资430万元建设南湖村杏花季演出舞台、村史馆、游客接待中心、厕所等项目，完成工程主体、屋面罩瓦及外观装饰，安装完成游客接待中心室内管道。项目总投资累计完成3000多万元。

红河谷景点建设项目　按照修建性详细规划，主要建设红河谷景点河道防洪大坝，建设游客接待中心用房、停车场、客房、休闲场所等，投资1938万元。2018年，已完成供水排水管道工程。

郭勒布依乡林海花园旅游休闲景区项目　郭勒布依乡硝儿村林海花园项目是招商引资方式，由吐鲁番林海园林工程有限责任公司负责投资规划建设，以“现代娱乐、自然休闲”为核心目标，主要建设观光区、民俗风情区、民宿养生区、支边文化村史馆、农家乐区及停车场，计划投资5000万元，建设周时3～5年，已初具规模，可供游人参观。

油菜花、薰衣草、红山水库胡杨林建设　开发通沟村200亩油菜花、薰衣草旅游景区建设和克尔碱镇洪山水库胡杨林生态旅游建设，美化克尔碱村、通沟村天广地的基础设施，改善村容村貌，打造避暑胜地品牌。

【旅游扶贫】旅游文物局以民俗风情，农家体验为特色，努力实现群众脱贫。2018年，为克尔碱镇英阿瓦提村争取45万元资金实施10户农家乐建设项目和争取50万元资金实施30户农家乐提升建设项目，使农牧民足不出户就地就近解决就业问题。通过40户农家乐建设，带动5户贫困户就业。

【宣传推介】

产品推介　邀请托克逊县干果加工企业、红酒生产商进行旅游产品开发策划推荐，参加北京举办旅游产品推荐活动，参加乌市举办的2018年丝绸之路国际亚欧博览会旅游产品展览会以及市旅游局筹办的2018年第二十七届中国丝绸之路吐鲁番葡萄节旅

游产品宣传活动、8月湖南葡萄节推荐会、9月广东旅游推荐会、2018中国旅游产业博览会(天津梅江)等旅游产品专项推荐工作,共推出金润枣业“好想你”、双枫农业有限公司“花袭”干果系列、富华龙克恰玛古酱菜和韭菜花系列、德源酒庄红酒系列和零海拔酒庄红酒系列,提高托克逊旅游的知名度和影响力。

媒体推介　坚持办好特色文化节会,扩大影响,利用托克逊零距离微信公众平台、网络报刊、政府门户网站等宣传托克逊旅游品牌,入驻头条号矩阵“今日头条”公共信息发布平台,全年共撰写旅游宣传信息10条,调研文章1篇。

【行业监管】

安全监管督查　建立健全安全生产责任机制,督促各旅游企业依法依规配备专兼职安全生产管理人员,定期组织考核,全面落实安全生产责任制。成立县旅游安全生产工作领导小组,每月召开1次安全生产专题会议,学习安全生产法规政策和上级文件精神,强化安全监管工作。每月开展1次系统内安全大检查。排查事故隐患和危险源,加强用车安全管理和节假日值班安全保卫工作,预防突发性事件发生。了解并掌握涉旅企业安全生产的真实情况,确保安全生产。年内,共督查旅游企业69个次,暂未发现安全隐患。

行业统计　与旅游景点、旅行社分社、农家乐、宾馆签订目标责任书,及时汇总和上报各类数据,完成全年报送任务。

宣传教育　在全行业开展安全生产宣传教育活动,开展旅游出行安全、游览安全等各类旅游安全宣传活动,加强对各级旅游管理人员、旅行社工作人员、饭店服务人员的安全知识、抢险知识、救援知识培训,提高旅游从业人员的素质,增强旅游从业人员的安全意识和安全知识宣传能力。

投诉受理　2018年,旅游文物局受理旅游投诉事件1起,事件处理完结。

【旅游培训】2018年,旅游文物局派人员参加在乌市新师大举办的为期7天的全省旅游产业发展专题培训班,旅游文物局全员以及相关涉旅企业参加自治区旅发委举办的旅游培训班。邀请托克逊县消防大队警官对旅游文物局职工以及旅游行业从业人员专题培训消防安全知识,派员参加由市法制办的旅游执法人员培训班,加强旅游质监执法队伍建设,提高旅游质监执法水平和工作效率。

(刘梦瑶)

广播　电视

【概况】2018年,托克逊电视台下设总编室、新闻部、技术部、播出部、节目部、专题部6个部门。在职职工50人,开办维语、汉语4个频道:托克逊一套(汉语频道)、托克逊二套(维语频道),转播中央一套和中央七套节目。维语、汉语全天15小时播音。

托克逊县人民广播电台隶属托克逊县广电文体局,实行维、汉语播音,汉语频率97.5兆赫兹,维语频率96.3兆赫兹,转播中央人民广播电台87.8兆赫兹,新疆人民广播电台维语综合频道101.6兆赫兹,新疆人民广播电台汉语综合频道99.6兆赫兹。广播主要采用调频无线发射的方式覆盖,基本保证覆盖区内农牧民能收听到中央一套、新疆综合频道、新疆新闻频道及全县调频广播电台两套自办节目需求。维语全天播音15小时。汉语全天播音15小时。

【广播电视宣传】2018年,托克逊新闻累计发稿214期1225条(央视用稿8条,新疆台49条,吐鲁番台用稿54条)。制作和播出有关防治艾滋病、消防安全、交通安全、法治宣传、打击黑恶势力、托克逊的杏子、防风12条禁令、防范非法集资宣传片、公益广告、宣传口号、《宗教事务条例》40余条,播出4230余次、7290余小时。电视台DS-6频道和DS-8频道共安全播出时长有7510小时。

【数字网络】 2018年，广电网络中心完成2410户数字电视的收费，新入网安装587户，报停198户，维修1850次，抢修各类光缆5次，完成天源小区、盟鑫源小区光缆熔接。投入291万元购买1.1万套户户通设备免费发放给村民，新安装户户通设备9938户，设备检修289人次，检修全县209台大喇叭、调频音响，确保党的声音传达到每家每户。

图书发行

【概况】 托克逊县新华书店在职8人，其中女4人，少数民族7人。

【经营情况】 2018年，营业部图书进货89491册，码洋211万余元；教材图书进货714578册，码洋703万元。2018年销售计划570万元，实际完成804万元，其中教材销售完成714万元，一般图书销售完成90万余元。

【图书团购】 2018年，县新华书店办理储值卡5400元，其中教育局办理储值卡3400元，人保财险2000元。

【图书发行】 2018年，重点发行《习近平谈治国理政(第二卷)》214套，销售码洋17120元。《习近平新时代中国特色社会主义思想三十讲》5302册，销售码洋153758元。《新时代面对面——理论热点面对面2018》573册，销售码洋12033元。《习近平扶贫论述摘编》401套，销售码洋10827元。《十九大报告学习辅导百问——维文》180套，销售码洋6840元。《现代汉语词典(第7版)》49套，销售码洋5341元。《〈中国共产党纪律处分条例〉学习问答》148册，销售码洋5180元。《新华字典第11版(双色本)》206册，销售码洋5129.4元。《〈中国共产党纪律处分条例〉释义》158册，销售码洋4424元。《教你学汉语情景会话(1)——维文》87册，销售码洋3480元。《三年级语文下(人教新疆专版)七彩课堂》277册，销售码洋11052.3元。《五年级语文下(新疆专版)七彩课堂》258册，销售码洋10294.2元。《五年级数学下(人教)七彩课堂》125册，销售码洋4725元。

【图书捐赠】 2018年，县新华书店向托克逊县消防大队赠予价值5955元的图书。

(阿布来提·卡哈尔)

乡镇建设

XIANGZHEN JIANSHE

郭勒布依乡

【概况】郭勒布依乡地处托克逊县北部，距县城中心8千米，东接吐鲁番市艾丁湖乡，南部毗邻托克逊镇、夏镇和博斯坦镇，西部、北部与伊拉湖镇、克尔碱镇为邻，辖区东西最大距离13千米，南北最大距离30千米，总面积390平方千米，其中绿洲面积64平方千米，有耕地面积9.54万亩。郭勒布依乡地处托克逊县风沙前沿，是托克逊县的“北大门”。

郭勒布依乡辖11个行政村，1个社区，58个村民小组，共6824户21704人。其中维吾尔族18402人，占总人口的84.8%。汉族2351人，占总人口的10.83%。回族943人，占总人口的4.34%。其他少数民族8人，占总人口的0.03%。2018年，乡党政班子成员9人，村两委班子成员74人。

【农业和农村经济】2018年，郭勒布依乡完成总产值45073.62万元，同比减少0.52%，农民人均纯收入20767元。

种植业 2018年，郭勒布依乡调整农业产业结构，减少棉花8000亩，增加种植杏树2500亩、葡萄2000亩、韭菜300亩、孜然3000亩、花生6000亩、西甜瓜8000亩，培育各类苗木1580亩，杏树嫁接面积2400亩。

设施农业 2018年，设施农业大棚共1025座，可种大棚893座，实际种植675座，其中黄瓜332座，西瓜111座，甜瓜12座，西红柿174座，豇豆5座，其他林果41座。

林果业 2018年，郭勒布依乡新栽葡萄面积2000亩，新栽杏树2500亩，红枣41亩，新栽桃树324亩，在乡主要道路补栽植桑树防护林102亩。实行防护林带清理制度化管理，郭勒布依乡完成主干道林带清理、修剪、浇水、病虫害防治近170千米。

病虫害防治 2018年，采用石硫合剂进行病虫害防治葡萄356亩、杏树7140亩、红枣6180亩。

畜禽养殖 2018年，郭勒布依乡牛羊育肥31.21万头（只），其中羊育肥22.97万只，牛育肥8.24万头。黑羊存栏5.01万只，驴1012头。有鸭6712羽，土鸡4.78万羽。牛羊养殖专业户265户，培育养殖规模在1000只以上的养殖大户27户。

饲草种植 年内，完成饲草料种植3.11万亩。

杂交改良 2018年，完成配种牛1922头，人工授精牛1317头（只），自然交配92头，小畜杂交改良5100只。

动物疫情 年内，郭勒布依乡无口蹄疫、禽流感等传染病和重大动物疫情以及畜产品质量安全事件发生。

【基础设施建设】

水利设施 2018年，郭勒布依乡解决施农业用水，更新机电井两眼、维修破裂抵压管道13处，新修防渗渠31千米，高效节水6157亩，低压管道建设42千米，节水面积1.1万亩。

防风建设 郭勒布依乡萨依吐格曼村、尤库日克喀拉阿什村新增大面积大跨度林木，在郭勒布依乡整体的上风口形成了一道防风屏障。郭勒布依乡在旅游区周边村落安装路灯200余盏，亮化道路3千米以上。

【安居富民】2018年，郭勒布依乡新建安居富民房682套，累计建安居富民房4166套，其中贫困户建房462套、低保户建房379套、"五保"户建房31套、残疾户建房304套，其他建房2990套。

【综治维稳】

综合治理　2018年，郭勒布依乡建成并投入使用乡综治中心1个、村(社区)综治中心12个。郭勒布依乡警务室、便民警务站，对辖区内12个清真寺、14所学校幼儿园、225家个体工商户和偏远散居民以及废弃坎儿井、防空洞、铁路沿线等重点部位的安全防范。

各村(社区)开展各类处突演练，提高了基层政权、工作组驻地等联防自保和应急处突能力。

2018年，辖区共发生刑事案件50起，破案49起，破案率98%，与上年同期相比减少2起。

维稳双联　2018年，郭勒布依乡有双联户长525人，动员组织58名村民小队长于双联户长组建群防队伍58支，通过平安创建工作积极培训、宣传双联户长工作职责，开展巡逻防控工作，同时坚持"早培训晚点评"机制，将联户长和联户家庭常态化开展培训，发挥宣传员、信息员、调解员、帮教员、联络员作用。

防范处邪　召开党委会议，成立防范处理邪教工作领导小组，在郭勒布依乡范围内开展无邪教乡村创建和宣传工作，发放宣传资料。教育培训郭勒布依乡干部职工及辖区9所学校反邪教警示。

【统战民宗】

培训　2018年，郭勒布依乡有12座清真寺，有宗教人士52人，全年开展宗教人士培训1311人次。2018年，郭勒布依乡组织安排中央社会主义学院、自治区中青年爱国宗教人士培训一期1人、自治区爱国宗教人士培训三期11人、吐鲁番市爱国宗教人士培训三期25人。参加县级宗教人士培训260人次，乡级宗教人士培训480人次，村级宗教人士培训874人次。2018年，郭勒布依乡清真寺规范化建设在全县名列前茅。驻村管寺干部和统战干部开展受教育全覆盖27场次，累计参与2197人次。

宣讲　2018年，郭勒布依乡有乡党政领导和机关站所党员干部与209户农户结对认亲，开展各类宣讲活动419场次受教育1万人次，组织乡级教育大宣讲10场次受教育9700余人次。在辖区11个村委会和1个社区开展以"去极端化"、民族团结、维护稳定等为主题的卧尔兹宣讲480余场次，受教育群众达1.1万余人次。要求宗教人士将"三个离不开""五个认同"等内容融入日常讲经解经活动中，确保郭勒布依乡宗教领域和谐稳定。

【精准扶贫】2018年，郭勒布依乡347户贫困户中实现就业转移268人，发展生产410人，生态补偿87人，教育扶贫247人，低保兜底322人，医疗救助45人，金融扶持169人。持续推进扶贫鸡、扶贫羊小产业工程，2018年发放扶贫鸡8.5万羽，扶贫羊1590只。郭勒布依乡347户贫困户全部实现脱贫。

【党建工作】

基层党组织建设　2018年，郭勒布依乡撤销58个村民小组党支部，成立12个"访惠聚"驻村工作队正式党支部，与辖区学校党支部统一建立党总支部，在村各支力量在村党总支的统一领导下开展工作，第一书记统筹村级各支力量。综合考虑村"两委""访惠聚"工作队、乡下沉干部、驻村管寺委员会、警务室民(协)警等各支力量族别、性别、年龄、经历等因素，混合编组、强弱搭配，人岗相适。周点评、月考评，每月量化、公示，将考核结果与年底考核挂钩，提高基层干部的执行力和落实力。

“星级化”创建 2018年，郭勒布依乡开斯克尔村、郭勒布依村申报创建9星级党支部，奥依曼布拉克村、尤库日克喀拉阿什村、萨依吐格曼村、硝儿村、喀拉阿什村申报创建8星级党支部，河东村申报创建7星级党支部，喀拉布拉克村、切克曼坎儿孜村、阔什拱拜孜村申报创建6星级党支部。

党风廉政建设 2018年，郭勒布依乡组织全体党员干部专题学习《中共共产党章程》《中共共产党纪律处分条例》《习近平谈治国理政》等篇目，观看《永远在路上》《蜕变》等系列警示教育片，通报典型案例、党风廉政知识竞赛，纪法知识测试，乡主要领导讲党课等活动。征订《中国共产党章程》《中国共产党廉洁自律准则》《中国共产党纪律处分条例》书籍1000余本，参与答题卡竞赛442人，组织党员学习12次490人次。先后组织乡党政班子成员开展中心组学习42次。

信访工作 2018年，郭勒布依乡党委共收到来信来访79件91人次，其中初访68件73人次，重访7件12人次，上级交办数4件6人次，办结率100%。无集体来访，与上年同期相比明显下降。

纪律审查 2018年，郭勒布依乡立案查处违纪案件共98件，给予留党察看7人、撤销党内职务3人、党内严重警告处分7人、党内警告处分61人，政务警告处分2人，行政记过处分1人，记过处分3人、警告处分7人。其中违反政治纪律案件33件、违反组织纪律案件1件、工作纪律61件、群众纪律2件。诫勉谈话37人次，约谈及提醒谈话及通报批评148人次。

党员发展 2018年，郭勒布依乡有201人主动向党组织递交了入党申请书，确定入党积极分子104人，确定发展对象37人，发展党员33人。

人才培养 培养村级后备干部队伍95人，挖掘培养乡土人才44人，培育农村实用技术人才177人，生产能手98人。

组织活动 2018年，郭勒布依乡固定每月28日开展“三会一课”，按照先支委会、后党员大会、讲党课的流程依次进行，共组织活动144场6000余人次参加。

【群众工作】2018年，郭勒布依乡各级干部常态化包户住户，乡党委统筹各村(社区)常态化力量、后盾单位干部等人员480余人，组建包户住户组160余个，固定包户、固定编组、固定住户。年内，常态化开展包户住户实现4轮全覆盖。郭勒布依乡群众工作办公室共为群众解决问题653件次。在各村成立以党员干部为骨干的生产互助组352个，帮助解决290余户家庭春播秋收劳动力短缺难题。郭勒布依乡以后盾单位和村级各支力量共组建生产互助队1378支10392人。

【社会事业发展】

教育工作 2018年，郭勒布依乡共有义务教育阶段中小学8所，在校生1744人，在校教职工251人；有幼儿园12所(其中独立幼儿园6所)，幼儿781人。2018年新生入学205人，适龄儿童入学率达到100%，普及率100%，无辍学学生。

返乡学生教育管理 2018年，郭勒布依乡有在外就读学生808人，分别安排到村委会、乡人民政府、学校、卫生院等部门实习，组织在乡村两个基层组织参与见习43人，引导在其他企事业单位实习48人，投入经费5万元。寒暑假期间摸底调查返乡学生，组织返乡学生开展法制培训和民族团结教育活动19场次，举办法律知识竞赛4场次，舞蹈比赛2场次，篮球比赛2场次，以及各类文化娱乐活动。

计划生育 2018年，郭勒布依乡有育龄妇女5669人，已婚育龄妇女4099人，已婚育龄妇女中长效节育妇女2920人，长效节育71%，育龄妇女综合避孕节育率80.01%。全年出生208人，死亡56人，人口出生率9.7‰。办理生育服务证213户，特批办理生育服务证2户，领取两证122户，其中独生子女证28户，计划生育父母光荣证94户。全年共接诊5210人次，查环2722人次，查孕2100人次，上环191人，取环72人，孕检125对，及时更新服务对象信息，确保不漏一个人。统计1992年以来的超生人员有32户，征收社会抚养15.24万元，征收率73%。

文化工作 2018年，郭勒布依乡共为群众免费发放户户通户接收设备800个。有文化大院80个、标准化村级文化活动中心11个、大喇叭59个、调频音响44个已投入使用。全年组织宣讲1440场次，参加宣讲活动的群众51232余人。检查标语、图片611条，清理拆除不规范宣传标语、图片406条、发现不规范领导图片6条，更换宣传标语80条。（薛博文）

2018年郭勒布依乡各行政村基本情况表

表15

行政村名	村党支部书记	村委会主任	人口	年末耕地（亩）	劳动力	年末牧畜存栏（头、只）	粮食总产量（吨）	集体总收入（万元）	人均纯收入（元）	贫困人口（户）
喀拉布拉克	阿克木·米塔里	夏克尔·玉素甫	2574	5370.2	1443	1548	319	15.34	11746	31
奥依曼布拉克	塔西吐木尔·艾米都力		1374	3921.2	746	2412	281.4	20.7	12260	24
河东	哈里瓦尔·伊拉音		2273	5338.3	1330	1139	376	27.99	12111	21
开斯克尔	阿里木·木依提		3431	7447.9	1470	2542	463.8	35.1	11782	24
切克曼坎儿孜	艾斯拉·买买提	卡合热曼·买买提	1757	19147	950	1038	149.5	19.30	12121	28
郭勒布依	阿里木江·外力	吐尔地·卡德尔	2541	5012.8	1351	1222	487.2	17.24	10831	27
尤库日克喀拉阿什	冯浩慈		1678	4163.2	885	1549	329.2	20.10	10650	112
萨依吐格曼	外力·热外都力	吐尔地·卡德尔	2030	5477.4	1013	1388	363.8	14.87	11937	33
硝儿	刘新山		911	3034.4	617	240	142.3	16.38	12335	9
喀拉阿什	阿迪力·艾买提	单贵军	1365	2904.6	866	915	496.6	7.09	11814	17
阔什供拜孜	艾尼·热合曼		1228	2053.6	634	1025	260	7.1	11741	21
合计			21162	63870.6	11305	15018	3668.8	201.21	11757.1	347

夏镇

【概况】2018年6月，自治区人民政府批复撤销托克逊县夏镇建制，设立夏镇。撤乡设镇后，行政区域界限、政府驻地及隶属关系不变。

夏镇位于托克逊县城东南2千米，三面环绕县城，是典型的城郊乡。北邻郭勒布依乡，南接高昌区，西与城镇、博斯坦镇相连，东达高昌区艾丁湖。辖11个行政村，1个社区，68个自然村，总面积2100平方千米，耕地面积11.43万亩，有9680户30777人，其中女15158人；维吾尔族25106人，汉族3582人，回族2035人，其他民族27人。主要种植农作物有棉花、西甜瓜、孜然、蔬菜、红枣、杏子和葡萄等。全镇有25个党支部，1237名党员。镇党政班子成员11人，村两委班子成员91人。

【农业农村经济】2018年，夏镇实现农业总收入62335.9万元，同比增加5015.5万元，增长8.7%；农民人均纯收入12836.5元，同比增加1100.5元，增长9.4%。

种植业 2018年，正播棉花11354亩、套种孜然面积400亩、机种率90%。新栽葡萄地3126亩、杏地3600亩、草地300亩、甜瓜西瓜地8095亩、菜地7273亩。

林果业 2018年，葡萄面积4536亩，结果面积2300亩；红枣4600亩，结果面积3705亩；杏子3.2万亩（新栽杏树3600亩），结果面积2.47万亩。

病虫害防治 老林带打药（主要榆树）面积为600亩，石硫合剂防治杏子面积2.47万亩、葡萄面积2300亩、红枣面积4600亩。

畜禽养殖 2018年，品种改良牛为1950头，完成牛羊育肥34.85万只（头）。吐鲁番黑羊存栏任务5万只，完成3.8万只。年末存栏牛9470头，羊6.6万只，驴745头，鸡1160羽。

饲草种植 共种植饲草3.2万亩。

畜禽防疫 2018年，完成口蹄疫疫苗牛6216头、羊7.3万只，小反刍疫苗兽2.87万只，“三联四防”（用于羔羊痢疾、羊猝狙、羊肠毒血症及羊快疫的疫苗）1650只，家禽疫苗2万羽，防疫率达100%，没有发生重大疫情。

屠宰检验 2018年，屠宰检疫4.8万头只，处理内脏750千克，动物产地检疫2.48万头只，家犬犬粪采样检测300只，瘦肉精检测600头只。

【农机水平与管理】主要农作物农业机械化水平达60%。2018年，农业机械购置补贴25.07万元，购置农业机械25台。宣传农业机械购置补贴优惠政策，为农牧民宣传并详细讲解国家农机购置补贴政策和办理程序，发放宣传材料1800多份。

年内，夏镇审验拖拉机为510台、免费贴反光标识2500条，18名驾驶员完成农机化免费培训考取驾驶证。

【综治维稳】

综合治理 2018年，建设镇维稳指挥部、镇村综治中心14个，建立综治专业队伍13支，常态化战备带班值班，严格落实辖区行政村、学校、清真寺等重点单位、重要区域常态化带班值班备勤、巡逻、演练等维稳安保措施。按照“高峰守点、平峰巡线、低峰巡面”要求，坚持人防物防技防相结合，步巡与车巡相结合、巡逻与查疑相结合，组建69支群防群治巡逻队，开展村庄武装巡逻。

流动人口、出租屋管理 2018年，累计登记、落地核查辖区内流动人口11454人，出租屋23家。

风险隐患查治 2018年，夏镇投入人员排查整治辖区内重点单位、重点部位、重点区域的安全生产、风险隐患，排查整治各类风险隐患8次1052处，下发安全生产专项检查整改通知书60多份。发放防风防火宣传单4000多份，增强各族群众的安全防范意识。

扫黑除恶整治 2018年

全年,镇各族群众发现扫黑除恶线索4条。

维稳双联 年内,推选“维稳双联户”长758名,投入“维稳双联户”工作经费6.34万元,制作“维稳双联户”工作台账、联户“小挂毯”、联户长联系卡片等,开展培训,定期召开矛盾纠纷排查分析会,努力构建维持社会稳定的坚固防线。召开“平安建设,维稳双联户”创建专题会议2次,制作标语、公示栏、墙报和入户宣讲等形式,制作宣传栏25个、发放各类宣传单6000份。各族干部群众维稳双联户、平安创建等活动的知晓率达99%以上。年内,累计夏镇表彰优秀“维稳双联户”142户,平安家庭创建率97.6%,平安店铺创建率98%,平安村创建率、平安学校创建率、平安单位创建率、平安清真寺创建率均为100%。

【统战民宗】

宗教场所管理 2018年,夏镇正常开展宗教活动的清真寺有12座,硬件设施均按要求配备。一日五次礼拜时间有安保人员在岗在位排查,确保清真寺绝对安全。

宗教人士和信教群众管理 夏镇每月组织2次宗教人士和信教群众进行党的十九大精神学习宣传培训,各村每周对宗教人士和信教群众培训1次,累计教育培训宗教人士60场次,参加人数1140人次。驻村管寺干部、镇统战干部也纳入日常学习教育中。年内,共组织学习10场次。驻村管寺管委会坚持党的宗教工作基本方针,引导宗教与社会主义社会相适应,利用清真寺一日五次礼拜前后时间,广泛开展宗教领域国语学习和《新疆维吾尔自治区宗教事务管理条例》宣传教育活动。2018年,组织宗教人士和信教群众开展国语和《新疆维吾尔自治区宗教事务管理条例》学习宣讲等内容1500场次,参与学习的宗教人士505人次、信教群众2500人次。

宗教活动服务 规范宗教活动时间和程序,五次礼拜均有驻村管寺干部在场监督服务。落实乡科级干部联系清真寺和宗教人士“两项制度”,坚持每日赴联系清真寺做好安保和指挥调度,清真寺有值班人员实施24小时值班,泰拉维哈拜活动均配备维稳安保力量,每日开斋由镇党委统一配发水果,让宗教人士感受党组织的关心关爱。

【民族团结】夏镇219名干部民族团结一家亲结对认亲户479户,其中包括宗教人士、“四老人员”、困难群众和贫困户、低保户、残疾人和“五保”户等各类人群,困难群体和特殊群体帮扶全覆盖。结亲干部坚持每月入户走访、宣传、联谊、帮扶结亲对象不少于1次,走访慰问贫困群众、“五保”户、“四老人员”、爱国宗教人士等困难家庭1111户次,慰问物资总值16.48万元,帮助困难群众就医350人、就学10人。各行政村开展“民族团结一家亲”联谊活动75场次。

【基层组织建设】

思想政治学习 镇、村领导班子和各级党员干部坚持学习党的十九大精神、习近平新时代中国特色社会主义思想和《中国共产党章程》《中国共产党纪律处分条例》等政治理论,党政班子成员每周中心组学习不少于1次,各级党员干部每月参加县委中心组视频扩大会学习1次、每月28号党课学习以及每月1日规范后盾单位与村党组织的基层组织生活会等,提高各级党员干部思想政治意识和素质。

规范基层组织设置 年内,撤销村民小组党支部恢复村民党小组68个,撤销村党总支恢复行政村党支部12个,成立“访惠聚”驻村工作党支部12个,优化设置以行政村片区党总支12个,调整党组织书记3人、村委会主任5人,村“两委”班子9人;调整撤换村第一书记、工作队长4人,优化调整驻村管寺干部37人,合理地将80%干部常态化配置下沉各村开展工作134人,确保各村(社区)各支力量数量充足、配置合理、结构平衡,工作有力，逐步规范建强基层党组织。

党员发展　年内，递交入党申请书487人（其中2018年新增167人），确定入党积极分子246人（其中2018年新增81人），确定发展对象50人，接收预备党员40人，确保发展党员工作程序到位、质量保证、建档规范。

整顿软弱涣散基层党组织　2018年，调整撤换1名党支部书记，1名副书记，1名支部委员。年内，预备人选确定，正启动选举程序。通过落实各级包户住户"两个全覆盖"群众工作，逐步解决热难点问题和矛盾纠纷，各族群众满意度和幸福指数均达到90%以上。

阵地建设　年内，夏镇12个村（社区）新建村阵地7个，投入使用7个，地块、规划基本完成的5个（其中巴扎社区2017年底地基已建成，因资金原因2018年未开工建设）；建成村民小组阵地8个，升级改造村"访惠聚"及村务工作委员会后勤保障中心12个，村民活动室整合为"访惠聚"群众工作服务中心和"四项活动"服务中心4个，规范建设标准化档案室12个，实行村级各类档案统一集中管理，合理设置信访矛盾调解室12个，规范运行"三合一"便民警务室6个，配齐配强各类安防设施和警务力量，提升村组阵地便民服务和维稳防控功能。

教育管理　落实每月28号"三会一课"制度、主题党日活动。规范完善党员民主评议、党组织生活、党员组织关系转接、党费测算收缴以及流动党员服务管理等党内基本服务管理制度。2018年，各村（社区）党组织开展党员民主评议1次，开展党员批评与自我批评组织生活1次，评议表彰优秀党员124人；规范党费测算收缴49113元，规范党员组织关系转接78人，登记流动党员81人，未发现失联党员。

党风廉政　2018年，累计开展党的方针政策、纪检会议精神等党风廉政教育集中学习5期，观看各种专题教育片5次，教育人数达7200人次；镇党委书记、乡长以及分管领导带头深入各基层党组织讲廉政党课，联系村科级干部及"访惠聚"工作组组织为村党支部和学校讲廉政党课，增强了各级党员干部的廉洁从政意识和为民服务意识。

作风建设　修订、完善乡、村有关制度37项。规范和落实村级事务四议两公开"民主决策议事、"三公开"，累计"三务"（政务、党务、财务）公开普及率100%，规范化率达90%以上。2018年，夏镇对维稳落实不力、工作棚架、履行职责不到位、作风不实的党员干部，党内严重警告13人、党内警告62人、记过7人、记大过1人、诫勉谈话19人、提醒谈话253人、免职3人、全县通报批评136人、夏镇通报批评28人、经济处罚31人。

案件查办　年内，累计查办各类案件147件，扶贫领域案件查办作为重点，查办处理扶贫领域案件30件，问责处理党员干部36人，其中党内严重警告4人，党内警告10人，诫勉谈话7人，行政记大过1人，行政记过2人，全县通报批评3人，夏镇通报批评9人，广泛收集和深挖低保、扶贫以及惠民政策享受等领域的问题和线索，设置群众征求意见箱13个，鼓励各级党员干部群众反映问题线索。

信访工作　年内，及时受理解决群众来信来访28件次，及时消除有上访苗头。

【群众工作】

走访宣传　严格按照小村每月，中村每2个月，大村每季度走访辖区群众1遍的要求，有效将"访惠聚"暨村务工作委员会各支力量进行分片包组包户，平均每名干部包户10～20户，科学合理地将3～5名干部进行捆绑式编组，精细化常态化开展入户走访、宣传和排查等工作，全年累计入户走访98712户次，入户全覆盖达6次，进一步理清村情民意。开展党的十九大精神、党的惠民政策"五个讲清楚""三个讲明白"

和表决心、感党恩,维护社会稳定等宣讲教育活动,累计宣讲2000余场次,知识竞赛25场次,教育各族群众8.5万人次,持续发动各族干部群众1132人宣讲。

累计分批组织1.2万余名各族群众参与“看历史、游家乡、爱祖国”吐鲁番人游吐鲁番活动。开展宣讲活动1440场次,发放爱家乡、爱祖国义务宣传员证2500本,让各族群众在参观中受教育,激发各族群众爱家乡、爱祖国的热情。

解决问题 2018年,夏镇各级干部常态化住户1.84万户次,为群众解决困难问题1.18万件。

【安居富民工程】2018年,夏镇安居富民房任务426户,其中319户为危旧房原址改造新房、107户为异地集中连片新建,其中喀拉苏村5户、奥依曼买里村25户、色日克吉勒尕村25户、铁提尔村52户、工尚村88户、南湖村65户、喀克恰克村46户、色日克墩村107户,年内全部竣工;安居富民工程中有建档立卡贫困户11户、五保户10户,低保户165户,残疾人117户,一般贫困户123户,入住率90%。

“安居富民”施工队吸纳农村富余劳动力就业,施工队小工100%本地化,富余劳动力实现在家门口就业。290名劳动力转移就业,其中本地劳动力转移就业151人,降低了建房户成本,增加了农民收入。

【社会保障】

就业培训 2018年,共召开招聘8场次会,参加应聘人员730余人,参加招聘企业25家,提供岗位52个,就业人员313人。

2018年,办理与企业解除劳动合同的和土地流转的人员的就业失业登记证179个,城镇失业率控制2%以内。

城镇新增就业人数235人,完成目标任务100%。

农村富余劳动力转移输出目标任务3000人,完成3091人,完成年目标任务的103%。

2018年,组织村民开设农牧民闲季职业技能培训8班次420人次,结业率100%。年内,就业1023人(含高校毕业生218人),其中托克逊城镇就业人员235人,在外或在农村就业788人。岗前培训辖区内173名待业青年,就业38人。年内,协调核对校正辖区内3000多名村民有误的医疗卡基本信息。

养老保险 2018年,完成收缴9859人的城乡居民养老保险费、11612人的城乡居民医疗保险费。辖区内有3077人享受养老金,5人享受“4050”人员养老统筹。

民政救助 年内,农村低保户547户575人,发放金额656.8万元;城市低保户67户73人,发放金额286.91万元;五保户32人,发放金额6.21万元;“三无”人员2人,发放金额3290元;特困群众大病医疗救助47.23万元;残疾人员两项补贴63.37万元;80岁老年人补贴19.32万元;慰问困难退伍军人4.96万元;符合低保的特殊家庭人员共583户833人,发放267.48万元。

2018年,夏镇清理农村低保1351户1516人,城市低保216户239人,建档立卡低保户315户420人,特殊关爱家庭240户281人,清理2122户2456人。

救灾赈灾 年内,因大风群众受到自然灾害,影响经济收入的增长,为180户受灾群众发放救灾款8.1万元。

【社会事业发展】

教育 夏镇有小学6所、独立幼儿园7所和附属幼儿园3所,6所小学有86个班2309名学生,10所幼儿园有43个班1197名幼儿。2018年,召开联席会议10场次。中考期间安排专车免费接送交通不方便的学生。

卫生医疗 夏镇卫生院有医务人员和职工148人,其中在职医务人员和职工133人,退休医务人员和职工15人,共有3个科室(内科、外科、门诊),2018年共就诊患者3.75万人,住院患者2035人。12

个村(社区)共有12所村级卫生室,其中9所卫生室达标,巴扎社区、喀拉苏村和大地村的3所卫生室未达标。2018年,夏镇卫生院新建办公楼,由县财政拨款,占地面积3600平方米,共三层。年内,建设完工待验收。

全民免费体检。2018年,全民免费体检任务23547人。年内,共完成22797人。

免费就诊活动。镇政府协调吐鲁番艾迪亚眼科医院,在11个村(社区)内开展免费就诊活动,参加村民共900多人,发现急性眼科疾病的村民50多人。协调县人民医院五官科和妇科医生在奥依曼买里村开展免费就诊活动,参加村民有100多人。

计划生育 2018年,夏镇总人口30777人,已婚育龄妇女5826人,新出生289人,死亡人口178人。办理第一孩服务证124个,第二孩181个,第三孩19个,特批10个,生育服务证发放率100%,计划生育政策符合率100%,上报准确率100%,采取各种避孕方法人数4466人,其中长效节育率70%。2018年,夏镇领取独生子女父母光荣证49户、计划生育父母光荣证176户。

农村计划生育奖励优惠政策。2018年,少生快富工程项目户一次性奖励5000元,享受对象有125户;自治区少生快富享受对象46户、确认农村部分计划生育家庭奖励扶助对象5人(历年来享受146人);自治区特别扶助2户、城镇奖励4户;计划生育伤残家庭结对户1户2人(历年来享受18人)、南疆三地州农村计划生育家庭特殊奖励制度对象149户(历年来享受2261户)。

药具工作规范化管理。配有药具室、药具橱,规范装订药具使用人员花名册,完善实物账卡,微机录入调整变动情况,药具管理全部实现批号管理。药具账目清楚,进、出、发、存药具数量准确、账物相符。

免费技术服务。年内,就诊人数5438人次、上环任务361例,完成上环263例、取环62例、B超查环5037人次、查孕2606人次。国家免费孕前优生健康检查任务195对,完成190对。早孕随访212人次,妇科病诊治214例,全年总收入6.1万元,其中现金收入1.4万元、免费4.7万元,宣传教育人数2050人。

宣传教育 宣传干部配备。镇本级设立专职宣传干事1人,各行政村设置专职宣传干部1人,将宣传思想文化工作层层分解,落实到人。

民间艺人队伍建设。2018年,有文艺队11个,民间艺人110人,定期组织民间艺人培训,参与镇本级及各行政村组织开展的各类文化活动。

草根宣讲员队伍。2018年,挖掘群众中的先进典型,组建草根宣传员队伍,有草根宣传员12人,下沉到各行政村宣讲。

网评员队伍。2018年,夏镇有网评员50人,各行政村配备网评员1人。每天定期浏览排查乡域内干部群众发布的各类信息、图片、资料等,指定专人每天发布内容,并及时上报截图内容。

大宣讲活动。2018年,总目标大宣讲25场次,党员干部集体宣讲12场次。

党员干部群众手机、电脑清查。2018年先后2次清查全镇范围内有不良信息的电脑、手机并整改教育。

残联工作 全年为116名残疾人配发康复器材,其中35个轮椅、坐便器50个、浴椅7个、助行器1个、坐便椅4个、手杖18个、拐杖1个。“爱耳日”期间,为7名低听力残疾人配备助听器,为2名残疾人维修助听器。为8名白内障患者做白内障手术。免费为10名残疾人进行康复训练。11名残疾大学生和残疾人家庭子女大学生每人补助3000元。525名残疾人享受两项补贴76.47万元。

【脱贫攻坚】

“五个一批”脱贫 发展生产756户853人,就业转移408户573人,生态补偿44户44人,综合社会保障措施兜底一批707户1978人,其中教育扶贫526户788人、低保兜底489户969人、医疗救助197户221人。

精品哈密瓜种植补助项目　工尚村、南湖村共涉及贫困户45户,种植精品哈密瓜301亩,分三批次发放贫困户种植精品哈密瓜补助资金30.1万元。

葡萄架建设、改造项目　在喀拉苏村实施,架式建设或改造45户贫困户种植的191.3亩葡萄,按照每亩购买葡萄架立柱补助1000元标准,共投入扶贫资金19.13万元,资金主要来源为自治区扶贫专项资金。2018年,该项目总投资的60%资金拨付完毕,剩余资金待项目验收完毕拨付。

扶贫奶牛养殖项目　筛选100户有养殖能力的建档立卡贫困户,发放西门塔尔等品种母牛100只,每头补助1.25万元,总投资125万元。

扶贫种公羊养殖项目　筛选确定140户建档立卡贫困户,发放12个月左右的本地黑色种公羊140只,每头补助2800元,其中财政专项扶贫补助资金2000元,县财政配套800元,共投入扶贫资金39.2万元。年内全部发放到位。

防渗渠建设项目　贫困村布拉克贝希新建防渗渠2.5千米,共投入扶贫项目资金50万元,拨付资金60%,年内完工,剩余资金待项目验收完毕拨付。贫困村奥依曼布拉克村实施4.4千米、3千米防渗渠,项目总投资分别为88万元、52万元,年内两个项目已完工,累计拨付项目总投资的90%,剩余资金待项目验收完毕拨付。

村庄亮化工程项目　在贫困村喀拉苏村实施,投入扶贫项目资金10万元,拨付资金80%,年内完工,剩余资金待项目验收完毕后拨付。

扶贫资金投资资产收益项目　夏镇人民政府是项目主管部门,夏镇3个贫困村是项目实施的主体。2017年吐鲁番市500万元财政扶贫资金购买九龙城市建设投资有限责任公司的商用门面房,购买的资产作为3个贫困村集体经济,夏镇人民政府按照布拉克贝希352.27平方米165.57万元、喀拉苏村354.6平方米166.41万元、奥依曼买里村357.92平方米168.22万元将资产分配给3个贫困村。在脱贫攻坚期内,从2018年1月1日至2020年12月31日,国有公司每年按照5%~7%的比例上缴收益资金,即每年25万~35万元。3个贫困村每年按照每户不低于1500元的标准用于选取的脱贫边缘户分红,剩余资金用于贫困村基础设施建设,壮大村集体经济。2018年,暂定为86户脱贫边缘户分红,2019年和2020年每年再召开村民代表大会选取脱贫边缘户作为受益户分红。从2021年1月1日起,收益资金的60%用于夏镇3个贫困村壮大村集体经济,收益资金的40%用于3个贫困村的扶贫帮困。

卫星工厂建设项目　2018年,夏镇统计解决就业人数5人以上的卫星工厂20家,其中营业6家,准备挂牌5家,正在建设9家(2019年投产),解决就业147人,人均年收入在2万元以上。

【生态环境保护】年内,夏镇配备垃圾清运车4辆,垃圾箱100个,垃圾筒400个,水车2辆,全年运行平稳。

【“访惠聚”惠民生工程建设】　2018年,夏镇村级“访惠聚”惠民生建设项目11个,下达各类资金550万元,主要以基本农田改造、防渗渠、小型排灌站、环卫设施、亮化、畜牧养殖棚圈、家门口就业等类别项目,全部建设完成。

【信访矛盾化解】2018年,组织共受理群众来访51件,其中集体访1件,个人访50件,来访人员196人次,劳动工资问题26件,土地纠纷及民生方面25件。共排查15件,化解15件。落实了镇、村两级包案责任制度,压实工作责任,强化组织保证。

(武永强)

2018年夏镇各行政村基本情况表

表15

行政村名	村党支部书记	村委会主任	人口（人）	年末耕地（亩）	劳动力（人）	年末牧畜存栏（头、只）	粮食总产量（吨）	集体总收入（万元）	人均纯收入（元）	贫困人口（户）
巴扎	帕丽旦·买苏提	吐尔迪·都尕木	2736	7820.77	1573	1762	134.4	17.91	15314.69	15
布拉克贝希	再比布·艾乃吐力		2652	6490.78	1297	3265	132.8	19.36	12071.39	159
喀拉苏	阿不力米提·艾尼	阿布来克木·尼亚孜	2129	8454.27	1240	7927	83.3	14.01	12278.79	187
奥依曼买里	艾西丁·买买提	买买提·胡加布都	3277	13218.9	1763	9027	161.7	17.03	11705.85	144
色日克吉勒尕	依力哈木·买米提明	阿力木·玉苏因	2967	10730.55	1363	8597	192.5	6.73	15325.75	6
托台	依斯坎代尔·沙娜	塔西铁木尔·阿布来孜	3440	12549.3	1681	7182	212.8	24.95	15026.42	10
铁提尔	哈利瓦尔·马热木	阿不都热依木·热克甫	3668	16612.77	1945	9130	377.6	10.5	14530.52	49
工尚	金海林	木那瓦尔·阿布拉	2732	13265.19	1933	9330	294.9	10.62	15033.3	80
大地	周维金	周维金	360	4572.81	267	1135	12.7	11.19	13596.79	0
南湖	阿不都乃依木·艾米都力		2937	11135.1	1681	8483	120	10.39	15268.92	31
喀格恰克	木尼热·沙塔尔	肉苏力·斯马义	2906	9879.62	1651	8943	80	12.73	14969.43	63
色日克墩	孙兆彬		973	5379.82	545	2550	49.4	15.71	14716.1	0
合计			30777	120109.88	16939	77331	1852.1	171.12	14153.16	744

博斯坦镇

【概况】2018年6月，自治区人民政府批复撤销托克逊县博斯坦镇建制，设立博斯坦镇。撤乡设镇后，行政区域界限、政府驻地及隶属关系不变。博斯坦，维吾尔语意为“绿洲”。

博斯坦镇位于托克逊县西南部，与县城直线距离17千米。背倚天山，西部和南部为戈壁沙漠，光照充足，昼夜温差大，年平均气温13.8℃，无霜期长达290天，阿拉沟和乌斯通沟水系为主要灌溉用水和地下补给水，土壤以沙壤土和黏泥土为主，独特的地理位置和气候条件造就了发展特色农业的基础条件，这里盛产红枣、孜然、哈密瓜、白高粱。特别是红枣品质优良、果形匀称、色泽鲜亮、香甜润口,很受消费者喜爱,使博斯坦镇有了“红枣之乡”的美誉。

博斯坦镇面积1424.69平方千米,耕地8.3万亩,下辖9个村、60个村民小组。总人口8373户23829人,其中维吾尔族21126人、汉族1637人、回族1058人、其他少数民族8人,16～35岁6227人。农民专业合作社80个,有“四老”人员102人,残疾人905人。2018年,博斯坦镇党政班子成员11人,共有干部214人。村“两委”干部74人,村级年轻储备干部222人。

2018年底,人均纯收入14761元,主导产业是甜瓜、红枣等特色林果业,主要农作物是玉米、孜然等。

【社会经济发展】

2018年,博斯坦镇工农业总产值完成46803万元,较往年同期增长8.2%,其中第一产业总收入37608万元同比增长9.1%,第二产业总收入5074万元同比增长3.2%,第三产业总收入4121万元同比增长5.7%,农民人均收入达14751.8万元,同比增长20.3%。

种植业 2018年,博斯坦镇农作物总播种面积5.91万亩,总产量6.68万吨,其中高粱7249亩6525吨、棉花2356亩1884吨、蔬菜4362亩9702吨、西瓜755亩1510吨、甜瓜7200亩1.44万吨、草莓25亩2吨、孜然169吨、饲草32.27万吨。

林果业 2018年,博斯坦镇园林实有面积5.82万亩,挂果面积2.21万亩,其中红枣种植面积4.95万亩挂果面积1.89万亩,葡萄2995.6亩挂果906.6亩,杏5539.3亩挂果2187.4亩,桃50亩挂果30亩,梨18亩挂果18亩,核桃171.5亩挂果106亩。全镇开展森林抚育项目面积5000亩,其中红枣4980亩,农防林20亩;春季造林完成面积52亩,补植补造45亩。

病虫害防治 年内,为702亩葡萄、2850亩杏树喷洒石硫合剂,预防面积42113亩。

设施农业 全年种植设施农业大棚1202座,其中早春茬种植200座,秋延茬种植1000座。

畜牧业 全年共完成牛羊育肥22万头/只,斗(土)鸡4.09万羽,黑羊49550只,吐鲁番驴126头,牛羊自繁自育5.13万头/只,多胎能繁母羊饲养5710只;新增出栏肉羊1.51万只,黄牛冷配1735只。

畜禽防疫 2018年,免疫注射牛羊口蹄疫苗2头次,牛三价口蹄疫苗2204头,羊双价口蹄疫苗4.66万只,禽流感疫苗5500羽份,“三联四防”苗3500只,小凡刍兽疫苗3.58万只,焦虫苗1440头,驱虫7.33万只,药浴4.97万只,重大动物疫病集中免疫率100%;检疫牛205头,羊1.38万只,报检站1个,药浴池1个;配改母牛1050头,小畜品种改良4.91万只;检测鸡血清鸡血清150份,羊血清180份,牛血清110份。

劳务经济 2018年,博斯坦镇按照“农业损失劳务补”的工作思路,全镇新增劳务收入4415万元,同比增长11.5%,其中长期收入2076万元,短期收入2339万元。

农机补贴 年内,年检200台农业机械,开展大型拖拉机驾驶员培训、农村劳动力转移培训10人、“科技之冬”培训3000人。购买更换22台拖拉机及配套机具。

秋翻冬灌 2018年,完成林果秋翻冬灌面积5.39万亩,清理农田防护林2700亩。

农业补贴 2018年,发放2017年棉花补贴4355.2亩22.94万元。

【安居富民工程】2018年内,全镇9个村民小组安居富民开工建设675户(小二楼建设13户),开工率100%,竣工675户,竣工率100%,电子档案网上录入675户,录入率100%,国家补助资金到位1713.39万元;帮助解决建房户贷款50万元;培训安居富民施工人员29人,其中培训本地农民工3人次,外地98人次,本地农民工小工化参与率100%。

【美丽镇村建设】2018年，博斯坦镇党委、政府按照“美丽镇村目标”建设“八个好”的要求，加快建设美丽镇村工作。上报美丽镇村可研、规划，审批美丽镇村贷款金额450万元。年内，全镇组建美丽镇村建设农民施工队9支，修建水泥巷道32.5千米、铺设人行道3.5千米、沥青路23.5千米，林带养护修剪刷白2.7千米、新修建红枣采摘园2个，新建琼帕依扎农产品仓储厂房1座。铺设供水管道3.2千米、铺设排水管道3.5千米；安装路灯100盏，购置洒水车1辆，垃圾车2辆；特色村琼帕依扎村、示范点上湖坎儿孜村、李毛坎儿孜村共硬化道路44.3平方千米，外墙粉刷1500平方米，完成村庄绿化5千米。全镇清理各类垃圾21吨，清理、修剪林中枯枝、灌水3.2千米。

【综治维稳】

信息研判 2018年，博斯坦镇严格落实信息研判机制，坚持当日情况当日分析当日掌握。年内，编写专项工作信息350期，收集各类情报信息3000余条。

社会面防控 年内，博斯坦镇建立健全镇社会治安防控体系，完善网格化管理工作机制，将辖区划分为60个片区开展网格化巡逻防控工作，组建护镇队、护村队，各学校、清真寺有护校队、护寺队，以警力防控为主，“十户联防”群众共防为辅，提升群防群治能力。

流动人员管理 2018年，博斯坦镇登记外来流动人口4922人，南疆籍人员398人。以房管人，建立辖区11处出租房屋户档，完善人员信息。

宣讲 镇党委组织镇村及各级党员干部群众开展宣讲活动1024场次。

维稳双联 2018年，博斯坦镇严格按照“维稳双联户”创建程序和标准进行动态监督管理。年内累计下发督查通报55起、上报整改方案55份、限期整改落实55件次。每日入户走访，开展包户住户，突出“联户平安稳定、联户团结和谐”宣传效果；为全镇629名维稳双联户长统一配发“维稳双联户”创建宣传材料、工作手册、“维稳双联户小书包”等工作资料。选定博孜尤勒滚村、硝尔坎儿孜村2个示范村重点培育指导，召开推进会推广交流工作经验。629名维稳双联户长定期组织联户成员召开月例会。成立网格化巡逻队伍594个，参与治安巡逻、隐患排查、搜集社情民意等工作。2018年，博斯坦镇代表托克逊县通过自治区群众“三率一感(知晓率、参与率、满意率、安全感)”社调队伍检查验收。

【统战民宗】博斯坦镇有清真寺9座，宗教人士19人。2018年，博斯坦镇宗教人士参加宗教领域《新疆维吾尔自治区宗教事务管理条例》，“去极端化”镇级培训24人次，村级430人次。全域性大排查9座清真寺安全隐患126次，无安全隐患。下派专门力量进村到户开展大清查、大排查，落实值班备勤任务。发放《民族团结及宗教政策》读本200余份。

【群众工作】

“访惠聚”驻村工作 年内，工作队入户走访19.37万余户次，发现梳理热难点问题928条，解决824条，待解决104条；开展政策文化宣讲3万余场次，实用技能培训600余场次，协助引进项目10个，项目投入资金500万元，协助群众就业400余人；联合“5+1”后盾单位及联镇驻村单位，为群众办实事好事4042件，慰问群众558户次，折合物资达11.3余万元。将取名、割礼、婚礼、葬礼及为“四老”过生日、大病补助等列入每月重点工作，累计开展“四项活动”活动1348场次，密切党群干群关系。

干部下沉 年内，镇机关、站所102名干部合理分配至各村，开展帮扶、党的十九大期间维稳安保及享受惠民生政策情况摸排等工作。为困难群众打扫庭院、清理垃圾等活动35余场次，为贫困群众捐赠“爱心煤”4700余吨，帮助贫困群众及困难学员家属销售甜瓜500余吨，红枣350余吨，温暖了民心。

【村级集体经济】2018年，博斯坦镇村集体经济总收入112.6万元，通过煤矿分红、培训场地租赁、劳务中介、开办小型加工厂等，改变集体经济收入状况。鼓励农户发展特色产业，种植经济价值高的西甜瓜、露地蔬菜等，开展“蔬菜采摘节”“红枣采摘节”等活动，引导吉格代村、李毛坎儿孜村的农户种植饲草，打造成饲草种植园。挖掘民间馕、铁艺加工、刺绣等方面专业人才，送技术、送原材料、成品收购、再加工等服务。

【基层组织建设】2018年，辖区设立区域党总支和“访惠聚”党支部，村党支部、“访惠聚”党支部和辖区学校党支部隶属于党总支，9个行政村参与“星级化”创建工作，其中“十星级”党组织3个(即博孜尤勒滚村党支部、硝尔坎儿孜村党支部、伯日布拉克村党支部)、“九星级”党组织4个(海提甫坎儿孜村党支部、博斯坦村党支部、上湖坎儿孜村党支部、李毛坎儿孜村党支部)、“八星级”党组织2个(吉格代村党支部、琼帕依扎村党支部)。

【民族团结一家亲】2018年，镇党委、政府组织开展大宣讲、文艺演出、“民族团结一家亲”活动、国旗下签名等200场次。博斯坦镇414名干部全部结对认亲。

【重大项目建设】2018年，重大项目开工建设共16个(含前期推进项目)，其中“访惠聚”项目10个、扶贫项目3个、少数民族发展资金项目1个、水利防渗渠项目1个、援疆资金项目1个。月计划投资100万元，总投资930.5万元。

柏油道路铺设　博孜尤勒滚村完成1.1千米柏油路，琼帕依扎村铺设1千米柏油道路。

琼帕依扎特色小镇建设项目　新修混泥土路4.2千米，种植绿化带2千米。

“美丽乡村”建设项目　上湖坎儿孜村、李毛坎儿孜村开挖完成自来水主管线(道)，支管线(道)处于施工阶段。

防渗渠建设项目　伯日布拉克村完成长3千米，深0.5米防渗渠建设。

彩砖厂建设　博斯坦村建设现代化彩砖厂1座。

冲水式厕所　海提甫坎儿孜村新建18～26平方米砖混结构冲水式厕所6座。

乡村美化项目　吉格代村种植小白杏、桑树、玫瑰花等分别300株用于美化村委会和村民小组阵地附属设施。

采购垃圾清运　李毛坎儿孜村采购自卸式垃圾清运车2辆，垃圾箱10个。

太阳能路灯安装项目　硝尔坎儿孜村安装100盏LED太阳能路灯(2组50盏、4组50盏)。

琼帕依扎村冷库项目　建成并投入使用。

扶贫项目　2018年，扶贫羊、精品瓜补助项目、特色林果业补助项目资金按期发放。

少数民族发展资金项目　购置小型编制分流设备5台，缝纫机15台，花帽小型支架50件及平整机等设备。

水利防渗渠项目　完工26千米，在建15.2千米。

美化亮化工程项目　自治区调整克州阿克陶县的“访惠聚”项目，为硝尔坎儿孜村安装70盏太阳能路灯并采购1辆东风15方环卫洒水车。

援疆资金项目　华帝服装加工厂正在采购建设中。

“美丽乡村”附属工程项目　供排水、道路绿化、供热管网、灌溉低压管道、垃圾处理场等部分工程完成验收审计。

【精准扶贫】2018年，博斯坦镇建档立卡贫困户共189户605人，其中2018年新识别国家标准贫困户3户9人，全年补助发放生产母羊165户330只。

按照“五个一批”的精准扶贫方略，组织调查建档立卡贫困户转移就业157人、发展生产155户155人、生态补偿49户、兜底保障98户150人、教育扶贫117户175人、卫生扶贫189户605人。通过开展企业就业、安保技能培训解决就业22人。开展春季林果栽培、病虫害防治培训4场次，技术指导200人次。与农村信用设协调解决54.7万元贷款吸收26名贫困人员发展二、三产业。

【劳动保障】2018年，就业206人(任务数200人)；为246人办理失业证；核对"一卡通"12530张；参加城镇居民养老保险的7525人，其中2018年新增341人，帮助年满50周岁中老人办理银行卡。

贫困人员家庭劳动力转移就业166人；富余劳动力转移就业2651人；组织1200人开展专业职业技能培训；大中专毕业生52人均未就业。结合"三冬"活动，镇政府组织全镇各部门开展中短期素质技能培训班12场次，培训群众762人次。

【民政救济】2018年，博斯坦镇共有945户986人纳入农村低保，其中城市低保36户37人，建档立卡低保101户130人。年累计发放的各类低保金额747.89万元。为重点救助户85人发放医疗救助资金23.6万元；发放农业生产救灾补助资金4.69万元；各类捐款补助发放192人20.51万元。发放老人补贴11.86万元、孤儿生活补助2人1.44万元。

【社会事业】

教育卫生　2018年，博斯坦镇有中学1所，小学7所，教师348人。全镇辖区有9个行镇村，镇、村、组三级有计生干部80人(其中镇级计生办9人，服务站2人，村级宣传员10人，协管员59人)。

计划生育　2018年，博斯坦镇有已婚育龄妇女4402人，长效节育率70%，育龄妇女综合避孕节育率78.8%。年接诊7475人次，查环2164人次，查孕2083人次，上环189名，取环54名，无结扎。全年出生206人，死亡127人，办理生育服务证239户，其中一孩92户，二孩119户，三孩25户，特批生育服务证3户。领取两证145户，其中独生子女证26户，计划生育父母光荣证119户，领证率32%，出生人口政策符合率100%。

2018年，全镇新增各项奖励275户，其中国家奖励扶助9户、国家特别扶助2个、国家少生快富110户、自治区少生快富27户、南疆三地州农村计划生育家庭特殊奖励制度对象127户。

残联工作　2018年，全镇共有残疾人905人，二代残疾证办证率99.99%。有康复需求的89人，占残疾人总数的9.83%。镇政府集中培训残疾人97人，安排就业28人。免费为1名白内障患者手术，11名重度肢体残疾人免费发放轮椅，10名听力残疾人安装助听器。年内，补贴35人每人260元的残疾人机动轮椅车燃油费9100元。

【特色馕产业】2018年，博斯坦镇馕基地院内有馕坑85座，门面房10间，内设有展览室、和面室、加工室、产品库房、员工更衣室。吸纳25人就业，销售收入20万元。逐步打造成由家庭小作坊式生产转变为产、供、销为一体的打馕企业。

【安全生产】2018年，博斯坦镇检查重点路段车辆500辆，纠正、处理违章操作车辆20辆，督促学校加强学生的道路安全教育，排查人员密集场所、重点部位、"偏远散"等场所火灾隐患310家，发现隐患21个，现场整改10个，下发整改通知书11份；排查生产企业、单位9家，发现安全类隐患2处并现场整改；排查人员密集场所254次，学校121次，清真寺41次，村委会31次，加油站7次，卫生院6次，信用社7次，扫帚厂8次，发现安全隐患24处，当场整改15处，下发整改通知书9份；排查辖区农户房屋电路，排查731户，发现电路老化23户，整改22户。

(庞瑞博)

2018年博斯坦镇各行政村基本情况表

表16

行政村名	村党支部书记	村委会主任	人口(人)	年末耕地(亩)	劳动力(人)	年末牲畜存栏(头、只)	粮食总产量(吨)	集体总收入(万元)	人均纯收入(元)	贫困人口(人)
博孜尤勒滚	再比布力·艾孜孜		2789	4929.2	1024	15626	206.4	0.64	14670.6	83
硝尔坎儿孜	斯迪克·塔西吐木尔	阿不来克木·力提甫	2275	4008.8	555	13383	139.8	4.2	13179.6	41
伯日布拉克	伊力哈木·克热木	马合木提·艾合买提	3526	5641.49	1170	21335	327.9	44.52	14988.4	75
海提甫坎儿孜	依明·斯皮尔		2050	3170.7	757	13279	106.5	6.27	14923.8	79
博斯坦	阿不都瓦尔·哈力克		3131	4961.2	824	18955	283	18.04	14192.3	84
上湖坎儿孜	艾克拜尔·艾合买提	艾外都力·艾米都拉	1868	2947.8	584	9798	143.9	2.68	13944.7	99
吉格代	夏克尔江·米吉提		3011	10031.29	208	16912	688.8	20.57	15606.9	68
琼帕依扎	阿不来肯木·艾尔肯	阿不来提·托合提	1134	1914.9	243	17469	126.5	8.7	17347.8	23
李毛坎儿孜	西热甫·赛提艾合买提	叶勇	2101	5300.4	315	12168	112.5	6.99	13501.2	53
合计			21885	42905.78	5680	138925	2135.3	112.6	14706.1	605

伊拉湖镇

【概况】伊拉湖镇位于托克逊县西北18千米处，312省道穿境而过，面积1250平方千米，全镇共有耕地3.42万亩，人均占有耕地2.01亩，是一个以农业为先导，农牧结合互补、共同发展的农牧业镇。全镇下辖8个行政村，37个自然村，2018年，户籍统计全镇有5128户17154人，其中维吾尔族14029人，占全镇总人口的81.78%。党政班子领导干部21人，其中大学学历9人，占82%。大专学历4人，占18%；平均年龄39岁。有8个党总支、26个党支部、37个村民党小组，党员979人。无职上岗党员345人，占农民无职党员631人的55%，“三老”人员101人。机关站所干部216人，村“两委”干部59人。

【农业农村经济发展】2018年，伊拉湖镇国民生产总值达95739.83万元，同比增长6.21%；农牧民人均纯收入12097.38元。

种植业 2018年，签订土地流转合同面积2290亩。退出棉花种植0.3万亩，种植蔬菜2445亩、西甜瓜6666亩、青贮饲草1.16万亩、其他农作物1.5万亩，种植业总收入3190万元。

林果业 2018年，全镇有红枣1.4万亩，结果面积1.3万亩。杏4378亩，结果面积1200亩。葡萄1926亩，设施油桃27座。完成造林4740亩，其中经济林4650亩、农田防护林90亩。完成育苗55亩，建立187个科技示范园，红枣示范园区5个，面积1150亩。林果品种改造546亩，免费为果农发放杏树苗8.64万株，葡萄苗37.12万株。建成555亩葡萄标准化架改，销售哈密瓜、红枣、鲜食葡萄8534吨，实现销售收入2076.72万元。

畜牧业 2018年，伊拉湖镇完成牛羊育肥18.5万(头)只，黄牛冷配400头，种植牧草1.8万亩，重大动物疫病免疫率达100%。

秋翻冬灌 2018年，完成6万亩秋翻和2000亩深松任务。

病虫害防治 年内，开展3轮大型防治工作，使用机械121台，防治面积2.4万亩，虫害得到全程全域防控。

农机化发展 发放各类农机购置补贴2.8万元。

【综治维稳】

“网格化”治理 科学合理划分网格，组建一级网格1个、二级网格2个、三级网格9个，网格点432个，“双联户”372个，实行基层勤务模式，推行党组织全覆盖，统筹好村级各支维稳力量，2018年累计投入维稳力量2.5万人次，开展车巡4386次、步巡6132次、组织开展各类应急演练3535场次。

便民警务站管理和使用 年内，在镇区设置9个联动圈，构建“1分钟、3分钟”快速处置反应圈，提升联勤联动和应急处突能力。

人防物防技防 关停安防设施不达标的人员密集场所，对全镇密集场所、治安保卫重点单位实行硬隔离封闭式管理，人防、物防、技防措施全覆盖。

安全防范教育 检查落实329家店铺安防措施，偏、远、全镇成立护场护寺护校护院护路队伍360支，设立“十户联防”小组372个，组织店铺开展各类应急演练。

重点要素管控 危爆物品和管制器具实名登记、定点销售、流向管控，加强加油站的监管和场所安全防范，严禁销售零散汽柴油。

道路交通违法行为整治 建设10座公交车停靠站，安装镇区大十字中央护栏2千米，交通标志标牌8块，安装减速带110米。暑假期间组织40名返乡学生参与交通整治，交通秩序明显改善。

平安创建 2018年，创建“平安村”8个，创建平安家庭3099户、优秀平安家庭622户，创建率98.7%；创建“平安店铺”329户、“优秀平安店铺”41户，创建率100%；创建“平安医院”1个、“平安宗教场所”8个、平安单位13个、“平安学校”10个，创建率100%，通过市优秀平安乡(镇)创建检查验收。

流动人口服务管理 推广手机APP社会化自助采集方式，加强流入人口前置审查，集中清查排查流出人员。年内，全镇登记流动人口14326人，登记出租房屋33间216人，摸排有前科重点流入人员14人。

信访工作 年内，摸排信访矛盾纠纷57个，化解57个。

督查问责 2018年，全镇通过督查发现整改问题隐患280个，问责处理干部123人次。

【统战民宗】

宗教人士教育服务管理 关心关爱和培养清真寺教职人员，免费为宗教人士体检、购买人身意外险，定期轮训在职宗教人士，召开反面教材警示教育座谈会12场。

宗教场所 2018年，伊拉湖镇共有宗教活动场所8个，宗教人士11人，8座清真寺实现水、电、路、图书角、暖、通信全覆盖，全部安装防冲撞硬隔离设施，建立访客系统，配备视频监控网络设备，所有清真寺监控全部接入公安指挥中心。

宗教活动 宗教人士不得跨寺、跨区域主持宗教活动，规范讲经内容。2018—2019年，宗教活动参加人员数量明显减少，宗教氛围淡化。

驻村管寺工作 下派31名干部组成8个驻村管寺委员会，开展党的民族宗教政策、惠民政策、民族团结、学国语等各类宣讲300余场次，关心帮助解决困难问题42件。

【基层组织建设】镇党政班子成员率先开展上党课专题辅导24场次，受教育党员干部895人次。新设立党总支8个，恢复党小组37个。

党员发展 年内，取消5名发展对象入党资格，新发展农牧民党员22人。

村务工作 在8个村推行村务工作委员会运行机制，整合各支工作力量，完善以13名科级干部、“访惠聚”工作队成员60人、31名驻村管寺干部、56名村干部为主体,106名镇下沉干部为补充的8个村务工作委员会,细化干部包户住户、工作队员包片工作机制,壮大了基层工作力量。

年内,全镇共建立党员生产互助组67个,开展劳动帮扶1600余人次,累计完成红枣修剪3000余亩,帮助农户抢种、抢收哈密瓜700余亩,修建村级道路1条,修补防渗渠2000多米。落实帮扶资金11.5万元,慰问困难群众411户,解决各类矛盾纠纷236件。投入各类资金800余万元完成"惠民生"项目和扶贫项目12个。调整不胜任工作的第一书记和村支部书记,为8个村配备青年专干8人,重点管控16~35周岁青年群体。新建布尔加依村阵地1个。

【监督监察】

监督检查 对自治区"访惠聚"督导组、自治区纪委督导组和市、县群众工作督导组、市、县"访惠聚"督导组等反馈的问题立查立改。2018年,收到自治区级反馈35条、市级反馈170条、县级反馈20条,跟踪抓整改,消除薄弱环节。

监查暗访 严肃问责落实反恐维稳措施不力、作风漂浮等失职失责问题。年内,查处"四风"问题207件,问责161人。查处党员干部96人,其中纪律处分16人、组织处理80人。

督查问责 2018年,查办信访案件4件,办结4件,其中给予党内警告处分1人,党内严重警告处分1人,政务处分1人,诫勉谈话1人。重点查扶贫领域出现的问题,共问责43人,其中党内严重警告处分2人,诫勉谈话3人,通报批评38人,在镇村干部大会上点名通报典型案件,震慑、警示干部。

【村集体经济】2018年,以提高煤矿分红比例和华帝服装厂的入股分红数额,8个行政村均完成集体经济收入20万元。以实现农民增收致富为目标,重新改造4000余平米的旧农贸市场及门面房,集中打造食品一条街,新建门面房56间,解决富裕劳动力就业。

【惠民工程】

转移就业 年内,开展各类职业技能培训575人,农村富余劳动力转移就业1743人,完成城镇新增就业147人,均完成目标任务70%以上。"零就业"家庭实现24小时动态清零。高校返乡毕业生就业98人,就业率95.3%。

教育惠民 全镇有学校5所、幼儿园5所。全面抓好控辍保学,初中升高中学生219人,升学率100%。落实高中教育补贴资金66.6万元,惠及学生555人。落实城乡义务教育保障资金216.12万元、贫困生子女补助金3.06万元、免课本费资金108万元、农村幼儿园保障资金192.6万元、内地高校新疆籍贫困家庭子女助学金26.2万元。

社会保障 全镇共有低保户1024户1291人。2018年,城乡居民养老保险参保率100%;新农合双轨运行,人均筹资标准提高到620元,参合率99.88%;社会救助体系不断完善,发放城乡低保金503万元、农村"五保"供养人员生活补助5万元、困难群众医疗救助金32.26万元、农村低保户冬季救济煤2000吨。

精准扶贫 按照识别标准共纳入贫困户411户1257人。不断巩固和发展脱贫攻坚成果,发放扶贫鸡19.3万羽、扶贫羊3815只。实施"免抵押、免担保,政府贴息"贷款政策,发放扶贫小额信用贷款745.2万元。全镇脱贫建档立卡贫困户167户,人均纯收入均超过3750元,建档立卡贫困人口城乡居民合作医疗参合率、重大疾病专项医疗救助覆盖率、电子健康档案建档率均100%。

安居富民 推进安居富民工程总投资1698.8万元。年内,开工540户,竣工405户,完成年任务75%,其中四类群体(低保户、"五保"户、贫困户、残疾人)建房率达100%。

文化惠民 举办红歌大

赛、篮球赛、民族团结知识竞赛、秧歌舞、千人麦西来甫、民族团结一家亲联谊活动等以民族团结为主题的系列活动。年内,通过自治区级环境卫生整治复验。

【群众工作】

“访惠聚” 镇党委每周五定期组织联系村科级干部、村党支部书记和工作组组长召开工作例会。工作组每日点评,综合评定重点工作任务落实情况、准军事化管理制度和指导协助村党支部工作开展情况。2018年,做好事实事共251件,帮扶带动脱贫423户582人,与群众结对子184户506人,帮扶投入(含无偿、有偿和物资折款)20.66万元,发放困难群众米、面、油、煤炭等慰问品共8.61万元。

入户走访 年内,共入户走访128户次,收集各类问题线索319条,解决热难点问题265个。

群众宣教 2018年,群众持续参与周一升国旗宣讲活动率达95%以上,镇村两级举办宣讲大会432场次,以村民小组为单位,1.5万名农牧民全员大轮训,全面提高群众受教育率。

服务群众 建立群众反映20个方面普遍性问题协调联动工作机制,坚持党员领导干部包村住村、包户入户,17名宗教人士,254名市、县、乡干部下沉至村,帮助村民销售滞销红枣56吨,收益71.5万元。成立幸福社区,专人负责日常管理。落实“周末书记”制度,帮助劳动力短缺家庭解决葡萄采摘、照顾生病老人、子女入托入学、贷款经商等生活困难,争取民心、凝聚人心。制订奖惩激励办法,郭若、依提帕克、安西、阿克塔格4个行政村配建四项服务活动中心,村组织主持“四项活动”15场次,为群众节省开支3.2万元,慰问大病群众34人次,落实慰问金13.6万元。

(赵万宏)

2018年伊拉湖镇各行政村基本情况表

表17

行政村名	村党支部书记	村委会主任	人口	年末耕地(亩)	劳动力	年末牧畜存栏(头、只)	集体总收入(万元)	人均纯收入(元)	贫困人口(户)
康喀	刘宏发		1090	3744	512	42	18.9	13560	12
伊拉湖	再比布·吐尔逊		3963	6462	1025	584	16.56	13600	59
古勒巴格	哈丽曼·夏木西	阿克甫·克依木	2462	4617	989	923	4.5	10080	38
郭若	艾合买提·热吉甫	依力哈木·依明	2830	5904	1103	1418	13	11000	163
依提帕克	艾尔肯·阿西木	胡德来提·乃依木	1729	2775	1028	1212	20	10500	141
安西	买买提·尼亚孜	哈力瓦尔·赛丁	1685	3119	653	1335	20	10800	66
阿克塔格	胡吉艾合买提·买买提		1963	3350	1265	2086	10	11050	32
布尔加依	帕热丁·热合木吐拉		1107	3440	6052	1135	16.4	16189	28
合计			16829	33411	12627	8735	119.36	12097.38	539

托克逊镇

【概况】托克逊镇是全县政治、经济、文化中心。位于县境东北部,北距乌鲁木齐市区162千米,东距吐鲁番市区78千米。镇北、东北至郭勒布依乡的开斯克村,东、南、西分别被夏镇巴扎村、布拉克贝希村、托台村、色日克墩村环绕,境内地势平坦,海拔高程零米。托克逊河自西向东穿城而过,将县城分为南、北两个片区。托克逊镇辖区14平方千米,全镇下设8个社区,91个居民小组,维稳联户长1261人。2018年,有居民16673户38365人。镇党委下设9个党总支,31个党支部。团支部8个,团员1231人。镇党政班子成员14人,社区两委班子成员68人,社区工作人员235人。

【综治维稳】

社会面防控 组建网格化巡逻队19支118人,协调解决矛盾纠纷1222件,发现隐患问题150余个。推进平安建设和"双联户"创建工作,逐步提高群众对平安创建和"双联户"工作的知晓率、参与率和创建率,创建平安家庭10752户,创建率99.09%,推选"双联户长"1261人,评选先进"维稳双联户"136个。严格落实"一场所一方案"要求,完善人员密集场所、重点部位人防物防技防措施,并建立"十铺一联"工作机制,组织店主演练。

流动人口和出租房屋服务管理 强化街面盘查和旅馆登记力度,严防途经辖区的重点地州人员漏管、失察,确保一个不漏查、一个不少管。出租房屋登记报备,配置安防、消防设施和器材。2018年,累计登记流入人口44411人,其中疆外25495人、疆内18903人,疆内其他流入6473人;登记出租房屋1110余间2800余人。至年底,出租屋和流动人口信息登记率和准确率,同比上升32%和17%,偷盗案件同比降低262%,有效管控上访户、育龄妇女415人。

安全生产排查整治 年内,全面排查辖区人员密集场所、重点部位,责令整改消防不达标、设施不完备、电路老化、火灾隐患等问题,防范和遏制重特大事故。发生火灾4次,均无人员伤亡。专项排查废品收购站、天然气、煤气、汽车修理铺、小区地下室、楼顶、老旧线路、私拉电线等15场次,发现隐患点约600余处,下发整改通知书121份。人员密集场所和重点部位"重点查、查重点",处罚落实不到位的单位25家,辞退门卫4人。专项整治南疆路沿街店铺、出租屋,累计排查店铺356家,发现问题285家,发放整改通知单215份,劝离沿路两边违章停靠的大车136辆,登记流动人口49人。

信息收集研判 动态研判每日信息,遇有重大突出线索随时研判,年内,上报信息24期25条,采用4条。累计推送线索15369条,核查反馈率100%。强化综治应用系统录入工作,确保数据录入动态、真实准确,共录入信息193424条。走访摸排9245人,并根据走访情况划分重点关注与一般关注人员。

矛盾纠纷排查 梳理辖区群众反映的热难点及历史遗留问题,摸排信访案件及苗头人员35人,并逐一建立一人一档和包联包案台账。专项排查信访矛盾,动态排查涉军、涉访、涉利益群体,消除影响稳定的漏洞、隐患和薄弱环节。年内,梳理各类问题898件,调解提供法律援助187件,成功率100%。摸排退伍军人778人,均建立"一人一档"。

【统战民宗】托克逊镇辖区有清真寺4座,宗教人士7人。全年开展"四项活动"267次,参与干部515人,群众4624人。去极端化宣讲48场次。严格落实两项制度,关爱宗教人士,送去价值3万元的水果、物品慰问宗教人士和信教群众。

【群众工作】

走访入户 研究制订包户住户首问责任制,由包户干部全程代办群众反映的各类诉求;制订干部包联负责制,全面负责包户家庭的思想动态和现实表现,对包户家庭出现问题的追究包户干部责任;建立完善群众反映问题分级解决机制,以入户走访工作台账及民情日记作为干部走访成效的重要依据。年内,托克逊镇组建以社区干部、下沉单位干部、访惠聚工作队员、居民群众为主的生产互助组12个112人。全年,镇各级包户干部累计开展住户14791户,办实事好事423件,走访群众79457户。

宣传教育 年内,开展集中宣讲48场次,走访宣讲1.4万人次,观看市厅级领导视频宣讲134场次、参与群众2.4万余人次。帮助12名困难群众享受"爱心妈妈"帮扶基金16600元。185名镇机关、社区干部与381户辖区居民结对认亲,开展"民族团结一家亲"联谊活动100余场次,解决困难问题800余件。

群众工作 2018年,镇群众工作管理办公室梳理群众反映的热难点及历史遗留等问题,摸排群众低保、就学、就医、就业等困难和诉求,建立群众反映问题台账,限时解决并反馈。年内,群众反映问题1450件,解决1345件,132件正在解决。解决最低生活保障84户140人发放低保金16.14万元,为18个家庭发放临时救助金1.47万元,走访慰问物资2.3万元。发放助残保障金8万元,落实就业4人。

【基层组织建设】

党内组织生活 以党支部为基本单位,把党的思想政治建设抓在日常、严在经常。各社区利用远程教育设备,开展党员电教片,集中学习,撰写学习笔记和学习心得。对体弱多病,身体不便的党员,社区干部采取送学的方式,把《中国共产党章程》自治区党委、市委领导开展"两学一做"活动讲话精神、吐鲁番"防风防火二十一条禁令"等送到党员家中,让党员开展自学。

党员发展 年内,托克逊镇党委有党员783人,写入党申请书的84人,入党积极分子60人,预备党员4人。

后进基层党组织整顿 2018年,托克逊镇对照软弱涣散基层党组织6种表现形式和持续整顿10条要求,整顿后进社区阳光社区。年内,阳光社区累计摸排群众困难问题346件,解决344件,正在解决2件。突出党员干部队伍建设,累计确定入党积极分子7人,发展对象3人,提交入党申请书4人。2018年4月镇党委优化社区干部队伍,提任2名干部分别担任阳光社区副书记、副主任。

社区"大党委"组建 托克逊镇调查辖区党建情况、社区内各类党组织和党员、辖区党委和各类资源情况,准备组建社区"大党委"。年内,前期社区宣传工作完成。

督查问责 2018年,收到自治区反馈群众工作问题线索20条,吐鲁番市反馈群众工作问题线索278条。年内,托克逊镇共问责干部126人(其中党内严重警告1人、党内警告6人、行政记过3人、政务警告1人、辞退1人),组织处理97人(其中诫勉谈话5人、市纪委约谈1人、县纪委约谈1人、镇党委约谈39人,全县通报批评50人,提醒谈话1人),经济处罚17人。

"以案促改"专项工作 托克逊镇党委按照《托克逊县"以案促改"工作学习教育阶段工作方案》,开展"四说"活动,累计撰写坦白书、忏悔书、自警书723份,谈心谈话650次,干部主动检举揭发问题线索2条,正在核查中。召开托克逊镇政治生态研讨会,交流对班子及其他班子成员的意见建议,共同讨论转变工作作风、夯实群众工作的具体办法措施。

【社会保障】2018年,收缴养老保险2158人、医疗保险

15363人。

最低生活保障 全年为782户1187人发放287.6万元(其中特殊关爱家庭99户165人,发放金额28.3万元)。为辖区低保户免费发放9吨碘盐。为4名“三无”(无生活来源、无劳动能力、无法定扶养义务人或法定扶养义务人丧失劳动能力而无力扶养的公民)人员发放生活补助2.68万元,为311名80岁以上老人发放生活补助21万元;为71名低保对象和低收入家庭发放临时救助金6.95万元,为19名大病人员申请医疗救助19.6万元;按照自愿原则组织全镇干部职工缴纳红十字会会费2530元。

就业和劳动保障 和企业牵线搭桥,先后共召开企业招聘会9场次,现场提供就业岗位255个,为尚未就业的人员提供到企业就业机会,拓宽了再就业的渠道。办理就业失业登记证120本,按照一户一工人要求实现49人就业;通过大力宣传就业扶持政策等形式实现1903人就业,其中稳定就业852人,灵活就业1051人。收到133名灵活就业人员申请养老保险材料,审核符合条件106人。通过职业技能培训提升劳动者素质,共开展技能培训12期503人创业培训3期90人;认定和审核245人的就业困难人员材料。全年报道大学毕业生112人,就业102人。赴湖南劳动力转移就业12人,“湘吐情一户一工人”培训20人全部转移就业。全年富余劳动力转移就业1900人次任务。

走访慰问 2018年,慰问15名困难户和计划生育困难户,送去价值7200元的慰问品。慰问765名退伍军人和32名优抚对象,慰问金额16.8万元。发动单位干部职工和群众为4名辖区重病病人捐款,累计捐款2.9万余元。节日期间累计对589名困难群众和困难党员发放价值了价值16.88万元的慰问品。

【社会事业发展】

教育 托克逊镇有小学、幼儿园5所,教职工316人,学生4637人。其中第一小学教职工154人学生2365人,第二小学教职工49人学生1023人,中心幼儿园教职工71人学生739人,明珠幼儿园教职工7人学生104人,湘缘幼儿园教职工35人学生406人。把教育工作纳入重要议日程,到学校检查督促和辖区8所学校做好对接。至年底,未出现新辍学生,城镇辍学率为零。

暑假期间,成立8个临时团支部,双向管理1038名返乡学生;组织返乡学生参加周一升国旗、座谈会、党的十九大宣讲等,组建各类实践活动小组和红领巾小课堂54个,96名学生在镇域参加社会实践。先后集中召开返乡学生教育培训、民族团结座谈会、观看爱国主义电影、参观爱国主义教育基地、才艺大比拼等活动28场次,参加社会实践活动2900余人次。解决的26名困难学生和低保学生6.5万元学费。全镇教师与学生结对认亲,假期下沉开展包户住户工作,累计住户2980户。

医疗 2018年,完成全民体检23393人。开展脊灰疫苗补充免疫活动,为3245人次儿童口服糖丸,邀请专家共举办5次艾滋病防治知识专题讲座,2次心血管和妇科疾病培训班,参加人数达2500人次。

计划生育 全镇有已婚育龄妇女4459人,新出生275人,计划生育政策符合率99.64%,长效节育2829人。办理计划生育服务证166本,独生子女光荣证6本,计划生育父母光荣证6本,发放计划生育奖励金56人16.8万元,自治区少生快富奖励5人1.5万元,独生子女死亡伤残扶助金18人6.94万元。对1992—2017年违法生育摸排出来的36户进行立案,办结29件,征收社会抚养费26.45万元。年内,配备74名计生协管员开展专门工作,录入流动人口96人，发放避孕药具2000余盒。定期督查重点随访育龄妇女，邀请县计生服务指导站医生对辖区的常住、流动育龄妇女进行免费查环查孕。

残疾人工作　年内，为295名残疾人解决低保，368名残疾人享受生活补贴和护理补贴。为60岁以上老人、一级、二级残疾人、"三无"人员和孤儿一次性补贴91.7万元；解决7名残疾人帮扶资金2.1万元。落实残疾人各方面优惠政策，为15名有机动车残疾人发放燃油补贴3900元，为6名重度精神残疾人监护人发放护理费6000元，协调解决轮椅11辆。

环境卫生　年内，整治卫生脏乱差的无物业小区26个，卫生死角150处，清运垃圾2500余吨。对辖区8个社区、餐饮业、医药店人员、五小行业、各清真寺等部门的人员和广大居民进行了环境卫生和环保培训。国有物业小区进驻全镇61个物业小区规范管理，增配120名保安。安排50名绿化工人和65名保洁员绿化辖区小区。规范清查全县1471套保障性住房，共清理119户。

【社区基本情况】

天泉社区　东至新农村，南至白杨河北岸，西至光明路，北至郭勒布依乡开斯克尔村。本社区面积2.5平方千米，其中社区阵地2.5平方米。总人口902人，共367户，其中汉族478人、维吾尔族346人、回族78人。16～35岁237人。辖区内无宗教活动场所。有低保户20户、29人，残疾人26人。社区工作人员有16人，其中工作队6人、镇下派干部2人、社区干部8人。小组长11人、双联户长38人。警务室（站）民警、协警2人。后盾单位是吐鲁番市科协和托克逊县科技局（科协、知识产权局）。

山泉社区　隶属于托克逊镇，东至木提桥，南至夏镇托台村，西至始昌南路，北至白杨河南岸。本社区面积2平方千米，其中社区阵地865平方米。总人口6237人，共1919户，其中汉族1338人、维吾尔族4612人、回族266人、其他少数民族21人。16~35岁985人。辖区内共有宗教活动场所2个，宗教人士3名。低保户43户、64人，残疾人76人。社区工作人员有36人，其中工作队7人、寺管会5人、镇下派干部3人、社区干部21人。小组长10人、双联户长96人。警务室（站）民警、协警5人。后盾单位是县委宣传部、吐鲁番水文勘测局、吐鲁番世行办。

龙泉社区　位于托克逊县城中心，东起解放南路，西至314国道，南至友好路，北以白杨河为界。本社区面积2.4平方千米，其中社区阵地2600平方米。党总支下辖2个党支部，总人口5485人，共2913户，其中汉族1668人、维吾尔族3165人、回族628人、其他少数民族24人。16~35岁1857人。辖区内共有宗教活动场所2个，宗教人士4名。低保户28户、32人，残疾人88人。社区工作人员有28人，其中工作队6人、寺管会5人、镇下派干部1人、社区干部16人。小组长5人、双联户长95人。警务室（站）民警、协警4人。后盾单位是县城市管理行政执法局、市无线电管理局、县邮政公司、县烟草专卖局、托克逊县供电公司。

玉泉社区　隶属于托克逊镇，东至解放路，南至南大街人民西路，西至九龙路，北至友好路。本社区面积0.4平方千米，其中社区阵地1000平方米。党总支下辖4个党支部，总人口6218人，共2630户，其中汉族2080人、维吾尔族3502人、回族621人、其他少数民族15人。16～35岁1085人。辖区内无宗教活动场所、宗教人士。低保户69户、103人，残疾人103人。社区工作人员有30人，其中工作队6人、寺管会5人、镇下派干部1人、社区干部18人。小组长18人、双联户长78人。警务室（站）民、警4人。后盾单位是县供排水公司。

银泉社区 隶属于托克逊镇,东至九龙路,南至人民路法院以北,西至电视台住宅区,北至白杨河。本社区面积5.2平方千米,其中社区阵地826平方米。总人口6178人,共3074户,其中汉族2059人、维吾尔族3376人、回族716人、其他少数民族27人。16~35岁1133人。辖区内无宗教活动场所、宗教人士。低保户65户、95人,残疾人89人。社区工作人员有30人,其中工作队7人、寺管会0人、镇下派干部2人、社区干部21人。小组长11人、双联户长64人。警务室(站)民警、协警5人。后盾单位是农业发展银行吐鲁番市分行。

金泉社区 地处县城中心位置,东至光明路,南至白杨河岸,西至滨河小区后面,北至郭勒布依乡开斯克尔村。本社区面积2平方千米,其中社区阵地1500平方米。党总支下辖3个党支部,总人口2520人,共1398户,其中汉族838人、维吾尔族1574人、回族102人、其他少数民族6人。16~35岁310人。辖区无宗教活动场所、宗教人士。低保户23户、38人,残疾人23人。社区工作人员有23人,其中工作队8人、镇下派干部2人、社区干部13人。小组长7人、双联户长48人。警务室(站)民警、协警3人。后盾单位是县红十字会、团委、总工会、妇联、残联。

阳光社区 2015年7月成立,面积2000平方米,东至南湖路,南至工业园区,西至九龙路新农村,北至英买里五巷。社区面积14.8平方千米,其中社区阵地2000平方米。总人口2965人,共1228户,其中汉族890人、维吾尔族1807人、回族266人、其他少数民族2人。16~35岁404人。辖区内无宗教活动场所、宗教人士。低保户204户、268人,残疾人147人。社区工作人员有38人,其中工作队8人、镇下派干部17人、社区干部13人。小组长10人、双联户长43人。警务室(站)民警、协警3人。后盾单位是中国人寿保险吐鲁番分公司。

滨河社区 于2015年7月成立。东至金泉路、南至白杨河、西至高速公路、北至郭乡开斯克尔村,本社区面积1.2平方千米,其中社区阵地1200平方米。党总支下辖2个党支部,总人口7860人,共3144户,其中汉族2562人、维吾尔族4558人、回族707人、其他少数民族33人。16~35岁1848人。辖区内无宗教活动、宗教人士。低保户98户、128人,残疾人149人。社区工作人员有34人,其中工作队10人、寺管会5人、镇下派干部3人、社区干部16人。小组长19人、双联户长162人。警务室(站)民警、协警4人。后盾单位是县第一中学、县职业高中。

年内,8个社区全部实行"一站式"办公,错时服务,向下岗失业职工、低保户、贫困户等社会弱势群体提供培训和就业,为居民解决生活、生产中存在的实际困难。

(程瑞娟)

2018年托克逊镇各社区基本情况表

表18

社区名称	党总支书记	居委会主任	社区工作人员(人)	常住居民(户,人)	居民小组(个)	少数民族(人)	残疾人(人)	低保户(户,人)	宗教场所(所)	流动人口(人)
天泉	木叶赛尔·艾比布	马磊	16	367户902人	4	424	26	20户29人	0	24

续表

社区名称	党总支书记	居委会主任	社区工作人员（人）	常住居民（户，人）	居民小组（个）	少数民族（人）	残疾人（人）	低保户（户，人）	宗教场所（所）	流动人口（人）
山泉	滕玉美	吾尔也提·图尔逊	36	1919户6237人	7	4899	76	43户64人	2	45
龙泉	辛晓英	再托尼汗·阿不都斯木	28	2913户5485人	12	3817	88	28户32人	2	44
玉泉	马琴	伊斯拉木·赛皮丁	30	2630户6218人	6	4138	103	69户103人	0	47
银泉	吴培军(2018年11月离任)	帕丽旦·艾合买提	30	3074户6178人	15	4119	89	65户95人	0	87
金泉	周亚琴	曹华	23	1398户2520人	5	3226	23	23户38人	0	43
阳光	孙颉（2018年3月任职）	阿不都热依木·赛塔尔	38	1228户2965人	6	2075	147	204户268人	0	21
滨河	张晓蓓	塔依尔·艾孜木	34	3144户7860人	5	5298	149	98户128人	0	65
合计			235	16673户38365人	60	27996	701	550户757人	4	376

阿乐惠镇

【概况】阿乐惠镇辖域876.2平方千米，植被面积约60余万亩，人工防护林面积660余亩。下辖鱼儿沟、南泉、阿拉沟3个社区，总人口为8759人，其中托克逊籍1689人，流动人口7070人。2018年，阿乐惠镇共有工作人员79人，其中中共党员有53人。镇党委下设1个机关支部，3个社区支部。

阿乐惠镇发挥水、区位、矿产等优势资源，走产城融合、政企共建、合作开发路子，落实县委政府乡村振兴战略部署，镇企共建打造中泰特色小镇，全权委托中泰集团公司完成阿乐惠镇总体规划修编和阿乐惠镇建设性详细规划，以避免出现政府服务水平与圣雄工业园区企业需求脱节现象。

【小城镇建设】

土地开发 合理划分铁路用地和地方用地区块，向县人民政府上报与铁路部门的土地置换协议，和铁路部门达成一致，解决好土地开发问题，并与驻镇单位兵团八建达成合作开发模式。

收回焦煤集团和兵团八建闲置土地400余亩，收回吐鲁番市和巴州纠纷土地4000亩。

旅游发展 阿乐惠镇年平均气温9.2℃，全年最热的7月份多年平均值为26.2℃条件，依托国家级唐代烽火台、阿拉沟水库和五大兵工厂（东风、胜利、星火、燎原、曙光）遗址，出土过黄金大墓等历史沉淀，打造吐鲁番市徒步、休闲的避暑纳凉圣地和红色教育基地；阿拉沟旅游大峡谷项目已被纳入托克逊县项目库。

电商服务平台 完成阿乐惠镇电子商务服务站建设，实

现了水费、电费、电话费、暖气费、物业费、垃圾清运费等一站式服务。引进快递物流、驾校、旅行社和保险公司等落户电商服务站。

【基层组织建设】

制度保障 2018年,阿乐惠镇坚持早派工、晚研判、周点评、月考评机制、党建工作月例会制度。制订阿乐惠镇规范值班备勤拉练拉动巡逻防控制度、社区工作考核结果运用办法、群众工作交叉督导机制等7项制度,实行全领域绩效考核、责任清单和“红黑榜”排名,奖优罚劣,用制度推动工作落实。

落实责任 坚持书记抓、抓书记,明确第一书记统筹全局,各支部书记为党建工作第一责任人,工作重心下移、主要力量下沉,选派3名科级干部担任社区包联领导,代表镇党委履行监督、抓工作落实责任。80%机关干部下沉到社区,由第一书记统筹管理,与社区各支力量混编AB岗开展工作,责任捆绑、风险共担、成果共享,落实队员党代表、单位做后盾、一把手负总责要求。

阵地建设 加强基层维稳力量。群众民主推荐产生“双联户长”73人、居民小组长17人,成立22个互助组、3个文艺小分队和12个宣讲小分队,开展宣传和帮扶活动,全民参与情报信息员队伍。选派3名科级干部担任社区团建指导员,规范推行“三会一课两制”(支部大会、支部委员会、团小组会、团课、团员教育评议制度、团员年度团籍注册制度),建立完善“一人一档一卡一证”,增强了团建工作水平。设立专门服务群众办公室,建立书记第一责任人机制,实行各部门联动会商、分管领导责任清单和责任人全程跟踪落实“闭环”问题解决机制。

考核评价 指派科级干部联系协调后盾单位,坚持后盾单位履职与社区工作挂钩的考核评价机制,执行“周末书记”和“两例会一考核”要求,后盾单位每周逐一评估考评派驻(下沉)干部履职情况,乡镇党委抽查和交叉检查,对后盾单位责任落实情况进行考评排名。

后备力量培养 动态调整干部岗位,将政治大局观念强、工作责任心强、能力强的干部选拔为社区“两委”班子和机关科室(站所)负责人,组织谈心谈话和摸底考察2次,调整中层干部9人、新吸纳4人。在工作实践中发掘人才、培养干部,确定社区“两委”班子后备干部13人,向县委组织部推荐副科级后备干部5人;履行党建带团建、妇建工作要求,借力工青妇改革机遇,对基层团组织、妇女组织进行换届,吸纳一批优秀团员青年和妇女进入进入群团组织,充实党的后备力量。通过每月5日、15日、28日团员教育日、妇女活动日、主题党日等载体,广泛吸纳各阶层群众向党组织靠拢,新吸收预备党员6人,入党积极分子8人。开展党务知识培训2期,组织讲党课27场次。选派2名社区干部赴县直单位跟班学习锻炼,选派3名干部参加组织、政法系统脱产业务培训。

【综治维稳】

社会面防控 年内,阿乐惠镇加强社会治安综合治理。不间断开展社会面巡控工作,步巡与车巡相结合、巡逻与查疑相结合,发挥巡逻防控大队、联防队员、维稳联户单元的作用。

矛盾化解调处 每月开展矛盾纠纷排查梳理工作,组织机关、社区、司法、派出所、铁路等科室部门召开2次矛盾纠纷联合分析研判会,协调解决540起矛盾纠纷,其中信访矛盾纠纷16起均协调解决。

社会管理体系 严格落实市委流动人口服务管理意见,通过强化“以房管人”,落实“369限时工作法”、流入提前报备等工作机制,大力推动流动人口服务管理动态化、规范化、社会化、公共服务均等化。针对流动人口较为集中的中泰集团圣雄公司成立专门流动人口服务管理站，中泰企业、政府、派出所等部门人员共同组成人口服务管理队伍，有效管理流动量大、流动性强的企业职工。

防范和处理邪教 对流动人口、辖区居民开展“反邪教”教育宣传，受教育人数达1700余人次；开展活动2场次，受教育群众有340人。广泛宣传奖励机制，激发群众主动参与积极性，及时发现并上报线索。

重点要素管控 年内，上交收缴的未打码废弃煤气罐160个，车载气瓶20个，上交氧气罐、乙炔瓶53个。餐馆、农贸市场鲜牛羊肉销售点等营业场所，社区、学校、企业和工地等内部食堂的刀具均打码登记、物理链接固定，打码717把。共摸排大型工程机械车辆191辆，全部实施管控。

平安创建 年内，201个家庭、129个店铺、4家单位平安创建并通过复验，创建平安社区3个、平安学校2个、平安医院1所、平安企业20家，群众对平安创建的知晓率、参与率达95%。

网络社情管控 年内，选拔网评员8名，上报各类信息98条。

【统战民宗】2018年，信教群众集体申请拆除清真寺1座，并报县委统战部备案。对辖区信教群众开展帮扶解困，开展“四项”服务活动10次，参加人数475人。

【社会保障】 代收代缴辖区居民医疗、养老保险，落实全民健康免费体检制度。镇内有工程项目进场必须交民工工资保证金和意外伤害保险，从项目源头保障农民工利益，确保阿乐惠零上访。阿乐惠镇人口12户27人均已就业，根据圣雄工业园区企业用工需求，帮助托克逊籍1989人就业，惠及家庭497户，其中贫困户166户实现精准脱贫。

【基础设施建设】年内，建设完成300套公租房、客运站、人民医院第二分院和阿拉沟社区阵地项目。办理2016年美丽乡村道路、人行道、广场项目、综治中心、便民警务站和治安卡点项目的手续。集中供暖、供水、排水、污水处理厂和垃圾填埋场项目纳入县项目库。年内完成政企共建道路亮化、垃圾箱和座椅的安装工程，安装座椅100个、垃圾广告灯箱30个。

【监督监察】2018年，召开6次会议安排部署党风廉政建设工作，组织36家单位集中学习67场次，党政主要领导带头讲专题党课6次。领导干部带头执行“一岗双责”制度，执行党的各项纪律、制度和规定，带头宣讲、参加党风廉政建设教育学习，查找自身问题，落实整改，推行党务、政务和财务公开，接受监督。

纪律监查 2018年，共明察暗访45次，组织处理85人次，立案查处8人次，其中给予诫勉谈话1人、党内警告5人、党内严重警告1人、政务记过1人。通报典型案件，及时回访案件被处理人员。

群众工作 开展“民族团结一家亲”和“结亲周”活动，定期走访结亲户，按照“两个全覆盖”要求，开展思想教育和帮扶；落实领导干部联系社区制度，下沉指导工作，与社区干部一起参加“早派工、晚研判”会议、开展走访、宣传排查等。

【安全检查】

安全生产 2018年，整改阿乐惠镇区内3座不符合环保要求的大型锅炉，提出拆除意见。动态消除辖区各行业、各区域潜在风险隐患，发现工地安全隐患6处，下发整改通知书6份。拆除非阻燃材料彩钢房147间，学校、卫生院、机关、社区铁路单位配备微型消防站17个，化解经济纠纷16起，劝导未佩戴头盔31人次，暂扣电动车2辆。组织本辖区干部职工群众参加地震演练，并将阿乐惠小学作为重点，制订专项防震应急疏散演练方案,举行1次防震演练。

安全防范 年内,督促检查辖区21个重点要害部位和人员密集场所防冲撞(硬隔离)设施、安检门、“一键报警”装置、视频监控等并确保可用,共检查正常生产的矿山企业14家,发现安全隐患26处,下发整改通知书26份。辖区内生产企业、单位、人员密集场所、重点部位364个(家),发现隐患238处,下发安防隐患整改通知书85份,消防隐患整改通知书41份,均整改到位。

【防范化解】年内,清理单位账户,只留基本户和零余额账户。对照市、县两级督查审计的问题全面落实整改。机关单位18人有贷款,均按时还款,政府无担保和抵押债务情况。

【污染防治】严格落实河长每月2次巡河记录,河段长、清洁员每周1次巡河。彻底清理镇区绿化灌溉水渠,解决镇区600亩林地用水问题,开展林木管护工作。从2017年开始集中整治镇域内非法开荒和私搭乱建行为,拆除闲置房屋2000余间,重点对阿拉沟和艾维尔沟河道两侧非法开荒和非法养殖进行整顿,拆除房屋40间,撤离养殖户13户。

【民族团结】开展民族团结联谊活动15场次,参加930人次。入户走访宣讲民族团结教育1250人次,升国旗仪式宣讲72场次1321人,制作4套《去极端化条例》《宗教事务条例》宣传板宣传党的民族政策、民族团结先进典型和先进事迹。450人次参与民族团结“一对一”结对认亲活动,为贫困家庭送去价值2.36万元的慰问品。

【社会事业发展】

教育 年内,阿乐惠镇新入学学生、适龄儿童入学率均达100%,普及率100%,无辍学学生。寒暑假期间组织返乡大学生开展法制培训和民族团结联谊活动8场次,组织参加团日活动3场次,组织参加“爱家乡”环境卫生整治4场次,受教育学生32人次。

卫生 2018年,阿乐惠镇引进县人民医院第二分院项目即将完工,镇卫生院对全镇居民及企业职工免费体检参与率100%,艾滋病防治及妇女疾病的宣传居民群众知晓率100%,对9家宾馆宣传《新疆维吾尔自治区艾滋病防治条例》,并发放免费避孕药具2000只。

计划生育 2018年,录入PIS系统录入5081人,签订计划生育责任书夫妻47对,办理计划生育准生证4张。组织开展计生夫妇集中培训4场次、发放各种宣传单1055份、计生抽纸150盒、纸杯500个和避孕套204盒,宣传教育普及率和避孕节育措施落实率均在95%以上,受益1000人。

妇女工作 2018年,多次举行男女平等促进经济社会和谐发展宣讲活动,受训妇女达500人,发放的宣传单1000余份、书籍100余本。“爱心一元捐”募捐1万元,帮助4户困难妇女就业。年内,评选出20户“最美家庭”。

经济普查 年内,录入单位和法人23个、个体户152个,审核完成率100%。

宣传教育 2018年,阿乐惠镇组建3支法制宣讲员队伍组织开展15场次覆盖4500人的法制宣讲,其中企业开展活动12场次受众人数3200余人、个体工商户开展活动3场次受众人数1300余人次,针对流动人口开展面对面宣传覆盖群众1.2万人次。

(李　娟)

阿乐惠镇2018年各社区基本情况表

表19

社区名称	党支部书记	居委主任	社区干部(人)	双联户长(十户长)(人)	总人口(人)	常住人口(人)	流动人口(人)	少数民族(人)	宗教场所(所)
南泉	木扎帕尔·尼亚孜	阿都瓦尔·胡加合买提	10	9	5429	1134	4295	1227	0
鱼儿沟	阿里木·乃斯儿	王磊	10	46	2004	293	1711	567	0
阿拉沟	库地热提·买买提	祖力皮亚·依明	8	18	1326	262	1064	543	0
合计			28	73	8759	1689	7070	2337	0

克尔碱镇

【概况】克尔碱镇位于托克逊县西北部50千米处，总面积为2333.97平方千米，气候干燥，常年刮风。辖克尔碱村、英阿瓦提村、通沟村3个村委会。2018年，全镇共有879户2260人，其中女1146人，占总人口的50%；维吾尔族1958人，汉族27人，哈萨克族289人；党员227人。全镇有在编在职干部职工84人，其中女18人，少数民族8人。

【经济社会发展】2018年，克尔碱镇实现生产总值2833.82万元，其中种植业总产量612.5万元，林果业总产值534.8万元，养殖业总产值863.6万元，二产总产值29万元，三产总产值220万元，劳务收入269万元，各项惠农补贴305万元。农牧民人均收入14290.6元，比上年增加1388.4元，同比增长10.76%。

种植业 2018年，克尔碱镇种植面积5590亩，总产量8108.4吨，净收入563.9万元。

林果业 2018年，克尔碱镇经济林总面积2688亩，其中核桃种植面积1287亩，葡萄种植面积257亩，杏树种植面积808亩，红枣种植面积168.2亩，苹果种植面积153亩。克尔碱镇春季造林共345亩，防护林20亩。

病虫害防治 开展春季防控，其中葡萄清园128亩，杏树果园清园681亩，红枣清园168.2亩，核桃清园920亩，清理林带156亩。熬制石硫合剂现场会1次，免费发放石硫合剂40瓶，葡萄喷洒石硫合剂面积70亩。

畜牧业 2018年，克尔碱镇全镇畜牧年末存栏7200头（只羽），其中羊存栏5800只（黑羊3650只），牛存栏654头，其他746头（只）。

【综治维稳】

保障机制 2018年，克尔碱镇实行倒查责任追究和奖励机制，快速处置风险隐患。定期开展巡逻防控和民兵训练，发挥村干部、十户长和驻村工作组成员及驻村管寺干部作用，加大走访入户和宣传国家政策性法规力度，排查村社会治安和安全隐患，重点部位、重点区域全覆盖。

困难家庭精准帮扶 年内，困难家庭反映问题70条，解决42条。精准帮扶困难家庭，安排9人就业。

流动人口服务管理 2018年，克尔碱镇辖区内登记流入人口24827人，其中疆外12175人，疆内12652人，流出人口3181人，均为政府统一安排在辖区内的煤矿务工人员。年内，辖区内社会秩序良好，无异常情况。

【统战民宗】2018年，克尔碱镇共879户2260人，维吾尔族人口居多，哈萨克族、汉族次之。有3座清真寺。

宗教事务 2018年，克尔碱镇宗教人士7名，其中在职4人，退职2人、经文班毕业生待岗1人，享受宗教人士生活补助的有6名宗教人士。年内，选派4名在职爱国宗教人士去吐鲁番市参加培训学习。

驻村管寺 克尔碱镇有2个驻村管寺管委会，年内，市、县、镇选派的驻村管寺干部共7名。克尔碱镇7名专职干部与4名宗教人士结对认亲，并开展经常性地走访，“两节”期间相互开展慰问活动。

【民生保障】

低保工作 2018年，全镇城乡低保对象(农村低保户，城市低保户，“五保”户建档立卡低保户)为106户149人，低保户发放总额56.52万元。残疾人两项补助46人，发放金额6.12万元，80岁以上老年人补贴30人，发放金额12930元。至年底，全镇发放农村低保对象医疗救助款10.9万元。2018年，调整退出不符合享受的低保对象100户119人，符合条件新增25户37人。

劳动保障 2018年，实名制劳动力1089人，富余劳动力286人，其中转移就业108人。大中专毕业生5人，其中就业2人、升学2人、自谋就业1人。全镇通过各种渠道输出劳动力115余人，就业20人，46人参加克尔碱镇烹饪专业培训。

养老保险 2018年，全镇缴纳社会养老保险1128人，其中续缴养老保险886人、新参保242人、收缴1128人的养老金，完成率100%。新增年满60岁享受养老保险待遇20人。

项目补贴 2018年，克尔碱镇发放社保一卡通567人，通过一卡通平台发放耕地地力保护补贴项目资金33.12万元，涉及农民338户，发放退耕还林项目资金42.13万元。

涉农资金发放 逐步实现将所有涉农资金通过一卡通平台发放，包括城乡低保金等民政资金和村干部、十户长报酬等工资类项目资金。

【基层党建】

“星级化”创建 克尔碱镇党委开展“增收致富星”“民族团结星”“宗教和谐星”“领导核心星”“先锋模范星”“能力提升星”“平安法治星”“公正廉洁星”“精神文明星”“群众满意星”十星级创建工作。年内，克尔碱村党支部申报创建9星级党支部，英阿瓦提村党支部申报创建7星级党支部，通沟村党支部申报创建8星级党支部。

党员发展 2018年，克尔碱镇规范基层党务基础工作，组织委员每周审批党支部手册；储备培养村级后备干部33人，发展党员5人。

村集体经济 2018年，克尔碱镇村集体收入来源主要是以种植、养殖和外出务工，以旅游、核桃种植业，馕、庭院经济以及养殖业为主要特色产业。全年集体收入52.85万元，其中克尔碱村19万元，英阿瓦提村12.75万元，通沟村21.1万元。

信访化解 2018年，无越级上访、集体上访和闹访缠访，共受理信访案件16件218人次，协调解决12件205人。

【旅游发展】

重点项目 2018年，克尔碱镇提升农家乐综合服务能力项目投入使用。通沟村薰衣草旅游观光项目主体工程完成。部分景区逐步改造升级，通过招商，克尔碱生态旅游综合开发筹备开工。

精品线路 2018年，推出以红河谷—雅丹地貌—克尔碱湿地—怪石林景区—天光地自然村避暑地一日游线路，一日游引入游客22461人次。年内，克尔碱镇组织广大干群参加“吐鲁番人游吐鲁番”活动，前后组织11批次，游览1410人次。

景区服务 2018年，辖区内有国家AAA级旅游景区盘吉尔怪石林，正在建设红河谷及雅丹地貌旅游景区两处。游客年流量3884车次22461人次。

【安居富民】2018年,克尔碱镇安居富民工程建设任务为42户,其中低保户11户、贫困残疾人员6户,一般户25户。克尔碱村33户、英阿瓦提村9户。2018年内全部建成竣工。

【精准扶贫】2018年,克尔碱镇贫困户共81户263人。按照"三个三分之一"的要求,克尔碱镇为贫困户发放羊20只,协调6人进企业就业。实施自行孵化本土土鸡,至年底,孵化雏苗200余羽,分数养鸡2300余羽,帮扶贫困户种植洋葱62亩,增收9万余元。帮扶贫困户开展庭院经济建设、标准化棚圈、美丽乡村围墙建设。

【民族团结一家亲】2018年,市交通运输局、市银监局、县人民法院、工商银行及农村信用社、各村学校、派出所、警务站和卫生院等各级干部与镇辖区3个行政村结对认亲各级干部274人,其中科级干部45人、一般干部59人、专业技术及企业人员170人,共结对认亲户355户。

【社会事业发展】

教育 克尔碱镇有中心小学1所,村小学1所,教学点2所,其中英阿瓦提小学是市级德育师范学校。全镇小学适龄儿童222人,全部入学,入学率100%,初中正常适龄儿童96人,入学95人,入学率98.9%。全镇教师共54人,均为小学教师,学历全部合格,大专学历占100%。全镇学校校长全部持证上岗。

卫生 2018年,克尔碱镇有镇卫生院1个,村卫生院2个。全年碘缺乏病防治知识知晓率100%。国家脊髓灰质炎强化免疫分2次为321人发放脊髓灰质液。2077人参加免费全民健康体检。完成1676人(15~65岁)的克尔碱镇户籍居民体检工作,在各村、各校等场所举办专题宣讲防治艾滋病知识。

计划生育 2018年,克尔碱镇已婚育龄妇女479人,新出生32人,计划生育服务证发放率100%,计划生育符合率100%(无超生),计划生育知晓率100%。上报区快富6户、国快富及计划生育奖励人员21户,领取生育证服务31户,领取计划生育父母光荣证18户。

妇女工作 年内,在镇、各村开展妇女和儿童权益保护法、计划生育优惠政策、预防艾滋病等宣传活动;组织妇女开展打馕、刺绣、炸馓子等活动,提高了妇女从事二、三产业的积极性。

(萨吉代·阿布力木)

2018年克尔碱镇各行政村基本情况表

表20

行政村名	党支部书记	村委会主任	人口	劳动力(人)	年末畜牧存栏(只)	集体总收入(万元)	人均收入(元)	贫困人口(人)
克尔碱	艾尼·外力	艾尼娃·阿不拉	1195	465	2353	25	16251	67
英阿瓦提	阿力甫·热扎克		664	380	3150	12.75	10568	128
通沟	热合曼·吐尔逊		401	92	3290	30	14000	17
合计			2260	937	8793	67.75	13606(平均值)	212

库米什镇

【概况】库米什镇位于托克逊县西南部,是吐鲁番地区最偏远的乡镇之一,距托克逊县城100余千米,314国道穿镇而过,高速公路在镇区以北500米。库米什镇是出入南疆的交通要道,是吐鲁番地区的南大门,地理位置十分重要。库米什镇总面积7382.45平方千米,东西宽约83千米,南北长约105千米,北与托克逊县博斯坦镇、夏镇相邻,东与吐鲁番市,南与巴州尉犁县,西与和硕县相邻。

2018年,全镇有2个行政村,14个站所,1所学校,1所卫生院,107家商铺,1座清真寺。常住人口215户587人,其中维吾尔族532人、汉族51人、回族4人;女性278人。镇区有党支部6个,党员105人,"四老"人员7人;有团支部4个,团员18人;有宗教人士2人。机关、站所干部60人、地方性事业编13人,学校26人,退休干部职工7人。

【经济社会发展】

2018年,库米什镇完成总产值59785.78万元,其中第一产业完成16209.62万元,比上年同期增长12%;第二产业完成43576.16万元,比上年同期增长8%。农民人均纯收入15345元,比上年同期增长11%。

工业 库米什镇具有丰富的矿产资源,是煤炭、铜、金、铁、锰、铅锡等多金属的储藏地和重要加工生产地,非金属矿产有石英石、大理石、花岗岩等矿产资源。年内,镇区登记在册企业73家,全年开工生产4家,即新冶矿业、方迈矿业、雪银矿业、德华矿业,全年工业总产值43576.16万元。

种植业 年内,全镇完成棉花种植面积为5万亩、西甜瓜5095.2亩、花生300亩、饲草515亩、葵花400亩、恰玛古300亩、枸杞40亩。

畜牧业 全镇共有牛羊养殖大户15户,牛羊育肥3840头(只),其中农户家庭养殖牛340头、羊3500只。全年羊存栏数3533头,牛309头、驴35头、马1匹、骆驼99只,家禽存笼2193头羽。全年免疫注射牛口蹄疫苗共345头次,注射羊口蹄疫苗共6305只次、小反刍羊6473只次,注射禽流感疫苗3257羽份,新城疫苗3257羽份,布病1232只次,防疫密度100%。

林果业 2018年,新栽防护林34亩,林果病虫害防治85%。

关井退田 全年无关闭机电井重新使用和已退土地复耕复种现象。2018年,关井退田1193亩,回填机电井3眼。退地节水面积1177.73亩。

【基础设施建设】库米什镇小城镇基础设施建设实施了一批惠民基础建设工程。年内,完成英博斯坦村安全饮水工程、柯尔克孜铁米村道路硬化工程、投资100万元建设拦水坝工程改善农业用水灌溉,建设完成恰玛古加工厂并投入使用。争取援疆资金100万元,拨付50万元。建设家门口就业项目,即库米什镇柯尔克孜铁米村加水及修理厂房,占地面积2000平方米,房屋面积360平方米,地面硬化450平方米。年内,厂房建设完成,并将部分房屋租赁给个人经营,年收益1万元。

【民生保障】2018年,全镇有低保户26户46人,其中城市低保户9户15人,农村17户31人,全年发放低保补助资金15.19万元,完成234人社会养老保险参保工作,参保金额2.82万元。

扶贫攻坚 2018年,全镇建档立卡扶贫户4户8人,低保户5户9人。帮助4户贫困户解决就业5人,人均年收入均在5000元以上,3人为在校学生。4户均享受安居富民惠民政策,实现了"两不愁三保障"。全镇22户70人无一人返贫、也未新增贫困户。

劳动就业 全年完成劳动力转移任务5人。实现"一户一工人"8人,新增城镇就业人员8人。

安居富民 年内,完成建设任务1户,申请专项补助资金2.85万元。

【综治维稳】

流动人口服务管理　库米什镇辖区企业偏远散，人员流动性大、季节性务工人员多，库米什镇建立流动人口集中居住点，24名协管员（以联户长为主）进行网格化管理，建立暂住人员档案，干部包联。2018年，登记流动人口1.2万人次，年底实有流动人口1898人，其中柯尔克孜铁米村1445人、英博斯坦村453人，其中汉族752人、维吾尔族1090人、回族13人、彝族20人、其他民族23人。库米什镇辖区流动人口出租房屋也建立档案。年内，共摸排登记出租房屋25家，警综录入25家，一屋一档，均落实人防、物防、技防建设。

宗教事务管理　年内，配备6名驻村管寺干部。全年组织宗教人士、寺管会成员以及村级统战民宗协管员等召开培训班6场次，84人次参加培训。

【基层组织建设】

村集体经济　2018年，库米什镇将土地、矿产等资源优势转化为经济优势，通过土地经营壮大一批、资源开发培植一批、有偿服务发展一批，推动村集体经济加快发展。两村与5家企业签订了土地租赁和有偿提供服务等协议，总金额20万元，完成了农村集体经济目标。

群众工作　2018年，全镇可住户为346户，累计住户1600户次，入户走访7982户次。为群众做好事实事293件，帮助群众解决矛盾纠纷12件，解决群众困难诉求63件。发放民族团结、党的各项惠民政策等相关宣传材料720多份。全镇108名干部分别入住217户家庭，包户住户全覆盖，开展文体活动4场次，进学校宣讲4场次，播放爱国红色电影5场次，受教育群众达712人次。

【环境治理】库米什镇将每周五定为“环境整治日”，发动广大镇、村干部集中开展环境卫生整治，重点治理镇区沿街道路、防洪渠和爱民小区等区域环境卫生。年内，清理卫生死角的建筑、生活垃圾230吨，修剪、清理防护林带20千米。

【安全生产】年内，淘汰落后的生产工艺，依法取缔和关闭非法和不具备安全生产条件的矿山企业。定期排查矿企业的安全生产情况，发现问题立即整改，年内未发生安全事故。整治道路交通，道路交通安全协管员配合交警中队和运管部门监管载重车辆、无牌无证车辆和农用车辆，严查违法载客、超载超速、疲劳驾驶、酒后驾驶等违法行为。

（方　军）

2018年库米什镇各行政村基本情况表

表21

行政村名	村党支部书记、主任	人口（人）	年末耕地（亩）	劳动力（人）	年末牲畜存栏（头/只）	集体总收入（万元）	人均纯收入（元）	贫困人口（人）
柯尔克孜铁米	热奥甫·吾甫尔	556	55300	450	4478	20	9245	0
英博斯坦	艾皮热丁·艾西热甫	36	1200	36	1692	20	19250	0
合计		592	56500	486	6170	40	15345	0

人物 荣誉

REN WU RONG YU

人 物

2018年新任县级领导简历

毕海军 男,汉族,1974年9月出生于湖北武汉。1993年12月入伍,1996年5月加入中国共产党。在职大学学历(乌鲁木齐陆军学院政法专业)。

1993年12月入伍,乌鲁木齐某部队战士。1997年6月,兰州军区工程兵训练学校学员。1998年7月,任乌鲁木齐某部队四营十一连排长。2000年5月,任乌鲁木齐某部队四营十一连副指导员。2002年9月,任乌鲁木齐某部队十连副连长。2003年3月,任乌鲁木齐某部队侦查连指导员。2003年5月,任乌鲁木齐某部队十连连长。2006年1月,任乌鲁木齐某部队四营副营长。2008年1月,任乌鲁木齐某部队教导队队长。2009年1月,任乌鲁木齐某部队机关副参谋长。2010年1月,任乌鲁木齐某部队四营营长。2013年4月,新疆军区教导大队副大队长。2017年8月,陆军第十一综合训练基地教研部主任。

2017年12月,任托克逊县人民武装部部长。

2018年8月,任托克逊县委常委、人民武装部部长。

张赳 男,汉族,1971年2月出生于江西黎川。1990年8月参加工作,1993年10月加入中国共产党。在职大学学历(西南科技大学网络教育学院行政管理专业)。

1990年8月,在江西省黎川县中田乡政府工作。1996年6月,借调黎川县委村建办工作。1998年3月,任江西省黎川县谭溪乡党委委员。2001年12月,任江西省黎川县中田乡党委委员、纪委书记。2005年3月,任江西省黎川县中田乡党委副书记。2011年1月,任江西省黎川县龙安镇党委副书记、镇长。2016年6月,任江西省黎川县湖坊乡党委书记(其间:2016年3月至2018年7月在西南科技大学网络教育学院行政管理专业大专班学习)。

2018年8月,任托克逊县委常委、副县长。

曹彦领 男,汉族,1968年12月出生于托克逊县伊拉湖乡。1988年9月参加工作,1994年7月加入中国共产党。在职大学学历(西北政法学院法学专业)。

1988年9月,在伊拉湖乡中学任教。1997年4月,在县司法局工作。2001年2月,挂职任库米什镇政法副书记(其间:2000年9月至2003年6月西北政法学院法学专业本科班学习)。2004年4月,任县司法局副局长(副科级)(其间:2008年10月至2012年8月抽调至矿产资源稽查统计克尔碱镇站任站长)。2012年8月,任县煤炭工业管理局局长。2015年9月,任郭勒布依乡党委书记、人大主席。

2017年12月任托克逊县副县长、郭勒布依乡党委书记、人大主席团主席。

2018年3月,任托克逊县政府党组成员、副县长。

孟存录 男,汉族,1971年1月出生于甘肃天水。1990年3月入伍,1991年8月加入中国共产党。在职大学学历(中央广播电视大学法律专业)。

1990年3月入伍,中国人民解放军某部队七十一分队。1995年11月,在和田地区于田县加依乡政府工作。2001年10月,任于田县阿热勒乡副乡长。2005年4月,任于田县阿热勒乡副乡长、综合治理统战宗教办公室副主任。2007年9月,任于田县阿热勒乡副书记、经济发展办主任。2010年12月,任于田县达里雅布依乡党委书记。

2017年12月,任托克逊县副县长。

2018年3月,任托克逊县政府党组成员、副县长、政法委副书记。

2018年托克逊县县级主要领导名录

表22

组织机构	职务	姓名	性别	民族	籍贯	学历	任职起止时间
中共托克逊县委	书　记	朱剑军	男	汉族	河南杞县	在职研究生	2016年4—
	副书记、县长	马合木提·海吾尔	男	维吾尔族	新疆吐鲁番	在职大学	2015年2—
	副书记(援疆干部)	文建军	男	汉族	湖南临武	在职研究生	2017年1—
	常委、人武部政委	霍建斌	男	汉族	甘肃瓜州	在职大专	2016年6月—2018年6月—
		毕海军	男	汉族	湖北武汉	在职大学	2018年8月—
	常委、纪委书记	艾尼瓦尔·尼牙孜	男	维吾尔族	新疆鄯善	大学	2016年3月—
	常委、统战部部长	阿力木·克依木	男	维吾尔族	新疆吐鲁番	大学	2015年9月—2017年11月任现职
	常委、宣传部部长	巴哈古丽·马衣提	女	维吾尔族	新疆托克逊	在职大学	2016年6月—
	常委、常务副县长	崔允齐	男	汉族	山东海阳	在职大学	2016年8月—

续表22

组织机构	职务	姓名	性别	民族	籍贯	学历	任职起止时间
中共托克逊县委	常委、政法委书记	邓铭	男	汉族	湖北武汉	在职大学	2017年5月—
	常委、组织部部长 吐鲁番地委党校托克逊县分校校长	梅勇	男	汉族	湖南澧县	在职研究生	2017年9月—
	县委常委、副县长（援疆干部）	欧辅国	男	汉族	湖南宜章	在职大学	2017年2月—
	县委常委、副县长	张赳	男	汉族	安徽滁州	在职大专	2018年8月—
托克逊县人民政府	县委副书记、县长	马合木提·海吾尔	男	维吾尔族	新疆吐鲁番	在职大学	2015年3月—
	县委常委、常务副县长	崔允齐	男	汉族	山东海阳	在职大学	2016年8月—
	县委常委、副县长（援疆干部）	欧辅国	男	汉族	湖南宜章	大学	2017年2月—
	县委常委、副县长	张赳	男	汉族	安徽滁州	在职大专	2018年8月—
	副县长	苏岁全	男	汉族	陕西眉县	大学	2011年5月—
	党组成员、副县长	李惠军	男	回族	甘肃天水	在职大专	2016年4月—
	党组成员、副县长、吐鲁番地区行政学院托克逊县分院院长	夏拉帕提·吐尔逊	女	维吾尔族	新疆托克逊	在职大学	2016年4月（党组成员）— 2016年8月—
	党组成员、副县长（挂职）	薛雪	男	汉族	河南南阳	大学	2016年3月—
	党组成员、副县长	曹彦领	男	汉族	江苏铜山	在职大学	2017年12月（副县长）— 2018年3月（党组成员）—
	党组成员、副县长 政法委副书记	孟存录	男	汉族	甘肃天水	在职大学	2017年12月（副县长）— 2018年3月（党组成员）—
托克逊县人大常委会	县委书记、人大党组书记	朱剑军	男	汉族	河南杞县	在职研究生	2016年6月—

续表22

组织机构	职务	姓名	性别	民族	籍贯	学历	任职起止时间
托克逊县人大常委会	党组副书记、主任	阿力木·艾比布	男	维吾尔族	新疆托克逊	在职研究生	2011年8月—
	党组成员、副主任	马灵峰	男	回族	新疆托克逊	在职大学	2011年8月—2018年2月(退休)
	党组成员、副主任	展长远	男	汉族	河南西华	在职大学	2015年3月—
	党组成员、副主任	李崇铭	男	汉族	四川遂宁	在职大学	2011年8月—
	党组成员、副主任	帕热扎提·赛提瓦里地	女	维吾尔族	新疆托克逊	大学	2016年6月县人大党组成员—2016年9月—
托克逊县政协	党组书记、副主席	赵中革	男	汉族	江苏铜山	在职大专	2014年11月—
	党组副书记、主席	赛福丁·卡德尔	男	维吾尔族	新疆托克逊	在职大学	2015年3月—
	党组成员、副主席	赵新凯	男	汉族	江苏铜山	在职大学	2014年2月—
	党组成员、副主席	亚生·肉孜	男	维吾尔族	新疆托克逊	大学	2015年3月—
	副主席(爱国宗教人士)	阿不都热欧甫·买肉甫	男	维吾尔族	新疆托克逊	初中	2007年12月—2018年4月撤销政协委员资格、副主席职务
托克逊县公安局	党委副书记、政委	艾尔肯·巴拉提	男	维吾尔族	新疆吐鲁番	大学	2016年12月—2018年6月—
托克逊县人民检察院	党组书记、副检察长	丁有勇	男	汉族	广东潮州	在职大专	2010年3月—2018年11月—
	党组副书记、检察长	艾尼瓦尔·艾合买提	男	维吾尔族	新疆吐鲁番	在职大学	2016年6月党组副书记—2016年8月—

续表22

组织机构	职务	姓名	性别	民族	籍贯	学历	任职起止时间
托克逊县人民法院	党组书记、副院长	张少峰	男	汉族	河南南皮	在职大学	2009年5月—
	党组副书记、院长	热衣汗古丽·玉素甫	女	维吾尔族	新疆吐鲁番	在职研究生	2015年3月—
托克逊能源重化工工业园区	党工委书记、管委会副主任	赵新予	男	汉族	河南禹州	在职大学	2016年4月—
	政府党组成员、党工委副书记、管委会主任	丁振华	男	汉族	山东安丘	在职大学	2016年4月—
职业技能教育培训管理局	党组书记(兼)	阿力木·克依木	男	维吾尔族	新疆吐鲁番	大学	2017年11月—
	局长	刘传柱	男	汉族	江苏铜山	在职大学	2017年11月—

托克逊县主要机构实职领导干部名录

(2018年1月1日至12月31日)

【中共托克逊县纪律检查委员会、监察委员会各部门】

县委常委、纪委书记、监察委主任:艾尼瓦尔·尼亚孜(维吾尔族,2018年1月任职)

县纪委副书记、监察委副主任:王晓峰(2018年1月任职)

县纪委副书记、监察委副主任:陈胜军(2018年1月任职)

县纪委常委、监察委委员:王继强(2018年1月任职)

县纪委常委、监察委委员、正科级纪律检查员(监察员):吾买尔·艾合买提(维吾尔族,2018年1月任职)

纪委常委、监察委委员、副科级纪律检查员(监察员):陈思荣(女,非党)

县纪委常委、监察委委员、第一纪检监察室主任、正科级纪律检查员(监察员):再乃提古丽·司玛依(女,维吾尔族,2018年3月任职)

县纪委常委、监察委委员、第二纪检监察室主任、正科级纪律检查员(监察员):金向斌(女,2018年3月任职)

县纪委常委、监察委委员、第三纪检监察室主任:党泽鹏(2018年7月任职)

县监察委委员、案件审理室主任:马宏莉(女,回族,2018年3月任职)

县纪委常委、监察委委员、办公室主任:丁莉(女,2018年3月任职)

县纪委、监察委信访室主任:付昌南(2018年3月任职)

县纪委、监察委党风政风监督室(县人民政府纠正行业不正之风办公室)主任:崔娟(女,2018年3月任职)

县纪委、监察委组织宣传部部长：冯虎（回族，2018年7月任职）

县纪委、监察委案件监督室主任：孙晓波（2018年3月任职）

县纪委、监察委副科级纪律检查员（监察员）：艾合买提·尔西（维吾尔族，2018年3月任职）、阿里木江·比斯尔（维吾尔族，2018年3月任职）

县第一纪工委书记、监察分局局长：顾政宏

县第一纪工委副书记：艾尔西丁·阿不来克木（维吾尔族）

纪委常委、县第二纪工委书记、监察分局局长：阿力木江·沙吾尔（维吾尔族）

县第二纪工委副书记：郑天武

县第二监察分局副局长：黄金宝（2018年7月离任）

县第三纪工委书记、监察分局局长：陈光建（2018年3月任职）

县第三纪工委副书记：热依汗古丽·吐尔逊（女，维吾尔族，2018年3月离任）

县第三监察分局副局长：陈婷（女）

县第四纪工委书记、监察分局局长：张明明

县第四纪工委副书记：伊里汗木·巴热提（维吾尔族）

县第四监察分局副局长：党泽鹏（2018年7月离任）

县第五纪工委书记、监察分局局长：哈力娃尔·衣布拉音（维吾尔族）

县第五纪工委副书记：冯虎（回族，2018年7月离任），黄金宝（2018年7月任职）

巡察工作领导小组办公室

县委巡察办主任、县第三纪工委书记、监察分局局长：陈光建（2018年3月任职）

县委巡察办副主任：王苏杰（2018年3月任职）

巡察工作小组办公室

县委第一巡察组副组长：纵华超（2018年3月任职）

县委第二巡察组副组长：徐亮（2018年3月任职）

县委第三巡察组副组长：阿帕尔·热合曼（维吾尔族，2018年3月任职）

【中共托克逊委员会各部门】

县委机关党委

书　记：曹曦（2018年7月离任）

县委办公室

主　任：曹曦（2018年7月离任）

副主任：阿木提江·买买提（维吾尔族）、韩军军（2018年3月任职）

全面深化改革领导小组办公室

主任：崔允齐（兼）

专职副主任：陈慧琴（女）

党史、地方志办公室

主　任：陈慧琴（女）

机要局

局　长：张新亮（2018年3月离任）

副局长：丁吉祥、侯涛（2018年3月任职，主持工作）

保密委办公室（保密局）

主　任（局长）：栗莉（女，2018年3月离任）、吕玉华（女，2018年3月任职）

专用通信局

局　长：田建国

组织部

部　长：梅勇

副部长:王永生、洪德秀(2018年7月离任)、董大全、马洁(女)、郭建明(援疆干部)

人才办

主 任:马治明

党员电化教育中心

主 任:蒋真(2018年3月任职)

副主任:张晓芬(女,回族)

农村基层组织建设领导小组办公室

主 任:靳春

宣传部

部 长:巴哈古丽·马衣提(女,维吾尔族)

常务副部长:曹曦(2018年7月离任)

副部长:迪力夏提·拜迪肉拉(维吾尔族)、陈刚(2018年11月任职)

精神文明办

主 任:吕玉华(女,2018年3月离任)、栗莉(女,2018年3月任职)

政法委

书 记:邓铭

副书记(兼):李惠军(回族,政府党组成员、副县长)、李东(公安局局长)

专职副书记:张军(2018年7月离任)

副书记:褚晓光(安全站站长,政法委挂职副书记)、胡振晓(2018年3月任职)、庄震(2018年7月任职)

社会治安综合治理委员会办公室

主 任:张军(2018年3月任职,7月离任)

副主任:孙翔(2018年3月离任)、朱刚(2018年3月任职)

网格化管理服务中心

副主任:刘传柱(2018年3月离任)、兰宇东(2018年3月任职)

统一战线工作部

部 长:阿力木·克依木(维吾尔族)

副部长:金学全(回族)、艾乃吐拉·乃吉木(维吾尔族,2018年3月离任)

副部长、县工商联党组书记:陈尧

侨联主席:王致波(2018年11月离任)

民族宗教事务管理委员会

主 任:艾乃吐拉·乃吉木(维吾尔族,2018年3月离任)

副主任:肖耀

伊斯兰教协会

副会长:艾克拜尔·肉苏力(维吾尔族,2018年3月离任)

县直机关工作委员会

书 记:宋西勇

副书记:吾日买提·买合买提(女,维吾尔族)

机构编制委员会

主 任:彭秀艳(女)

副主任:沙扎迪古丽·再帕尔(女,维吾尔族)

农村办公室

主 任:孟庆良

副主任:孙虎

网信办(网信党工委办公室、互联网信息办公室)

主 任:陈刚

副主任:栗莉(女,2018年11月任职)

老干局

局 长:马洁(女)

关工委办公室

主 任:热孜瓦古丽·阿不来(女,维吾尔族)

信访局

局　长:陆宝军

副局长:热孜亚古力·沙吾尔(女,维吾尔族,2018年3月任职)

档案局(馆)

局(馆)长:杨克兰(女,2018年3月离任)、董琳(女,2018年3月任职)

副局(馆)长:美力开木·夏日皮(女,维吾尔族)

吐鲁番市党校托克逊县分校

校　长:梅勇(兼)

常务副校长:王登元

副校长:张涛、阿布都热苏力·热合曼(维吾尔族)

吐鲁番市行政学院托克逊县分院(原行政学院)

院　长:夏拉帕提·吐尔逊(女,维吾尔族)

副院长:王登元、张涛、阿布都热苏力·热合曼(维吾尔族)

【托克逊县人大常委会各工作部门】

办公室主任:李志超

科教文卫工作委员会主任:王厚娥(女)

财政经济工作委员会主任:艾尼·买苏提(维吾尔族)

法制工作委员会主任:阿不都瓦尔·哈力克(维吾尔族)

代表人事委员会主任:库尔班·阿不都热依木(维吾尔族)

【托克逊县人民政府各工作部门】

政府机关党委

书　记:章东

专职副书记:唐慧(女)

政府办公室(应急办公室、法制办公室、扶贫开发办公室)

主　任:章东

副主任:张旭(2018年7月离任)、张舒、阿力木·赛买提(维吾尔族,2018年3月任职)

法制办公室

副主任:闫志军

公安局

党委书记、局长、督察长:李东

党委副书记、政委:艾尔肯·巴拉提(维吾尔族,2018年6月离任)、木合塔尔·买买提(维吾尔族,2018年6月任职)

党委委员、纪检书记:买明·尼扎木(维吾尔族)

党委委员、副局长:周斌(2018年3月离任)、阿迪力·阿不都热合曼(维吾尔族,2018年3月离任)、袁国栋、周邦宇(援疆干部)、尚明(2018年3月任职)、莫明·吐尔逊(维吾尔族,2018年3月任职)、木合塔尔·马合木提(维吾尔族,2018年2月挂职)、陈刚(兼,2018年11月任职)、李欣(2018年2月挂职)

党委委员、政工科科长:张建森

发展和改革委员会(粮食局、价格监督管理局)

党组书记、副主任:丁光玉

党组副书记、主任:黄金环(女)

党组成员、副主任:陈子龙(援疆干部)、李连齐(2018年3月离任)

重点项目办公室

主　任:贺生梅(女)

援托工作办公室

主　任:黄金环(女)

副主任:刘利华(女)

国有资产监督管理委员会(2018年7月前为党支部)

党委书记:崔允齐(兼,2018年7月任职)

党委副书记、副主任:杨涛(2018年7月任职)

党委副书记、主任:陈长良(2018年7月任职)

商务和经济信息化委员会

党委书记、副主任:阿不都外力·卡得尔(维吾尔族)

党委副书记、主任:段正义

党委委员、副主任:马文喜

党委委员、县供销合作社联合社党总支书记、副主任:李长红

县人力资源和社会保障局

党组书记、副局长:艾塔木·木合买提(维吾尔族,2018年3月离任)

党组副书记、局长:王永生

党组成员、副局长:冉永义、张新亮(2018年3月任职)

党组成员:周小炎(女)

社会保险管理局

局　长:李霞(女,2018年11月离任)

副局长:金龙(回族)、冯春兰(女)

公共就业服务局(原就业培训中心机构更名)

局长:周小炎(女)

副局长:梁兴云

退役军人事务管理局

党组成员、局长:王致波(2018年1月任职)

党组成员、副局长:吾斯曼·海力力(2018年11月任职)

财政局

党组书记、副局长:艾尔西丁·尼吉木(维吾尔族)

党组副书记、局长:赵新凯(兼)

党组成员、副局长:古丽比热·买买提(女,维吾尔族)、陈长良

党组成员:寇媛媛(女,回族)

乡镇财政管理局

局　长:寇媛媛(女,回族)

住房和城乡建设局

党委副书记、局长:刘斌

党委委员:丁秀英(女,回族,2018年3月离任)、李国芳(女,2018年3月离任)、童涛

园林绿化管理中心

党支部书记:艾尼娃尔·卡哈尔(维吾尔族)

主　任:童涛

市容环境卫生管理中心

党支部书记:库尔班·合力力(维吾尔族)

主　任:丁秀英(女,回族,2018年2月离任)

城乡规划管理局

党组书记、副局长:阿克木·吾甫尔(维吾尔族,2018年9月改党组)

局　长:刘斌

供排水公司

党支部书记、副经理:买苏提·库尔班(维吾尔族)

党支部副书记、经理:李江

城市管理行政执法局

局　长:鲍爱玲(女,2018年3月任职)

副局长:依力哈木·阿不力孜(维吾尔族,

2018年3月任职）

环境保护局

局 长：丁振华（兼）

副局长：黄建道

交通运输局

党组书记、副局长：艾科拜尔·加拉力（维吾尔族，2013年5月至2018年9月为党总支）

局 长：高峰

党组成员、副局长：张建伟

农牧兽医局（乡镇企业局、农业产业化发展局、农产品加工局）

党委书记、副局长：阿不都外力·阿不拉克（维吾尔族）

党委副书记、局长：吴建军

党委委员、副局长：艾比布·艾尼（维吾尔族）、张雪峰

县农业综合执法大队

队 长：夏宝

农村合作经济经营管理局

党支部书记、副局长：热西丁· 先木西（维吾尔族）

局 长：刘学锋

农技推广中心

党支部书记：白克力·塔西铁木尔（维吾尔族）

主 任：刘 明

副主任：艾乃吐力·尼米吐拉（维吾尔族）、王海宾

种子管理站

站 长：依力哈木·尼牙孜（维吾尔族）

副站长：赛外都·艾外都（维吾尔族，2018年9月离任）

新疆广播电视学校托克逊分校

校 长：艾尔肯·巴合依丁（维吾尔族）

副校长：阿扎地古丽·乃吉木（女，维吾尔族）

畜牧兽医局（乡镇企业局、农业产业化发展局、农产品加工局）

党组书记、副局长：李国洋（2018年9月改党组）

局 长：西克热木·乃吉木（维吾尔族，2018年7月离任）

副局长：木合塔尔·阿不力米提（维吾尔族，2018年9月离任）

党组成员：赛福丁·艾尼（维吾尔族，2018年9月任职）

畜牧兽医工作站

党支部书记：赛福丁·艾尼（维吾尔族）

站 长：张鹏云

副站长：卡依沙热江·吐尔逊（维吾尔族，2018年9月离任）

草原工作站

站 长：买合木提·吐尔迪（维吾尔族）

副站长：任文军

动物卫生监督所

所 长：王志勇

副所长：牙生·热依木（维吾尔族）

林业局

党组副书记、局 长：童振荣（回族）

党组成员、副局长：曾晓冬

党组成员：夏庆国、白克力·塔西铁木尔（维吾尔族）

绿化委员会办公室

主 任：夏庆国

治沙站

站　长:吐尔洪江·买买提(维吾尔族)

林业管理站

副站长:买合木提·卡德尔(维吾尔族)、阿不来提·奴拉洪(维吾尔族)

林果业技术推广服务中心(林果业研究开发中心)

主　任:白克力·塔西铁木尔(维吾尔族)

副主任:赛提尼亚孜·赛提瓦力迪(维吾尔族)

水利局

党组书记、副局长:塔衣尔·热克甫(维吾尔族)

党组副书记、局长、世界银行贷款项目室主任:黄文祥

党组成员、副局长:高永利

计划节约用水办公室主任:庞辉生

农牧业机械局

党支部书记、副局长:王辉

局　长:阿不来提·克依木(维吾尔族)

副局长:郭丰

民政局(民间组织管理局)

党组书记、副局长:乌拉木·木库提(维吾尔族)

党组副书记、局长:闫文勇

党组成员、副局长:阿不来提·依不拉音(维吾尔族)

老龄委办公室

主　任:李林银(2018年7月离任)

精神病福利院

院　长:亚力坤·伊力丁(维吾尔族,2018年9月离任)、吾拉木·木库提(2018年3月任职)

副院长:唐杰

招商局

局　长:王世海(2018年2月离任)

副局长:许强、谢明剑(援疆干部)、李建东(2018年3月任职)

审计局

党组书记:阿不力米提·艾尼(维吾尔族,2018年3月任职,9月改党组)

党组副书记、局长:王刚(2018年9月任党组副书记)

教育局

党委书记、副局长:李宏超

党委副书记、局长:艾海提·热西丁(维吾尔族)

党委委员、副局长:李雪峰(援疆干部)、冯文博

党委委员:吴东风;迪丽努尔·比斯尔(女,维吾尔族,2018年11月离任);杨树珍(女,2018年11月任职);章霞(女,2018年11月任职)

党委委员、组织干事:徐伟伟(女)

人民政府教育督导室

主　任:周燕(女,回族)

县一中

党支部书记、副校长:阿里木·阿不都热合曼(维吾尔族,2018年11月离任);章霞(女,2018年11月任职)

党支部副书记、校长:阿里木·阿不都热合曼(维吾尔族,2018年11月任职)

副校长:李石井、章霞(女,2018年11月离任);苏比努尔·艾热西丁(女,维吾尔族,2018年11月任职);温贤勇(2018年11月任职)

县二中

党支部书记、副校长:迪丽努尔·比斯尔(女,维吾尔族,2018年11月离任);杨树珍

（女，2018年11月任职）

党支部副书记、校长：杨树珍（女，2018年11月离任）；迪丽努尔·比斯尔（女，维吾尔族，2018年11月任职）

党支部副书记、副校长：阿不都热依木·铁木尔（维吾尔族）

副校长：宋建斌、张文静（女，2018年11月任职）

县职业技能培训中心（职业高中）

党支部书记、主任（校长）：吴东风

党支部副书记、副主任（副校长）：阿不都外尔·依明（维吾尔族）

文化体育广播影视局（新闻出版局、版权局）

党组书记、副局长：艾克拜尔·肉苏力（维吾尔族，2018年3月任职）

党组副书记、局长：穆荣（女，回族）

党组成员、副局长：李苏文（援疆干部）、冯华（2018年3月任职）

副局长：孙颉（女，2018年3月离任）

旅游文物局

局　长：鲍爱玲（女，2018年3月离任）

副局长：艾克拜·克依木（维吾尔族）；吴瑾（女，援疆干部）；叶强（2018年3月任职）

司法局

党组书记、副局长：薛焱

党组成员、副局长：阿木提·艾米尔丁（维吾尔族）

统计局

党组书记、副局长：阿不都拉·尼亚孜（维吾尔族，2018年9月任党组书记）

党组副书记、局长：李连齐（2018年3月任局长、9月任党组副书记）

副局长：吴朝霞（女，2018年10月离任）；阿瓦古力·先木西（女，维吾尔族，2018年9月任职）

市场监督管理局

党组书记、副局长：阿木提·巴瑞（2018年3月任职）

党组副书记、局长：张军明（2018年3月任职）

党组成员、副局长：阿不来克木·祖力甫卡（维吾尔族，2018年3月任职）；蔚世俊（2018年3月任职）；何金海（锡伯族，2018年3月任职）

科学技术局

党组书记、副局长：席成（回族，9月任党组书记）

局　长：张杨（女，2018年2月离任）

副局长：艾合买提·肉孜（维吾尔族）、李周（援疆干部）

知识产权局

局　长：祖磊

安全生产监督管理局

党组书记、副局长：西克然木·亚生（维吾尔族，2018年9月任党组书记）

党组副书记、局长：邢强（2018年9月任党组副书记）

煤炭工业管理局

党支部书记、副局长：木依布力·艾衣提（维吾尔族）

局　长：谢东君

副局长：张青松

供销社

党总支书记、副主任：李长红

主　任：牛远军

卫生和计划生育委员会

党委书记、副主任:胡振晓(2018年3月离任);朱丽莉(女,2018年3月任职)

党委副书记、主任:阿孜古丽·尔西丁(女,维吾尔族,2018年3月离任)

党委委员、副主任:朱立行、吐尔地·克以木(维吾尔族)

党委委员:陈世明

计划生育宣传技术指导站

副站长:杨蓉(女,回族)

卫生监督所

所　长:徐永亮(2018年3月离任)

副所长:李荣(女)

疾病预防控制中心

党支部书记、副主任:刘忠

主　任:马丽(女)

副主任:尔西丁·阿不拉(维吾尔族)

妇幼保健站

站　长:卢柏涛(女)

副站长:阿孜古丽·塞塔尔(女,维吾尔族)

县社区卫生服务中心

主任:徐尧

副主任:古丽孜拉·铁木尔(女,维吾尔族)

爱国卫生运动委员会办公室

副主任:开比热·赛塔尔(女,维吾尔族)

县人民医院

党支部书记、副院长:阿孜古丽·尔西丁(女,维吾尔族,2018年3月任职)

党支部副书记、院长:陈世明

副院长:郭桂钢、阿扎地古丽·卡德尔(女,维吾尔族);李奎(2018年11月离任)、李建军(2018年3月任职);阿布都拉·吾米热木孜(维吾尔族,挂职,2018年11月任职)

县维吾尔医医院

党支部书记、副院长:李奎(2018年11月任职)

党支部副书记、副院长:梅仁强(2018年11月任职)

党建负责人:梁培军(2018年11月离任)

副院长:阿不来克木·吾甫尔(维吾尔族);阿布都拉·吾米热木孜(维吾尔族,2018年11月离任)

【政协各主要部门】

秘书长、办公室主任:李宗新

专门委员会工作科科长:哈里瓦尔·玉素甫(维吾尔族)

【群众团体】

总工会

党组书记:蒋颖(女,2018年9月任党组书记)

党组副书记、主席:艾尼娃尔·肉孜(维吾尔族,2018年9月任党组副书记)

团　委

书　记:胡嘉丽(女,2018年任党组书记)

副书记:买尔孜娅·艾亚孜丁(女,维吾尔族,2018年9月任党组成员)

妇　联

党组书记、主席:谢日甫古力·阿不都热合曼(女,维吾尔族,2018年9月任党组书记)

党组成员、副主席:江华(女,2018年9月任党组成员)

红十字会

专职常务副会长:刘永军

残 联

党组书记、理事长：帕热地古丽·马合木提（维吾尔族，2018年9月任党组书记）

党组成员、副理事长：戚军雯（女，2018年9月任党组成员）

工商联（总商会）

党组书记：陈尧

党组成员、常务副会长：陶长江

文学艺术界联合会

主 席：钱龙宁

社会科学界联合会

主 席：巴哈尔古丽·力提甫（女，维吾尔族）

科学技术协会

副主席：崔永成

【托克逊能源重化工工业园区管理委员会】

管委会书记、副主任：赵新予

管委会副书记、主任：丁振华

党工委副书记：吴继远

党工委委员、管委会副主任：闫照江

党工委委员、管委会办公室主任：曹歌

规划部部长：

财务部部长：尚天鸿（2018年7月离任）

经济合作发展部部长：马贵云（回族）

建设环境保护部部长：刘根涛（2018年7月离任）；马玉婷（女，回族，2018年11月任职）

黑山矿区管理委员会

党委书记：肖强（2018年7月任职）

【两院】

人民检察院

党组书记、副检察长：丁有勇（2018年11月离任）

党组副书记、检察长：艾尼瓦尔·艾合买提（维吾尔族）

党组成员、副检察长：潘刚（2018年7月离任）、张辉（援疆干部，2018年8月任职）、依孜吐拉·艾合买提（维吾尔族）

党组成员、纪检组组长：顾玉彬

反贪局局长：刘洪峰（援疆干部，2018年6月离任）

人民法院

党组书记、副院长：张少峰

党组副书记、院长：热依汗古丽·玉素甫（女，维吾尔族）

党组成员、副院长：周广逊、艾买都力·艾比布力（维吾尔族）

党组成员、执行局局长：郭尹明（女）

党组成员、纪检组组长：朱廷宇

党组成员、政工科科长：欧阳利江（女）

【乡镇】

夏 镇

党委书记、人大主席团主席：肖强（2018年7月离任）、张军（2018年7月任职）

副书记、镇长：买尼克·克然木（维吾尔族）

副书记：席勇（回族）

党委委员、纪委书记、监察办主任：克里比努尔·皮大衣（女，维吾尔族，2018年11月任职）

党委委员、常务副镇长：胡春雷

党委委员、武装部部长：赵军

党委委员、统战干事：吐尔地·牙克甫（维吾尔族）

党委委员、组织干事：王惠杰（2018年11月离任）；郝丽芸（女，2018年11月任职）

党委委员、宣传干事：迪力夏提·热西提（维吾尔族）

副镇长：伊斯坎达尔·萨那（维吾尔族）、

马合木提·尼亚孜(维吾尔族)、热衣木江·热克甫(维吾尔族)

人大主席团副主席:胡加合买提·克依木(维吾尔族)

郭勒布依乡

党委书记、人大主席团主席:曹彦领(2018年2月离任)、杨极思(2018年2月任职)

副书记、乡长:帕哈热丁·里提甫(维吾尔族,2018年3月离任);艾乃吐拉·乃吉木(维吾尔族,2018年3月任职)

副书记:张思维(回族)

党委副书记、纪委书记:玛依拉·赛提尼亚孜(女,维吾尔族,2018年11月离任)

党委委员、纪委书记、监察办主任:阿里木江·热合木吐力(维吾尔族,2018年11月任职)

党委委员、常务副乡长:张吉凤

党委委员、组织干事:梁鹏飞

党委委员、宣传干事:阿里木江·热合木吐力(维吾尔族,2018年11月离任)

党委副书记、宣传干事:玛依拉·赛提尼亚孜(女,维吾尔族,2018年11月任职)

党委委员、武装部部长:吾斯曼·海力力(维吾尔族,2018年11月离任);木扎帕尔·买买提(维吾尔族,2018年11月任职)

党委委员、统战干事:包尔汉·帕他尔(维吾尔族,2018年7月离任)、阿不来孜·买明(维吾尔族,2018年7月任职)

人大主席团副主席:赛依丁·伊明(维吾尔族)

副乡长:买买提·乃吉木丁(维吾尔族,2018年11月离任);依再提古丽·艾米都力(女,维吾尔族);阿不都热依木·阿布力提甫(维吾尔族,2018年11月离任);亚森江·伊力汗木(维吾尔族,2018年11月任职)

博斯坦镇

党委书记、人大主席团主席:周毅新

副书记、镇长:莫明·沙吾提(维吾尔族)

副书记:庄 震(2018年7月离任)、张 杰(2018年7月任职)

党委委员、纪委书记、监察办主任:买尔加尼古丽·艾合买提(女,维吾尔族,2018年11月任职)

党委委员、常务副镇长:李欢欢(2018年7月离任)、刘根涛(2018年7月任职)

党委委员、武装部部长:热依木·司马义(维吾尔族)

党委委员、统战干事:哈里瓦尔·阿不拉克(维吾尔族)

党委委员、宣传干事:买尔加尼古丽·艾合买提(女,维吾尔族,2018年11月离任);塔吉古丽·塔西铁木尔(女,维吾尔族,2018年11月任职)

党委委员、组织干事:龙小刚(2018年3月离任)

党委委员、纪检书记:阿帕尔·热合曼(维吾尔族,2018年11月离任);买尔加尼古丽·艾合买提(女,维吾尔族,2018年11月任职)

人大主席团副主席:艾斯哈尔·赛都力(维吾尔族)

副镇长:木克热木·木斯来(女,维吾尔族);迪力夏提江·赛瓦都力(维吾尔族);肉苏力·热衣木(维吾尔族);王兆平(挂职,2018年5月离任)

伊拉湖镇

党委书记、人大主席团主席:吴卫强

副书记、镇长:阿不都外力·艾尼(维吾尔族)

副书记:叶 强(2018年3月离任)、龙小刚(2018年3月任职)

党委副书记、纪委书记:艾尼瓦尔·尔西丁(维吾尔族,2018年11月离任)

党委委员、纪委书记、监察办主任:买合木提·木和热木(维吾尔族,2018年11月任职)

党委委员、常务副镇长:苗玉廷

党委委员、武装部部长:外力·都尕买提

（维吾尔族）

党委委员、组织干事：朱永刚

党委委员、宣传干事：热依汗古丽·尔西（女，维吾尔族）

党委委员、统战干事：帕尔哈提·阿不来（维吾尔族）

人大主席团副主席：海尼木古丽·伊萨克（女，维吾尔族）

副乡长：赛米·吉力力（维吾尔族）；阿斯古丽·玉山（女，维吾尔族）；买买提·尼亚孜（维吾尔族）

托克逊镇

党委书记、人大主席团主席：朱丽莉（女，2018年2月离任）；张　杨（女，2018年2月任职）

副书记、镇长：地力木拉提·地里夏提（维吾尔族）

副书记：冯　华（2018年3月离任）；洪德秀（2018年7月任职）；阿不来克木·阿不来孜（维吾尔族，2018年11月任职）；胡嘉丽（女，挂职，2018年3月任职）

党委委员、常务副镇长：张宏斌

党委委员、组织干事、宣传干事：马　宁（回族，2018年11月兼任宣传干事）

党委委员、武装部部长：马　强（回族）

党委委员、统战干事：马合木提·托乎提（维吾尔族）

党委委员、纪委书记、监察办主任：阿不来克木·阿不来孜（维吾尔族，2018年11月离任）；于红霞（女，2018年11月任职）

党委委员、宣传干事：于红霞（女，2018年11月离任）

人大主席团副主席：艾合坦木·阿不都拉（维吾尔族）

副镇长：阿不都艾尼·瓦力（维吾尔族）；吐尔地汗·艾依提（女，维吾尔族）；王　征

克尔碱镇

党委书记：杨极思（2018年2月离任）、王世海（2018年2月任职）

副书记、镇长：阿斯热古丽·外力（女，维吾尔族）

副书记、纪检书记：赵　强（2018年11月离任纪检书记）

党委委员、常务副镇长：侯　涛（2018年3月离任）；朱瑞团（2018年7月任职，2018年11月兼任宣传干事）

党委委员、武装部部长、统战干事：帕尔哈提·阿不来孜（维吾尔族）

党委委员、人大主席团主席：赛外都·谢依都力（维吾尔族）

党委委员、组织干事兼宣传干事：黄国富（2018年11月离任）、赵　强（2018年11月兼任组织干事）

党委委员、纪委书记、监察办主任：黄国富（2018年11月任职）

副镇长：艾瓦力别克·衣比热（哈萨克族）

库米什镇

党委书记：靳春海

副书记、镇长：马合木提·塔西铁木尔（维吾尔族，2018年11月离任）；艾尼瓦尔·尔西丁（维吾尔族，2018年11月任职）

党委委员、副书记兼组织干事：周　涛（2018年11月任职）

党委委员、常务副镇长：张　杰（2018年7月离任）

党委委员、宣传干事：周　涛（2018年7月离任）；方　军（回族，2018年7月任职）

党委委员、纪委书记、监察办主任：王惠杰（2018年11月任职）

党委委员、人大主席团主席：木尼热汗·买买提（女，维吾尔族）

党委委员、统战干事：买买提·司马义（维吾尔族，兼任武装部部长）

党委委员：朱瑞团（2018年7月离任）

副镇长:艾合买提·吐尔逊(维吾尔族)

阿乐惠镇

党委书记:马生政

副书记、镇长:木依布力·吾甫尔(维吾尔族)

副书记:李建东(2018年3月离任)、尚天鸿(2018年7月任职)

副书记、纪检书记:买合木提·木合然木(维吾尔族,2018年11月离任)

党委委员、纪委书记、监察办主任:买买提·乃吉木丁(维吾尔族,2018年11月任职)

党委委员、常务副镇长:李咏宝

党委委员、组织干事:汪应伟

党委委员、统战干事、武装部部长:阿不来孜·买明(维吾尔族,2018年7月离任)

党委委员、宣传干事:魏 涛(女,2018年7月离任)、许红(女,2018年7月任职)

党委委员、人大主席团主席:李 逊(2018年7月兼武装部部长)

党委委员、统战干事:托合提·吾买尔(维吾尔族,2018年7月任职)

副镇长:古丽斯热·帕合热丁(女,维吾尔族)、时重海

【条管部门】

国税局

党组书记、局长:孙 明

党组成员、副局长:艾克拜尔·吾斯曼(维吾尔族)、毛 晖、赵 健(女)、赵 磊

党组成员、纪检组组长:郑鹏伟

地税局

党组书记、局长:欧阳本辉

党组成员、副局长:樊 榕(女)、荆雪梅(女)、周世超

党组成员、纪检组组长:宰明煜

税务局(2018年10月国税、地税合并改为税务局)

党委书记、局长:孙 明

党委副书记、副局长:欧阳本辉

党委委员、副局长:艾克拜尔·吾斯曼(维吾尔族)、樊 榕(女)、毛 晖、赵 健(女)、荆雪梅(女)、周世超、赵 磊、宰明煜(2018年10月离任)

党委委员、纪检组组长:郑鹏伟

烟草专卖局

局 长:王 俊

气象局

局 长:袁建海

副局长:叶春华

国土资源局

党组书记、副局长:高建国

党组副书记、局长:刘立兵

党组成员、纪检组组长:木塔力甫·买买提(维吾尔族)

党组成员、副局长:阿斯卡尔·阿布来孜(维吾尔族)

党组成员:胡加合买提·阿不力米提(维吾尔族)、周义华(女)、钱江春

不动产登记中心

主 任:周义华(女)

国土资源执法监察大队

党支部书记:阿不力克木·亚森(维吾尔族)

大队长:桑 晨(女)

规划队

党支部书记:胡加合买提·阿不力米提(维吾尔族)

队 长:阿克木·外力(维吾尔族)

国网托克逊县供电公司

党支部书记:倪宝家(2018年3月离任)、阿依古丽·艾甫力(2018年3月任职)

经 理:刘志刚(2018年3月离任)、倪宝家(2018年3月任职)

副经理:聂志刚、李晓庆

托克逊县电信分公司

经　理:杨　坤

副经理:王铁栋、木斯来丁·艾尔西丁(维吾尔族)

邮政局

局　长:刘建红(女,2018年9月离任);马俊(2018年9月任职)

副局长:陈小雄

吐鲁番公路管理局托克逊分局

党组书记、副局长:阿不来克木·衣沙木丁(维吾尔族)

党组副书记、局长:安建辉

党组成员、副局长:阿不都瓦尔·阿力木(维吾尔族)

托克逊道路运输管理局

党组书记、副局长:吾买尔·沙他尔(维吾尔族)

党组副书记、局长、执法大队大队长:姚黎明

托克逊路政管理局

党组书记、副局长:王东林

党组副书记、局长:付　晖

托克逊客运站

党支部书记、副站长:龙　梅(女)

党支部副书记、站长:艾尼瓦尔·木合买提(维吾尔族)

副站长:李晓、吐尔逊·吐尔地(维吾尔族,2018年4月离任)

工会主席:艾克拜尔·牙吾拉克(维吾尔族)

移动公司

经　理:王　勇

联通公司

经　理:侯宪玺(2018年1月离任)、王立东(2018年1月任职)

【金融单位】

人民银行

党组书记、行长:阿不都拉·阿不力米提(维吾尔族)

党组成员、副行长:戴　击、胡建萍(女)

工商银行托克逊支行

行　长:马红霞(女,回族)

副行长:张海超

农　行

行　长:胡　斌

副行长:曹晓涛、梁新权

农发行

党支部书记、行长:李学峰

纪检组组长、党支部委员、副行长:阿不来提·牙生(维吾尔族)

党支部委员、副行长:樊新宇(女)、景　剑(2018年9月任职)

农村信用联社

党委书记:崔允齐(常务副县长兼)

党委副书记、理事长:王立兵

党委委员、主任:王国兰(女)

党委委员、纪委书记、监事长:阿不来克·阿不来孜(维吾尔族)

党委委员副主任:史长宁、张守勇(回族)

中国邮政储蓄银行股份有限公司托克逊县支行

行　长:孟凡强

【军事单位】

人民武装部

第一书记:朱剑军(兼)

书记、政委:(缺职)

副书记、部长:毕海军

副部长:杨金召

消防大队

大队党委书记、教导员:李先娜

大队党委副书记、副大队长:边永辉(主持工作)

消防中队

中队党支部书记、指导员:崔巍韬

中队党支部副书记、副中队长:买吾拉·买买提肉孜(维吾尔族)

武警中队

中队长:陈 君

指导员:汪 军

(以上县级领导名表及主要机构领导名录均由组织部干部科审核,上划条管部门及金融、军事等单位均由各有关单位提供)

2018年逝世人物简历

县处级退休干部

艾尼瓦夏·西日甫 男,维吾尔族,1952年6月出生于新疆托克逊县。1969年9月参加工作,1981年3月加入中国共产党。大学学历(2000年8月毕业于自治区党校函授经济管理专业),2012年8月退休。

1969年7月,在夏镇再教育;1980年10月,任夏镇民政干事。1981年12月,调至县委统战部工作(1983年8月至1985年7月自治区党校政治理论大专班学习)。1985年11月,任托克逊县委办副主任。1987年2月,任夏镇党委副书记;1989年7月,任县外办主任兼县宾馆经理。1993年6月,任托克逊县人民政府办公室主任。

1998年3月,任吐鲁番地区人大工委办公室副主任(其间:1997年7月至2000年8月自治区党校函授经济管理专业本科班学习)。2002年6月,任吐鲁番地区政治学校校长。

2006年1月,任托克逊县人大常委会党组书记。

2006年2月,任托克逊县人大常委会党组副书记、主任。

2012年8月,托克逊县人大常委会退休。

2018年3月26日,因病逝世,享年66岁。

2018年获国家及省部委级表彰的先进人物简介

亚力库尼江·克依木 男,维吾尔族,1985年1月出生于新疆托克逊,2009年6月参加工作,2008年10月加入中国共产党,本科学历。曾在托克逊县公安局城镇派出所工作,2012年12月调至国内安全保卫大队工作,2015年1月任国内安全保卫大队副大队长,一级警司。

亚力库尼江·克依木以打好“三场硬仗”、打赢“一场人民战争”的坚定决心,为托克逊县社会稳定做出了应有的贡献。无论斗争形势多么严峻复杂,始终旗帜鲜明,立场坚定,战斗在最前沿,在“深化严打”“防回流、打派遣”斗争中,真正把稳定压倒一切的思想体现到每一项工作部署、工作措施以及具体执法环节之中。

2017年,亚力库尼江·克依木参与国保大队侦办的2起危安团伙案件、21起个案的抓捕审讯工作。他以高度的政治敏锐性和责任心,深挖危安团伙案件,严审涉案人员,确保每一起案件"吃干榨尽",绝不让1个人漏网,不留隐患。成功侦破多起危安团伙和个案,严厉打击了"三股势力"的破坏行动,确保托克逊县社会政治大局稳定。

亚力库尼江·克依木先后获得吐鲁番市公安局"社区民警能手",托克逊县公安局"优秀民警""优秀公务员"称号。2018年获中华全国总工会表彰的"全国五一劳动奖章"称号。

丁华宪 男,汉族,1961年8月出生于山东郓城。1990年9月参加工作,2000年7月加入中国共产党,中专学历。曾在托克逊县选冶厂、吐鲁番白粮液酒厂、托克逊县饮服公司工作。2005年7月起,任托克逊县林业局国家级公益林管护中心主任。

丁华宪从进入林业系统工作开始,逐渐把自己融入到护林事业中。托克逊县九龙路沙丘区、"三角地""三十里风区""农业产业园区"等地是城区主要风沙源地。每年大风季节狂风肆虐、沙土弥漫,给工农业及人民生活都带来了较大影响。在这些重点区域栽种的林木便成了城区的防风屏障。"三分种、七分管",他带领护林员,不分昼夜,不分寒暑,管护好公益林木,尤其是在高温炎热季节,保障林木灌水,他带领护林员像守护孩子一样守护托克逊的林业资源。

他向领导提出从节水、改良土壤、防风三大方向加强林木管护。为节约用水,减少蒸发,他提议在有条件的地方全部铺设低压管道灌溉,并组织人员定期检查滴水情况,及时疏通堵塞滴水口。伊拉湖路两旁无法铺设低压管道,他提出改漫灌为沟灌,节约灌水量,减少蒸腾量。因立地条件差,部分造林区透水透气性差,苗木烂根,他组织人员采取打通气孔、增拌风化煤、减少灌溉量等措施改善土壤环境,增加透气透水性,保障苗木正常生长。他还在灌水中施加强力生根剂、黄腐植酸钾等,达到除碱、促使苗木生根、施肥的作用。

2015年,他主要负责托克逊县九龙路沙丘治理工程项目,为了在这块不毛之地上完成,曾经多次踏勘丈量,为县上提供最佳造林方案。当年,就在这片沙丘完成造林1800亩。

吐鲁番至托克逊县快速路造林绿化工程托克逊县路段成为全县人民关注的焦点,为按期完成,他无数次奔波在这条线上。2015年秋季到2016年春季的造林中,他亲自调苗、卸苗,当年全县完成造林3838亩。

G30国道小草湖收费站至吐鲁番托克逊段绿化工程在他的督促安排下,2017年,全县完成造林3700亩。

十几年来,丁华宪通过多看、多想、多思考,积累了大量宝贵的林木管护专业知识及现场经验。什么土壤种什么树,林种结构种苗搭配、林木如何生长等情况他都了然于胸,同时也影响和带领着一大批管护万亩林木的、默默付出的护林员。

丁华宪负责全县89万亩公益林管护任务,管理着80多名管护人员,监管公益性岗位55人,90%以上是少数民族,他在管理上下了大功夫。亲自带领各族护林人除草、修枝、清理林内垃圾。因为有一个亲力亲为的主任,护林员们苦累也无怨言。有时要去路途遥远的沙漠干旱地带,他宁愿自己掏钱也不会让大家饿肚子,护林员们都很感动。

丁华宪曾先后获吐鲁番市"优秀党员"、吐鲁番地区林业局"先进个人""造林绿化先进个人"等称号。2018年,丁华宪获国家林业局表彰的"三北防护林体系建设工程先进个人"称号。

金 龙 男，回族，1975年1月出生于新疆托克逊，1995年10月参加工作，2002年6月加入中国共产党，大专学历。曾在托克逊县纪律检查委员会、信访局挂职锻炼。2013年11月起，任托克逊县社会保险管理局副局长。

自2007年起金龙一直在局社保基金征缴科工作，主要负责社会保险五项基金征收以及居民医疗、居民养老保险费的收缴、破产企业社保养老基金清算及各项基金征缴工作中遇到特殊业务时的处理及协调等工作。面对各族群众，金龙认真对待每一笔业务，热心接待各族群众，尤其是汉语不太好的少数民族干部，金龙总是耐心地想尽办法为他们解释清楚，直到他们吃透政策。

金龙就像社保政策的“活字典”。为了解决农村退休代课老师养老问题，他费劲心力。这些代课老师绝大多数是少数民族，对社保政策不甚熟悉，金龙耐心地与这些老师反复沟通，仔细解释相关政策。他还经常深入代课老师家中了解情况，最终使140多名农村代课老师享受了相关待遇，500余名农村代课老师参加了养老保险。

2017年夏，一位拄着拐杖患有慢性病的维吾尔族老人只身来到社保局，由于子女不在身边，听不懂汉语的老人想咨询有关高龄老人享受待遇方面的政策。金龙便把老人请到办公室，用通俗易懂的语言给老人讲解相关政策，并让汉语流利的少数民族干部帮忙翻译，引导老人了解政策，办理业务。金龙对老人说：“有什么困难随时来找我，我会尽我所能帮助你。”

身为少数民族领导干部，金龙始终与社保局的各族同事团结一心、情同手足，无论什么民族，都视为兄弟姐妹。工作20多年来，金龙与各族同事情同手足。他与同事帕尔扎提·吐尔逊共处一个办公室12年，互相学习语言、互相交流业务知识，共同成长为业务骨干。他是回族，爱人是汉族，民族和宗教信仰差异并没有成为他们步入幸福生活的绊脚石，相反，他与爱人互相尊重、相敬如宾，结婚多年成为邻里眼中的民族团结模范夫妻。他，用实际行动谱写了“民族团结一家亲”的篇章。

他常常说：“我们从事的社保服务工作，是一项从摇篮到坟墓的全方位的服务性职业，我们不仅要用政策、制度去经办，更要用心去服务。当我们不是关注自己工资条上的数字，而是重视群众脸上的笑容时，当我们不再把服务群众当成陌生人，而是自己的亲人时，我们还会收获到另一种财富，一份专属于社保人的快乐。”他在点点滴滴的实际行动中赢得了各族群众的心。

工作20多年，他多次被市、县授予“先进个人”“优秀工作者”等荣誉。

2018年，金龙获人力和资源社会保障部表彰的“最美社保人”称号。

荣誉

获国家及各部委级荣誉

2018年托克逊县获国家及省部委级嘉奖的单位表

表23

单位	荣誉称号	授奖单位
托克逊县	信访工作“三无”县	国家信访局
	自治区级维稳“双联户”先进县	自治区党委 自治区人民政府

2018年托克逊县获国家及省部委级表彰的先进人物表

表24

姓名	工作单位	授奖称号	授奖单位
亚力库尼江·克依木	公安局国保大队	全国五一劳动奖章	中华全国总工会
丁华宪	林业局	“三北”防护林体系建设工程先进个人	国家林业局
金　龙	社会保险管理局	最美社保人	人力和资源社会保障部

获自治区及各厅局级荣誉

2018年托克逊县获自治区及厅局级嘉奖的单位表

表25

单位	荣誉称号	授奖单位
托克逊县	“四好”农村路全区示范县	自治区交通运输厅、自治区农业厅、自治区扶贫办
县公安局国保大队	十九大安保先进集体	自治区公安厅
县公安局天山门便民警务站	全区优秀便民警务站	自治区政法委、自治区组织部、自治区公安厅
县人民法院	优秀人民法院	自治区最高人民法院

续表25

<table>
<tr><th>单位</th><th>荣誉称号</th><th>授奖单位</th></tr>
<tr><td>县公安局</td><td>开发建设新疆奖状</td><td rowspan="4">自治区总工会</td></tr>
<tr><td>新疆华电吐鲁番发电有限公司火电运营部运行四值</td><td rowspan="3">自治区工人先锋号</td></tr>
<tr><td>新疆圣雄能源股份有限公司发电车间</td></tr>
<tr><td>中泰化学托克逊能化有限公司热电厂发电部</td></tr>
<tr><td>县社会保险管理局</td><td>自治区巾帼文明岗</td><td>新疆维吾尔自治区妇女联合会</td></tr>
<tr><td>县农广校</td><td>先进集体</td><td>新疆农业广播电视学校</td></tr>
<tr><td>县委组织部</td><td>“七一”展播片《阿力木的“杏”福密码》获自治区课件评比活动三等奖</td><td>自治区党委组织部</td></tr>
<tr><td>县供电公司</td><td>新疆维吾尔自治区消费维权诚信单位</td><td>自治区消费者协会</td></tr>
<tr><td rowspan="5">县供电公司</td><td>“五四”红旗团支部</td><td rowspan="8">国网新疆电力有限公司</td></tr>
<tr><td>2018年度先进集体</td></tr>
<tr><td>宣传工作先进集体</td></tr>
<tr><td>先进分工会</td></tr>
<tr><td>20强电网先锋党支部</td></tr>
<tr><td>夏镇供电所</td><td rowspan="3">先进班组</td></tr>
<tr><td>县供电公司营销部</td></tr>
<tr><td>阿乐惠镇供电所</td></tr>
</table>

2018年托克逊县获自治区及各厅局级表彰的先进人物表

表26

<table>
<tr><th>姓名</th><th>工作单位</th><th>授奖称号</th><th>授奖单位</th></tr>
<tr><td>陈胜军</td><td>托克逊县纪委监委</td><td>民族团结进步的践行者</td><td>自治区纪委监委</td></tr>
<tr><td>李　东</td><td>党委书记、局长</td><td rowspan="2">反分裂斗争中有突出贡献共产党员</td><td rowspan="2">自治区组织部</td></tr>
<tr><td>外力·依沙木丁</td><td>国保大队</td></tr>
<tr><td>外力·依沙木丁</td><td>国保大队</td><td rowspan="2">十九大安保先进个人</td><td rowspan="2">自治区公安厅</td></tr>
<tr><td>李永成</td><td>巡逻防控大队</td></tr>
</table>

续表26

姓名	工作单位	授奖称号	授奖单位
莫明·吐尔逊	博斯坦派出所		
蔚　磊	巡逻防控大队	全区优秀便民警务站站长	自治区党委政法委、组织部，自治区公安厅
张吉乾			
王志刚	巡逻防控大队	全区便民警务站先进个人	
曹文龙			
阿力木·库尔纳木			
艾克热木·阿力木			
马　奇			

获市及各处室级荣誉

2018年托克逊县获吐鲁番市及各部门嘉奖的单位表

表27

单位	荣誉称号	授奖单位
县委办	吐鲁番市民族团结进步创建活动模范集体	中共吐鲁番市委员会 吐鲁番市人民政府
县人大办公室		
县政府办公室		
县政协办公室		
托克逊能源重化工工业园区管委会		
县委组织部		
县委宣传部		
县委统战部		
县检察院		
县财政局		
县教育局		
县民宗委		
县人社局		
县税务局		
克尔碱镇政府		
夏镇南湖村		

续表27

单位	荣誉称号	授奖单位
伊拉湖镇依提帕克村	吐鲁番市民族团结进步创建活动模范集体	中共吐鲁番市委员会 吐鲁番市人民政府
县第二中学		
县伊拉湖镇中学		
伊拉湖镇伊拉湖加米清真寺		
托克逊县党委、人民政府	维稳双联户创建工作先进集体	吐鲁番市委组织部、政法委
伊拉湖镇党委、人民政府		
托克逊镇滨河社区		
阿乐惠镇鱼儿沟社区		
县公安局刑事侦查大队	集体三等功	吐鲁番市公安局
中共托克逊县网络安全和信息化委员会办公室	吐鲁番市2018年度网评工作先进集体	吐鲁番市委员会网络安全和信息化领导小组办公室
托克逊县华帝服装有限责任公司	开发建设火洲奖状	吐鲁番市总工会
中共托克逊县委政法委员会		
托克逊县第二中学		
县公安局博斯坦派出所	工人先锋号	
新疆圣雄能源股份有限公司运行四值发电车间		
县城镇湘缘幼儿园		
县夏镇中心幼儿园		
县绿叶畜牧养殖 农民专业合作社工会	模范职工之家	
县华帝服装有限责任公司工会		
县困难职工帮扶中心		
伊拉湖镇工会		
国家税务总局托克逊县税务局	劳动竞赛先进单位	
县林木管护中心		
新疆圣雄能源股份有限公司		
县公安局		
新疆圣雄能源发电车间		
托克逊县气象局	民族团结进步先进集体	吐鲁番市气象局
托克逊县国资委	吐鲁番市文明单位	吐鲁番市文明委
托克逊县第二中学	吐鲁番市先进基层党组织	市委教育工委、市教育局
移动通信托克逊县分公司	先进县分公司	中国移动通信集团新疆有限公司吐鲁番市分公司

续表27

单位	荣誉称号	授奖单位
夏镇喀格恰克村第1网格第1维稳双联户（14户）	先进维稳双联户	吐鲁番市委组织部 吐鲁番市委政法委
郭勒布依乡卡拉阿什村第3网格第30维稳双联户（18户）		
博斯坦镇博孜尤勒滚村第5网格第3维稳双联户（10户）		
伊拉湖镇伊拉湖村第4网格第58维稳双联户（14户）		
托克逊镇龙泉社区第1网格第180维稳双联户（20户）		
阿乐惠镇鱼儿沟社区第1网格第5维稳双联户（10户）		
克尔碱镇克尔碱村第1网格第8维稳双联户（7户）		
库米什镇柯尔克孜铁米村第1网格第2维稳双联户（11户）		

2018年托克逊县获吐鲁番市及各部门表彰的先进人物表

表28

姓名	工作单位	授奖称号	授奖单位
欧辅国	县委常委、副县长，郴州援疆工作队副领队	吐鲁番市民族团结创建先进个人	吐鲁番市委、市人民政府
许　红	阿乐惠镇		
阿不都瓦尔·塞米	县市场监督管理局		
鲁　萍	县公安局		
宋西勇	县直机关工委		
吴继远	托克逊能源重化工工业园区管委会		
夏依买旦·木沙	县商经委		
马　英	县人民医院		
张　东	县税务局		
杨克兰	县档案局		

续表28

姓名	工作单位	授奖称号	授奖单位
木巴拉克·依克热木	县林业局	吐鲁番市民族团结创建先进个人	吐鲁番市委、市人民政府
李丽霞	县青少年活动中心		
王　峰	县第一小学		
居热提·加拉力丁	县第二中学		
阿孜古丽·吾甫尔	夏镇		
热沙来提·艾尼丁	郭勒布依乡		
再比耶·艾米热	伊拉湖镇		
阿不来肯木·艾尔肯	博斯坦镇海提甫坎儿孜村		
崔晓晶	托克逊镇银泉社区		
吾拉音·买买提	中泰化学托克逊能化公司		
尚　明	刑侦大队大队长	十佳破案能手	吐鲁番市公安局
肉孜·阿布来孜	博斯坦派出所民警	十佳警务室民警	
米尔扎提·卡哈尔	郭勒布依派出所民警		
依力夏提·木那瓦尔	伊拉湖派出所民警		
沙拉木江·外力	看守所副所长	优秀教官	
林　飞	警务保障室主任	个人三等功	
阿不都拉江·阿不来孜	伊拉湖派出所所长		
高　驰	中共托克逊县网络安全和信息化委员会办公室	2018年度优秀网络文明监督员领队	中共吐鲁番市委员会网络安全和信息化领导小组办公室
玉苏甫·艾乃吐拉			
赵　海			
周　欢			
赛提汗·卡德尔	托克逊县农技中心	优秀推广员	吐鲁番市农技中心
马衣木汉·买买提			
买苏提·扎衣提			
艾力木古丽·西克热木	农业局	“民族团结一家亲”和民族团结联谊活动先进个人	吐鲁番市委组织部、统战部、民宗委

续表28

姓名	工作单位	授奖称号	授奖单位
叶春华	县气象局	优秀公务员	吐鲁番市气象局
张宏新		先进个人	
阿地力·苏来依曼		民族团结进步先进个人	
倪宝家	县供电公司	先进工作者	国网新疆电力有限公司
阿依古丽·艾甫力		突发应急竞赛个人一等奖	
贾　红		优秀共产党员	
李红军		优秀班组长	
哈提古丽·尼吉木	夏镇喀格恰克村1队	先进联户长	吐鲁番市委政法委员会
何建福	郭勒布依乡喀拉阿什村4组		
艾孜木汗·艾尔肯	博斯坦镇博孜尤勒滚村2组		
艾孜孜古丽·哈力丁	伊拉湖镇伊拉湖村8组		
田　静	锦绣佳苑小区九龙山高层		
向江华	博斯坦镇博斯坦村5组		
阿米娜汗·阿皮孜	克尔碱镇克尔碱村3队		
祖木热提·依明	库米什镇柯尔克孜铁米村		

县级荣誉

2018年托克逊县“维稳双联户”“先进联户长”和创建工作先进集体

先进维稳双联户

夏镇色日克吉勒尕村第2双联户(13户)、喀格恰克村第1双联户(14户)、工尚村第23双联户(9户)、喀拉苏村2小队第2双联户(12户),郭勒布依乡奥依曼布拉克村第17双联户(19户)、郭勒布依村第2双联户(9户)、喀拉阿什村第30双联户(17户),博斯坦镇博孜尤勒滚村第10双联户(9户)、博孜尤勒滚村第3双联户(10户)、硝尔坎儿孜村第3双联户(12户)、吉格代村第二组第7双联户(9户),伊拉湖镇伊拉湖村第58双联户(14户)、郭若村第17双联户(11户)、阿克塔格村第11双联户(11户),托克逊镇天泉社区第37双联户(10户)、龙泉社区第180双联户(20户)、金泉社区第84双联户(17户)、滨河社区第177双联户(7户)、玉泉社区第227双联户(9户),克尔碱镇克尔碱村3组第8双联户(7户),库米什镇柯尔克孜铁米村第二组双联户(10户),阿乐惠镇鱼儿沟社区新市场片区第五双联户(10户)。

先进联户长

阿孜古丽·扎克尔 夏镇色日克吉勒尕村第2双联长

哈提古丽·尼吉木 夏镇喀格恰克村第1双联长

马 才 夏镇工尚村第23双联长

热依木·亚森 夏镇喀拉苏村2小队第2双联长

阿尔孜古丽·尼亚孜 郭勒布依乡奥依曼布拉克村第17双联长

阿不来提·哈力克 郭勒布依乡郭勒布依村第2双联长

何建福 郭勒布依乡喀拉阿什村第30双联长

艾米地古丽·买买提 博斯坦镇博孜尤勒滚村第10双联长

艾孜木汗·艾尔肯 博斯坦镇博孜尤勒滚村第3双联长

巴哈尔古丽·赛米 博斯坦镇硝尔坎儿孜村第3双联长

玛依拉·艾孜布力 博斯坦镇吉格代村第二组第7双联长

艾孜孜古丽·哈力丁 伊拉湖镇伊拉湖村第58双联长

马合木提·买买提 伊拉湖镇郭若村第17双联长

阿米尼汗·努尔买买提 伊拉湖镇阿克塔格村第11双联长

萨尼叶·依米提 托克逊镇天泉社区第37双联长

田 静 托克逊镇龙泉社区第180双联长

努尔也古力·艾尼 托克逊镇金泉社区第84双联长

马玉民 托克逊镇滨河社区第177双联长

阿依古丽·托合提 托克逊镇玉泉社区第227双联长

阿米娜汗·阿皮孜 克尔碱镇克尔碱村3组第8双联长

祖木热提·依明 库米什镇柯尔克孜铁米村第二组双联长

向江华 阿乐惠镇鱼儿沟社区新市场片区第五双联长

先进集体

博斯坦镇人民政府、伊拉湖镇人民政府、托克逊镇滨河社区、阿乐惠镇鱼儿沟社区、夏镇色日克吉勒尕村、郭勒布依乡尤库日克卡拉阿什村

附 录

FULU

新闻报道

新疆中泰化学获第五届中国工业大奖

（记者石鑫报道）12月9日，第五届中国工业大奖发布会在北京举行，公布了荣获大奖、表彰奖和提名奖的相关企业和项目。其中，新疆中泰化学股份有限公司获得中国工业大奖。至此，自治区已有三家企业和一个项目获此殊荣。

中国工业大奖是经国务院批准设立的我国工业领域最高奖项，旨在表彰奖励在技术、生产、经营、管理方面达到国内领先和国际先进水平，并为促进产业发展和增强综合国力做出重大贡献的企业和项目。本届评选授予12家企业、11个项目中国工业大奖；授予20家企业、16个项目中国工业大奖表彰奖；授予14家企业、10个项目中国工业大奖提名奖。

新疆中泰化学股份有限公司是新疆中泰集团旗下的上市公司，是自治区国资委的国有控股上市企业，始建于1958年，2006年在深交所上市，是新疆重点支持的优势资源转化企业，也是全国氯碱、粘胶纤维、粘胶纱的行业龙头企业。目前已形成十大产业园和年产260万吨PVC、180万吨烧碱、100万吨纤维素纤维、300万锭纺纱和100万亩棉花种植循环经济产业链，是全国最大的氯碱和纤维素纤维生产企业。

中国石油和化学工业联合会质量安全环保部副主任汤胜修表示，新疆中泰化学因在智能制造、节能减排、科技进步、践行“一带一路”倡议、履行社会责任等方面成就突出而获奖。

新疆中泰集团党委书记、董事长，新疆中泰化学股份有限公司董事长王洪欣表示，获得中国工业大奖，这是对中泰集团的巨大鼓励。公司将以此为动力，充分发挥资源禀赋优势和产业集群优势，大力发展新疆化工产业，推动高质量发展，力争到今年年底实现公司管理总资产、销售收入超“双千亿”。

据了解，自治区已有新疆中泰化学股份有限公司、特变电工股份有限公司、新疆天业（集团）有限公司3家企业以及新疆罗布泊钾肥基地年产120万吨硫酸钾项目获中国工业大奖。其中，特变电工股份有限公司于2011年获第二届中国工业大奖，新疆天业（集团）有限公司和新疆罗布泊钾肥基地年产120万吨硫酸钾项目于2016年获第四届中国工业大奖。

（2018年12月10日发表于《新疆日报》）

作者系《新疆日报》社记者

文艺作品

天 梯

陈慧琴

可问在新疆托克逊县这个小小的县城,有谁比我写"托克逊"这三个字多?有谁比我了解托克逊的前世今生?有谁比我清楚托克逊的呼吸脉搏和骨骼肌肤?有谁更比我对这三个字的感情深厚?

因为有史志办工作经历,在《托克逊县志》里、在《中共产党托克逊县简史》里、在《托克逊年鉴》里无数次出现"托克逊"这个地名,无数次因为没有特定称谓或者没有主语我要添加这三个字。无数次因为各单位不停地在单位名称前缀入这三个字的累赘繁冗我要删除这三个字。这三个字是我工作中接触最多的三个字,这三个字融入到了我的骨子里、血液里。我就像井底之蛙看天,这三个字占据了我在史志办18年来工作的全部。

从青涩浅薄到即将结束工作历程,从青丝满头到霜染两鬓,我也随着工作的推进逐步成长为一名能够站在历史的角度对待托克逊、最大限度地积累了托克逊县县情资料的、较为成熟的史志干部。地方志工作使我从资料和个人成长中更是目睹了托克逊县的沧桑变化。

付出是一种沉淀,会默默地铺路。2015年底,我作为全国地方志系统10名先进工作者之一、新疆维吾尔自治区唯一一名先进模范进京受奖,荣幸得到国务院副总理刘延东的接见,作为一名基层方志工作者,从吐鲁番盆地走进人民大会堂,是托克逊县史志工作为我搭架了一座天梯!

难忘事业初心

托克逊县史无志书。由于各项事业发展不力,《托克逊县志》编纂工作也起起落落一直被搁浅,2000年受到自治区地方志编委会通报批评;2001年初,县委、县政府再次启动编纂工作。我就是在这个非常时期,从引人注目的政府办秘书岗提拔至冷清寂寥的史志办领导岗,并有幸从头到尾主持编修《托克逊县志》的,2006年该书出版发行。

工作,总要经历一些泪水、汗水才有意义。假如因为痛和累,停止了,终究尝不到甘甜的果子。

由于机构和历史原因,2002—2011年近9年的时间一直是我一个人坚守托克逊县史志办这块阵地。《托克逊县志》编纂过程使我由畏惧厌恶到如此钟爱执着,经历了一段跌宕起伏千回百折的心情。正因为责任感和执着的职业热情,使一份不甚起眼的事业也绽放出绚丽的光彩!

记得我刚调入即又一次启动《托克逊县志》编纂工作,资料征集难度之大令我咂舌。百余个单位几十年甚至上百年的资料要征集、翻阅、查抄、整理,各单位由于不了解我们的工作配合也不积极,有的单位还不屑一顾,或嘲讽挖苦我们是"晒太阳"的部门,想到一群无所事事的人蹲在门口,我又气又恼又无奈。

当时我们聘请和借调了三四个老同志。有一段时间我带着老同事们到县公安局查阅珍藏的一部分民清时期档案,常常衣着光鲜进去,灰头土脸出来,一份份筛选查抄,一点一点累积、拼凑……,档案局被我们翻了个遍好不容易理出一点头绪,由于资料不清,写不下去,又得重新翻阅。许多时候需要考证、调查的资料还要下乡核实,要找人翻译,因为单位无车经费也有限,受了不少委屈。

有段时间我几乎崩溃,晚上一闭眼就是

资料卡，挥也挥不去……有时路上看见一张小纸片会过敏地捡起来看是不是有用的资料。看到毛驴车上坐着的维吾尔族老人又会想：他有可能知道托克逊县某个时期的历史背景呢！

我苦闷，烦躁。就在这时有一个云南人来索要县志，据他说，民国时期他的祖父杨琛曾经在托克逊为官，结果他很失望。在后来的编辑中确有其人，前些年这人再次到吐鲁番旅游又专门找到我们单位，了了他的心愿也了了我的遗憾；2002年初，托克逊县几届政府努力争取的火电厂大项目终于落地，筹建处来了几位专家找县志，我才知道志书在一个地域经济发展中的作用。那时候我就暗暗发誓一定要完成这本对托克逊来说非同寻常的鸿篇巨作，这是历史赋予我的，也是我的一种荣幸和机遇！所谓初心，想来到史志办工作时就是做一本好书，就是这样一种信念支撑我，我开始深钻恶补业务知识，逐渐我发现这儿原来是一个地方的资料宝库。

淬火历练心智

组织信任我别无选择，我开始习以为常心静如水，默默无欲地做这份工作。

《托克逊县志》中部分专业编由于跨度长，领导更换多，一些重要资料往往连单位领导或当时的业务人员也不清楚线索。反反复复找资料，资料人员也不胜其烦。一次，一个单位报来的资料单薄瘦弱，数据与相关单位有差误还有很多遗漏，资料人员信誓旦旦地表示只有这些资料。我忽然有一种直觉和职业敏感非要核实清楚。后来我与该单位领导联系后自己深入其档案室，花了一个多星期的时间，硬是从堆积的脏麻袋里把该专业编所需资料全部清理出来。

总纂过程于我是孤独而清寂、是全身投入的过程。那段时间我的生活里似乎也只有这一件事。怎样站在一个高度去统揽全稿、精雕细琢，怎样有主有次地组织资料，无疑都是对我的考验。为了按期完成，我牺牲了许多节假日，计划甚至细到每周、每天。有时半夜会突然想起一个资料或结构体例上的问题，为了避免忘记，马上爬起来记下。孩子一直有老人带，我很少操心，一次爱人觉得我实在太过分，将发烧咳嗽的孩子送到我办公室转脸就走，孩子哭喊着找爸爸，我伤心地抱着孩子去医院，出门看到人行道上五大三粗的爱人满脸是泪……等孩子挂上吊瓶，爱人平静下来又玩笑地对我说：没事了，你快回办公室，早点把书编出来！我真不知自己是欣慰还是内疚。至今还记得当时4岁的孩子背着小手一脸委屈地对我说：妈妈，书比你的宝宝还重要吗？我忍俊不禁。这本书还真像我的另一个孩子！居然很是奇怪，执着就如蚂蚁啃骨头，这儿啃啃那儿啃啃，啃着啃着，一条条头绪理出来，心情也悄无声息的从烦躁烦闷到轻松愉快。

我不会忘记，时任县委书记巫文武、分管副县长任胜在我们史志工作成绩弱、不被重视的情况下专门过问修志工作。县委、县政府首开先例，赋予此项工作“一票否决”的区域性政策，正因为有了这柄尚方宝剑，许多不甚了解此工作的部门领导也随县领导的支持、引领更多了一份重视，县志资料征集和编修工作才得以顺序进行；我不会忘记，在资料突破难度大、编辑工作一度走入低谷时，一些在托克逊工作几十年并有深厚感情年高体弱的王维夫、薛书村、张林成、章瑞明、艾福灿、巴吾东·吾守尔、高昆等熟悉地情的老专家、老领导积极从他们当年的工作日志中挖掘了许多宝贵的资料参与撰稿，令我感动也让我心疼。我不会忘记前期编辑中领我进入门径，给予我帮助的史志界前辈、严谨不苟的《乌苏县志》主编廖基衡先生；我也不会忘记，后期送审中自治区地方志编委会的领导和责任编辑为我们的志书付出了很多心血。在其他部门非常活跃而史志部门短期内工作没有成果几乎被遗忘,在艰难的如蝉卵化蝶的痛苦编辑中,正是由于无数领导的支持鼓励和前辈们的业务指点为我照亮了前程,给我力量,引领我向前。

我想起我刚去史志办被冷落时的烦恼;想起单位被别人揶揄是晒太阳部门的羞恼;想起我的前任主任马志英带我到处“化缘”改善办公条件的尴尬;想起翻遍无数档案找不到有用资料的焦燥;想起不配合单位对我的不屑和多数配合单位给我的温暖;想起和我一起战斗过的给我榜样力量的老同志们;想起总纂时我孤注一掷不闻窗外,一条条理顺梳齐一编编出炉待编直至整本书的成型;想起在旅馆里台灯下校对书稿的寂寞;想起出书前的百般不放心,一次次犹豫送不送去印刷厂的焦灼不安,还有出书时抑制不住的激动。

2002—2006年这四年多的编纂过程成为我工作生涯中最难忘、最值得记忆的日子。是一种砥砺挣扎终于磨出圆润珍珠的痛并快乐的日子。炼狱般的折磨才显其成色,虽然累虽然苦,虽然难受难熬,但是有收获就是幸福!

很多人都说组织有眼光,把我选入最合适我的地方志工作机构,但是多年后我觉得地方志工作于我,就好像冥冥之中的理所应当、非我莫属。

渐行渐显成熟

《县志》出版后,《托克逊年鉴》也应势而上。有了县志编修这个丰厚的基础,我在编撰年鉴时就很注意与各单位协调,和撰稿人员联系并在沟通、协作中相互受益,使我们在辛苦中愉快工作。工作方法随着经验在改变,心胸格局也随着站位不同在变大。我从不认为单枪匹马、孤军作战,反而觉得自己是和一个团队共同作战!每本资料书都是各单位资料人员和我们编辑人员相互融通、相互交流的过程,是集体作品,集体智慧。绝不是哪一个人的功劳!我也深切地感到史志工作要靠扎实的修志理论基础和术业专攻的知识储备厚积薄发。经历是一种收获,我所掌握的知识和受到的熏陶、教诲成为我的精神财富!

史志办掌握的地情资料为县重大工程项目、重要编制规划提供了许多资料依据,在经济快速发展的转型期,各行业各单位查阅资料的范围越来越广。我决不让查找资料的部门空手而归,取之于各部门用之于各行业才能充分发挥无可替代的资料价值。县域内发生的任何事情我都关注关心并及时收集、整理、审核、分析和完善资料,以备需用。近年来,托克逊县各行各业竞相争先,亮点纷呈,只有工作漂亮,我们编书才更有激情!遇到领导或者某部门甚或某外地行业需要我们的资料支持时,我仿佛像跳动的水花不时地闪一闪,如同刷存在感,使史志办也逐渐有了光亮。在工作的逐步推进中才深深体会到方志在一个地域内所能发挥的资治、教化、存史的功能。

我是中共党员,对党忠诚、对事业忠诚、对历史忠诚是我的职责。因此虽然做了多年地情资料书,但我还是战战兢兢、如履薄冰地对待每一本书。在这个部门工作已经18年,18年来从不厌烦从不抱怨。我也以自己这种对历史对现实负责的态度和甘于寂寞、不怕吃亏、舍得付出的作风影响着我们新的史志工作者。

近年,我们与组织部、宣传部、文联单位等合作了多部专题,也在脱贫攻坚、村史馆、维护稳定等工作中发挥了作用。2014年,我主动作为,主编的《可爱的家乡——托克逊》被纳入到县中小学地方史课程中,并作为去极端化培训中的乡土教材运用到县重要活动中,该书以其接地气的内容赢得了广大青少年和很多成年人甚至领导干部读者的喜爱,反响较好。此乡土读物也引起了吐鲁番地委关注并要求在各区县推广。我还鼓励、督促和协助水利、金融等一些有能力的部门开展专业志编修。

通过编修地方志,我个人也实现了三个转型:一是个性转型,从简单、急躁、浮躁逐渐走向沉静、从容和成熟;二是写作手法转型,从先前高调登场的工作报告、讲话汇报和信息简报等公文格式逐渐走向水净沙明、有史有据的客观公正的事实记述;三是从对国家一些政策、方针的模糊、不深刻到逐渐加深了解并由表及里深入理解的认识转型。这些转型于我是终生受益的。

执着搭建天梯

2009年《托克逊县志》获自治区第八届哲学社会科学奖优秀奖,成为该届奖项中唯一一本获奖志书。因为艰难所以珍惜,因为成就感所以从容。当机关里干部调整成为热议,当调资成为话题,我却始终淡然。一本有价值的书带给我的是别人理解不了也替代不了的愉悦。

由于地方志工作带来的资料资源优势和一点点累积的专业知识,我有了很强的职业自信。一次县上一重要部门请区内一家研究院为托克逊县做一编制规划,初稿出炉后被我提出了许多意见和质疑。最后这个又花钱意义也不是很大的活动没有继续,我暗自觉得自己的意见起作用了;县上一些编制规划、界限纠纷或者开发旅游、机构改革等资料多半也是由史志办提供的;在一些重要工作上,我也会不由自主地为县领导分忧,写调研思索,为县重点工作提出积极建议。

如滴水穿石一般的工作,我欣喜地发现各行各业对本单位资料工作愈来愈重视了。近些年县上经济发展快速,我知道县域经济发展中也有我们史志办的助推和贡献!

对于快乐,我有自己的理解和享用。对我来说工作就是生活,生活就是工作,没有什么特别之处,所以在享受生活赐予我幸福的同时,我更享受着工作带给我的愉悦!从未想过有一天我会从地理位置最低点的吐鲁番盆地一直走到人文制高点——北京人民大会堂!2015年12月29日,我作为全国地方志系统10名先进工作者之一、新疆维吾尔自治区地方志系统唯一一名先进模范到北京受奖,这也是我人生的高光时刻!这一天,我走进北京人民大会堂这多少人梦寐以求的荣誉殿堂,荣幸得到了国务院副总理刘延东对我们的接见,并近距离学习了李克强总理对我们地方志工作“执笔著信史,彰善引风气”的重要批示,领略了国家领导人的风范,作为一个基层方志工作者,真是无上荣光!

回眸过去的这段工作历程,难忘而又甜润,有过寝食难安的无奈,有过迂回曲折的苦闷,有过踏破铁鞋无觅处的烦躁,但更有着柳暗花明的兴奋和曲径通幽的乐趣,有着历经磨难后初见曙光的喜悦。虽然黑发掺白、两眼生锈,虽然岁月流金,失去了许多生活的乐趣,但是从艰辛、苦涩到美妙、圆满的过程是愉悦的,有一种成就感让我觉得付出很值得,觉得无怨、无悔、无愧!

(作者单位为托克逊县委办公室)